普通高等教育"十四五"规划教材

21世纪工业工程专业精品规划教材

工业工程基础

(第二版)

主　编　蒋国璋　周　敏　江志刚
副主编　张利平　张旭刚　赵　强　杨　乐

华中科技大学出版社

中国·武汉

内 容 简 介

本书内容包括:工业工程的概念和内涵、形成和发展,工业工程技术;工业工程的四大职能;生产系统及其效率、成本分析和生产质量控制;程序分析、作业分析和动作分析;作业测定、时间研究、工作抽样、预定时间标准、标准资料法和学习曲线;工业工程的基本方法及组织和应用;企业生产中的工业工程,包括精益生产、5S管理、全面生产维护、目视管理、定置管理及车间(班组)管理的内容、目标、方法、评价和实施;智能制造系统与企业工业工程的应用与发展等。

本书适合作为高等学校工业工程及相关专业的教材,也可供有关企事业单位从事工业工程的专业技术人员、管理人员及爱好工业工程的各类人员学习和参考。

图书在版编目(CIP)数据

工业工程基础/蒋国璋,周敏,江志刚主编.—2版.—武汉:华中科技大学出版社,2022.10
ISBN 978-7-5680-8697-4

Ⅰ.①工… Ⅱ.①蒋… ②周… ③江… Ⅲ.①工业工程-高等学校-教材 Ⅳ.①F402

中国版本图书馆 CIP 数据核字(2022)第 190057 号

工业工程基础(第二版) 蒋国璋 周 敏 江志刚 主编
Gongye Gongcheng Jichu(Di-er Ban)

策划编辑:余伯仲
责任编辑:罗 雪
封面设计:孙雅丽
责任监印:周治超

出版发行:华中科技大学出版社(中国·武汉)　　电话:(027)81321913
　　　　　武汉市东湖新技术开发区华工科技园　　邮编:430223
录　　排:武汉楚海文化传播有限公司
印　　刷:武汉开心印刷有限公司
开　　本:787mm×1092mm　1/16
印　　张:21.75
字　　数:530千字
印　　次:2022年10月第2版第1次印刷
定　　价:59.80元

本书若有印装质量问题,请向出版社营销中心调换
全国免费服务热线:400-6679-118　竭诚为您服务
版权所有　侵权必究

第二版前言

《工业工程基础》一书于2010年首次出版，在十余年的专业教学中得到了师生们的广泛好评。随着时间的推移，加之当时编者自身水平及其他方面存在的局限性，我们在本书使用过程中发现了一些亟须解决的问题。作为一本大学专业教材，本书可以说已经到了应推陈出新之时。专业教材应紧跟该领域的研究发展，从而起到促进教育水平提升的根本作用。

本书在编撰之初，并不局限于专业教学，同时也为了满足从事工业工程的技术人员及爱好工业工程的各类人员学习的需求。在最近几年，我们直接、间接地与各类从业工作者进行交流，听到了一些来自社会的呼吁，该书应该与时俱进，因此我们及时组织了本书的改版工作。

我们在总结了二十多年的教学经验，以及对工业工程应用前沿进行深入的研究之后，对该书内容进行了如下增改：每章开头以目标导向为引，以"学习目标"替换原本的"内容提要"，突出了以成果为导向的教学特色，更好地引导读者确定学习目标；更新整本书的案例，在保留原有案例的基础上，新增了近十年来具有代表性的新案例，为读者带来更新、更直接的认识；针对课后习题广泛取材，更新了习题库，以使老师、学生和其他读者在章后习题中切身领会每章节的内容；对部分章节进行更名、重排，增删内容，更加明确了内容之间的逻辑关系，便于读者学习；第8章与时俱进，增加了智能工厂与智能制造系统内容，由原本的工业工程在制造业信息化中的作用，发展到智能化时代中工业工程的作用，引导读者学会如何利用智能工厂和智能制造系统的技术，推动智能制造在企业中更好地发展。

改版的过程中，我们依旧力求反映近年来工业工程发展的新思想、新理论、新技术、新方法和新局面，同时总结二十余年的教学经验，以目标为导向进行教学，从而为该书赋予新的生命；与时俱进地更新案例，讲求针对性和实用性；依旧期望为广大读者提供一本对学习工业工程基本原理与方法具有指导意义的读本。

武汉科技大学蒋国璋、周敏、江志刚、张利平、张旭刚、赵强，江苏海洋大学杨乐等参加了改版工作。在此对参与资料整理、编译、校对工作的研究生张翰庭、向艳、申飞、李鑫焱、施凯新、黄周林、胡佳乐等表示感谢！同时对本书参考的相关教材和其他文献资料的所有作者一并表示谢忱！

殷切希望广大读者在使用本书的过程中提出宝贵的意见和建议。

编　者
二〇二二年六月

第一版前言

工业工程（industrial engineering，IE）是在科学管理的基础上发展起来的一门应用性工程学科。工业工程注重综合地提高生产效率、降低生产成本、保证质量，使生产系统能够处于最佳运行状态而获得最高的整体效益，所以受到世界各国各行各业的重视。我国从1993年开始陆续在高校设置工业工程专业，为了适应工业工程专业教学需要，也为了满足日益增加的从事工业工程专业的技术人员及爱好工业工程的各类人员学习的需求，我们组织编写了本书，期望给广大读者提供一本对学习工业工程基本原理与方法具有指导意义的读本。

全书共分8章，主要内容包括：工业工程的概念和内涵、形成和发展，工业工程技术；工业工程的四大职能；生产系统及生产效率、成本分析和生产质量控制；程序分析、作业分析和动作分析；作业测定，时间研究，工作抽样，预定时间标准，标准资料法和学习曲线；工业工程的基本方法及组织和应用；企业生产中的工业工程，包括精益生产、5S管理、全面生产维护、目视管理、定置管理及车间（班组）管理的内容、目标、方法、评价和实施；ERP系统与企业工业工程的应用与发展等。

本书在编写中力图反映近年来工业工程发展的新思想、新理论、新技术和新方法，突出工业工程的基本职能介绍，强化企业生产中工业工程应用的阐述，并列举了大量涉及工业工程基础教学的相关案例。取材广泛，具有针对性，讲求实用性。

本书由武汉科技大学蒋国璋主编，周敏、张跃刚、常建娥、兰建义、任金玉、唐秋华、刘明伟、宋庭新、江志刚等参加了编写并给予了大力支持与帮助。武汉科技大学工业工程系的部分教师参与了本书的编写或讨论，研究生何婷婷、张龙、梅欣、郭志清等参与了部分资料整理、编译、校对工作，在此表示感谢！同时，本书还参考了有关教材及其他文献资料，对原作者一并表示谢忱！

本书附有教学大纲、教学计划、教学课件等教学文档，供读者参考。如还有其他要求，可来信来电交流。联系地址：武汉科技大学工业工程系（Tel：027-68862283，E-mail：whjgz@wust.edu.cn）。

由于编者水平有限，书中定会存在缺点、错误，敬请广大读者批评指正。

编　者

二〇〇九年五月

目录

第1章 工业工程概述

1.1 为什么学习工业工程 …………………………………………………………… (2)

1.2 工业工程导入 …………………………………………………………………… (5)

1.3 工业工程的概念及其内涵 …………………………………………………… (7)

1.4 工业工程的形成和发展 ……………………………………………………… (13)

1.5 工业工程十大技术 …………………………………………………………… (16)

1.6 工业工程的应用与发展 ……………………………………………………… (22)

第2章 工业工程的基本职能

2.1 工业工程职能概述 …………………………………………………………… (42)

2.2 规划职能 ………………………………………………………………………… (43)

2.3 设计职能 ………………………………………………………………………… (47)

2.4 评价职能 ………………………………………………………………………… (52)

2.5 创新职能 ………………………………………………………………………… (60)

第3章 生产系统及其效率、成本与质量

3.1 生产系统 ………………………………………………………………………… (72)

3.2 生产率和生产率管理 ………………………………………………………… (77)

3.3 成本预测和分析 ……………………………………………………………… (86)

3.4 质量控制和改进 ……………………………………………………………… (98)

第4章 方法工程

4.1 工作研究概述 ………………………………………………………………… (117)

4.2 方法工程的分析技术与方法 ……………………………………………… (118)

4.3 程序分析 ……………………………………………………………………… (123)

4.4 作业分析 ……………………………………………………………………… (145)

4.5 动作分析 ……………………………………………………………………… (151)

第 5 章 作业测定

- 5.1 作业测定概述 ………………………………………………………………… (164)
- 5.2 时间研究 ……………………………………………………………………… (171)
- 5.3 工作抽样 ……………………………………………………………………… (178)
- 5.4 预定时间标准 ………………………………………………………………… (183)
- 5.5 标准资料法 …………………………………………………………………… (196)
- 5.6 学习曲线 ……………………………………………………………………… (199)

第 6 章 工业工程的方法与应用

- 6.1 工业工程的方法论 …………………………………………………………… (209)
- 6.2 工业工程的基本方法 ………………………………………………………… (210)
- 6.3 工业工程的组织 ……………………………………………………………… (221)
- 6.4 工业工程的应用模式 ………………………………………………………… (226)
- 6.5 工业工程的实施 ……………………………………………………………… (228)

第 7 章 企业生产中的工业工程

- 7.1 生产的平衡与改善 …………………………………………………………… (237)
- 7.2 准时生产与精益生产 ………………………………………………………… (240)
- 7.3 全面生产维护 ………………………………………………………………… (246)
- 7.4 现场工业工程与工厂优化管理 ……………………………………………… (252)
- 7.5 5S 管理 ………………………………………………………………………… (254)
- 7.6 目视管理 ……………………………………………………………………… (264)
- 7.7 定置管理 ……………………………………………………………………… (269)
- 7.8 车间管理 ……………………………………………………………………… (273)

第 8 章 智能制造系统与工业工程

- 8.1 智能制造与工业工程 ………………………………………………………… (288)
- 8.2 智能工厂与工业工程 ………………………………………………………… (293)
- 8.3 智能制造系统 ………………………………………………………………… (310)

参考文献 …………………………………………………………………………… (340)

第1章
工业工程概述

▶学习目标

通过本章的学习,你应该能够:
(1) 清晰定义工业工程的概念,说明其内涵,并初步认识工业工程,了解其常用技术;
(2) 掌握工业工程的目标、特点和意识,并讨论工业工程与自然科学、社会科学以及其他工程学科的关系;
(3) 了解工业工程的历史,说明其应用与发展阶段;
(4) 列举工业工程在美国、日本的应用和发展,并比较其与我国工业工程发展的不同点。

开篇案例

企业的难题

小张是某大学工业工程专业的毕业生,就职于一家机械装配型制造企业。入职第三年,小张就被委以重任,主管公司的生产管理与精益改善工作。公司老总对工业工程是有所了解的,也是充满期待的。他知道工业工程能够帮助企业提高生产效率、改善产品质量、降低产品成本以及提升生产服务水平等。于是公司老总亲自找小张谈话:"公司正处于大发展时期,现在下属的一个新工厂新上的一条生产线,产品质量一直不稳定且偏低,员工天天加班还无法完成订单,希望你能够运用工业工程的方法解决这些问题。"小张满怀信心地接受了此项任务。

可是,接受任务不久,小张通过调研发现该工厂的问题远比想象的要复杂和严重得多。让他没有想到的是,一个堂堂的业内知名的工厂管理成这个样子。他将主要的问题罗列了下来:① 工厂没有明确的生产计划,每天早上八点班组长开会时生产部长制定一个大致目标,晚上下班前若发现没有完成即决定加班;② 生产线没有形成连续生产,产品固定装配,工人根据工序轮番进行作业;③ 生产用的切割机常常发生故障停工事故,而且员工倒认为停了不用干活更好;④ 质量部门和生产部门争执不断,生产部门认为质量部门有意刁难;⑤ 产品工艺复杂,工人一时难以看懂图纸;⑥ 生产中产生的垃圾散落一地,员工等下班前再集体清扫;⑦ 运料小车相撞事件时有发生;⑧ 员工工作期间嬉笑打闹,经常暂停手头的工作,四处借用工具,工具箱内物品五花八门、杂乱无章;⑨ 生产中提前完成分配工作的人会被再派任务,但无额外报酬,导致员工工作消极懒散;⑩ 班组长只能估计每道工序的时间,估计误差大约为半个小时;⑪用泰勒法测定工时困难重重,员工警惕性很高,有时故意放慢动作,无法确定合适的工时,而且工人操作随意,每次作业顺序都不一样。

工厂似乎陷入一片混乱中……

面对上述一大堆难题,小张陷入了沉思:我该怎么办?

读者朋友们请思考,运用工业工程能够改变这一局面吗?如何改变这一局面呢?运用工业工程还能带给企业哪些有益的帮助?

1.1 为什么学习工业工程

为什么学习工业工程,主要从认识世界、提升系统效率、解决工程实际问题和增强综合能力四个方面来谈。

1. 理解认识当今世界之现实中国,建立中国制造高质量发展新理念

现今时代,世界发生巨变,中国经济正处在大变革的时代前沿。中国制造不断转型升级,从低端向中高端转型,从我国沿海发达地区向内陆或不发达地区转移,从我国向东南亚、非洲等地区转移,实现了制造业的三步跨越。① 建立中国制造基础。通过以"三来一补"(来料加工、来件装配、来样加工和补偿贸易)为代表的低端制造建立中国制造基础。② 建设世界工厂,实现中国制造。建立完善工业制造体系和全产业链价值体系。③ 打造世界级工厂,实现中国智造。自主研发创新,加速迈向全球价值链中高端,实现制造业由大变强的历史跨越。

中国的发展正处在百年未有之大变局关口。中国已经确立了新发展理念:创新、协调、绿色、开放、共享。中国已经从大规模增长转向稳定增长与高质量发展之路,现正走上创新驱动的高质量发展之路。如何认识当今世界之现实中国,工业工程是一个非常好的视角。以创新、协调、绿色、开放、共享的新发展理念为例,从工业工程和系统工程的角度,能够很好地对制造业加以解读。我们理解的工业工程创新是一种改善与创新;协调就是一种接口,不仅是软件与硬件的接口,也是技术与管理的接口,最终呈现一种技术与管理的有机融合;绿色,除了通常的含义外,还有安全(安全工程)、健康(人因工程)和愉悦(已经超乎工作状态)等含义;开放,对于工业工程研究复杂系统而言,就是不仅关注宏观、中观、微观等,更关注信息、成果的共享,其过程和内涵更具包容性。就像人类命运共同体和共同富裕的理念,中国新发展理念将走向开放与共赢。

同时,我们也要认识到在我国某些地方和企业某些环节,还存在工业工程观念和意识缺乏、工业工程缺位明显等现象,工业工程没有发挥效率提升利器的作用。而且我国制造业尚处于发展不平衡阶段,一些地方的机械化、电气化、自动化、信息化仍然处于并存状态,不同地区、不同行业、不同企业发展不平衡现象凸显。与工业发达国家比,我国推广制造业转型升级或智能化,环境更为复杂,形势更为严峻,任务更加艰巨。《中国制造 2025》明确指出我国智能转型升级的决心,然而,我国实际智能转型过程还面临一些共性问题,即关键共性技术和核心装备受制于人,智能制造标准/软件/网络/信息安全基础薄弱,智能制造新模式成熟度不高,系统整体解决方案供给能力不足。打不好基础,智能制造可谓是纸上谈兵。而工业工程技术作为智能制造企业运营的保障,更能够从基础做起,创建标准化系统流程,确保制造运营指标趋于精益、智能,最终实现智能制造升级改造。

与时俱进,拥抱智能制造时代,同时考虑我国国情,建立适应我国的工业工程应用创新模式势在必行,也是我们工业工程人的责任。

2. 掌握提升工作效率的原理、技术和方法，建立工业工程技术新体系

在西方工业化与经济发展历史中，工业工程发挥着非常重要的作用。经验表明，制造业强大的国家和地区，工业工程会非常强，反之，工业工程强的地区，只要想发展制造业，其结果就不会差。工业工程顺应了时代的发展和社会的需求，为各行各业提供了一整套系统的思想、理论、方法和工具，归纳起来，可称为"工程技术＋管理科学"工业工程理论与方法论体系。其中，工程是指工程学的广泛结合与有机融入，包括早期的五大工程——机械工程、土木工程、化学工程、电气工程、工业工程，以及后来的冶金工程、矿业工程、计算机工程、信息工程、知识工程、航天工程、海洋工程，等等；管理科学是指运筹学、管理学、系统学、人因学等的综合应用与理论指导，而从工业工程原理的角度，以工作效率、系统优化以及以人为本为目标，建立了规划、设计、评价、创新等职能，发展了工业工程的理论和方法。近年来，技术的快速发展，尤其是新技术，如人工智能、大数据、云计算、工业互联网、物联网、智能制造等的应用对工业工程的发展产生了革命性影响。

工业工程旨在运用系统分析、工程设计、建模仿真等方法，改进效率、提高质量、降低成本，广泛应用于各行各业。工业工程专业致力于培养具有全球视野、系统思维和创新精神，具备复杂系统分析、规划、设计、评价、创新及管理运行能力的综合性人才。正如二十世纪伟大的管理学家德鲁克所说，没有哪个思想像工作科学（工业工程）那样，在美国应用了一百年，生产效率就提高了一百倍。

本书能够帮助读者快速掌握一种提升工作效率的原理、技术和方法。工业工程"1＋5"理论与技术体系见图1-1。

图1-1 工业工程"1＋5"理论与技术体系

3. 掌握"人-机-环境"系统集成优化的知识体系，建立工业工程应用新模式

新时代中国企业还需要工业工程吗？中国企业正面临发展带来的一系列问题，主要有以下三点。

（1）人工费用低，越来越不具备竞争优势。人工费用低曾经是中国制造的一大竞争优势，劳动密集红利时代已成为过去，创新成果只有依附于高效率的制造与服务才能竞争取胜。因此，只有不断提高效率，并将工作效率高作为竞争的优势之一，企业才会有市场竞争力。

（2）系统越来越庞大，系统资源越来越难以整合，需要进行"系统资源优化"。全球化的产业链和价值链分工的影响，使得系统的范围越来越大。小到企业内的各种资源组合，大到国家能源/矿产，如何更有效地利用资源，毫无疑问是企业和社会经济发展从粗放型转向集约型的关键。有效地优化系统资源，既是新型工业化的关键也是难点。资源与环境成为制约瓶颈，资源的分配评估与有效利用（即资源整合）成为关键。

（3）人文关怀和以人为本越来越成为企业的核心诉求。以人为本是现代化的基本特征，人的价值和价值观重塑，也是人类社会发展的最终目标。

工业工程正是有效解决上述问题的利器。一是从系统、人本的角度研究企业生产效率提高的方法；二是为企业构建安全、高效和愉悦三个层次的工作环境；三是从"工作效率""系统优化"以及"以人为本"三大视角，推动企业健康有序发展。

4. 全面提升工业工程应用的综合能力，打造企业 CEO 成长的摇篮

在工业工程学界，有一句口头禅："用工业工程的原理与方法，解决工业工程的问题。"工业工程本身就是研究系统改善的学问，目标就是培养造就一批高素质工业工程技术与管理复合人才。通过学习，我们不仅可以拓宽工业工程学科知识面，而且会运用工业工程的原理与方法，培养广泛的综合能力，形成良好的素质。

通过学习本书的工业工程原理和实用案例，读者能够认识学习的规律，学会自主学习，学会独立思考与判断；增加体验感，增长见识，拓展思想、知识领域和视野；能够对个人认知、各种情感、行为动机与相互关系进行透彻分析，具备良好的洞察力和批判思维，快速提升能力和素质。

本书的读者以大学生居多，为了帮助读者一步一步实现对未来职业的理解与认知，一个假设前提是读者从工业工程专业毕业后就从事生产技术与管理及其相关工作。这是一个基本的职业起点，设想一下，一个工业工程专业毕业生走向社会后，如果一切顺利，通常的职业轨迹是：生产技术管理人员、生产线线长、车间主任、部门经理、项目经理、总经理助理、副总经理、总经理等。这是工业工程人才成长的标准模式。

如果把企业比作一部电影，工业工程人员则类似于"导演"或"制片人"角色。在企业，你是一个庞大系统运行的总指挥，要思考如何让员工各就各位，进行分工协作，成为一个高效的团队，去保质保量完成任务，而所花的代价还很小。无论你愿意还是不愿意，只要从事工业工程师职业，你都将扮演"总经理"的角色，更确切地说，像总经理一样思考，形成系统科学与创新的思维，最终成就一个高效率、高水平的标杆企业。

读者通过对本书的深入学习，将自己一步步代入，置身其中，不断实践与总结，能有效培养以下综合能力：① 知识学习能力与终身自主学习能力、规划设计能力与分析计算能力；② 书面写作能力与口头表达能力；③ 团队协作能力与组织管理能力；④ 工程实践能力与创新创业能力。

优秀的工业工程毕业生如同船长，面对万千险阻，总是能够指挥若定、乘风破浪、勇敢前行，最快、最经济地到达彼岸；优秀的工业工程毕业生如同棋手，面对无穷选择，总是能够澄怀观道，在布局时谋划全盘，在收官时精打细算；优秀的工业工程毕业生如同协调庞大乐队的指挥,总是追求团队完美的组织和配合,以谱写出华丽乐章。工业工程专业更是 CEO 的摇篮,苹果公司 CEO 蒂姆·库克、沃尔玛总裁迈克尔·杜克、UPS 全球主席迈克尔·埃斯丘等,都毕业于工业工程专业。

工业工程是一个创造梦想、实现梦想的专业:
我们传承工业文明的精神,为企业提升效率和质量;
我们钻研工程分析的方法,让决策更加科学和敏捷;
我们把握复杂系统的脉络,深信没有最好只有更好;
我们理解人的精神和行为,追求健康、安全和舒适;
我们在不断实践与创新中,实现自己的梦想和价值。

1.2 工业工程导入

工业工程(industrial engineering,IE)是什么?
工业工程能做什么?
工业工程如何做?

"20 世纪工业取得的重大成就,在管理技术上贡献最大的莫过于工业工程技术。这是一个由美国人创造,被世界接受并产生重大影响的思想。不论什么时候它被应用,生产率就会提高,在减少工人工作负荷的同时,工人的收入会增加。它已经提高工人的劳动生产率超过 100 倍。"

——20 世纪美国管理学泰斗德鲁克

"美国值得向全世界夸耀的东西就是工业工程,美国之所以能够打赢第一次世界大战,又有打胜第二次世界大战的力量,就是因为有工业工程。"

——美国著名的质量管理大师朱兰

"现代工业工程适用的领域不仅在于工业企业,其更广泛地应用于能源、交通、服务、商业、教育、IT 业乃至应用在整个社会的运营管理系统,简而言之,一切需要靠复杂系统提供服务的营利性组织和服务性机构都是工业工程发挥作用的广阔天地。"

——美国工程院院士 清华大学工业工程系主任萨文迪

1.2.1 初步认识工业工程

例 1-1 高温车间应该涂什么颜色?
如图 1-2 所示,高温车间墙面颜色选择有三种:灰色、绿色和紫红色。你会选择哪一种?
例 1-2 图 1-3 所示为某精密加工车间生产率与视觉疲劳程度及照度的关系,请问精密车间需要什么照明?

图 1-2 车间的颜色　　　　　　　图 1-3 车间的照明

例 1-3　某一生产过程如图 1-4 所示,请问:生产过程追求整体最优还是局部最优?从生产能力来看,哪个工序最优?整体是否最优?从生产线平衡来看,哪些工序最优?整体是否最优?该生产过程会产生什么问题?

图 1-4 生产过程

例 1-4　配置企业资源时,应用资源的工程属性应多一点还是管理属性应多一点(见图 1-5)?

图 1-5 工业工程的属性

例 1-5　工业工程中管理与技术活动如何分工才合理(见表 1-1)?

表 1-1　管理与技术活动的内容

任　务	产品研发	产品生产	产品销售	产品管理	产品管理系统	……
管理活动	产品项目管理	生产与运作管理	销售管理	管理	管理项目系统	……
技术活动	产品设计	加工管理	产品推广营销	计划控制	系统设计	……
工业工程活动	……	……	……	……	……	……

1.2.2　工业工程的思考与讨论

1. 如何看待工业工程

——工业工程是联系管理与技术的桥梁?
——工业工程需要解决哪些技术问题?
——工业工程需要解决哪些管理问题?

——当越来越多的管理问题可以用自然科学、工程技术等来解决时，是否意味着工业工程与管理的关系就越来越密切？

——如果所有的管理问题都可以用自然科学、工程技术等来解决，那么是管理被包括在工业工程中，还是工业工程被包括在管理中，抑或是管理和工业工程仍独立存在，但关系非常密切？

2. 如何理解工业工程技术人员的说法

——工业工程技术人员是否是最佳工作系统的设计者？

——工业工程技术人员是否是各级管理者的助手？

——工业工程技术人员是否是管理与技术、管理者与专业工程人员、部门与部门、企业与外部环境的接口？

——工业工程技术人员是否各自有其独立和具体的业务？

——工业工程技术人员是否是能够及时接受、倡导和推进一般人还未意识到的新技术、新思想的革新者？

3. 如何看待未来工业工程师

工业工程的未来决定了未来工业工程师的特征和角色定位。工业工程要求管理与工程知识的专精广博、良好的人际关系、整体的系统理念及追求无止境的合理化。从角色方面，工业工程人员是系统集成的设计者与管理者、多元化经营的构想者、多专长人事管理的促成者，以及高层决策的顾问。从发展来看，未来的工业工程师的特征如何，未来的工业工程师的角色如何，值得我们思考。

1.3 工业工程的概念及其内涵

1.3.1 工业工程的定义

工业工程的发展迄今已有一个多世纪。它涉及范围广泛，在其形成和发展过程中，不同时期、不同国家、不同组织和学者下过许多定义。在各种 IE 定义中，最具权威和今天仍被广泛采用的是由美国工业工程师学会于 1955 年正式提出、后经修订的定义，表述如下："工业工程是对人员、物料、设备、能源和信息组成的集成系统进行设计、改善和设置的一门学科，它综合运用数学、物理学和社会科学的专门知识和技术，结合工程分析和设计的原理和方法，对该系统所取得的成果进行确定、预测和评价。"此后，定义又被不断修正，以求更好地反映工业工程的实质，1989 年美国工业工程师学会将工业工程重新定义为：工业工程是实现规划、设计、实施与管理生产和服务（如保证功能、可靠性、可维修性、日程计划与成本控制等）系统的带头 (leading) 职业；这些系统可能是"自然界的社会技术，通过产品的生命期、服务或程序，完成人员、信息、原料、设备、工艺和能源的集成"；其目标为"达到赢利、效率、效益、适宜性、责任、质量、产品与服务的连续改善"，所用的知识和方法"涉及人因和社会科学（包括经济学）、计算机科学、基础科学、管理科学、通信科学、物理学、行为学、数学、组织学和伦理学"。

在日本，工业工程被称为经营工学或经营管理，被认为是一门以工程学专业如机械工程、电子工程、化学工程、建筑工程等为基础的管理技术。1959 年日本工业工程协会（JIIE）成立时对 IE 的定义是在美国工业工程师学会 1955 年定义的基础上略加修改而形成的：工业工程是这样一种活动，它以科学的方法，有效地利用人、财、物、信息、时间等经营资源，优质、廉价并及时地提供市场所需要的商品和服务，同时探求各种方法给从事这些工作的人们带来满足和幸福。

我国学者也对工业工程进行了定义。比较典型的有：① 工业工程是研究由人、原材料、机器设备等组成的统一系统的设计、改善和实施的科学。进行研究时，为了确定、预测、评价这个统一系统取得的成果，应具备应用数学、物理学、社会科学等方面的专门知识和技术，以及工程学上的分析、设计的原理和方法。② 工业工程以人、物料、设备、能源和信息组成的集成系统为主要研究对象，综合应用工程技术、管理科学和社会科学的理论与方法等知识，对其进行规划、设计、管理、改进和创新等活动，达到降低成本、提高质量和效益的目的。③ 工业工程是综合运用工业专门知识和系统工程的原理与方法，为把人、物料、设备、技术与信息组成更富有生产力的系统，所从事的规划、设计、评价和革新活动，同时为科学管理提供决策依据。对于工业工程的定义，有人甚至将其简化成"工业工程是质量和生产率的技术和人文状态"，或者说"工业工程是用软科学的方法获得最高的效率和效益的活动"。

综合地看，工业工程就是综合运用各种专门知识和技术，将人员、财物、设备、时间和信息等要素组成集成系统并对其进行规划、设计、评价和创新的活动。它表明：

（1）工业工程是一门工程类科学技术，也是解决管理问题的工程技术；

（2）工业工程所研究的对象是由人员、财物、设备、时间和信息等要素构成的各种生产及经营管理系统，且不局限于工业生产领域；

（3）工业工程所采用和依托的理论与方法来自自然科学、社会科学中的专门知识和工程学中的分析、规划、设计等理论与技术，特别是与系统工程的理论与方法及计算机系统技术有日益密切的联系；

（4）工业工程的任务和目标是研究如何将人、财物、设备、时间、信息等要素进行有效、合理的组合与配置，并不断改善，实现更有效的运行，为管理活动提供技术上的支持与保证，其目的是提高系统生产率与效益。

1.3.2 工业工程的目标

工业工程的目标有很多，主要有以下八大目标。

（1）可获利性（profitability） 以用户、潜在用户的需求为唯一的和贯彻始终的目标，以用户、潜在用户完全满意为唯一和贯彻始终的评价标准。

（2）有效性（effectiveness） 通过形态变换、时间变换和地点变换实现其活动的效用，提升组织的业绩。

（3）高效率（efficiency） 追求高的生产率、工效和资源利用率，主张在科学和社会的支撑下，应用工业工程的观点、理论和方法，通过管理控制活动提高生产要素的利用率。

（4）适应性（adaptability） 能适应用户需求、社会环境等企业内外部因素变化，利用这种变化并着力改变这种变化。

（5）响应性（responsiveness） 能实现对市场和企业内外部需求的快速响应。

（6）高质量（quality） 通过高性能、高质量、高可靠性与高安全性的产品或服务输出，赢得用户、潜在用户满意而获取市场竞争优势。

（7）持续改进（continuous improvement） 不断从实际出发，对系统进行改进和创新，以发挥组织的全部潜力。

（8）经济可承受性（economic affordability） 基于投资、产品功能和成本三方面，充分发挥有限投资的作用，保证功能，降低成本，把物质、知识和服务融合起来，实现更高的附加价值。

可看出，工业工程的目标是使生产系统投入的所有要素都得到有效的利用，以期达到提高生产率、降低成本、保证质量和安全、获得最佳效益的目的；可简化为三个基本目标：高效率、低成本和高质量。也就是在保证高质量的前提下，提高效率和降低成本。

1.3.3 工业工程的特点

工业工程是实践性很强的应用学科。国外工业工程应用的发展情况表明，各国都根据自己的国情（如社会文化传统、技术与管理水平等）形成具有自己特色的工业工程体系，甚至名称也不尽相同。例如，美国实施工业工程强调工业工程的工程性，日本从美国引进工业工程，经过半个多世纪的发展，形成了具有日本特色的工业工程，即把工业工程与管理实践紧密结合，强调现场管理优化。然而，无论哪个国家的工业工程，尽管特色不同，其本质是一致的。因此认清工业工程的本质，对于建立符合我国国情的工业工程体系具有重要意义。综合分析工业工程的定义、内容和目标，工业工程的基本特点可概括为以下几个方面。

1. 工业工程的核心是降低成本、提高质量和生产率

工业工程的目的是提高生产率、利润率和效率，因此可以说工业工程实质上是一门提高生产率的学问。提高生产率是工业工程的出发点和最终目标。

工业工程的发展史表明，它的产生就是为了减少浪费、降低成本、提高效率。由于只有为社会创造并提供质量合格的产品和服务，才能得到有效的产出，因此，不仅要降低成本，还要提高质量，它们是提高生产率的前提和基础。

将降低成本、提高质量和生产率联系起来综合研究，追求生产系统的最佳整体效益，是反映工业工程实质的一个方面。

2. 工业工程是综合性的应用知识体系

工业工程的定义和内容清楚地表明，工业工程是一个包括多种学科知识和技术的庞大体系，因此，我们很容易产生这样的疑惑，究竟什么是工业工程？这个问题需要通过工业工程的综合性和整体性来回答。

知识范围涉及面广是工业工程的一个显著特点。然而，这只是其外在特征，其本质还在于综合地运用这些知识和技术，而且特别体现在应用的整体上。这是由工业工程的目标——提高生产率所决定的，因为生产率不仅体现在生产要素的使用效果上，还取决于各个要素、系统和各个部分（如各部门、车间）之间的协调配合。

一个企业要提高其经济效益，必须运用工业工程全面研究和解决生产与经营中的各种问题，既有物的问题，又有人的问题。因而，必然要用到包括自然科学、工程技术、管理科学、社会科学及人文科学在内的各种知识。不应孤立地运用这些领域的知识和技术，而要围绕所要研究的整个系统（如一条生产线、一个车间乃至整个企业等）生产率的提高有选择地综合运用。

工业工程的综合性集中体现在技术和管理的结合上。通常,人们习惯于将技术称作硬件,将管理称作软件。由于两者的性质不同,容易形成分离的局面。工业工程从提高生产率的目标出发,不仅要研究和发展硬件部分即制造技术、工具和程序,而且要从提高效率的目标出发,提高软件水平,改善各种管理并加强控制,使人与其他各种要素(如技术、设备、信息等)有机协调,使硬件部分发挥出最佳效用。因此,简单地说,工业工程是将技术与管理有机地结合起来的技术。

3. 注重人的因素是工业工程区别于其他工程学科的特点之一

在生产系统和各种组成要素中,人是最活跃的和最不确定的因素。为实现工业工程的目标,在进行系统设计、实施控制和改善的过程中,都要充分考虑到人和其他要素之间的关系和相互作用,以人为中心进行设计。从作业方法设计、工作站的设计、岗位和职务设计直到整个系统的组织设计,工业工程都十分重视研究人的因素,包括人机关系、环境对人的心理生理等方面的影响和人的工作主动性、积极性、创造性及激励方法等,合理配置人和其他要素,建立适应人的生理和心理特点的环境系统,使人安全、健康、舒适地工作,发挥能动作用,达到提高效率的目的。

4. 工业工程的研究对象由微观向宏观管理扩展

为了达到减少浪费、降低成本的目的,工业工程最初重点面向微观系统,解决系统各环节的问题,即从制定作业标准和劳动定额、现场管理优化直至各职能部门之间的协调和管理改善,都需要工业工程发挥作用。

以一个企业为例,其生产经营系统如图1-6所示,通常分为经营决策、生产、市场销售三级。狭义工业工程主要面向生产过程,所追求的目标如图1-6所示。然而,现代工业工程已向经营扩展,因为整个企业系统的综合效益不仅取决于生产过程的改善和效率的提高,而且在很大程度上取决于决策科学化。这就必须用工业工程原理和方法对整个生产经营活动进行预测、评估和规划。企业由生产型转变为经营型,由以产品为核心转变为以效益为中心,尤其需要从系统整体优化方面来研究和解决问题。

图1-6 企业生产经营系统

5. 工业工程是系统优化的技术

工业工程所强调的优化是系统整体的优化,不单是某个生产要素(如人、物料、设备等)或某个局部(如工序、生产线、车间等)的优化,后者是以前者为前提的优化,并为前者服务,最终追求的目标是系统总体效益最佳(少投入、多产出)。因此,工业工程从提高系统总生产率的目标出发,对各种方案进行定量化的分析比较,寻求最佳的设计和改善方案。这样才能发挥各要素和各子系统的功能,使系统整体得到优化。

系统的运行是一个动态过程,受各种随机因素影响。一方面市场竞争日益激烈,对各种生产系统都提出了越来越高的要求,需要进一步提高生产率;另一方面,科学技术的快速发展也为工业工程提供了更多的知识和方法。因此,生产系统的优化不是一次性的,工业工程追求的也不是一时的优化,而是持续地对系统进行革新、改造和提高,使之不断在新的条件下进行优化,直到获得更高的综合效益。

1.3.4 工业工程的意识

工业工程的意识是指经过多年实践而形成的基本思想,它反过来促使工业工程的实践更好地符合科学规律,进一步产生具有指导意义的思想。这些思想可以称为工业工程的精神或灵魂。因此,树立工业工程的意识比掌握工业工程的方法和技术更为重要,能否培养这些意识,是工业工程应用成败的关键。工业工程的意识主要包括以下几个方面。

1. 成本和效率意识

工业工程从其诞生之日起,就将降低成本、提高质量和提高工作效率作为其宗旨。工业工程实际上是一门提高生产效率的工程技术。欲提高整体效益,就必须树立成本和效率意识。

2. 问题和改革意识

工业工程追求合理性,使各生产要素有效结合,形成一个有机的整体系统,它包括从作业方法、生产流程直至组织管理各项业务及各个系统的合理化。工业工程师要有一个基本信念,即做任何工作都会找到更好的方法。为使工作方法更趋合理,就要坚持改善、改善、再改善,做到改善永无止境。因此,必须树立问题和改革意识,不断发现问题,分析问题,寻求解决问题的对策,勇于改革创新。无论是对一项作业、一条生产线还是对整个生产系统,都可以不断地进行研究分析,使之逐步得到改进。

3. 工作简化、专业化和标准化意识

工作简化(simplification)、专业化(specialization)和标准化(standardization),即所谓的"3S",是工业工程的重要原则,对降低成本、提高效率起到重要作用。

(1)工作简化　在同种功能标准的标准化对象中,将其中多余的、可替换和低功能的予以精减,使总体功能达到最佳。简化原理的实质就是删繁就简、去劣存优、精益求精。简化原理通常用于原材料和产品品种、规格的简化,零部件的简化,结构要素的简化,工艺装备的简化,以及结构的精减与合并。

(2)专业化　对生产工艺实行专业化,对零部件生产实行专业化,对组织、部门、职能也实行专业化,其目的就是提高效率。

(3)标准化　标准是对客观事物与概念的统一规定。科学、技术和实践经验的综合成果是制定标准的基础。标准化是生产系统管理共同遵守的准则和依据。

4. 全局和整体意识

系统、整体与综合是工业工程的三个重要特点。工业工程必须从全局和整体需要出发，追求系统整体优化。例如，20世纪80—90年代我国汽车工业曾出现"散、乱、差"的局面，制约了汽车工业的发展，各省、自治区、直辖市都将汽车工业作为支柱产业，造成产业结构趋同化，实际就是缺少全局和整体意识。局部优化并不能达到整体优化，只有整体优化，才能达到1+1＞2的效果。

5. 以人为中心的意识

人是生产经营活动中最重要的一个要素，其他要素都是通过人的参与才能发挥作用的。现代企业强调以人为本，充分发挥人力资本的效用。工业工程的活动必须坚持以人为中心来研究生产系统的设计、管理、革新和发展，使每个人都关心和参加改进工作，提高效率。

工业工程涉及知识范围很广，方法很多，而且发展很快，新的方法在不断地被创造出来。因此，对于工业工程师来说，掌握方法与技术是必要的，但更重要的是掌握工业工程的本质，树立工业工程意识，学会运用工业工程分析和解决问题的思维方法，这样才能以不变（工业工程本质）应万变（各项工作），从研究对象的实际情况出发，选择适当的知识和技术处理问题，有效地实现工业工程目标。

1.3.5　工业工程与其他学科的关系

1. 工业工程与管理学的关系

管理是指利用人力和物力等资源去实现组织预定目标的过程，它包括计划、组织、领导、协调和控制等活动。例如，企业管理就是对企业生产经营活动进行计划、组织、协调和控制等一系列管理活动的总称，包括组织管理、技术管理、生产管理、财务管理等。工业工程由于起源于科学管理，具有管理特征，因此常被当作管理技术。工业工程管理部门，其本身也是企业的一个职能部门，同样要进行计划、组织、协调和控制的管理活动。

工业工程又区别于管理，它虽然具备对各部门及整个企业的决策和指挥进行协调和组织等行政职能，但更多的是应用各学科的知识和方法，尤其是工程分析与设计的原理和方法对系统进行评价和创新等的一种工程活动。工业工程具有明显的工程属性：① 生产系统（广义和狭义）设计是其首要任务；② 它采用工程设计与分析方法。因此，工业工程具有的工程性成为工业工程区别于管理学或商学的显著特征。

同时，工业工程从规划、设计、评价和创新角度分析和解决问题，能够为管理提供方法、手段和技术。从这个意义上，工业工程也为管理学提供方法论指导。

管理学与工业工程的区别还可从两学科课程设置中体现：管理学的典型课程主要有宏观经济学、微观经济学、管理统计学、管理学原理、组织行为学、人力资源管理、生产运作管理、战略管理、市场营销、信息技术管理等；工业工程的典型课程主要有工程分析、工程经济学、工业工程基础、工业工程建模、工程统计学、质量管理与可靠性方法、系统仿真、供应链管理、随机制造与服务系统、库存管理、工程优化技术、数据库技术等。

2. 工业工程与自然科学的关系

自然科学是研究大自然中有机或无机事物和现象的科学，包括物理学、化学、地质学和生物学等。自然科学的根本目的在于寻找自然现象的成因，即由对自然的观察和逻辑推理引导出大自然中的规律。而工业工程活动需要大量的工程实践，并经过验证，从中找到系统的规律。实践性(或实证性)是其区别于自然科学的最大特点。

3. 工业工程与其他工程学科的关系

工业工程与其他工程学科有着广泛的联系，但工业工程又不同于一般的工程学科，其不同点主要表现在：① 研究对象的构成多样性——人、物料、设备、能源、信息；② 对象的广泛性——任何复杂集成系统；③ 多门类知识与技术的交叉性——不仅包括自然科学与工程技术，还涉及社会科学与经济管理。

工业工程以其独有的接口性和创新性屹立于学科之林而不倒。

(1) 接口性　任何系统，无论是硬件和软件之间，还是软件中各环节之间都存在一个接口问题。工业工程就是要解决这些接口问题，使系统更加具有整体性、综合性和协调性。

(2) 创新性　任何系统和管理的活动，都离不开创新活动，有些工作也许是一些改进和改善，但日积月累，就会有更大的改进，最终达到全面优化的目标。

1.4　工业工程的形成和发展

1.4.1　工业工程的起源

在人类从事小农经济和手工业生产的漫长年代里，人们凭着自己的经验去管理生产。产业革命后，社会生产力开始得到较大发展。在此背景下，美国的惠特雷和英国的斯密首先于18世纪中叶分别提出了"零件互换性"和"劳动专业化分工"的概念。到19世纪30年代初，英国的巴贝奇提出了"时间研究"的概念和"设计与制造一种能够完成某些数学运算的机器"的设想。随后，美国的普尔为铁路公司等大企业提出了一些诸如组织化、通信联系和情报资料的管理原则。这些都为生产的标准化、专业化和管理的科学化奠定了基础，并孕育了工业工程的思想。

19世纪末到20世纪初期是"科学管理时代"和工业工程的创建期。美国工程师泰勒于1911年发表了《科学管理原理》一书，其内容涉及制造工艺过程、劳动组织、专业化分工、标准化、工作方法、作业测量、工资激励制度和职能组织等，该书是这一时代工业工程的经典著作。泰勒还首创了生产现场的时间研究法。从1910年前后开始，美国的吉尔布雷斯夫妇从事动作(方法)研究和工作流程研究，还设定了17种动作的基本因素(动素，therbligs)。他们为工作与作业方法的改进和后来的预定时间标准创造了科学依据，提供了基本方法，至今人们仍在使用。泰勒作为"科学管理之父"，理所当然地成为"工业工程之父"。吉尔布雷斯也是著名的工业工程创始人之一。

从20世纪初叶到第二次世界大战前，还有一大批技术及管理专家对工业工程的创立与初步完善及管理科学的发展作出了贡献。如：福特在其创办的底特律汽车公司发明了移动式大规模装配生产线(1913年)；甘特进行了作业进度规划研究和计件工资制研究，并发明了甘特图(1914年)；法约尔提出了工业经营的6项职能、管理的5种职能和14条管理原则(1916年)；哈里斯研究应用了经济批量控制库存量的理论(1917年)；梅奥主持了著名的"霍桑实验"(1924—1932年)等。在此期间，美国宾夕法尼亚大学根据泰勒的建议，于1908年首次开设了工业工程课程,后来又单独设立工业工程系,开创了工业工程教育的先河。1917年美国成立了工业工程师协会(Society of Industry Engineers),从此工业工程在社会上引起重视。1933年,美国康奈尔大学授予从事动作研究的学者巴恩斯第一个工业工程博士学位。在此时期,从事动作研究、时间研究等各种直接提高劳动生产率的工作及其相关工作的主要是具有一定的工程技术背景或懂得工程技术的人,并逐步造就了一批将工程技术与管理相结合的工业工程师。

第二次世界大战期间和其后的一段时间内,包括时间研究与方法工程、质量控制、人事评价与选择、工厂布置、生产计划等都已正式纳入工业工程的研究范畴。随着制造业的发展,费希开创了工程经济分析的研究领域。由于战争的需要,运筹学得到了很大的发展。战后由于经济建设和工业生产发展的需要,工业工程与运筹学结合起来,这为工业工程提供了更为科学的理论和方法基础,工业工程的技术内容得到了极大的丰富和发展。1948年,美国成立工业工程学会,它是国际上第一个致力于工业工程专业发展和学术活动的专业性组织,是工业工程学术发展和管理的里程碑。

20世纪中叶以来,随着科学技术的高速发展和生产力的极大提高,工业工程对复杂的工业和社会生产系统进行量化分析与系统设计的能力大大增强。尤其是系统工程学和电子计算机技术的产生与发展,逐步奠定了工业工程的理论与技术基础,进一步推动了它的发展和广泛应用,使工业工程成为一门更加成熟的学科。研究对象复杂化和应用领域扩大化、与计算机技术和系统工程紧密结合、开发与应用国际化和推进模式多样化等,均是现代工业工程的显著标志。

进入20世纪80年代以来,国际上工业工程的开发与应用已相当广泛,收效甚佳。在美国,工业工程已是工程界十大支柱学科之一,不仅在制造企业中普遍设有工业工程部门和工业工程师岗位,而且在社会上有多种咨询、科研机构,为各行各业效率的提高、管理系统的改造、人事评价优化、产品市场的预测等提供服务。美国很多高校都设立了工业工程专业,每年培养学士、硕士、博士等不同层次的工业工程专门人才,并开办各种类别的成人教育和继续教育培训班,培养社会需要的工业工程人才,但这些仍不能满足社会对此类专业人才的需求。

1.4.2 工业工程的发展

工业工程形成和发展演变过程,实际上就是各种用于提高效率、降低成本的知识、原理和方法产生和应用的历史。

工业工程形成和发展历程可以用图1-7概括说明。该图横坐标表示在工业工程发展的历程中一些重大事件发生的时间,在大多数情况下,其只表明事件的开始,而不是结束,并且其中有重叠。例如,时间研究至今仍是工业工程的基本方法和工具。

工业工程发展经历了科学管理、工业工程、运筹学、系统工程四个相互交叉的时期。它突出表明不同时期工业工程的重大发展。

1. 科学管理时期(20世纪初至30年代)

这是工业工程萌芽和奠基时期,以劳动专业化分工、时间研究、动作研究、标准化等方法的出现为主要内容。1908年,美国宾夕法尼亚大学根据泰勒的建议,首次开设工业工程课程,成为第一所设有工业工程专业的大学。这时期的工业工程在制造业采用以动作研究为主要

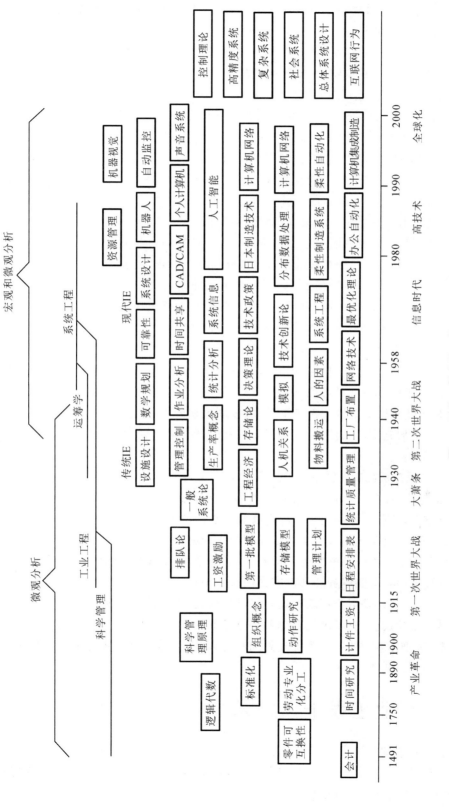

图 1-7 工业工程发展历程

内容的科学管理办法,以提高工人作业效率。并且,它主要针对作业者作业现场较小的范围,是建立在经验基础上的研究。1917年,美国成立了工业工程师协会,是世界上最早的独立工业工程组织,以后在1936年又与"泰勒协会"合并为"管理促进协会"。

2. 工业工程时期(20世纪30年代后期至今)

这一时期,工业工程作为一门专业出现并不断充实内容。继宾夕法尼亚大学之后,到20世纪30年代,美国有更多的大学设立工业工程系或专业;工厂出现了专门的工业工程职位;众多学者吸收数学和统计学知识,创立了一系列工业工程原理和方法,如休哈特博士1924年建立了"统计质量控制",为工业工程实际应用提供了科学基础,生产计划、库存模型、激励理论、组织理论、工程经济、工厂布置、物料搬运等理论和方法的产生和应用,使工业工程有了真正的科学依据,不再只是凭经验的一种技术。

3. 运筹学时期(20世纪40年代中期至70年代)

这是工业工程进入成熟的时期。长期以来,工业工程一直苦于缺少理论基础,直到第二次世界大战以后,计算机和运筹学的出现才改变了这一状况。为解决战争中的军事方案选择问题而研究出的运筹学是一个新的领域,主要用来描述、分析和设计多种不同类型的运行系统,寻求最优结果。它用于企业产品和市场决策,可实现降低成本、提高效率的目标。

同时,计算机为处理数据和对大系统进行数学模拟提供了有力的手段。因此,工业工程取得重大发展,运筹学成为工业工程的理论基础。

1848年美国工业工程师学会(American Institute of Industrial Engineers, AIIE)正式成立(现在已发展成国际性学术组织,仍称为AIIE),并于1955年确定出IE的正式定义。20世纪50年代是工业工程奠定较完善科学基础、发展最快的10年,到20世纪60年代和70年代,其知识基础则更加充实,开始进入现代工业工程的新时期。到1975年,美国已有150所大学提供工业工程教育。

4. 工业工程与系统工程时期(20世纪70年代至今)

从20世纪70年代开始,系统工程原理和方法用于工业工程,使之具备更加完善的科学基础与分析方法,工业工程得到进一步发展和更加广泛的应用。这时期主要技术有系统分析与设计、信息系统、决策理论等。工业工程着力于研究各生产要素和子系统的协调配合,强调综合应用各种知识和方法的整体性,其应用范围从微观领域扩大到宏观大系统的分析设计,从工业和制造部门扩大到服务业和政府部门等各组织。

总之,工业工程正是由于不断吸收现代科技成就,尤其是计算机科学、运筹学和系统工程等相关学科的发展成就,有了理论基础和科学手段,才能够以从经验为主发展到以精准或精细分析为主,从研究生产的局部系统改善到研究大系统整体优化,从而提高生产率和效益,成为一门独立的学科。

1.5 工业工程十大技术

1. 工业工程基础

工业工程基础是有关工业工程的原理与方法的技术。工业工程将工程与管理有机结合或融合,具有工程属性和管理属性。

工业工程基础从总体上看,建立了工业工程的内涵、思想、理念和体系。从系统的角度,以生产系统或工业系统(广义上是非工业系统或服务系统)为对象,研究系统的效率,分析其投入和产出的关系和比例。从功能原理出发,建构工业工程的四大职能:规划、设计、评价和创新。从企业应用角度出发,重构工业工程的流程和组织,分析工业工程的应用模式,在企业导入与实施工业工程;基于准时生产和精益生产的思想,在企业广泛推行 6S 管理、全面生产维护(TPM)、目视管理、定置管理、车间管理、班组管理等方法。

传统工业工程注重工作研究,它是工业工程的最基础的技术。工作研究是对工作或作业进行的研究,包括方法工程和作业测定。方法工程是将工作方法进行改进及标准化的技巧之总称,旨在消除生产系统中不合理、不均衡、不经济的因素,寻求最有效的标准工作方法。作业测定是对生产活动中劳动力如何使用及应当如何使用的问题进行定性或定量的测定,在方法工程的基础上正确测定作业量并制定标准时间。方法工程着眼于现有工作方法的改进,其实施效果要运用作业测定来衡量。在实施过程中,应充分考虑机器设备、工具和环境条件等重要因素,建立最佳人机系统配合基础上的人机系统工程。

现代工业工程基于系统工程与运筹学,借助信息技术和智能技术,能有效解决复杂大系统优化与资源配置问题,如研究制造资源计划(MRPⅡ)、业务流程重组(BPR)、产品生命周期管理(PLM)、企业资源计划(ERP)、制造执行系统(MES)、信息物理系统(CPS)和信息管理系统(IMS)等,是工业工程的先进技术。

2. 设施规划与物流系统设计

设施规划与物流系统设计针对工厂、医院、学校、商店等系统的选址、布局、物流分析、物料搬运方法与设备选择等进行规划与设计,包括使各生产要素和各子系统(设计、生产、供应、销售等)得到合理的配置,以组成有效的系统。其设计对象涵盖整个制造系统或服务系统,其范围不局限于实体建筑完成之后的内部布置。其目的是使设施得到优化布局与配置,支持系统实现有效的运营,以获得期望产出。

设施规划与物流系统设计主要包括两部分:设施设计和设施选址。设施设计涵盖工厂内所有布局工作,包括设施结构系统设计、设施布置设计、物料搬运和储存系统设计等。设施结构系统设计是对结构系统、暖通空调系统、电气照明系统和安全系统等设施进行协调设计;设施布置设计是对建筑物、机器和运输通道等,按照物、人和信息做出合理有机组合;物流搬运和储存系统设计是对物料搬运的路线、运量、搬运方法等做出合理安排。设施选址涵盖基本的设施位置选择,指对可供选择的地区和具体位置的有关因素,包括对顾客因素、供应商因素和其他设施的相互作用因素等进行分析、评价和选择,达到场址的最佳化。

从设施全生命周期的角度来看,设施的产生只需规划一次,但设施产生后还需经常再规划,以满足设施与环境目标保持同步的要求。设施规划与物流系统设计的过程是对设施持续改进的规划过程,这一规划过程包括:定义或重定义设施的目标;划分实现目标需要进行的主辅作业单位;确定所有作业单位之间的相互关系;确定所有作业单位的空间需求;设计与评估备选方案;选择优先设计方案;实施、维护和调整设施规划方案。

学习设施规划与物流系统设计,可以理解物流在工业企业系统中的地位、作用和人、机、物等基本生产要素之间的关系,掌握工厂物流系统运作的基本原理,具备以系统布置设计和物流分析为核心的规划与设计的能力。

3. 生产计划与控制

生产计划与控制是生产型企业的核心,包括产品的市场需求预测、企业计划制定(决定何时增加设备与人员、何时购买与生产物料、生产多少、购买多少等)。其目的是降低库存、缩短交货期和降低生产成本,从而满足顾客的要求,使生产效率最高、成本最低,实现企业综合竞争力的全面提升。

生产计划规定计划期内生产活动的目标和任务,用于指导企业的生产工作按经营目标的要求进行。按照计划层次分为战略计划、经营计划和作业计划。战略计划包括市场需求预测、产品规划与销售计划、资源需求计划和综合生产计划,是企业未来发展的规划,往往由高层管理人员制订,周期通常为 3~5 年,甚至更长。经营计划是将战略计划所规定的目标和任务变成切实可行的计划,包括主生产计划、粗能力计划、物料需求计划和细能力计划,实现生产与资源的负荷分析、匹配和调整,周期通常为 1 年左右。作业计划是根据主生产计划和物料需求计划,制订生产车间现场的作业计划,包括最终装配计划、生产作业计划、采购计划等,周期非常短。

生产控制是对生产计划的具体执行情况进行跟踪、检查和调整等,是执行性策略,涉及生产过程控制、准时化生产、绩效控制和设备维护等,是保证生产计划正常执行的有效方法。其程序大体如下:制订生产工作标准;分配生产任务,维持生产系统正常运行;控制与调整生产进度;收集、记录与下达生产信息;评价成果。

学习生产计划与控制,可以了解企业的生产运作各个环节,掌握企业规划、生产流程、生产管理相关知识,具备在企业生产运作过程中发现问题、分析问题和解决问题的能力。

4. 质量管理与可靠性

质量管理是指为保证产品或工作质量进行质量调查、计划、组织、协调与控制等,其核心是为了达到规定的质量标准,利用科学方法对生产进行严格检查和控制,预防不合格品产生。质量管理内容包括传统的质量控制方法、现代质量管理保证、生产保证、全面质量控制、全面质量管理等,其五大工具是统计过程控制(SPC)、测量系统分析(MSA)、失效模式和效果分析(FMEA)、产品质量先期策划(APQP)和生产件批准程序(PPAP)。可靠性技术是指保障现有系统有效运行的原理与方法,包括可靠性概念、故障及诊断分析、使用可靠性、系统可靠性设计、系统维护与保养策略等。

质量管理大体有三个阶段:① 质量检验阶段,其特点是仅"抽样检验"产品,属于事后检验的质量管理方式。② 统计质量控制阶段,其特点是以数理统计理论为基础,研究产品质量波动规律,规划质量管理过程。③ 全面质量管理阶段,其特点是以提供令人满意的产品和最佳服务为目的,依靠企业全体人员的努力,综合运用现代科学和管理技术成果,控制影响质量全过程的各种因素,实现高质量、高效益的科学管理。我国自 1978 年开始推行全面质量管理,并取得了明显成效。

可靠性技术涉及面广,需要从设计、试验、制造、运输、储存、使用和维护等各个环节以及产品全生命周期进行研究和实施。衡量可靠性的主要指标有可靠度、不可靠度(或故障概率)、故障密度函数、故障率等。

学习质量管理与可靠性,可以掌握质量管理、质量体系、质量认证、质量控制、质量检验和可靠性工程的基本理论和核心内容方法,具有现代质量管理理念、可靠性设计与分析能力。

5. 人因工程

人因工程，又称为人机工程、人类工效学等，是具有工业工程特色的技术。人因工程是以人为核心因素，运用心理学、生理学、解剖学、人体测量学等原理，对工程或技术设计、作业管理、环境布置等提出科学的建议和要求，以实现人、机、环的最佳匹配，使人的工作能有效、安全、健康和舒适，旨在提升系统效率和增进人性价值。

人因工程的研究总体趋势侧重应用，应用领域涉及与人直接相关的工程设施、生产制造、技术工艺、方法标准、生活服务、组织管理等。人因工程的研究包括八大方面：人的生理与心理特性、人机系统总体设计、人机界面设计、工作场所设计和改善、工作环境及改善、作业方法及改善、系统的安全性和可靠性、组织和管理效率。

人因工程的研究方法包括调查法、观测法、实验法、感觉评价法、图示模型法、心理测量法和计算机仿真等。其研究步骤概述为：① 确定目标及功能，譬如机器设计与改进的目的、作业的目的和功能、研究环境的重点因素等。② 模型描述，采用语言模型、图示模型和数学模型描述机器、作业、环境等因素对人的影响。③ 制订方案，分析人的特性、机器的特性、系统的特性、作业的特性和环境的特性等，提出各种方案，并对这些方案进行实验研究。④ 方案优选，对机器、作业、环境等方面进行设计、改进和评价，确定最佳方案。

学习人因工程，可以掌握人的生理、心理特征，全面了解和认识人、机、环境系统的相互关系，掌握人因设计原则和方法，具备人因工程的设计能力、分析能力和解决问题的能力。

6. 工程经济

工程经济围绕工程项目的构想、设计、施工及运营的经济合理性展开研究，是在资源有限的条件下，采用经济分析的系统理论和方法，对工程项目或技术进行经济投资分析与决策，以获得最大经济和社会效益的决策方案。其核心任务是为工程项目或技术提供经济决策依据。

工程经济是建立在分析人员对未来事件所作的预测与判断基础上的，通过系统把控项目前期决策、项目资金筹措、项目经济评价指标和方法、项目可行性研究、财务评价、国民经济评价、项目经济评价、设备更新分析、价值工程、风险决策与风险管理等内容，采用理论联系实际、定量与定性分析相结合、系统分析和平衡分析、静态评价和动态评价相结合、统计预测与不确定分析等方法，分析工程项目方案、技术方案和技术政策等的经济效果，实施对工程项目或技术的公正、客观和合理评价。

工程经济分析的一般程序为：① 通过调查研究收集经济环境中显在或潜在的需求，确定目标。② 根据目标的制约因素，找出主要矛盾，确定各种关键要素。③ 采用多重方法穷举方案，尽可能多地提出各种备选方案。④ 评价方案，备选方案一般从工程技术角度提出，具备可行性，但实施效果存在较大差异。评价方案过程中必须将参与对比分析的各种因素定量化，一般将备选方案的投入和产出转化为用货币表示的收益和费用，确定各备选方案的现金流量，估计现金流量发生的时刻，运用数学手段综合运算、分析对比，确定最优方案。⑤ 从若干备选方案中选择令人满意的最优方案实施。

学习工程经济，可以了解工程项目或技术与经济效果之间的关系，熟悉工程或技术方案优选的基本过程，善于运用定性分析与定量分析相结合的分析方法，具备进行工程经济分析的基本能力，建立经济运行的基本决策框架。

7. 系统建模与仿真

系统模型一般是现实系统的描述、模仿或抽象，用以简化地描述现实系统的本质属性，是一切客观事物及其运动形态的特征和变化规律的一种定量抽象，是在研究范围内更普遍、更集中、更深刻地描述实体特征的工具。系统仿真是通过建立和运行系统的计算机仿真模型，试验以了解系统的行为或评估系统运用的各种测量的全过程。系统建模与仿真已广泛运用于航空、航天、军事、社会经济、机械、电子、通信等众多领域。

系统模型包括实物模型和抽象模型。实物模型可分为原样模型和相似模型，抽象模型可分为图示模型、模拟模型和数学模型。在系统工程中，最常用的数学模型是运筹学模型，具体又可分为静态模型和动态模型、连续型模型和离散型模型。系统建模需遵循现实性、简化性、适应性和借鉴性四原则，其步骤如下：① 明确建模的目的和要求；② 对系统进行一般语言描述；③ 弄清系统中的主要因素及相互关系；④ 确定模型的结构；⑤ 估计模型中的参数；⑥ 模型验证与改进。

系统仿真实际上是一种知识处理的过程，是分析和研究系统运行行为、揭示系统动态过程和内在规律的一种重要手段和方法。它的三个基本要素是系统对象、系统模型和计算机工具。系统仿真按照系统对象的性质分为连续系统仿真和离散时间系统仿真；按照系统模型的基本类型分为物理仿真、数学仿真和物理-数学仿真；按照计算机类型，分为模拟仿真、数字仿真和混合仿真。系统仿真的流程包括问题描述与定义以及仿真模型建立、确认，编程实现，试验设计，运行与结果分析。

从系统工程角度来看，系统是研究对象，模型是系统抽象，仿真是通过对模型的实验达到研究系统的目的。系统建模是系统仿真的前提，即通过构造数学模型了解系统模型的性能及可能的系统运行状态等；系统仿真是系统优化的手段，即它必须通过描述系统模型，利用仿真程序语言，借助现代化的计算机设备来实现对系统的研究，发现系统存在的问题，并提出解决问题的方案。

学习系统建模与仿真，可掌握系统建模、仿真与分析方法，熟练运用系统建模与仿真的常用工具进行系统仿真实验。

8. 人力资源开发与管理

人力资源开发与管理是现代企业管理的核心，是培养企业竞争优势的重中之重。人力资源开发与管理是运用现代化的科学方法，对与一定物力结合的人力进行合理培训、组织和调配，使人力、物力经常保持最佳比例，同时对人的思想、心理和行为进行恰当的引导、控制和协调，充分发挥人的主观能动性，使人尽其才，事得其人，人事相宜，以实现组织目标。其内容涉及人力资源管理六大模块，包括人力资源规划、员工招聘与选拔、培训与开发、绩效管理、薪酬福利管理、员工关系管理。

(1) 人力资源规划　把企业人力资源战略转化为中长期目标、计划和政策措施，包括人力资源现状分析、未来人员供需预测与平衡，确保企业在需要时能获得所需要的人力资源。

(2) 员工招聘与选拔　根据人力资源规划和工作分析的要求，为企业招聘、选拔所需要的人力资源并录用安排到一定岗位上。

(3) 培训与开发　通过培训提高员工个人、群体和整个企业的知识、能力、工作态度和工作绩效，进一步开发员工的智力潜能，以增强人力资源的贡献率。

（4）绩效管理　对员工在一定时间内对企业的贡献和工作中取得的绩效进行考核和评价，及时做出反馈，以便提高和改善员工的工作绩效，并为员工培训、晋升、计酬等人事决策提供依据。

（5）薪酬福利管理　包括对基本薪酬、绩效薪酬、奖金、津贴以及福利等薪酬结构的设计与管理，以激励员工更加努力地为企业工作。

（6）员工关系管理　鼓励和关心员工的个人发展，帮助员工制订个人发展规划，以进一步激发员工的积极性、创造性；协调和改善企业与员工之间的劳动关系，进行企业文化建设，营造和谐的劳动关系和良好的工作氛围；采用激励理论和方法，对员工的各种需要予以不同程度的满足或限制，以激发员工向企业所期望的目标努力。

学习人力资源开发与管理，可以理解人力资源管理的六大模块的方法和体系，学会如何开发企业人力资源，并管理好一个企业，不断提升自身能力、素养和水平。

9. 智能工程学

智能工程学是正在发展中的科学，具有多门学科交叉、融合集成的特点，是研究智能工程对象从数据、信息、知识到智能的价值转化与创新的框架、过程与活动，最终实现智能化，为开发智能的系统提供支持的学问。数据是以文本、数字、图像、声音和视频等格式对事实的记录，是未经加工的原始素材，表示客观的事物。信息是隐藏在数据背后的规律，需要人类的挖掘和探索才能够被发现。知识是数据和信息的高级抽象，具有系统性、规律性和可预测性。智能是智慧和能力的合称。其含义包括既往获得的知识和经验的广度以及运用这些知识和经验来解决新的问题从而形成新概念、调节和适应新环境的能力。智能是接受知识从而认识世界事物，并运用知识，从而改造客观世界的能力。

数据、信息、知识与智能密切相关，数据作为对事物状态的一种原始记录，经过处理并被赋予某种意义后，才会转化为信息。人们对信息进行提炼和归纳后，获得实践中解决问题的观点、经验和技能，信息才会内化为知识。人们综合运用知识和技能，创造性地解决问题、发明创造或预测未来时，知识就升华为智能，并转化为了价值。

智能工程是一个系统地、有组织地对数据和信息进行处理，获取隐性知识和显性知识，进行智能决策与控制的过程。智能工程以工程实际应用为导向，综合利用计算机技术、人工智能技术等解决实际问题，注重研究智能活动过程的机理，具有严格的逻辑性、推理性和普遍适用性。因此，智能工程应具有数据挖掘能力，能够从数据中发现隐藏的趋势以及不寻常的模式。

智能工程学包含管理信息系统、决策支持系统、知识工程和人工智能等技术。学习智能工程学，可以理解智能工程理论、方法，学会从数据、信息、知识到智能的价值转化与创新的方法，具备数据提取、信息获取、知识表达和智能决策的能力。

10. 智能制造系统

智能制造是当今全球制造业的发展趋势，也是我国制造业转型升级的方向。智能制造基于装备制造技术、自动化技术、传感技术、信息技术、网络技术、人工智能技术等先进技术，通过智能化的感知、人机交互、决策和执行，实现产品设计、生产、管理、服务等制造活动的智能化，使得制造过程能够去中心化、自适应、自组织、自维护，具有高度柔性。

智能工厂是智能制造的核心之一，是工业工程的典型应用场景。围绕产品生命周期，智能工厂分为智能设计、智能生产、智能运营、智能服务四个部分,层级分为企业层、车间层、单元层和设备层。我国智能工厂的建设中,在规划上应注重自上而下的顶层设计,在应用实施上应注重自下而上的工业工程(技术和管理)创新,充分发挥人的能动性,夯实智能应用场景落地。本质上,智能工厂的建设将实现制造业的三大需求,即生产制造透明化、管控智能化和智能系统化。

智能制造系统是一个复杂交错的庞大制造系统,具有自组织、自学习和自维护能力,保证整个制造环境中的智能继承,实现对产品生命周期、低级到高级的系统层级和智能功能三个维度的系统优化管理。系统层级从微观到宏观拥有不同的层次,自下而上共五层,包括智能设备层、智能车间层、智能企业层、智能供应链层和智能生态层。智能制造系统关键技术有产品全生命周期管理(PLM)、企业资源计划(ERP)、制造执行系统(MES),以及各种信息物理系统(CPS)等。

通过智能制造系统的学习,可以理解智能制造、智能工厂和智能制造系统的内涵与体系架构,熟悉工业工程在智能制造建设中的作用,具备分析、设计、实施和评价智能制造系统的能力。

1.6 工业工程的应用与发展

1.6.1 工业工程的应用领域

工业工程发展初期,应用对象是制造业。直至今天,制造业仍然是工业工程的主要应用对象,但制造业独享其成果的时代从第二次世界大战以后就有所改变。工业工程的方法与技术被更广泛地为非制造业领域所接受,如建筑业、交通运输业、零售业、金融业、公共医疗行业、政府管理等。究其原因,一个重要的因素就是工业工程的核心价值——效率与效益,这是一切经济组织所追求的共同目标,也是工业工程在不同领域得到应用的基础。

在美国,专业学会组织往往享有很高的地位,它们是推动科学发展的重要基础。美国工业工程师学会现在已成为一个国际性学术组织,从该学会主要专业分会设置的情况就可大致看出工业工程的应用领域的分布情况,如表1-2所示。

表1-2 工业工程应用领域的分布情况

序号	应用领域的分布情况	序号	应用领域的分布情况
1	航空与航天	12	运筹学
2	计算机与信息系统	13	加工工业
3	电子工业	14	生产和库存管理
4	能源工业	15	质量控制与可靠性工程
5	工程经济	16	零售商业
6	人因工程	17	卫生系统
7	设施规划与设计	18	运输与销售
8	金融业务	19	公用事业
9	政府	20	作业测定和方法工程
10	工业和劳务关系	21	制造系统
11	管理		

1.6.2 工业工程在国内、国外的应用与发展

1. 工业工程在国外的应用与发展

美国是工业工程的发源地,工业工程为美国的经济发展起到了重要作用,美国制造业的发展历程就是工业工程发展的历史。在美国,各大中型企业都设立工业工程部门和工业工程岗位,其工作是最繁忙的,因此美国的工业工程师队伍极其庞大。美国20世纪60年代后期开始形成以 MRP、闭环 MRP、MRPⅡ为代表的美国 IE 模式,20世纪90年代刮起了 BPR 旋风,精益生产模式也开始盛行。

日本在国际贸易和市场竞争中之所以节节胜利,根本原因在于其社会和企业的低成本、高质量、高效率,而工业工程是它们的成功法宝及依靠的主要技术和工具之一。日本20世纪70年代从美国引进工业工程,在工业工程的开发与应用中注重结合其自身实际进行改进与创新,特别是开发出了不少独具特色的技术方法,例如丰田生产模式、零库存生产及看板管理等,并在国际上产生了革命性影响。日本的 IE 最初也是从基础工业工程开始的,在20世纪60—70年代创立了 TQC 模式;20世纪70年代以来,推出了以丰田生产方式为代表的日本 IE 模式,使得质量提高100%,生产周期缩短70%,成本降低40%,市场占有率提高20%。日本 IE 强调在作业级的实际应用,注重产品设计,采用准时生产和质量控制等方式,有力地推动工业工程的发展。

欧洲各国从20世纪50年代前后相继开始使用工业工程技术,而且很快向其他一些国家和地区渗透。欧洲的工业工程比较注重两种 IE 方式的融合,注重管理方法和管理信息系统的建设,以及推动装配线与生产平衡等。同时,引入物料需求规划与企业资源规划、并行工程、同步制造、供应链管理、敏捷制造等。

在亚洲,到20世纪70年代,亚太地区经济发展较快的韩国、新加坡、泰国及印度等都已经建立了工业工程的研究、教育、开发和推广体系,并采用美国的工业工程体制。如印度于1975年开始建立 IE 教育与应用体制,得到了较快的发展。韩国的工业工程强化高等教育与学术组织的建设和发展,汉阳大学、KAIST、POSTECH、东义大学、庆星大学等都建立了自己的工业工程体系,三星、现代、LG 等企业在应用和推广工业工程上取得了较好的效果。

这些国家和地区的经济发展相当迅速,不能不说与工业工程的研究与应用有着密切的关系。可以说,工业工程的研究与发展水平,在一定程度上标志着一个国家或地区的经济、社会和管理发展水平。

2. 我国工业工程的应用与发展(2000年以前)

工业工程在我国的传播可追溯至1943年的重庆九龙坡交通大学工学院工业管理工程系。当时该系组织的学习课程中,涉及机械工程和工业工程的内容各占50%。

随着我国社会主义制度的建立和社会主义市场经济体制的逐步完善,生产率得到了极大的提高,社会生产力得到空前的发展。早在20世纪50—60年代,我国普通劳动者就自发开展了提高劳动生产率的活动,并创造出了许多立足于本职工作的新的工作方法,如"郝建秀作业法""倪志福技术革新""毛泽东号机车组作业法"等,这些都体现了工业工程的思想,并有一定的创造性。20世纪50年代初期,156项骨干工程在实施中全面学习与采用苏联的工业工程模式,推行其生产组织与计划方法,其中涉及了某些传统的 IE 内容,如时间研究、制订劳动

定额;20世纪50—60年代社会建设高潮期间,开展了合理化建议、技术革新运动,改进生产工具、工艺过程、作业方法和技术标准,改善劳动条件,提高了工作效率,降低了成本与消耗。"文革"期间,IE的科学管理方法被当作资本主义的理论加以排斥。

改革开放后的20世纪80年代,工业部门首先认识到工业工程的推广和应用将会对经济发展产生巨大的影响。机械电子工业部最早提出"加强企业管理,实行整体优化"的要求,并卓有远见地提出要对企业管理整体优化的理论、方法进行研究探索。有关部门和许多有识之士普遍认为,工业工程技术比较适合我国当时阶段经济发展的需要,在我国工业界推广应用的前景十分广阔。应用它的一些技术,往往不需要或只需要很少的投资,就可以产生很大的效益。日本能率协会专家三上辰喜受日本政府委托,曾在我国北京、大连等地推广应用工业工程。他认为,中国许多企业不需要在硬件方面增加许多投资,只要在管理方式、人员素质和工业工程等方面着力改进,生产效率就可以提高2~3倍,甚至5~10倍。20世纪80年代中期北京机床电器厂在日本专家的诊断和指导下,运用工业工程,通过"工作研究",改善工作地布置和作业方法,使组装车间在不增加人员、基本不增加设备投资的情况下,生产效率提高一倍,产品合格率由85%提高到97%,并减轻了工人的劳动强度。成都红光电子管厂运用"工作研究"等基础工业工程技术改造电子产品装配线,节约了大量工时、人力、物力,提高了效益,改善了工作环境;长春一汽、湖北东汽从中国国情出发,学习、推广日本的准时生产方式和"一个流"管理法,变"推动式生产"为"拉动式生产",取得了巨大的技术经济效益。鞍山钢铁公司广泛应用工业工程技术,普遍修订岗位作业标准,取得明显效果。另外,国内一些设计院研究应用物流系统分析方法,显著改善了工厂设施的规划和设计工作。

在20世纪80年代末至90年代初的近10年来,应用IE的行业已涉及冶金、化工、机械、汽车、能源、石化、航空、服务业等各种领域。IE的4项重要技术,即系统分析与统筹规划、工作研究、设施规划与设计、生产计划与控制的应用已形成一定格局。1985年机械电子系统有关部门组织和指导一些企业进行应用"工作研究"试点,据10个企业统计,一次性投入76万元,每年增加净收入2815万元,取得显著效果,证明IE对我国企业管理优化、提高效率和效益也是适用与有效的。1987年我国实行经济体制改革,从计划经济向市场经济过渡,开创了IE应用的新局面。

进入20世纪90年代以后,我国企业直接面临国际市场竞争的挑战,急需提高管理水平,降低成本,提高效益。中国机械工程学会经过大量的调查研究和专家论证,为在全国范围内更好地推广工业工程,使企业自觉地、有意识地应用工业工程,在中国科学技术协会、原国家技术监督局等部委和有关高等学校、研究机构、大型企业的支持下,于1990年率先成立了国内第一个工业工程学术团体——中国机械工程学会工业工程分会,召开了中国首届工业工程会议。从1991年开始基本上每年或每两年召开一次全国性学术会议,1991年还成立了工作研究与效率专业委员会。1992年全国组织进行工业工程专业本科段自学考试,于1994年首考。1993年的学术会议还邀请了中国台湾工业工程学会和中国香港工业工程学会等学术团体的代表团及日本工业工程专家参加。大学教育方面,国内大学从20世纪90年代开始设立工业工程专业,比如西安交通大学工业工程系创建于1992年,是我国最早开办工业工程专业的教学与研究单位;天津大学是1992年首批由国家批准试办工业工程专业(本科)的高等学校之一,也是首批获得工业工程硕士授予权的高等学校之一;重庆大学机械工程学院工业工程系创建于1993年,为国家教委首批正式批准的工业工程专业本科招生单位。清华大学工业工程学科发展始于20世纪90年代,1993年第一批获准设立工业工程硕士专业,1997年起设立本科专业并开始招生,后又获准按"管理科学与工程"一级学科授予工业工程方向工学硕士和工学博士学位。2001年10月清华大学正式成立工业工程系,特聘美国工程院院士、普渡大学萨文迪教授出任首届系主任和讲席教授。建系后,工业工程系实现了跨越式发展,为清华大学工业工程系在较短的时间内建成世界一流的工业工程学科打下了良好的基础。目前全国已有257余所高校设立了工业工程专业。

学术交流方面,我国已成功地举办了国家教育部工业工程类专业教学指导委员会会议、中国工业工程年会、工业工程与工程管理(IE&EM)国际会议以及中国工业工程企业应用与实践高峰论坛等一系列有影响的学术会议。近年来,工业工程的教育、研究和推广应用都很活跃,对我国的经济发展产生了积极作用,促进了工业工程领域的国际交流与合作,扩大了中国工业工程的影响力。学术杂志有《工业工程》《工业工程与管理》。2000年6月中国机械工程学会开始组织中国工业工程专家与工业工程师认证工作,资格认证工作也已全面展开,同时国家有关部门正在酝酿工业工程师和高级工业工程师岗位的设置问题。

许多企业已认识到,面对国际市场的整体竞争格局,没有工业工程有关技术及其相应的专业人才,提高国际竞争力的目标是很难实现的,而实施工业工程是计划经济向社会主义市场经济过渡并与国际接轨的一条有效途径。事实上,中国许多与国外合资或国外独资的企业,像上海大众、一汽大众、天津奥的斯电梯厂、天津摩托罗拉公司等,均设有工业工程部和工业工程师岗位,这些企业的管理方式都尽可能按照国际惯例,经济效益非常明显。国内大中型企业应用IE技术势头日趋旺盛,并已取得了显著经济效益和社会效应,比如海尔、联想、TCL、科龙、美的等先进企业都设有独立的工业工程部门。目前国内许多大中型企业均设有工业工程师岗位。

工业工程在我国冶金、化工、机械、汽车等各种领域广泛应用并取得了丰硕的成果。在汽车行业,长春一汽变速箱厂采用精益生产方式,降低流动资金70%,降低在制品90%,提高劳动生产率90%,使生产能力翻一番,生产用工人数下降1/2。上海大众汽车有限公司5年期间逐步改善物流搬运和劳动组织,在增加加工深度的情况下,生产工时下降39.8%,一线劳动生产率水平接近德国水平。东风汽车公司车桥厂在差速器壳生产线上推行工作研究,使人均搬运距离缩短2 633.54 m,时间减少了145.86 min,作业人员减少20%,班产量提高39.04%,人均生产率提高73.8%,废品率下降31.1%,在制品数量下降44.2%,年创经济效益13.87万元。在机电行业,红光电子管厂在引进的生产线上运用工作研究,仅花费1万元就实现了年增产值840万元,净增利税363万元。北京机床电器厂在日本专家指导下,运用IE技术改造电器产品的装配线,新增利税349万元,成为"老厂不大量投入,运用IE技术大幅度增加生产率"的典型。广东科龙冰箱厂在供应管理上获得显著改善,一次性降低3 000万元费用。机电行业推行工作研究的效果非常显著,据10个企业统计,一次性投资76万元,每年增加的净收入为2 815万元,取得了巨大的经济效益。在钢铁行业,邯钢在1994—1996年中应用IE技术获奖的38个项目所创造的经济效益累计1.66亿元。鞍山钢铁公司在其所属的20个企业进行应用试点,通过推行方法工程,修订和制订作业标准9 592个,开展岗位测评、改善劳动条件等活动,品质提高10%~20%,工时利用率提高10%~25%,劳动生产率提高20%,获经济效益 5 392 万元。宝山钢铁集团公司采用"定员效率化(逐年减少定员和提高劳动生产率)"方法推行 IE,不断挖掘生产潜力,在提高效率方面成就显著,1988—1991 年间减少人员 800 人,劳动生产率提高 13% 以上。唐山钢铁公司应用 IE 技术,在 1990—1997 年间,实施 IE 项目 667 项,创造经济效益 4 亿元。

3. 我国工业工程的应用与发展(2000 年以来)

2000 年以来,我国工业工程的发展得到全面的提高,除逐步开始应用一些基础工业工程外,还大力推动现代工业工程的发展,取得了很大成效,标志着我国工业工程的研究、应用与推广进入了一个全面综合的大发展时期,逐步形成了中国工业工程的体系。

进入 21 世纪以后,我国制造业的出口一直维持在 80% 以上,创造了 70% 的外汇收入。我国家电、医药、电子等 10 多个制造行业的 80 种产品的产量居世界第一。同时我国制造业增加值在我国国内生产总值中的比重一直在 40% 以上,我国一半的财政收入来自制造业。2010 年统计数字表明,中国制造业产出已占世界比重 19.8%,超过美国的 19.4%;2012 年在 500 种主要工业产品中,居全球首位的中国制造高达 220 种;中国在重要领域的技术集成和制造能力跻身世界先进行列,成为当之无愧的制造业大国。中国已经成为举世瞩目的"世界制造工厂",特别是电子制造行业得到快速发展,增长是全球最快的,成为电子消费品、计算机硬件和电信设备等的世界制造中心。与此同时,工业工程在电子制造行业应用非常深入且广泛,早期的富士康,后来的比亚迪、立讯精密,甚至电子通信龙头华为、中兴通讯等企业应用工业工程成效显著,成为我国工业工程应用的典范。

广东、浙江、江苏等制造业相对发达的地区的企业应用工业工程提高效率的效果也非常显著。美的、康佳成绩不俗。推行工业工程后,容声冰箱产量从 80 万台猛增到 280 万台。我国机床排头兵沈阳机床从 2000 年推行工业工程,到 2008 年销售额增长 11 倍;沈阳飞机制造公司、成都飞机制造公司、上海汽车集团公司、东风汽车集团公司、海尔集团公司等大型制造企业都在大力实践、推广工业工程,以求提高竞争力。钢铁行业龙头企业宝钢集团引入系统的工业工程理念和方法,形成了以"五制配套"为核心的宝钢精益管理体系,不仅是国内钢铁企业的典范,而且成为国际钢铁行业的领军企业。

尽管如此,当时中国制造业从整体上看竞争力还很薄弱,在很长时间内中国是制造业大国而非强国,还处于大而不强的阶段,且一些问题严重阻碍了中国制造业的长足发展。这些问题主要表现为:呈现出低质、低效、高成本、高能耗、高污染等现象,尚未创造出能引领世界的设计、制造及品牌;制造业数字化、信息化及智能化水平低;产能过剩、产业结构不合理;关键部件仍依靠进口,研发投入产出明显不高。

2012 年我国很多企业开始了新经济的结构转型,更加重视企业的信息化和数字化发展。其实早在 2002 年,我国就提出"实施制造业信息化工程,走新型工业化道路",这在很大程度上决定了制造业的未来和产业结构的优化与升级。而制造业的转型升级,离不开生产组织、管理技术的转型升级。2008 年我国工业和信息化部成立,开启了工业化和信息化两化融合推广应用的局面。企业管理越来越注重信息化,诸如利用大数据实施市场分析、利用计算机系统完成机器人生产和流水线管理、利用移动 App 和导航技术完成打卡等日常管理事宜,制造企业生产过程中越来越依赖计算机、互联网技术,工业工程在其中发挥着越来越大的作用。一方面,工业工程将排放和能耗作为系统配置和运行管理优化目标,重点关注能源系统资源优化配置和能源优化管理,考虑能源与排放的决策与优化以及面向能源与排放的生产运作管理,生产与服务系统的可持续发展评价与评估,绿色制造管理以及绿色供应链管理等。通过改变能源环境压力,帮助企业走可持续发展道路。另一方面,通过加强工业化与信息化的融合,在制造业的发展过程中,采用ERP、BPR等先进的管理信息技术以及信息化集成创新,促进各部门之间的有效协作、业务流程重构、管理组织扁平化等,实现制造能力与计划需求之间的平衡,降低生产成本,实现企业经营在成本、质量以及整体运行效率方面的改善。根据德勤发布的《2013年全球制造业竞争力报告》,在38个国家和地区的评比中,中国内地以满分10分获得全球制造业"第一"的地位。但随着成本优势的逐渐减弱,中国制造业顺应全球制造业的发展趋势,通过技术创新和服务化向产业链高端发展,实现产业结构转型与价值链升级是一个大趋势。转型升级又助推工业工程创新发展。中国制造业面临向产业链高端升级的问题。iPhone手机的产业链涉及美国、韩国、中国等诸多国家和地区,在苹果的整体管理下,iPhone的设计、生产、营销处于高效的运作之中。中国制造只分得iPhone总价值的1.8%,而苹果作为iPhone的创造者,却能拿到利润的58.5%。

  2012年以来互联网、大数据、云计算等技术的兴起,掀起了新一轮的产业变革,也开启了工业工程新范式。在信息时代下,生产驱动模式的优化,是制造企业升级自身竞争力的首要因素。传统的以预测为主的生产驱动模式已不能适应更多以差异化竞争为主的工业市场。企业利用工业工程,建立基于大数据分析的市场需求型生产驱动模式和机制,通过大数据挖掘,可以对不同类型客户群体的消费习惯等内容进行精准分析,并根据市场需求来驱动企业生产,提升对个性化定制需求的供给能力,为订单方提供量体裁衣式的优质服务,又可以进一步解决企业新产品研发的提速问题、多种产品的并行研发和生产的组织问题等。在解决这些问题的过程中,企业运用工业工程的工具来调动内部资源,调整生产组织形式、产品结构、人力资源配置等。在互联网时代,工业互联网对中国制造业是一个机遇,迫切需要适合中国制造业发展的工业工程新思维、新方法。而且随着大数据和云计算技术的成熟,工业工程在制造企业中的应用范围和应用场景都得到了极大拓展,在集成制造、并行工程、虚拟制造、敏捷制造、网络化制造及云制造等先进制造技术和模式方面逐渐开始进行深入研究和应用,并取得了丰厚的成果,尤其是云制造的研究处于世界领先水平。并行工程就是基于大数据的市场需求驱动型的生产管理方法,即制造企业应当在产品设计开发的环节,就充分考虑产品从设计直至销售、使用的全过程中的各类问题,进而在产品研发阶段就能解决全过程中的这些问题。制造企业通过不同业务的并行交叉、系统集成与整体优化等方法,可以减少产品研发、制造、销售、使用全过程中的资源浪费、返工等现象,提升产品质量和用户满意度。在生产环节的云计算与动态控制方面,企业利用传感技术,收集智能设备相关数据并将其上传至云端,通过云计算分析该设备的相应参数、变量,并对系统进行优化,即可对企业的全部智能设备进行动态调整,使生产效率和稳定性同时得到大幅提升。企业还通过运用虚拟现实(VR)仿真技术、Flexsim仿真软件等描述复杂系统,对改善后的方案进行验证,可以逼真地模拟或重构现实世界事物和环境,从而降低制造成本,缩短设计与制造时间,提高产品质量。

  我国工业工程学者提出了面向中国制造业的工业工程发展新思路。一方面提出了基于互联网工业需求的三层次集成创新模式:① "管理+技术"的集成创新;② "IE+IT"的集成创新;③ 面向产品全生命周期的从"精益设计—精益研发—精益制造—精益管理"的集成创新。

随着互联网工业的开启,技术的差异性越来越小,企业就要从产品规格、品质、生产效率、准时化程度、安全、绿色制造等角度不断地提升其硬条件约束下的软实力。开发面向产品全生命周期的从"精益设计—精益研发—精益制造—精益管理"的集成创新机制是解决上述问题的有力工具。另一方面提出了工业工程本土化理论的创新与发展。大量企业实践证明我国工业工程本土化研究与应用实践是解决我国制造业存在问题的有力工具。不断探索工业工程与中国制造业相匹配的生产方式是工业工程面临的一大挑战。工业工程诞生于美国,成功本土化于日本,且韩国,我国台湾、香港也是这样走过来的。中国制造业本土化方向主要是解决制造企业自主创新能力不足及中国制造业向产业链高端升级等发展路径问题。工业工程理论方法的广泛应用将助推中国从制造大国向制造强国迈进。综合上述分析,提出面向中国制造业的工业工程发展思路,即通过工业工程理论方法本土化应用实现制造企业基础能力的重构,促进自主创新能力的提升,带动制造业产业链升级,向价值链高端移动。同时,依托互联网、大数据实现"IE+IT"的集成,不断地推动中国制造业的发展。

随着我国制造业向纵深发展,工业工程的研究、应用呈现多元化、全面化,并在电力、建设、运输、医疗、服务甚至农业等非制造业领域广泛应用。在电力行业,首先电力系统的运行现场管理中充分运用工业工程技术,对电力系统运行的各环节包括人力资源、电力设备资源、电力运行维护以及电力生产等组成的大系统,不断地进行系统规划、设计与现场管理的优化,实现精准管理和控制。其次根据电力工作标准和规范,结合大数据来分析企业的当前运营状态以及未来的发展趋势,围绕电力企业的生产现场,用技术指标来衡量工作成效,实现集约化生产。而且同时通过对电力系统运行的现场各环节的实时监控,有效增强管控的质量和效率。电力系统在运行过程中一旦发生故障,工业工程师就能在一定时间内将相关的要素调动起来,使其各司其职又相互配合,以最快的速度解决故障,恢复系统运行,确保现场运行的稳定和安全性,提高电力企业的服务水平。在建筑行业,通过设立专门的建筑工业工程师岗位将流程规划和改进的职能从管理职能中剥离出来,聘用专业的人员进行建筑工业工程研究。建筑工业工程的实际应用中采取大量的观察、记录,跟踪整个作业流程,分析每个作业和动作。建筑工业工程师通过优化和重新组织企业系统的各种资源,达到提高效率的目的。

近十年工业工程向非制造业转型,即向有效增强现代工业工程的服务管理转型势在必行。服务系统相对来说是比较复杂的,服务系统等非制造业转型赋予工业工程新的内涵。工业工程技术应用于服务设计、服务研发、服务作业、服务管理等服务系统中的主要研究对象,必须强化各个环节之间的有效沟通,才能够实现服务能力的提升。与此同时,在互联网环境下,工业工程技术结合网络技术发展的优势,优化新的管理服务系统,不断实现新的服务理念和工业工程的融合。

工业工程不仅在政府市政建设、民航交通、饭店服务业等领域发展迅速,还向金融、旅游休闲行业、军事以及国土安全领域渗透。如2008年奥运会,日程安排和运输系统优化与仿真、服务系统、以人为本的理念等的综合运用,是工业工程的大发展的体现。工业工程广泛应用于服务管理,其中一个分支,就是医疗健康服务管理,早已经成为热点。美国工业工程专业排名前十的大学如美国乔治亚理工学院、普渡大学、加州大学伯克利分校等均开展了医疗健康相关工业工程研究。普渡大学提出"再塑工业工程",其中一个重要内容就是医疗健康。我国台湾地区许多医院已经开始应用许多工业工程的技术方法来进行医院的日常管理,在保证医疗服务水准的同时,有效降低了医疗成本。我国有医疗机构探索医疗设备的集中养护和医疗联合体模式,这就是一个工业工程的典型应用。

4. 工业工程在我国中小企业的运用和推广

自改革开放以来,我国采取一系列措施引进西方先进的生产管理技术,我国中小企业得到了蓬勃发展。2010年,我国中小企业已达4000多万家,尤其是沿海地区中小企业数目急剧增加。据不完全统计,我国沿海一带一个城市就已有上百家中小企业不同程度地应用工业工程,应用涉及家电、建材、资讯等十几个行业,许多中小企业已经将应用工业工程作为提高企业管理水平的重要手段,获显著效益40亿~50亿元。对10家企业的调查显示,工业工程应用效果达到投入产出比为1∶40。工业工程在国内中小企业中的应用正处于上升阶段,一些中小企业跟上了工业工程的潮流,有的已经成立工业工程部门或创建自己的工业工程团队。一些领先的中小企业主动将自己融入整个产业供应链的一环,通过寻求为大企业配套,实现产业供应链的整体优化以及大系统的融合发展。当然,有些中小企业并没有明晰的发展思路,企业内部人员的技术水平、文化素质也参差不齐,没有形成一套体系,导致其虽然引入了工业工程,但在理念、细节执行和效果等方面存在差异,没有能够充分发挥出工业工程应有的功能。但我国中小企业应用工业工程有前途和发展空间。从长远来看,我国中小企业广泛应用工业工程,是改善其生产状况、提高其生产效率、提升其企业竞争力和促使其发展壮大的必由之路。

2015年我国智能制造强国战略提出,工业工程的应用开始进入面向智能制造的工业工程创新新时代。大数据、物联网、云计算、5G等技术逐步进入制造业的各个关键环节。以大量资本、密集人力投入的传统价值创造模式,必然会被创新型的、数字化的价值创造模式所取代;制造业的专业化、个性化产品、数字化、智能化以及制造业的运营、服务等企业运作模式正在发生变革;以数字化转型为发展的动力基础,将数字化转型升级路径研究作为制造企业转型的关键,将为振兴发展制造业提供持续动力。

中国工业工程在制造业的应用模式与发展趋势更加显现。中国处于工业后时代和智能时代交汇的新的发展时期,经济转型与产业结构调整,创新型国家建设持续推进,制造业迈入智能时代,工业经济与新经济齐头并进,现代服务业蓬勃发展,我国所面临的更为突出的能源、环境等可持续发展问题有待解决。与此同时,以人工智能、大数据、移动互联网、物联网、云计算等为标志的新一代信息技术,复杂系统理论,行为运筹学等相关理论的发展,为工业工程创新发展提供了新的动力。

2020年,我国围绕深化制造业与互联网融合发展,聚焦两化融合管理体系贯标、跨行业和跨领域工业互联网平台、云平台、智能制造等方向,探索形成可复制、可推广的新模式和新业态,增强制造业转型升级新动能。

5G有高质量通信、低时延、大规模连接、大流量数据交互以及网络安全性等优势,显著提升了网络通信性能。以5G通信技术为代表的新一代信息技术与人工智能技术、工业制造深度融合,将成为传统制造向智能制造迈进的主要推动力。5G优势及其与工业工程结合的潜力巨大。5G的采用将使得以降本提质增效为根本使命的工业工程又进入更高层次的蓝海。IE工程师可以应用5G,在工厂、车间中实施网络互联,在生产线设计、实施和持续优化过程中,更好地达到工业工程目标。通过综合利用5G、边缘计算和人工智能等技术,可实现工业制造的智能化,动态监控、智能数据分析、故障预警和模拟控制等能够不断优化工业制造场景、流程和工业管理,大幅提高工业制造的效率和质量,降低成本,改善工人的工作环境并提高安全度。这样的案例很多,效果也是明显的。

(1) 降本增效案例(鞍钢集团公司) 利用5G技术实现智能网联,实时高速检测带钢缺陷,重新设计和优化人机关系、工业控制、点检活动等,建设高速带钢缺陷实时精准检测系统,重构带钢生产线模式,提高整条生产线和整个工厂的运转效率。该系统实验成功并投入使用,实现了常规缺陷检出率在95%以上,设备稳定运行率超过99%,降低了生产成本和缺陷产品处理成本,每条生产线每年提高经济效益400万元,每年减少事故处理成本300万元。

(2) 提质案例(浙江新明集团) 浙江新明集团是知名化纤企业,利用5G打造化纤智慧工厂,解决了长期困扰全球化纤行业飘丝和飘杂的难题。传统方案采用人工巡检方法,由于丝细且飘移速度很快,凭肉眼很难清晰识别并做出相应处理,漏检率较高,优品率很难突破98%。采用智能识别新方案后,产品质量和生产效率有效提高,生产线优品率突破了98%的瓶颈,提升了0.25%。按公司年产11 000吨,优品和良品的差价约2 000元/吨计算,该项改进每年带来至少2 000万元的收益,同时具备可全行业推广的重大社会效益。

(3) 现场操作安全保障案例(钢铁厂) 利用5G实现天车和卡车远程操控。钢铁厂钢卷仓库作业环境存在一定危险性,传统作业方法需要人员驾驶车辆和现场操控天车。作业环境较差,容易发生人身伤害、车辆安全等事故。如果采用降低作业速度、加强人工检查等传统方法提高安全度,则将降低生产效率,提高安全成本,效果也较为一般。新方案在实验成功后已在部分车间部署,大幅降低了驾驶员、操作员、行人和车辆的安全风险。

(4) 智能工厂建设综合效益提升案例(浙江爱迪公司) 浙江爱迪公司是行业领先的汽车铝合金精密压铸件生产商。公司通过全工厂全方位利用5G以提升综合效益。运用IE思想,结合5G、云计算和人工智能等新一代信息技术,规划和建设智慧工厂。该方案实验成功并投入使用后,公司市场响应能力提高,人均产值提高17%,设备生产效率提升19%,产品合格率提高3%,客户投诉率下降23%,实现了降本、提质、增效的目标,显著提高了公司的综合效益和竞争力。

工业工程要与时俱进,不断发展壮大。工业工程只有拥抱新技术,融合新方法,不断创新发展才能保持活力。工业工程由最初的秒表等简单工具,发展到现在使用运筹学和MATLAB等复杂工具,推动工业制造从自动化、数字化迈向智能化。通过工业工程、5G通信和智能技术的融合并赋能工业制造,旨在提升企业效益和制造业现代化水平,蓄力实现工业工程理论和方法的再一次飞跃。而且在迈入智能时代后,随着大数据分析、云计算、人工智能、复杂系统理论等科学技术的发展,工业工程学科面临着加快我国经济转型升级、创新驱动、发展先进制造业和现代服务业的双重需求等一系列新挑战。我们需要具备全球的视野、系统与科学发展思维,既要传承传统的工业工程,又要发展与创新,在享受美国等国家和地区工业工程先驱和学者的工业工程成果的同时,为世界工业工程学科发展做出贡献。

1.6.3 工业工程的发展趋势

工业工程的发展具有鲜明的时代特征。现代工业工程就是在现代科学技术和生产力条件下研究提高工作系统生产效率和竞争力的学科。随着现代科学技术和生产力的高速发展,尤其是高新技术的出现和应用，今天的生产经营环境和过去相比，发生了很大的变化，主要表现在：① 市场需要多样化，产品生产周期大大缩短，竞争激烈，要求不断开发新产品；② 系统的、成套产品的服务和市场不断扩大，用户越来越多地需要优质、可靠、系统的服务；③ 严格地保证交货期，提供周到、及时的售后服务。

现代制造技术与生产模式为高速、高效、高精度和高品质生产提供了条件。现代制造技术包括数控技术与数控机床（NC/CNC）、计算机辅助设计与制造（CAD/CAM）、成组技术（CT）、柔性制造单元和柔性制造系统（FMC/FMS）、计算机辅助工艺设计（CAPP）、物料需求计划（MRP）、制造资源计划（MRPⅡ）、准时制（JIT）、计算机集成制造（CIMS）等。现代制造技术与生产模式也促进了工业工程的广泛应用和发展。

信息技术的发展为生产经营决策科学化和增强应变能力提供了手段。为了适应这些变化和要求，现代工业工程吸收了越来越多的新学科和高新技术，如信息科学、自动化技术、模拟技术和优化理论等。

工业工程的发展趋势主要有以下几个特征。

（1）工业工程研究对象和领域的发展　研究对象由局部扩大到系统整体，由相对静态系统发展为动态时变的非确定系统，由企业局部小系统发展为企业整体大系统乃至社会复杂大系统。工业工程研究领域由传统机械制造业发展到高新技术制造业乃至制造业领域之外的社会各行各业，包括流通、商贸、服务业、非盈利性组织等。其中面向智能制造的研究成为当前热点。

（2）工业工程研究目标的发展　研究目标重点转向系统集成优化，由注重局部优化发展为更加注重系统全局优化；由单一目标的优化发展为更加注重多目标的综合优化；由静态优化发展为更加注重动态优化。

（3）工业工程研究方法的发展　由传统设计方法发展到基于计算机与网络技术再到现代科学技术的新理论与方法。如采用计算机和管理信息系统作为支撑，探索可变制造系统、虚拟生产系统、容错生产管理、自适应生产调度与控制等有关新理论与方法。基于智能工厂或智能系统的创新研究被广泛采用。如最新的数字孪生技术与虚拟现实技术可以将设计者置于虚拟现实的环境中，使其能"身临其境"地发现潜在问题，从而降低设计成本、缩短设计周期、避免反复设计。

（4）工业工程更注重人的作用，强调以人为本　工业工程对生产要素优化组合的探索不断深化，其中心点是在人和其他生产要素的关系中，始终将人摆在最重要的角色地位。提高生产率的问题归根到底是人、机、料、法、环、测的最佳组合。以人为中心来进行研究，研究人在适应变速、高速系统中的能力以及环境对人的影响等这类人机工程学的课题，成为工业工程重要的研究主题之一。

（5）工业工程的应用有向源流方向发展的趋向　工业工程的应用更注重形成面向问题的、适宜的工业工程模式，有向源流方向发展的趋向。过去工业工程的重点是已经设计好的产品在生产过程中如何改善的问题，最多是生产部门将生产效率差的设计反馈给设计部门，再由其进行改良。但是，在激烈竞争的时代，更重要的是在产品开发阶段如何按照工业工程的原则更高效地设计出产品，同时，设计部门将工业工程的原理融入产品设计中，并联合生产部门研究是否可行，并进行改进和改善，追求最好的同步工程。

综上所述,工业工程的发展已经进入新时代,全球竞争的热点已由硬资源转向软资源,即科技、数据信息知识、资金和人才,争夺的焦点不仅是占有这些资源,更重要的是资源的优化配置和合理利用。而且,学科的交叉融合加快,必将促进工业工程学科大量引进系统的科学思想及系统的工程理论和方法,广泛吸收各种现代科学理论方法和技术,如计算机技术、微电子技术、机电一体化技术、计算机集成制造系统、管理信息系统、决策支持技术、人工智能技术以及生物力学、心理学、运筹学等,形成不同工业工程学科内容(领域),满足不同的应用需求或被应用牵引。例如,医疗健康服务、休闲娱乐、咨询等服务运作管理的应用必须考虑顾客和服务人员的行为,在此需求驱动下将传统的运筹学与行为科学交叉,形成行为运筹学,满足服务运作管理新需求。又如,物联网技术的发展,在运筹学基础上逐步发展了基于物联网运作管理理论方法,满足现代物流货物追踪、提高物流效率和安全性的需求。更复杂的研究是每个维度上可能有多个元素组合与交叉,形成新的更加复杂的学科方向。由此可以派生若干未来工业工程新的研究领域方向,如基于大数据的复杂生产与服务系统分析和决策、服务与制造融合的生产运作管理、可持续发展的生产运作管理、基于物联网的运作管理理论方法、医疗健康服务系统优化与运作管理、面向知识工作的人因工程等,将使工业工程这门综合性学科不断充实完善。

工业工程未来发展将更加以人为本,注重效率导向,充分发挥智能创新作用,持续不断改善。借助智能制造技术将使制造业能够灵活、快捷地适应市场需求,向社会提供更多、更好、更能让顾客满意的产品和服务。新时代工业工程创新,将进一步激发工业工程的创造活力,使工业工程学科更加充实,更加完善,更加普及。工业工程的研究和应用也必将出现重大突破和飞跃发展。

 习题

1. 什么是 IE？试用几个关键词精简地表述 IE 的定义。
2. IE 的目标是什么？
3. 试述 IE 思想或 IE 意识。
4. 简要说明 IE 学科的特点。
5. 从发展上看,工业工程有哪些重要的研究内容？
6. 简述工业工程面临的挑战及其发展趋势。
7. 试述传统 IE 和现代 IE 的关系。如何理解传统 IE 是现代 IE 的基础和主要部分？
8. 简要说明 IE 发展历程。
9. IE 可以应用于哪些领域？
10. 工业工程专业设置了哪些主要课程？
11. 简述传统 IE 与现代 IE 的主要区别。
12. 生产现场七大浪费,分别是什么？
13. IE 的七大手法具体是指什么？结合生产实际简要说明其中一种方法的具体应用。
14. 简述 IE 学科的性质。
15. 试说明 IE 与管理的主要联系与区别。

16. 试列举工业工程的常用方法与技术,并简要说明。
17. 简述企业工业工程师应具备的知识结构。
18. 如何理解"掌握 IE 方法和技术是必要的,而树立 IE 意识更重要"?
19. 举例说明针对生活生产实际问题,如何利用 IE 方法解决或改善。

工业工程是什么?能做什么?

案例 1　中国的"世界工厂"

广东的东莞、佛山等地是我国南方的"世界工厂"聚集地,从其生产经营模式和管理,可以管窥世界。中国纪录影片《中国工厂》,分别从企业基层员工、中高层管理人员、企业老板的视角讲述了真实发生的企业故事。2015 年前后,中国制造业遇到困境,"倒闭潮""招工难""转型急""海外高端市场"不可避免地冲击着中小企业集中地的服装厂、家具厂和电器厂等。就像今天疫情对我们的影响,一些中小企业也面临同样处境,如何总结反思,积蓄经验,走好中国工厂成长之路?值得我们深思。

1. "中国工厂"缺什么

影片中展示了三个中国工厂:内衣厂、家具厂和电器厂。它们都有一个共同的问题——缺人。广东佛山盐步镇面积不大,内衣厂却超过 500 家。潘总是当地最大内衣厂的常务副总,十三年来他最核心的工作竟然是招工,因为工厂缺人。

缺人就要先招人。对传统制造业而言,劳动力是唯一的制胜法宝。但随着产业的转型、不同城市的发展,"90 后"长大,选择打工并且南下广东打工的人越来越少。每一年春节之后,厂里都有将近一千人不再回来。招人难是内衣厂副总老潘最感到头痛的问题。

招到人后,还缺乏有效的培训和现代企业的熏陶,影片中的企业基层员工,我们似曾相识。他们有的没有太高的文化水平、没有太大的抱负,最大的愿望就是能赚点小钱,回老家安居乐业。由于文化程度不高,他们比较难以接受新的培训和有效管理。当然,有的企业本身就没有培训或管理。

招人难,留人更难。而更为关键的是从员工身上看不到一种叫作"认同感"的东西,怎么留人?第一集中内衣厂的基层员工残疾工人小谭,平时说话都嘻嘻哈哈,表面看着很乐观,实际却很自卑。小谭直白地说,做多做少工资都很少,如果有更好的工作机会一定选择离开。起初观众以为这只是他因"身份特殊"而得不到常人的工资待遇,心里不平衡造成的。当看到第三集中五金车间员工因为工序要求抓紧了、工资被暂时扣押了而纷纷离职,就连老板的侄子也撂下狠话辞职走人,给人的感觉是,基层员工对待自己工作的企业,就像对待自己衣柜里的衣服,喜欢便穿上,觉得被约束了就丢掉。

企业中层员工更多的是感到成就感和满足感缺失。第二集中即使被架空也干劲十足的女设计师秦总监,年近五十,独自面对才来不久就闹情绪要辞职的大学生、傲慢的外包设计人员和直白到对她说出"心不死,身已老"的老板。她显然是失落的,但又无可奈何。只是,她不明白怎样才能找到在企业工作的成就感和满足感。第三集中工作13年的车间周主管,更是一个委屈的人,他并不认为自己没把事做好,没用"法制"用"人情",班也加了,钱也罚了,一没偷二没骗,为工作殚精竭虑,却遭受家人抱怨,工人举报,他想不通自己到底为什么被辞退。

培养职工的企业认同感、成就感、满足感等对于企业提升效率太重要了,一家企业成功的关键可能就是那些抱有共同价值观的人,"工匠精神"也是基于工人对自己职业的热爱,对企业的认同和奉献。

中国工厂也许不会缺人,走了几个很快又会来新的,招工广告年年都张贴出来,支撑"MADE IN CHINA"这个庞大的霓虹招牌的企业订单不会丢失。而中国工厂真正缺的是能将手头工作视为"终生职业"的员工,是熟练的技术工人,是退休或下岗后依然能被一通电话叫回来的可爱的管理层。这种员工不是没有,只是太少。

怎么培养员工的企业认同感,是企业管理人员要思考的问题。

2. 换帅还是换一种"颠覆"

2014年中国家具市场急速下滑,有着中国家具第一镇美称的佛山龙江不再平静。FLDS家具工厂面临着破产的危机,老董事长决定"换帅",启用更年轻的管理者。

新任总经理谢总,充满了斗志,一上任他就很快调研发现了FLDS的问题:"企业最大的问题是员工思维太固化了,我来的时候,公司都不让上网,因为担心员工'偷菜'。"

于是谢总新官上任三把火,开始对企业进行大刀阔斧的改革。

"第一把火"是先从团队的建设开始抓。开展员工素质拓展,通过"引爆团队核能量"商战特训营,喊着各种响亮的口号,让每个员工学习成功学书籍,而且还要考核。他认为这种团建活动能够帮助企业管理团队快速成长,他甚至毫不讳言将淘汰掉一部分跟不上他思维和步伐的人,"不换思想就换人"。然而老员工却不屑一顾,认为只有踏踏实实才是企业生存之道。

如果真像他说的那样,这家企业以前确实有问题。2016年,电商在家具销售上的作用已经很明显了,企业却不让员工上网,这等于是失去了一个很好的引流和提高销售额的机会。

"第二把火"是聘请外包的设计团队进行新产品的设计。因为半年后的秋季发布会,是产品宣传的最好时机。谢总认为企业的产品设计有问题,他打算对产品进行全方位的升级,并在秋季发布会上正式亮相。

这么做无疑冷落了企业自己的研发人员,他们认为自己不被信任,认为谢总"宁愿相信外包团队,也不相信自己人"。原本应该挑大梁的研发部人员,不得不给外包团队打下手,他们并不服气。

研发部为什么被外包团队取代,理由也是说不清楚的。研发部是很容易为其他部门"背锅"的,销售上不去了会怪产品设计不够好;研发经费多了,财务又不满意;有时候,老总觉得你设计落伍了,你就被淘汰了。

研发部开始人心浮动,一个刚毕业在研发部工作不久的小伙子觉得没有用武之地,打算辞职。研发部秦经理是有经验的老设计师,苦口婆心地劝了好一阵,才让小伙子回心转意。秦经理把研发部的情况反映到谢总那里,谢总则说,实在等不及刚毕业的小伙子成长了。

在谢总看来,尽管外包成本比公司研发部的运行成本要高一点,但外包团队明显比公司研发部更有可能设计出高档次的产品。研发部也就只能配合外包团队工作，按照外包团队的要求组织生产了。

然而外包团队并没有想象中那么靠谱，经常反复修改设计，导致提交方案的时间延期。为了赶在截止日期之前生产出满足要求的家具，秦经理只好带着研发部同事加班加点。事实上没有了研发任务的研发部，只能在外包团队的指挥棒下疲于奔命。

"第三把火"是拓展卖场，扩大销路。2016年确实是家具行业比较艰难的一年，行业整体不算景气，大多数老板的选择比较保守，尽量少投钱在产品和宣传的扩张方面。

然而谢总偏偏要反其道而行之，不惜砸下近400万元装修了3000平方米的家具卖场，用于在秋季发布会上展示企业新研发的产品。

他相信外包团队研发的产品可以领先市场5~8年，他花大价钱，搞大排场，造大噱头，给较为积极的经销商相当强劲的促销政策，就是想要在秋季发布会上一炮打响。然而结果并不如他预想的那样好，秋季发布会上，FLDS未完全达成销售目标。而在几天后的龙江家具展上，其销售也是近几年来最惨淡的一年。

"三把火"也没能止住FLDS不断下滑的势头，看来"换帅"还不能根本改变企业的命运，FLDS需要寻求颠覆，一种脱胎换骨的颠覆。如果从"马后炮"的角度来看，线下的龙江家具展已经不复往日的火爆场面，再在线下的展示中投入大量资源寻求爆炸性效果，可能并不能给业内带来真正的"颠覆"。而传统的线下跑家具城找经销商谈合作的模式，也可能需要改变，如将线上渠道带进家具行业，给企业产品引流，或者直接从线上获取订单。事实上，电商早就深入家具的生产和销售环节了，是时候"颠覆"思维，试试线上解决方案了。

3. "流程卡"的秘密

"流程卡"是什么？"流程卡"为什么让周主管"下课"？为什么让负责流程折弯工艺的工人小七赔偿？

2015年，33岁的电器厂向老板遇上了他创业以来形势最严峻的一年。这一年被称为中国制造业的寒冬，向所代表的中小型企业老板成了"倒闭潮"首当其冲的群体。为此向老板改变专攻印度市场的策略，将目光投向了海外高端市场。他对工厂生产的抽油烟机、灶具和电陶炉等产品的生产和管理进行了整顿和改革。最关键的一项举措是在工厂五金车间推行"流程卡"管理方式。

"流程卡"是什么？现在很多企业都需要用流程卡或工艺卡，来指导和培训一线操作工人。"流程卡"主要包含公司名称、文件名称、产品名称、作业时间等基础信息，就像ISO9000系列认证，对产品质量进行内控。以往，工人每天干什么活，做什么工，都是听主管的，叫干多少，干成怎样，工人都不管，只管计件数量，不管工作质量和责任。有了"流程卡"后，就有了每道工序典型的标准作业图片，可以用数码相机拍照，分解成详图，再给一线的现场管理者包括班组长、配料员、质检人员等相关人员观看学习，确保详细的物料配置及数量，作业工具配置及数量，作业步骤的详细描述，易错部分的强调、检验标准等信息。这样都做完之后，一旦工厂部门会签同意，大家又都认可，达成了共识，就遵照执行，这就成了企业内部的"法律"。

这样做的好处是显而易见的。一方面强化产品生产进度管理，有效完成订单任务和保证交货期。另一方面品质管控得到保障，避免返工，降低成本，同时，也强化责任和分工，有利于整体统筹管理，便于绩效分配，促进了赏罚分明。从根本上，这就是一种简化的、标准化、专业化的科学管理,也是实施工厂制度管理、规范管理的保障,让管理变得"有法可依"。

五金车间周主管跟随老板十多年,负责车间五金生产管理,随着工厂订单增多,客户对品质要求越来越高,老板强力推行用"流程卡"代替人工记录,并从每个流程细节上把控品质。

"流程卡"管理的启动在车间中激起一场混乱。首先,车间周主管和工人对这种新的管理方法有抵触情绪,工厂的活干不出来,干出来的活也因为返工率高,影响了生产进度,导致效率低。一项来自美国的订单让生产线五次返工,企业承受了30万元的罚款。

其次,人员流失率高。工厂的基层员工,由于文化程度不高,比较难以接受和适应这种科学的流程管理方法。老实巴交的农民工小七负责流程折弯工艺,开始没认真执行"流程卡"要求,一批产品工艺流程有所变动,导致电陶炉大规模返工。工序出错了,自己也赔偿了,尽管在工资发放时,小七并不像其他工人那样急吼吼地去找主管理论、罢工,但和很多人一样想离开了。

其实,出现这种情况与车间周主管关系很大。他为什么不愿意采用"流程卡"?一个重要原因是他过去习惯了给工人分派任务,行使了"权力",还留下了"人情"。过去的粗放式的管理中,经常出现完不成任务或出现质量问题,因此在对产品质量要求高的情况下,其生产管理是没法做好的。直到被辞退那天周主管都不认为自己没把事做好,而且自己是老员工,班也加了,钱也罚了,一没偷二没骗,没有功劳还有苦劳,坚决不相信老资格的自己会被厂里"炒鱿鱼"。

广东的这家企业最终的结局是美好的。企业不仅在工人情绪的爆发、辞职,主管的不解与背叛中最终生存下来,而且随着品控的不断完善和生产交货及时,工厂又获得了新的大订单。老板顶着巨大的压力,实施科学管理,通过"流程卡"管理,将企业转危为安。

现在随着中国工厂成本的提高,"MADE IN CHINA"不再是廉价的代名词,许多大品牌企业都将代工厂转移到东南亚甚至非洲地区,如何靠管理赢得新的市场已成为"世界工厂"迫切需要解决的问题。

案例讨论

1. 内衣厂潘总为什么总是很忙?应该怎样做才能招到人?
2. 家具厂谢总上任"三把火"为什么都不成功?怎样才能让家具厂发展壮大起来?
3. "流程卡"的秘密是什么?
4. 谈谈你对中国工厂的初步印象。中国工厂效率高吗?
5. 如果你是这些企业的管理者,对现状感到不满意,你如何改变?

案例2　中国的美国工厂

《美国工厂》是一部纪录片,讲述了中国企业家曹德旺董事长到美国投资建厂的故事。事件可追溯至2008年金融危机时,当时被称为美国三大汽车制造商之一的通用汽车在俄亥俄州的代顿工厂倒闭,中国福耀玻璃集团开始着手接管该废弃的通用汽车工厂,将其改造为玻璃制造工厂并雇请了上千位蓝领美国员工。

中国福耀玻璃集团是目前全球最大的汽车玻璃制造商,市场占有率接近70%。这部纪录片将企业集团在中美多元文化剧烈碰撞下趔趄前行的经历表现得淋漓尽致。而更为重要的是,该记录片给正在走入海外或即将走入海外的中国企业,特别是跨国企业在国外经营上了实实在在的"一堂课",如何有效实施工厂管理,如何运用一些好的方法进行管理,都将成为中国企业在国外经营和管理的很好的借鉴。

1. 跨国企业中的人因与文化碰撞

在这部纪录片中,主线当然是围绕人:美国员工和中国员工。美国员工占了多数,中国员工主要是派出的技术人员和管理人员。

中国员工与美国员工在一个团队中共事,仿佛时时处处都能感受到人的因素以及两个国家之间的文化碰撞。由于自我认知的差异,其各自的立场和角色不同,看事物的角度就会改变。

刚开始,美国员工对福耀工厂的未来充满期待。工厂的美籍副总经理问要不要在墙上挂两幅画,一幅中国的和一幅美国的,曹董事长说:挂美国的,我们还是不要刺激他们。在曹德旺的回答中,我们看到了曹德旺作为一个企业家的格局与胸襟。还有美国员工到中国工厂去学习的那一段,有两位员工的对白给人的印象十分深刻。就是中国的那句古话:拿了钱,就得办事。最重要的就是美国部分员工缺乏那种对一个企业的向心力与凝聚力。美国员工之中存在着大量的只为拿工资的员工,他们是为了拿到工资从而使自己回到"中产阶级",使自己的生活更好,而不是在团队中担任自己应有的角色。而中国员工很清楚地知道自己在团队中是一个什么样的角色,思考得更多的是能为团队做什么。

福耀美国工厂就是中美两种文化碰撞的交界处,如何妥善处理,考验着管理层的能力。文化的碰撞是最明显的,文化的融合与相互的理解也是最深刻的。有人做了一个比较,发现中国员工的服从、勤奋、紧张、团结、活泼、以厂为家,与美国员工的个性、自我、直接、张扬、上班就是挣工资、下班就赶快跑等,形成鲜明对比。

冲突最为激烈的莫过于工会差点介入的那一段了。工会组织人员发传单、刷口号,做员工的思想工作,组织以投票的方式决定是否在工厂建立工会。此次投票的原因是美国工厂员工认为劳动强度大、得不到尊重、劳动报酬低,他们渴望在工厂里设置工会,为他们争取更多权益。而依据美国法律,一旦工厂中成立工会,工厂管理层就无法直接与员工沟通,必须通过工会来沟通各类事宜。因此福耀的态度是,有工会对福耀美国工厂来说是无法接受的,哪怕工厂面临开不了的风险。因为福耀管理层深知美国的几大汽车公司是如何因工会的多次强势介入而破产或经营不下去的。

这是劳资双方矛盾的一次正面较量,也是一次跨国文化的碰撞。为了这次投票,劳资双方都开展了很多工作,最后投票结果是不同意设置工会的人占据了大多数,工会没有成立。福耀紧紧地抓住了这次机会,在投票前后安排了一些提升福利的活动,如提高小时薪资、安排部分美国员工前来中国旅游。福耀管理层,也是层层控制着事态的发展,最终获得了满意的结果。

2. 美国工厂与中国工厂效率

福耀玻璃之所以在美国办厂,得益于奥巴马执政时期的一个激励政策。福耀招收了一批在通用公司破产之后下岗的职工,美国代顿工厂就开工了。除了考虑到有很多的优惠政策,当时当地经营成本低也是一大因素。曹董事长算了一笔账,福耀美国工厂 2016 年建厂,2017

年就实现了盈亏平衡,2018年盈利2.46亿元人民币,效率不可谓不高。纪录片研究福耀玻璃盈利的背后情况,发现了其中的奥秘。就拿成本来说,人工费用美国是中国的3倍,天然气费用美国是中国的25%,电力费用美国是中国的64%,其他则相差不大。从成本上,福耀美国工厂成本比中国工厂高36%左右,但其产品售价在美国比在中国高35%,互相抵消后,在美国的毛利率跟在中国的差不多了。而且美国工人也处在失业的阴影下,生活对于他们来说是从没有工作和失去按揭贷款的房屋、汽车,到重新获得了工作,每个人对未来都充满希望。在办厂初期劳动效率反而更高。

比较美国工厂和中国工厂的生产效率,还是能说明美国制造业的老迈和落后,也能揭示中国制造业的激烈竞争。有些美国员工身高体壮,但动作缓慢,生产效率远低于福耀福清本部的中方员工,可他们住着带有能养马、可以试射手枪的大庭院的房子,骑着哈雷摩托,而福清的中国工人有些住着宿舍,一周工作6天,每天长时间地工作。中国工厂效率为什么高?中国工人凭借优质的劳动纪律、劳动力和超额的工作时间,劳动效率比美国员工高。

美国工厂效率不高,产品质量还常常不达标。中美双方的员工由此产生了许多矛盾。最开始语言不通,一起工作起来十分不方便和不协调。美国员工还拿福耀玻璃与过去的东家通用公司相比,工资相差较大,生活水平反而变差了。但是这些都只是小问题,最大的问题来自管理层给美国员工提了加班之类的要求等,这些都引起了美国员工的反对。中方管理层为了解决这一问题,要求美国员工的一些管理层去中国工厂考察。刚开始去的时候,美方管理层非常羡慕中国工厂的效率,但是当他们看到中国工厂效率的背后是班前会、半军事化的管理、向右看齐、报数……他们受到了非常大的震撼与刺激。但当他们回到美国想效仿的时候,却只开了一个松松垮垮的班前会,效果几乎没有。

与此同时,美国员工却在抱怨得不到帮助。一些美国员工提出更多的诉求,不仅仅是要求工厂不加班,还包括他们面对可能不安全问题,以及劳动保护弱问题、工作场合舒适性问题等。

无论是中国工厂和美国工厂,无论是中国员工还是美国员工,都要彼此仔细地审视对方,互相借鉴,促进成长,才能实现更美好的未来。

3. 机器人能替代人工?

改革开放以前,我们在"吃大锅饭"时,典型工作场景是:一人拧螺丝,一人递扳手,一人端茶杯,其他人围着看。那时的美国员工在我们眼中尽是高技能、高效率、高敬业的象征,美国员工来安装调试设备都能引起大家的惊叹。40年过去了,我们成了基建大国、制造业大国,而有些美国员工却发了福,美国制造的低技能、低效率、低敬业现象并不鲜见,值得我们深思。

福耀美国代顿工厂在三年后就盈利的事实,一定程度上反映了中国制造的成功和效率,也输出了中国制造业的技术、理念。通过与美国工厂和美国员工合作,福耀实现了跨国公司成功经营的理想,这是个了不起的成就。

影片的结尾部分一幕中,一个美国福耀中方高管在陪同曹董参观时,不断地指点工厂,规划蓝图,我们仿佛有了更多"中国制造"的强烈自信。接下来福耀工厂将继续推进,着手引进机器人生产,机器人可以替代工人工作,生产稳定精确而有效率,还不会有劳资纠纷。

机器人代替人工,这个趋势越来越明显。

工厂的管理者正在规划将来用机器人一步步地取代人工。这种机器取代重复劳动力的模式,必定会在以后的社会上,特别是在制造业中发展壮大。正如一位美国工人所说的,重复的劳动是困乏的,更是一种对人的精神的巨大考验,在重复的劳动中,你可能会丢失对世界的热爱和对生活的热忱。

世界正处于一个飞速发展的新时代,互联网的发展更是加快了科技变革的迭代,对现有的制造业体系形成了巨大的冲击,迫使制造业向着智能化方向迈进,如机器人和智能工厂的建设。我们只有不断地接触新的知识体系,更新创造新的知识,才能跟得上时代的脚步,不然只能被时代淘汰。

随着人工智能飞速发展,在不久的将来,凡是可以标准化的、可以编程的作业都可以由机器人从事,再勤劳拼命的人类也不是机器人的对手,崛起的将会是智能工厂、机器人干活、机器人维修、机器人设计制造机器人。那时的普通劳动力效率大大降低,我们要找到自己的价值归属。

影片中员工唱歌的那一幕对福耀公司的理念做出了一个很好的诠释,就是员工有同企业一起奋斗的目标与理想,团队有向心力与凝聚力,一同为了更好的明天而努力。只有企业做好了做大了,有利润了,员工才会有更好的待遇,不是么?

在影片快要结束的时候,曹董事长最后视察美国工厂时问:这个可以代替两个工人的机器人什么时候全部到位? 他的下属回答:七八月份后就全部到位了,总共会减少百分之四十的工人。这个时候我们应思考:我们的对手究竟是比我们更优秀的人,还是比我们更听话的机器人?

案例讨论

1. 运用工业工程原理分析,我们做什么才能提升企业的效率。
2. 美国工厂和中国工厂的效率有什么不同?
3. 你希望在福耀这样的公司工作吗? 其他公司能够从福耀公司学到什么?
4. 企业要求加班合理吗? 试运用工业工程原理分析之。
5. 跨国企业如何发挥人的主观能动性以提高效率?

案例3　美国大学工业工程教育

工业工程是重要的工程学科,工业强国如美国、德国和日本大多具有较强的工业工程学科。美国一流大学大都设置了工业工程系或专业,工业工程是工程学院的7大学科(机械工程、电子工程、土木工程、化工工程、计算机、工业工程、航空工程)之一。据不完全统计,与工业工程相关的系和专业主要有:工业工程系,经管学院(工商管理),公管学院(科技管理),系统工程系,机械工程系,数学系(运筹学),资源系(能源管理),环境系,水利系,计算机系,自动化系(系统工程、先进制造),土木工程系(交通管理),建筑系(土建项目管理)。美国著名大学工业工程学科和专业介绍如下。

1. 普渡大学工业工程学院

普渡大学于1956年成立工业工程和管理学院,1961年成立工业工程学院。全院有27位教师、426名本科生、83名硕士生、60名博士生,1990—2000年授予学位学士139人、硕士47

人、博士14人。

普渡大学工程学士学位学分要求：低年级工程课31分，数学、物理13分，通用教育选修18分，必修工程课48分，技术选修15分，总共125分。普渡大学建议的四个专业方向：人因工程、制造系统工程、运筹和系统工程、生产和管理系统工程。课程安排如下。① 数学：四门课。② 物理：两门课。③ 通用教育选修：人文、社科。④ 技术选修：制造、人因工程、运筹学、生产运作与管理。⑤ 工程科学：统计动力学，材料强度，线性电路分析，热动力学，概率和统计，应用统计学，工业工程中的计算，线性优化，随机最优化，工程经济学，工业控制系统。⑥ 工业工程设计：制造过程、生产控制和设施设计、人机工程和工作设计、人因和认知工程、先进制造工程和设施设计、系统分析和设计。

2. 密歇根大学工业与运作工程系

密歇根大学于1952年第一次授予工业工程学位，1956年始建工业工程系，其后更名为工业与运作工程系，已授予3378个学士学位、1300个硕士学位和185个博士学位。在校本科生超过500人，研究生200人。教师有28人：15位教授、5位副教授、8位助理教授。

密歇根大学工程学院的学士学位学分要求如下所述。① 统一必修课52学分：数学16分，工程8分，化学及实验4分，物理及实验8分，人文及社科16分。② 相关工程课程12学分：非IE的工程课程。③ 必修的专业课程28学分：工业和运作管理2分，运筹模拟2分，工程概率统计学4分，人机工程学3分，人机工程实验1分，马尔可夫过程2分，线性统计模型2分，最优化4分，数据处理4分，高年级设计课程4分。④ 技术选修24分。⑤ 自由选修12分。五项总要求学分：52+12+28+24+12=128学分。

3. 佐治亚理工学院工业与系统工程专业

佐治亚理工学院于1945年组建工业与系统工程专业，现在是美国最大的工业工程专业，1999—2000年有1 200名学生，300名学士学位获得者毕业。现有55位教师，其中24位教授、17位副教授、14位助理教授。该学院专业强调数学基础，如运筹、统计分析和模拟，配送、后勤、生产和物流，经济和金融模型，人机集成系统，计算机模拟等。

佐治亚理工学院工业工程学士学位学分总共要求128学分：数学16分，物理8分，实验科学选修8分，人文社科24分，体育2分，工程科学选修9分，工业工程主课33分，计算机科学和管理15分，自由选修课9分，IE高年级设计课4分。课程安排如下。① 数学：微积分Ⅰ、Ⅱ、Ⅲ，线性代数和离散数学。② 物理：物理Ⅰ和物理Ⅱ。③ 实验科学：从化学、生物、地球及大气科学、物理学中选修。④ 人文、社科：英语作文Ⅰ、Ⅱ，美国历史，美国政体，社会科学选修，经济学，人文，心理学。⑤ 体育。⑥ 工程科学选修，从下列4门课程中选取：热动力学、数字信号处理、静力学/动力学、电路。⑦ 工业工程核心课程。⑧ 计算机科学和管理：经济和金融模型，组织行为，计算机科学Ⅰ，计算机科学Ⅱ，数据库系统。⑨ 自由选课。⑩ 工业工程设计。

4. 加州大学伯克利分校工业工程和运作研究系

加州大学伯克利分校工业工程和运作研究系已成立45年，现有12位教师、140名本科生、45名研究生。该系注重工厂管理，其人才培养和人才教育主要从四个角度出发，即面向企业、系统的观点、定量的研究、优化的方法。

该系设置的课程主要有运筹学导论、工业经济学原理、工商数据系统工业、生产和设计生产、系统分析服务、运筹设计和分析、设施规划和设计、运作研究、线性规划、人员工作系统和组织的设计、数据库分析和设计仿真系统、实验数学规划应用、统计过程、排队理论。

表1-3所示为以上四校课程开设的一些情况。表中"＊"表示开设课程,"—"表示未开设课程。

表1-3 美国四校工业工程课程开设情况

课程设置	普渡大学	密歇根大学	佐治亚理工学院	加州大学伯克利分校
工程经济学	＊	＊	＊	＊
工业和运作管理	—	＊	—	＊
线性统计模型	—	＊	—	—
工程概率统计学	＊	＊	—	—
马尔可夫过程	—	—	—	—
最优化	＊	＊	＊	—
运筹模拟	＊	＊	＊	—
仿真	＊	＊	＊	—
数据处理	—	＊	—	—
工商数据系统	—	—	—	＊
人机工程学与实验	—	＊	—	—
计算机系统人因工程	—	—	＊	—
工作分析和设计	—	＊	—	＊
人机集成服务系统设计	＊	—	—	＊
设施规划	—	＊	—	—
物流系统	—	—	＊	＊
统计质量控制	＊	＊	—	—
工业工程试验方法	＊	＊	—	—
工作组织	—	＊	—	＊

从上面的介绍可以看到,大部分学校的四年总学分在125～130之间。其中工业工程的核心课程约为35学分,选修课程约为16学分;非工业工程的技术和工程选修约为10学分;计算机和管理选修约为10学分。

通过比较和分析发现,工业工程的课程设置和研究方向设置与地缘优势有较大关系。所分析的四所大学由于地理位置的不同,其课程和学术研究与当地的工业特色非常吻合,如加州大学伯克利分校的工业工程以电子制造业见长;密歇根州是汽车制造业集中的地方,故密歇根大学以制造业中的质量控制和人机工程学见长;亚特兰大是美国最大的物资转运中心,故佐治亚理工学院以结合运输服务业的物流学为重点;而普渡大学的人因工程是最强的,拥有以萨文迪教授(美国工程院院士)为首的一批造诣深厚的研究人员。

因此,工业工程专业要形成竞争优势,必须具有自身的特色,而特色是根据大学的地理位置和实际发展情况而形成的。

案例讨论

美国大学工业工程教育有何特色?

第 2 章 工业工程的基本职能

▶ 学习目标

通过本章的学习,你应该能够:
(1) 从工业工程四大职能的角度理解工业工程的原理;
(2) 重点掌握规划的概念、类型、任务和程序,并了解系统调查分析、可行性分析和企业规划方法;
(3) 掌握设计和评价职能的原则和方法,并通过典型的系统设计案例分析对系统设计进行评价;
(4) 掌握创新的基本内容和方法,以及对系统进行改善与创新的方法。

2.1 工业工程职能概述

1. 企业生产系统运作模型

工业工程总是不断寻求最有效地利用人力、材料、设备、资金和信息的途径,并对系统进行设计、改进和设置。

企业作为一个系统,其运作分为五个阶段:系统规划、系统设计、系统实施、系统评价与系统改善等。其基本运作模型如图 2-1 所示。

图 2-1 企业生产系统基本运作模型

2. 工业工程的主要职能

通常,从系统的角度和涵盖的功能来看,工业工程具有规划、设计、评价与创新等四项主要功能或职能,详细内容如图 2-2 所示。

图 2-2 工业工程的主要职能划分

2.2 规划职能

规划活动贯穿于企业所有活动的始终,在企业中具有重要作用。首先,企业必须制订规划。企业为了实现长期发展,需要对其所处的产业发展形势、市场状况、竞争者及自身的生产和经营情况作出全面的分析,并在此基础上制订出长期和短期规划。同时,还需为企业重要的经营活动提供详细的实施计划,即通过建立执行计划的阶段性目标,控制计划的实施,使企业能够从计划的实施过程中,通过对执行偏差进行分析,从而对决策及制订决策的基础进行不断的完善和修正。

2.2.1 规划的概念和类型

1. 规划概念

规划是对一个系统在未来一定时期内所从事的生产或服务采取特定行动的预备活动。完整的规划活动包括总体目标、方针政策、战略和战术的制订,也包括分期(短期、中期、长期)实施计划的制订。规划不仅需要包括进度和时间上的计划,还包括为实施规划要完成哪些重要的任务,由谁来完成,如何完成及完成这些任务所需要的资源等。

工业工程的规划职能侧重于系统、技术和管理的发展规划,主要目的是协调和整合各类资源的利用。规划指明了建立新系统的目的和必要性,确定了新系统的要求和制约条件及制订出新系统开发计划的一系列活动。

2. 规划的类型

按不同的指标体系,规划有不同的分类方法。

(1) 按要素可分为人员规划、财务规划、物料规划、能源规划、信息规划等。

(2) 按地域范围可分为跨国规划、区域或流域规划、省级规划、工业区规划、企业规划等。

(3) 按规划涉及的具体内容可分为企业层规划、车间层规划、班组规划等。

(4) 按规划期限可分为长期规划(大于 10 年)、中期规划(5～10 年)、短期规划(小于 5 年)。

(5) 按资源类型可分为物料资源规划、制造资源规划、企业资源规划等。

(6) 按生产或服务的广度可分为生产型规划、服务型规划、混合型规划等。

(7) 按业务类型可分为企业发展规划、生产规划、技术规划、人力资源规划、新产品规划、安全生产规划、职工教育培训规划等。

2.2.2 规划的任务和程序

1. 规划的任务

规划的任务是提出一个初步的系统设想,包括确定系统目标、业务流程调查、设定系统功能、配置系统资源及可行性分析。主要内容有:① 可行性分析;② 详细调查;③ 用户需求分析;④ 系统模型建立;⑤ 系统分析报告。

2. 制订规划的程序

一套完整的规划程序包括:定义问题,找出问题的关键,建立解决问题的各种可能方案,并根据实际资源状况做出可行性分析,评估各个方案的利弊得失,选择最佳方案并付诸实践。规划制订的一般程序为:

(1) 调查、收集和整理涉及企业战略决策和经营环境的各种信息;

(2) 根据企业实际情况确定生产资源规划期限;

(3) 采用定性、定量相结合的方法进行预测;

(4) 分别制订各项业务计划。

2.2.3 可行性研究

可行性指在组织内外部环境条件下,确定进行某系统(工作、作业)的必要性和可能性。可行性研究是按照各种有效的方法和工作程序,对拟进行研究的系统在技术上的先进性、适应性,经济上的合理性、赢利性,以及系统的实施可能性等方面进行深入的分析,确定目标,提出问题,制订方案和系统评估,为决策提供科学依据。

1. 可行性研究的意义

(1) 它是确定系统开发的依据。

(2) 它是确定下阶段工作范围、编制工作计划、协调各部门活动的依据。

(3) 它是分配资源的依据。

(4) 它是系统开发的准则。

2. 可行性研究的内容

（1）系统的必要性研究　企业是否有必要使用该系统、是否有条件使用该系统及达成目标的程度等，都是系统的必要性研究内容。

（2）技术可行性研究　根据现有的技术条件（含系统硬、软件，技术人员等）能否达到所提出的要求，以及所需要的资源是否具备、能否得到等，都是技术可行性研究的内容。

（3）经济可行性研究　估计系统的成本和效益，分析该系统经济上是否合理，能否得到所需资金；开发该项目在经济上是否合算，主要资金的来源和存在的风险，经济效益、投资回收期和社会效益的计算等，都是经济可行性研究的内容。

（4）运行可行性研究　运行可行性又称作业可行性、社会可行性。所建立的系统能否在该企业实现并高效率地执行预期的功能，组织内外是否具备接受和使用新系统的条件等，都是运行可行性研究的内容。

（5）安全性研究　系统安全性、数据安全性及安全制度和人员保障等都是安全性研究的内容。

图 2-3 所示为可行性研究的一般程序。

图 2-3　可行性研究的一般程序

3. 可行性分析报告

可行性分析报告主要包括以下内容。

（1）引言。

（2）当前系统的初步调查与分析　企业的目标和任务；企业概况；企业外部环境；当前系统的概况；当前系统的业务流程和子系统的划分；新系统的开发条件。

（3）新系统初步方案　新系统的目标（含范围、边界、主要目标）；新系统的规模；方案中的数量、来源、时间等。

（4）可行性分析　新系统的必要性分析；新系统的可能性分析；从经济可行性、技术可行性、运行可行性等方面进行方案的比较分析。

（5）分析处理　分析后的结论大致有以下几种。① 可以立即开始进行；② 须对系统目标进行某些修改后才能进行；③ 须等待某些条件具备后才能进行；④ 不必要或不可能。

2.2.4　系统规划的调查与分析

1. 系统调查的目的和范围

系统调查的目的是深入了解企业工作中的具体情况和存在的具体问题，为提出新系统的逻辑模型提供可靠的依据。其内容包括：① 组织机构和功能业务；② 组织目标和发展战略；③ 工艺流程和产品构成；④ 业务流程与工作形式；⑤ 管理方式和具体业务的管理方法；⑥ 决策方式和决策过程；⑦ 可用资源和限制条件；⑧ 存在的问题和改进意见。

2. 系统调查的方法

（1）收集资料　将各部门、科室和车间日常业务中所用的计划、原始凭证、单据和报表等的格式或样本统统收集起来，以便对它们进行分类研究。

(2) 调查表征求意见　根据系统特点设计调查表,并用其向有关单位和个人征求意见和设计数据。这种方法适用于需要向许多单位进行调查,而调查的信息量又不大的情况。调查表的设计要抓住核心问题,提问要简单、直接。

(3) 开调查会　开调查会的目的是集中征询意见,它适用于对系统进行定性调查。一般是按职能部门召开调查会,了解各部门业务范围、工作内容、业务特点及对新系统的想法和建议;或者是各类人员联合座谈,着重听取他们对目前作业方式和对新系统的要求。

(4) 访问　个别访问可消除被访者在座谈会上的一些顾虑,能收集到被访者的真实想法。

(5) 直接参加业务实践　直接参加业务实践是了解当前系统的最好方法,但有时受到条件的限制。

3. 系统调查与分析

1) 组织结构的调查与分析

系统的组织结构是指一个组织及其组成部分之间的隶属关系或管理与被管理的关系,组织结构图表现了一个单位组织内部的部门划分及它们的相互关系。进行组织结构的调查与分析时应了解各部门人员的业务分工情况和有关人员的姓名、工作职责、决策内容、存在的问题和对新系统的要求等。

2) 功能体系的调查与分析

功能是指完成某项工作的能力。功能体系调查的任务是了解或确定系统的功能构造。每一个系统都有一个总的目标,为达到这个目标,必须要完成各子系统的功能,而各子系统功能的完成,又依赖于下属各项更具体的功能的完成。

3) 管理业务流程的调查与分析

从组织结构图、功能分析图可以看出,管理业务工作集中在哪些部门及这些部门的主要职能是什么,下一步的任务是弄清这些职能是如何在有关部门内具体完成的。

4) 薄弱环节的调查与分析

进行系统调查时,必须重视现行系统所缺乏的和较薄弱的环节,发现这些问题并在新系统中加以补充和改进。由于它们正是新系统要解决和改进的主要问题,因此有效地解决这些问题,能够增加新系统的经济效益和社会效益。

2.2.5　典型的企业生产规划

1. 制造企业的问题

企业在进行生产规划时经常会遇到以下问题:① 预测困难;② 前置时间短、交货急迫;③ 设计难以控制;④ 生产排程经常变动;⑤ 对于生产排程表的改变响应不良;⑥ 制造现场生产进度不明;⑦ 制造现场绩效衡量困难;⑧ 制造成本不正确;⑨ 缺乏管理决策所需信息;⑩ 供货商交货期难以控制;⑪ 供货商品质不稳定。

2. 企业规划

企业生产都有一个制订规划的问题,企业规划时将管理制度建立在通用的系统架构上,并建立适合个别公司的管理方法,同时不断地缩短前置时间以确保资源的弹性,并根据实际的可用资源做出合理、适用的规划。

（1）物料需求规划　物料需求规划（material requirement planning，MRP）的目的是计划出物料需求，它可用来规划所有资源的未来需求。主生产排程（master production scheduling，MPS）中记录完成品的生产计划，驱动各项资源的需求；材料表或人力表定义完成品与材料或人力的关系；资源表定义材料表中各零件与所需设备产能的关系。MRP利用材料表与生产排程生成未来各期的材料需求，其中的自制零件再通过人力表及资源表转成人力及设备需求。利用MPS中的完成品总需求及MPS中的采购/外包零件计划，可计算出未来各期的资金需求。另外，还要掌握一些主要信息，如材料表、人力表、资源表、库存文件、人事基本信息等文件的内容，以及主生产排程、产能需求计划、销售订单管理、采购单、外包单、制令单、领料单等交易过程文件的内容。

（2）制造资源计划　制造资源计划（manufacturing resource planning，MRP Ⅱ）主要是指计划企业的各项制造资源。

（3）信息资源规划　信息资源规划（information resource planning，IRP）是指对企业生产经营所需要的信息，从采集、处理、传输到使用的全面规划。在企业，不论产品设计、材料和配件采购、加工和生产，还是销售和客户服务等过程中，都有大量的信息产生、流通和运用。要使每个部门内部、部门之间、企业之间频繁、复杂的信息流畅通，以充分发挥信息资源的作用，进行统一、全面的规划是必要的。美国信息资源管理学家霍顿和马钱德等人在20世纪80年代初就指出：信息资源与人力、物力、财力和自然资源一样，都是企业的重要资源，企业应该像管理其他资源那样管理信息资源。而搞好企业信息资源管理的前提是搞好信息资源规划。目前，许多企业投入巨资建立各种生产自动化控制系统、计算机网络和经营管理信息系统，但由于缺乏统筹规划和统一的系统管理，设计、生产和经营管理信息不能快速流通，信息不能共享，形成了许多"信息孤岛"，远没有发挥信息规划的作用和效益。

2.3　设计职能

2.3.1　设计的概念和类型

设计是为实现某一既定目标而创建具体实施系统的活动，包括技术准则、规范、标准的拟定，以及最佳方案选择和蓝图绘制等。设计是一个复杂的思维过程，设计过程中蕴涵着创新和发明的机会。设计分产品设计和系统设计等，工业工程主要侧重于系统的总体设计，注重将各类资源组成一个有机整体，并能够有效地运行。

从不同的角度，设计可以分为不同的类型。

（1）按设计发展的阶段　设计可分为传统设计和现代设计。传统设计又称常规设计，包括初步设计、技术设计、施工设计三个步骤。现代设计将传统设计中的经验提高到逻辑、理性、系统的高度，在静态分析的基础上，进行动态多变量最优化的设计。

与传统设计比较，现代设计有下列几个特征。

① 系统性。现代设计把设计对象看作一个系统，同时考虑系统与外界的联系，用系统工程概念进行分析和综合，通过功能分析、系统综合等方法，力求使系统整体最优，使人机之间的功能相互协调。

② 创造性。现代设计强调创造能力开发和充分发挥人的创造性,重视原理方案的设计、开发和创新产品。只有创新才能有所发明。但是,今天的科学技术已经高度发展,创新往往是在已有技术基础上的综合。有的新产品是根据别人的研究实验结果而设计的,有的是博采众长,加以巧妙地组合。

③ 综合性。现代设计在设计过程中,综合考虑和分析市场需求、设计、生产、管理、销售等各方面的因素,综合运用系统工程、可靠性理论、价值工程等学科的知识,探索多种解决设计问题的途径。

④ 程式性。现代设计研究设计的一般进程,包括一般设计战略和用于设计各个具体部分的战术方法。要求设计者从产品规划、方案设计、技术设计、施工设计到实验、试制,按步骤有计划地进行设计。

(2) 按照设计方法的特点和范畴　设计可分为不同种类。不同设计方法如下。

① 信息论方法。如信息分析法、技术预测法等,它们是现代设计方法的前提。

② 系统论方法。如系统分析法、人机工程等。

③ 控制论方法。如动态分析法等。

④ 优化论方法。如优化设计等,它是现代设计法的目标化方法。

⑤ 对应论方法。如相似设计等。

⑥ 智能论方法。如计算机辅助设计、计算机辅助计算等。

⑦ 寿命论方法。如可靠性和价值工程等。

⑧ 离散论方法。如有限元及边界元方法等。

⑨ 模糊论方法。如模糊评价和决策等。

⑩ 突变论方法。如创造性设计等。

⑪ 艺术论方法。如艺术造型等。

(3) 按照设计对象　设计可分为产品设计、设施规划与物流系统设计、信息系统设计、运输系统设计、工业安全与环保系统设计等。

(4) 按照对象范围　设计可分为生产系统设计、生产车间布置与设计、生产流程设计、人机系统设计、工作地设计、作业方法设计、组织系统设计、岗位设计等。

2.3.2　设计的原则

系统设计有四个原则:系统性原则、灵活性原则、可靠性原则和经济性原则。

(1) 系统性原则　设计规范标准、设计代码、设计参数和数据要尽可能一致;对系统输入等数据采集要做到源出一处、全局共享,使一次输入得到多次利用。

(2) 灵活性原则　在系统设计中,要求系统具有很强的环境适应性,为此,系统应具有较好的开放性和结构的可变性。应尽量采用模块化结构,提高各模块的独立性;尽可能减少模块间的结构和数据耦合,使各子系统间的结构和数据依赖减至最低限度。这样,既便于模块的修改,又便于增加新的内容,以提高系统适应环境变化的能力。

(3) 可靠性原则　可靠性是指系统抵御或防止外界干扰的能力及受外界干扰时的恢复能力。系统必须具有较高的可靠性,如安全性、防错、检错及纠错能力等。

(4) 经济性原则　经济性是指在满足系统需求的前提下,尽可能降低系统的成本。一方面,在硬件投资上不能盲目追求技术上的先进,而应以满足实际需要为前提;另一方面,系统设计中应尽量避免不必要的复杂化,各模块应尽量简洁,以便缩短处理流程、减少处理费用。

2.3.3 设计的方法

设计的方法有很多,如优化设计、变型产品设计、价值工程设计、创新设计等。下面介绍几种常见的设计方法。

1. 优化设计

优化设计是现代设计方法的重要内容之一,它以数学规划为理论基础,以电子计算机为工具,在充分考虑各种设计约束的前提下,寻求满足某些预定目标的最优设计方案。

1) 优化设计的数学模型

设计变量、目标函数和约束条件是优化设计数学模型的三个要素。给定变量 $x_1, x_2, \cdots, x_n$(用向量 $\boldsymbol{X}$ 表示),$f(\boldsymbol{X})$ 是对应的多变量函数,求满足约束不等式 $g_i(\boldsymbol{X})$ 和等式 $h_j(\boldsymbol{X})$ 条件下其最优值,这是优化设计的数学模型。

求 $\boldsymbol{X} = [x_1, x_2, \cdots, x_n]^T$,使

$$\min f(\boldsymbol{X}) = f(x_1, x_2, \cdots, x_n) \quad (\boldsymbol{X} \in \boldsymbol{R}_n) \tag{2-1}$$

$$\text{s. t.} \begin{cases} g_i(\boldsymbol{X}) \leqslant 0 & (i = 1, 2, \cdots, p) \\ h_j(\boldsymbol{X}) = 0 & (j = 1, 2, \cdots, q) \end{cases}$$

2) 优化方法

公式(2-1)是最常用的优化方法,其基本思想是搜索、迭代和逼近,即求解时,从某一初始点出发,利用函数在某一局部区域的性质和信息,确定每一迭代步骤的搜索方向和步长,寻找新的迭代点,这样一步一步地重复数值计算,用改进后的新设计点替代老设计点,逐步改进目标函数,并最终逼近极值点。

2. 变型产品设计

企业一般有基型产品,基型产品一般选在系列产品的中档,为常用型号。系列产品是指具有相同的功能、相同的结构方案、相同或相似的加工工艺,且各产品相应的尺寸参数及性能指标具有一定级差的产品。

为了满足使用者的不同要求,可在原有产品基础上进行变型产品的开发,使零件标准化、部件通用化、产品系列化。变型产品系列包括纵系列产品、横系列产品和跨系列产品。纵系列产品设计也称相似系列产品设计,在基型产品的基础上,通过相似理论求各扩展型产品的尺寸和参数。

在系列产品设计中,一般按照几何级数的相似产品系列和几何级数的半相似产品系列两种原理进行造型。系列产品设计的步骤依次是基型设计,确定相似类型,确定尺寸和参数级差,求各扩展型产品的尺寸参数,以及确定全系列产品的结构尺寸等。

3. 价值工程设计

价值工程设计的目标是在满足功能需求的前提下,提高产品的价值。价值是产品功能与成本的综合反映,即

$$V = \frac{F}{C} \tag{2-2}$$

式中：V 为产品的价值；F 为产品具有的功能；C 为实现该功能所耗费的成本。

增加产品价值的方法有：① C 不变，V 增加；② V 不变，C 减小；③ C 减小很多，V 减小一点点；④ C 增加，V 增加更多；⑤ C 减小，V 增加。

4. 创新设计

创新设计方法有很多种，下面简单介绍智力激励法、提问追溯法、联想类推法、反向探求法、系统分析法、组合创新法等六种。

（1）智力激励法　人的创造性思维特别是直觉思维在受激发情况下能得到较好的发挥。一群人集合在一起，针对某个问题进行讨论时，由于各人知识、经验不同，观察问题的角度和分析问题的方法各异，提出的各种想法能互相启发，填补知识空隙，启发更多创造性思想，通过激励、智慧交流和集智达到创新的目的。

（2）提问追溯法　提问追溯法是有针对性地、系统地提出问题，在回答问题的过程中，便可能产生各种解决问题的设想，使设计所需要的信息更充分、解法更完善。提问追溯法有奥斯本提问法、阿诺尔特提问法、希望点列举法、缺点列举法等。

（3）联想类推法　通过由此及彼的联想和异中求同、同中求异的类比，寻求各种创新解法。利用联想进行发明创新是一种常用而且十分有效的方法。许多发明者都善于联想，许多发明创新也得益于联想的妙用。类比联想是指由一事物或现象联想到与其有类似特点的其他事物或现象，从而找出创新解法。

（4）反向探求法　将人们通常思考问题的思路反转过来，从背逆常规的途径探寻新的解法，因此反向探求法亦称逆向思维法。例如，声音既然是由振动产生的，那么振动为什么不能复现原声呢？通过这样的反问，爱迪生发明了留声机。

（5）系统分析法　对于技术系统，根据其组成中影响性能的全部参数，系统地依次分析、搜索，以探索更多解决问题的途径。

（6）组合创新法　组合创新法是将现有技术和产品通过功能、原理、结构等方面的组合变化形成新的技术思想和新产品的方法。组合创新法应用的技术单元一般是已经成熟和比较成熟的技术，不需要从头开始，因而可以最大限度地节约人力、物力和财力。组合创新的类型很多，常用的有性能组合、原理组合、功能组合、结构重组、模块组合等。

除了以上方法外，在工程上还有许多其他方法，如计算机辅助设计、可靠性设计、模块化设计、反求工程、有限元法、动态设计、相似性设计、系统化设计、并行工程、人机工程学、模态设计等，这些方法的广泛应用，丰富了设计（尤其是工程设计）的内涵和手段，完善了设计功能。

2.3.4　典型的系统设计

1. 机械产品系统设计

机械产品系统设计可分为产品规划（概念设计）、总体方案设计、结构技术设计、生产施工设计（工艺设计）、改进设计等8个主要阶段。图2-4则展示了机械产品系统的设计过程及各阶段的主要任务。

图 2-4 机械产品系统的设计过程

产品开发包括开发新产品和改进现有产品。无论是新产品的开发,还是对现有产品的改进,都必须以市场需求为导向,使它的价格、成本更低,性能更好。图 2-5 描述了以市场需求为目标的产品开发流程,产品开发中,实现产品功能技术方案设计是非常关键的,图 2-6 总结了技术方案的构思过程。

图 2-5 以市场需求为目标的产品开发流程

图 2-6 技术方案的构思过程

2. 供应链系统设计

供应链系统设计主要解决采用何种方法,从制造商或配送中心将产品运到需要的地方的问题,要考虑的因素和问题包括:

(1) 配送中心数量、地理位置及规模的优化;
(2) 运输成本、仓储成本及其之间的权衡;
(3) 所涉及的产品及用户对各种产品的需求;
(4) 用户所在地、库存水平及供货来源;
(5) 运输批量;
(6) 订单的数量、频率、发生季节、内容等;
(7) 期望达到的用户服务目标。

通过对上述问题的思考、分析和比较,可对企业供应链系统进行设计,基本的设计模式如图 2-7 所示。

图 2-7 供应链系统设计基本模式

2.4 评价职能

2.4.1 评价的概念和分类

1. 评价的概念

评价是对现存的各种系统、各种规划和计划,以及个人与组织的业绩做出是否符合既定目标和准则的评审与鉴定的活动,包括各种评价指标和规程的制订及评价工作的实施。工业工程评价是为最高层决策提供科学依据、避免决策失误的重要手段,是工业工程评价基本理论与方法的总体概括和总结,包括评价的大体范围、基本程序、主要内容和一般方法等内容。

评价的对象是各种系统、各种规划和计划方案,以及组织与个人的业绩。评价的标准是既定的目标或标准,也就是各种规划、计划、目标、标准及方针、政策、法令、法规和指标等。

2. 评价的分类

从不同的视角,可对评价进行不同的分类。

(1) 按评价范围分类有:宏观的工业工程评价、中观的工业工程评价、微观的工业工程评价。

(2) 按评价的内容分类有：条件评价、过程评价、成果(效果)评价。
(3) 按评价的基准分类有：相对评价、绝对评价、个体差异评价。
(4) 按参与评价的主体分类有：自我评价、他人评价、第三方评价。
(5) 按评价的方法分类有：定量评价、定性评价。
(6) 按评价的时间和作用分类有：诊断性评价、形成性评价、终结性评价。
(7) 按评价对象的复杂性程度分类有：单项评价、综合评价。
(8) 按评价的对象分类有：产品设计评价、规划设计评价、系统评价、绩效评价、管理评价。

2.4.2 评价的原则

评价是指根据研究分析的结果，按照一定的标准，对评价对象的性质、强度、责任、复杂性及所需的任职资格等因素的差异程度，进行综合评价的活动。评价的目的是找出某一岗位与其他岗位的差异性，并确定其在系统中的位置。评价的内容包括系统的任务和责任、完成系统任务所需要的技能、系统对组织整体目标实现的相对贡献、系统的环境和风险等。评价工作应遵从下列原则：

(1) 符合国家有关产业政策的原则；
(2) 符合企业总体规划及其他相关规划的原则；
(3) 符合生产的原则；
(4) 符合企业环保和排放达标的原则；
(5) 符合总量控制的原则；
(6) 符合经济和节约的原则。

2.4.3 评价内容和程序

1. 评价内容

(1) 系统功能分配是否合理。
(2) 作业范围是否符合要求。
(3) 操纵时手、脚负荷，动作距离、顺序是否合理。
(4) 人的作业舒适性。
(5) 是否采取了防止误作业的措施。
(6) 系统安全性、可靠性。
(7) 环境条件是否利于作业的顺利进行。

2. 评价程序

系统评价程序如图 2-8 所示。

图 2-8 系统评价程序

2.4.4 评价的方法

系统的评价目的是估计系统的技术能力、工作性能和系统利用率等指标。系统评价度量了系统当前的性能并为进一步改善未来的系统提供依据。

系统的评价历来是一项困难的工作,主要是由系统本身的诸多特点造成的。影响系统好与坏的因素很多,有定性和定量的因素结合,有技术、艺术和观念的因素交叉等,因此如何评价一个系统及研究系统的科学评价方法,对促进系统的建设有十分重要的意义。评价系统时,两个方面非常关键:一是评价指标体系,二是所采用的评价方法。

1. 系统评价指标

在评价一个系统时,最重要的是建立评价指标体系。评价指标体系既涉及系统设计开发者,也涉及系统的运行者,还涉及外部社会即运行环境,如同一个三层的同心圆,从核心向外依次为系统设计开发者、用户和运行环境。系统评价指标包含以下10项。

(1) 先进性　先进性是指所建系统在总体上是先进的,是能产生较大效益的,而且具有较长的生命周期。这里讲的总体先进性不单指硬件或软件的先进性,而是指整个系统的方案、结构、功能、安装和使用等综合起来是先进的。同时,系统的建设应对未建系统产生示范作用,具有示范性。

(2) 科学性　系统的良好运行及产生的效益不只取决于系统本身,管理也是极为重要的因素。向管理要效率、向管理要质量的观念越来越被人们所接受。所谓管理科学性,是指系统具备完整的规章制度,包括资料和设备的管理制度、系统的运行维护制度等,且系统提供的信息必须真实、准确。

(3) 开发和使用效率　开发和使用效率主要指系统的开发建设速度。一个系统从规划、可行性研究开始,到系统分析、设计、实现直到正常运行,这个过程称为"系统开发生命周期"。我们当然希望这个周期越短越好,但实际上许多系统的开发周期比预计的长得多,长期见不到效益,如装上的设备还未运行就落后了,甚至是市场上已淘汰了的产品,这不能不说是一个极大的浪费,因此在评价指标中不能忽视开发和使用效率这一指标。而且建立系统的根本目的是实际使用,水平再"高"的系统,缺乏实用性还不如不建。

(4) 投入和产出效益　投入和产出效益是指建立系统的投资应合理。有些系统功能不多,投资却很大,造成浪费。科学的评价指标体系必须考虑投入和产出比,效益与投资之比越小越好,效益包括社会效益和经济效益。当前效益的评价还比较复杂,尤其是社会效益。

(5) 系统的可维护性　系统的维护、修改是经常的,如果系统可维护性较差,则系统的生命力就较差。

(6) 系统利用率　系统集中了许多高附加值的设备(如硬、软件及其构成的系统)、信息和人力资源,这三大资源中都有利用率的问题。目前有些系统不能产生效益,不能为社会服务,这就是利用率不高的表现。也有些系统硬、软件设备利用率很低,人力浪费现象相当普遍和严重。因此,资源(设备、人力、信息)的利用率应是一个重要的指标。

(7) 安全可靠性　由于各种技术和非技术因素的存在和影响,如何保证系统的安全可靠性已经成为严重而又深刻的问题。系统安全可靠一般是指系统具备抵御自然和人为有害因素的威胁和危害的能力。

(8) 经济性　使用系统需要付费,如果费用很高,用户承担不起,或者说用户感到经济上不太合算,这个系统的吸引力就不那么强了。

(9) 共享与友好性　共享性即本系统信息等的共享程度。目前我国对这方面的重视不够,重复建设的现象不少。友好性即要求系统人机界面良好,使用方便等。设计的系统如果是一个"傻瓜系统"将会很有吸引力。

(10) 人员结构和领导支持情况　包括系统所配置的人员数量、质量及结构。足够的数量,一定的质量及合理的结构可保证系统建设的质量及运行维护水平。同时,主管领导对系统的建设、运行维护的支持是保证系统建设成功的极为重要的因素,也是系统正常运行、产生效益的重要因素。而且,各级管理人员和决策者的服务程度可用于检验系统的服务水平和能力。系统应积极、主动地做好服务工作,全心全意地为用户服务。

总之,任何一个系统的建设必然对外部产生影响,这种影响是难以定量描述的,需要通过定性打分,将定性问题定量化。上述指标可能有遗漏或重复,指标之间还可能存在关联,但大体可依据这些指标构建指标体系以对系统进行评价。

2. 系统的评价方法

这里介绍三种常用的评价方法:多因素加权平均法、层次分析法和经济效果评价法。

1) 多因素加权平均法

多因素加权平均法是一种简单易行的综合评价方法,该方法是将上述10项指标(分别编号1~10)列在表2-1所示的第一行,然后请专家对每个指标按其重要性给一个权重(W),权重最高分为10分,最低分为1分。再请每个专家分别对被评价系统的10个指标打分(X),最高分也是10分,最低分为1分。

表 2-1 系统评价专家权重评分表

权重和评分值	指标1	指标2	指标3	指标4	指标5	指标6	指标7	指标8	指标9	指标10
权重 W(满分10分)										
评分值 X(满分10分)										

专家权重是指专家的权威性,其大小由评价者根据专家知识面和经验丰富程度决定。根据几个专家的打分表及专家本人的权重,求得每个指标的权重值,计算方法如下。

(1) 求第 j 个指标的权重(加权平均值)W_j,公式为

$$W_j = \sum_{i=1}^{p}(W_{i,j} \times E_i) \bigg/ \sum_{i=1}^{p} E_i \quad (j=1,2,\cdots,10) \tag{2-3}$$

式中:W_j 为第 j 个指标的权重(加权平均值);$W_{i,j}$ 为第 i 个专家对第 j 个指标的权重打分值;E_i 为第 i 个专家的权重;p 为专家数。

(2) 求第 j 个指标的评分值(加权平均值)X_j,公式为

$$X_j = \sum_{i=1}^{p}(X_{i,j} \times E_i) \bigg/ \sum_{i=1}^{p} E_i \quad (j=1,2,\cdots,10) \tag{2-4}$$

式中:X_j 为第 j 个指标的评分值;$X_{i,j}$ 为第 i 个专家对第 j 个指标的打分值;E_i 为第 i 个专家的权重。

(3) 求该信息系统的综合加权平均值 A,公式为

$$A = \sum_{j=1}^{10}(W_j \times X_j) \bigg/ \sum_{j=1}^{10} W_j \quad (j=1,2,\cdots,10) \tag{2-5}$$

式中:A 为某信息系统的综合评分值;W_j 为第 j 个指标的权重(加权平均值);X_j 为第 j 个指标的评分值(加权平均值)。

显然专家数越多(样本数越多),评价越接近实际。综合评分越高,说明系统越好。综合评分不可能达到10分,也不可能为1分。

可以规定综合评分达到9分及以上的为极好系统;8分及以上、9分以下的为优秀系统;6分及以上、8分以下的为良好系统;4分及以上、6分以下的为一般系统;2分及以上、4分以下的为差系统;2分以下的为极差系统。

如果同时评价若干个可比系统,这种方法也是可用的,但计算将会复杂些。专家的评分表如表 2-2 所示,每个专家填一张评分表,然后首先求出每张表(即每个专家评分的表)对每个信息系统的加权平均分 $A_{k,i}$,计算公式为

表 2-2 多系统评价专家权重评分表

指标权重与系统序号	指标1	指标2	⋯	指标 n	加权平均分 A_k
权重 W	W_1	W_2	⋯	W_n	
系统1(评分值 X_1)	$X_{1,1}$	$X_{1,2}$	⋯	$X_{1,n}$	
系统2(评分值 X_2)	$X_{2,1}$	$X_{2,2}$	⋯	$X_{2,n}$	
⋮	⋮	⋮	⋮	⋮	
系统 m(评分值 X_m)	$X_{m,1}$	$X_{m,2}$	⋯	$X_{m,n}$	

$$A_{k,i} = \sum_{i=1}^{n}(W_{k,j} \times X_{i,j}) \Big/ \sum_{i=1}^{n} W_{k,j} \quad (i=1,2,\cdots,m) \tag{2-6}$$

式中：$A_{k,i}$ 为第 k 个专家对第 i 个系统的加权平均分；$W_{k,j}$ 为第 k 个专家对第 j 个指标的权重评分值；$X_{i,j}$ 为第 k 个专家对第 i 个系统、第 j 个指标的评分值；m 为被评价信息系统数；n 为指标项数。

若专家有 p 个，则 p 个专家对第 i 个系统的综合评分为

$$ZA_i = \sum_{k=1}^{n}(A_{k,i} \times E_k) \Big/ \sum_{k=1}^{n} E_k \quad (i=1,2,\cdots,m) \tag{2-7}$$

式中：ZA_i 为 p 个专家对第 i 个系统的综合评分值；$A_{k,i}$ 为第 k 个专家对第 i 个系统的加权评分；E_k 为第 k 个专家的权重值；p 为专家数。

求得所有 ZA_i 后，将其由大到小进行排序，得到各系统好坏的排序。

2）层次分析法

1973 年，美国运筹学家 T. L. Saaty 针对如何将现代管理中存在的许多复杂、模糊不清的关系转化为定量分析的问题，提出了层次分析法(analytical hierarchy process，AHP)。这种方法是针对系统的特征，应用网络系统理论和多目标综合评价方法而发展起来的。层次分析法求解一般分为以下五个步骤。

(1) 建立层次结构模型　在深入分析面临的问题之后，把问题中所包含的因素划分为不同层次(如目标层、准则层、指标层、方案层、措施层等)，用框图形式说明层次的递阶结构与因素的从属关系。当某个层次包括的因素较多时，可将该层次进一步划分为若干子层次。同时，根据系统的内在联系，找出上一层元素与下一层元素之间的因果关系，将有关系的元素用直线连接起来。当某元素与下一层的所有元素都有联系时，称为全层次关系；否则，称为不完全层次关系。

(2) 构造判断矩阵　为了将层次结构图中上下层次相关元素的相关程度由定性转化为定量的相对值，就必须构造判断矩阵。判断矩阵元素的值反映了人们对各因素相对重要程度(或优劣、偏好、强弱等)的认识，一般采用数字 1～9 及其倒数的标度方法。例如，A 与 B 相比，有同等的重要性，则用 1 标度；A 与 B 相比，A 比 B 稍微重要，则用 3 标度；A 与 B 相比，A 比 B 明显重要，则用 5 标度；A 与 B 相比，A 比 B 强烈重要，则用 7 标度；A 与 B 相比，A 比 B 极端重要，则用 9 标度；反之，如果在以上条件下，B 与 A 相比时，其判断值显然是上述标度值的倒数 1、1/3、1/5、1/7、1/9。当然，重要程度一般采用专家调查法确定。

(3) 层次单排序及其一致性检验　通过判断矩阵 $\boldsymbol{A}$ 的特征根的求解($\boldsymbol{AW}=\lambda_{\max}\boldsymbol{W}$)得到解 $\boldsymbol{W}$，经归一化后即为同一层次相应因素对于上一层次某因素相对重要性的排序权值，这一过程称为层次单排序。为进行层次单排序(或判断矩阵)的一致性检验，需要计算一致性指标，计算公式为

$$CI = (\lambda_{\max} - n)/(n-1)$$

对于 1～9 阶判断矩阵，平均随机一致性指标 RI 的值如表 2-3 所示。

表 2-3　平均随机一致性指标的值

阶数	1	2	3	4	5	6	7	8	9
RI	0.00	0.00	0.58	0.90	1.12	1.24	1.32	1.41	1.45

当随机一致性比率 CR=CI/RI<0.10 时,认为层次单排序的结果有令人满意的一致性,否则需要调整判断矩阵的元素取值。

(4) 层次总排序　计算同一层次所有因素对于最高层(总目标)相对重要性的排序,称为层次总排序。这一过程是从最高层次到最低层次逐层进行的。若上一层次 A 包含 m 个因素 $A_1, A_2, \cdots, A_m$,其层次总排序权值分别为 $a_1, a_2, \cdots, a_m$,下一层次 B 包含 n 个因素 $B_1, B_2, \cdots, B_n$。它们对于因素 A_j 的层次单排序权值分别为 $b_{1j}, b_{2j}, \cdots, b_{nj}$(当 B_k 与 A_j 无联系时,$b_{kj}=0$)。

(5) 层次总排序的一致性检验　这一步骤也是从高到低逐层进行的。如果 B 层次某些因素对于 A_j 单排序的一致性指标为 CI_j,相应的平均随机一致性指标为 RI_j,则 B 层次总排序随机一致性比率为

$$CR = \left(\sum_{j=1}^{m} a_j CI_j\right) \Big/ \left(\sum_{j=1}^{m} a_j RI_j\right)$$

类似地,当 CR<0.10 时,认为层次总排序结果具有令人满意的一致性;否则,需要重新调整判断矩阵的元素取值。

基本的层次分析法可用于解决不太复杂的问题。当面临的问题比较复杂时,可以采用扩展的层次分析法,如动态排序法、边际排序法、前向反向排序法,等等。

层次分析法是一种实用的多准则决策方法,用于解决难以用其他定量方法进行决策的复杂系统问题。它将定量与定性相结合,充分重视决策者和专家的经验和判断,将决策者的主观判断用数量形式表达和处理,能大大提高决策的有效性、可靠性和可行性。因此层次分析法非常适用于系统的评价,尤其适用于多个系统的比较。但是技术上层次分析法要比前面多因素加权平均法复杂些,目前已有现成的层次分析软件,不需要用户自己编写程序。

总之,层次分析法是指将复杂的决策分析过程分解为层次式的结构,将对决策有影响的各种因素、标准、政策等组织成层次结构,并对它们赋予一定的优先数,利用严格的数学方法算出各种决策意见或方案的优良度,决策就可以参照这些优良度做出。

3) 经济效果评价法

建立系统的目的在于通过系统集成,整合资源,提高工作效率和经营决策水平,减少管理中的失误,使生产经营活动达到最佳经济效益。评价其应用的经济效果,可以从直接经济效益和间接经济效益两方面来分析。

(1) 直接经济效益　直接经济效益是可以计量的,它取决于应用系统的性能,由于合理地利用现有设备能力、原材料、能量,产品产量或提供的服务会增长。或者由于劳动率提高,物资储备减少,产品或服务质量提高,非生产费用降低,生产或服务的成本降低等。

直接经济效益主要通过以下三项经济指标来表示。

① 年收益增长额 P,计算公式为

$$P = [(A_2 - A_1)/A_1] \times P_1 + [(C_1 - C_2)/1\,000] \times A_2 \qquad (2\text{-}8)$$

式中:A_1、A_2 为应用系统前、后每年产品销售总额(千元);P_1 为应用系统前产品销售的收益总额(千元);C_1、C_2 为应用系统前、后每千元产品的成本(元)。

② 投资效益系数 E,计算公式为

$$E = P/K \geqslant E_n \qquad (2\text{-}9)$$

式中:K 为系统的投资总额(千元);E_n 为国家规定的定额系数。

③ 投资总额 K,计算公式为

$$K = K_d + K_k + \Delta O_c \tag{2-10}$$

式中:K_d 为系统开发和转换费用(千元);K_k 为设备购置、安装和厂房建设费用(千元);ΔO_c 为系统实施后流动资金的变化。

如果系统的实际投资效益系数 E 等于或大于定额系数 E_n,就认为系统应用是有益的。

投资回收期 T 的计算公式为

$$T = K/P \tag{2-11}$$

(2) 间接经济效益　间接经济效益反映在企业管理水平的提高方面,主要表现为:① 管理体制合理化,管理方法有效化,管理效益最优化,基础数据完整、统一;② 管理人员摆脱繁杂的事务性工作,真正将主要精力放在系统的分析和决策等创造性工作上,提高了企业管理现代化水平。

2.4.5　典型的系统评价

以系统设计为例分析如何进行系统评价。

系统设计评价是依据一定的原则,采取一定的方法和手段,对系统设计所涉及的过程及结果进行事实判断和价值认定的活动。评价要建立在事实判断的基础上,进行评价必须制订相应的标准。评价标准的制订应当客观、明确,体现科学性和可操作性。没有良好的设计过程,就不可能有良好的设计成果。加强对设计过程的评价,是树立质量管理意识、加强质量管理、实现设计目标的关键。设计中的评估可以促使设计者树立质量管理意识,强化质量管理,高质量完成设计任务,此外还有助于设计中的信息交流和工作反思。

1. 对设计过程的评价

评价的内容如下。

(1) 设计过程是否完备。

(2) 分工是否合理。

(3) 采用的方法是否正确。

(4) 各个环节或阶段的任务是否完成。

(5) 形成的中间成果(方案)是否符合要求。

(6) 全过程是否有质量控制和相应的监督、改进措施。

评价应注意以下问题。

(1) 对设计过程的评价应贯穿设计的全过程。

(2) 发现与明确问题。

(3) 制订设计方案。

(4) 制作模型或原型。

(5) 测试/评估及优化。

(6) 产品的使用和维护。

2. 对最终产品的评价

对最终产品的评价就是对设计成果的总评价。可以采用的方式有两种:一是参照设计的一般原则进行评价,二是根据事先制订的设计要求进行评价。如对一个产品,可从功能、形态、效率、创新、安全性、性价比、美学因素,对社会、环境、资源的影响,以及市场前景等方面进行评价。

3. 评价的有效性

(1) 内部有效性　内部有效性指系统评价人员能确定评价结果是正确的。

(2) 外部有效性　外部有效性指评价的结果能推广到其他地方的程度。

内部有效性对评价是至关重要的,如果没有内部有效性,就不能判断效益是系统带来的还是其他因素带来的。

2.5　创新职能

2.5.1　创新概念和类型

1. 创新概念

按经济学家熊彼特的理解,创新是"企业家实行对生产要素的新的组合"。创新是以新思维、新发明、新技术为特征的概念化过程。创新是对现存各种系统的改进和提出崭新的、创造性和建设性见解的活动,是一种可以使企业资源再增添新价值的活动,广义上还包括企业普遍推行的持续改善产品、过程、服务等。

创新有三层意思:①更新;②创造新东西;③改变。创新常常是通过大量的技术设备投资,实现工作标准的重大改良。创新是对生产要素进行新的组合,即通过生产要素与生产条件的重新组合,为适应组织内外环境变化的要求而对组织进行的局部或全局的调整,使企业获得潜在的超额利润。

改变生产要素的组合有五种方式:①生产新的产品或为一种产品提供新的特性;②采用一种新的生产方法或新的工艺过程;③开辟一个新的市场;④获得新的原料或半成品供给来源;⑤实行一种新的企业组织形式。

工业工程的创新是指从系统的整体目标和效益出发,把各种关系条件加以综合考虑与平衡,然后确定创新的目标、策略及内容,改进现行研究对象,使其更有效地进行生产、服务和运作。

2. 创新的分类

(1) 按规模和影响程度可分为局部创新与整体创新。

(2) 按创新与环境的关系可分为防御型创新与攻击型创新。

(3) 按系统组建的过程可分为系统初建期的创新与运行中的创新。

(4) 按创新的组织形式可分为自发创新与有组织的创新。

(5) 按创新技术载体可分为要素创新、要素组合创新和产品创新(含品种创新、结构创新)。

(6) 按创新变化性质可分为突变性创新、累进性创新和根本性创新。

(7) 按创新效益可分为资本节约型创新、劳动节约型创新和中性的技术创新。

(8) 按创新制度可分为产权制度创新、经营制度创新和管理制度创新。

(9) 按组织机构和结构可分为组织机构创新和结构创新。

3. 创新的特征

(1) 探索性　创新成功的概率非常低,创新失败也是正常的。
(2) 目的性　创新都有预定的目的。
(3) 新颖性　创新不是单纯的模仿或重复。
(4) 价值性　工业工程的创新侧重于价值,创新的过程是一个价值增值的过程。

2.5.2 创新过程

按照创新的定义,创新不只是发生于组织之间,还可以是组织以外的一种变革。创新应以它对环境的影响来衡量。因此,一个企业中的创新必须始终以市场为中心。如果创新以产品为中心,则很可能产生一些"技术上的奇迹,而回报却令人失望"的产品。这相当于将技术发明专利束之高阁,实现不了其市场价值,也就谈不上是创新。因此,创新不是以科学中的发现或技术上的发明为其标准,而是以实现市场价值为其判别标准。

创新的原则主要有有效性原则、开放性原则、创造性原则、重点性原则、全员性原则、分析综合性原则、系统性原则、可行性原则等。

基于这些原则,创新的过程可分为技术推动型过程和市场推动型过程,分别如图2-9、图2-10所示。

图 2-9　技术推动型创新过程

图 2-10　市场推动型创新过程

创新实践的三步骤:① 发现问题,确立创新目标;② 选择创新突破口进行创新规划;③ 创新实践,激发新思想产生。因此,创新的过程就是寻找机会、提出构想、迅速行动并坚持不懈的过程。

2.5.3 创新职能的基本内容

从内涵上讲,创新有两类:一类是技术创新,一类是管理创新。技术创新包括新产品及服务的开发、引进,新技术、新工艺、新方法的应用,是创新活动的核心,是企业发展的动力。这里所描述的技术创新是一个狭义的概念,即技术创新就是指企业将新的知识与技术用于企业的生产经营之中,以创造和实现新的经济价值和企业利润为目标的活动。管理创新包括整个管理过程的一切创新活动,包括思想创新、组织创新、方法创新、管理模式创新和管理制度创新,是与技术创新相结合、共同促进企业经营活动的保证。

工业工程的创新职能是将技术创新和管理创新有机结合在一起,形成工业工程特有的创新内涵和创新体系。工业工程创新的基本前提是建立有效的运行体制或运作机制,激发企业(或系统)技术创新的潜能,保障企业生产和服务的持续完善,等等。可以考虑的基本思路有三种:一是按产品在企业中的流转过程如研发、设计、生产等进行的创新;二是按企业要素划分进行的产品创新、工艺创新、财务创新和人才创新等;三是按创新的空间条件或创新的可行性来划分的思想创新、模式创新、方法创新、组织创新和制度创新等。下面分别介绍技术、产品、工艺、服务、组织和制度创新。

1. 技术创新

1) 技术创新定义

关于技术创新的含义,现在普遍将其界定为一个从新产品或新工艺设想的产生到市场应用的完整过程,包括新设想的产生、研究、开发、商业化生产到推广等一系列活动。这个定义比较全面地说明了技术创新的含义,即技术创新是一个科技、经济一体化的过程。

2) 技术创新的过程

从决策的角度看,技术创新是一种多阶段的决策过程,可以分成若干阶段。

(1) 机会识别阶段 即弄清市场需要,并且基于对当前社会与经济环境的正确分析,使新思想与技术可行性相结合。

(2) 思想形成阶段 对所形成的新设计思想进行评价,决定该技术创新是否值得继续投入资源,从而把创新项目推向下一阶段。

(3) 问题求解阶段 新思想形成与设计概念产生后,就应提出需要解决的问题,从而投入人力、物力、财力去寻求解决方法。

(4) 问题解决阶段 问题可以通过发明解决,即通过获得发明专利或采用他人发明来解决问题,一般称之为模仿或仿造。

(5) 批量生产开发阶段 技术创新活动主要解决批量生产的工艺技术等问题,以降低成本和满足市场需求。

(6) 新技术应用与推广阶段 新技术、新产品首次得到应用并向市场推广,其中少数新产品得到畅销,可顺利回收技术创新的投资。

3) 企业不同阶段的技术创新战略

(1) 企业成长阶段的技术创新战略 成长阶段也是企业导入阶段或创设阶段,该阶段企业主要特征是规模小、资金少、人心齐、风险高。创业者一般具有担当风险的勇气,有个性,有强烈的责任感和开拓精神,企业多属于开拓型的。处于该阶段的企业应重点关注以下战略:

① 市场渗透战略;

② 产品或服务开发战略;

③ 市场竞争战略。

(2) 企业成熟阶段的技术创新战略 企业进入成熟阶段,标志着企业的产品、服务具有了一定的市场占有率,具有了较强的市场美誉度。此时企业应重点关注以下战略:

① 名牌战略;

② 联合战略;

③ 国际化战略;

④ 企业扩张战略；

⑤ 产业化发展战略。

（3）企业衰退阶段的技术创新战略　企业进入衰退阶段，表明企业已由稳定生产到"走下坡路"，这就更需要加强技术创新。此时企业应重点关注以下战略：

① 稳定性战略；

② 紧缩性战略；

③ 转移战略。

2. 产品创新

1）产品创新定义

创新有很多类型，如产品技术创新、产品设计创新、产品工艺创新等，可以统称为产品创新。这里的产品是广义上的产品，还包括服务。

产品创新是指将新产品种类、新产品技术、新产品工艺、新产品设计成功地引入市场，以实现商业价值。产品的创新通常包括技术上的创新，但是产品创新不限于技术创新，因为新材料、新工艺、现有技术的组合和新应用都可以实现产品创新。

2）产品创新分类

产品创新应是产品的核心层、形式层和延伸层上的创新，包括产品功能效用的改善和创新，产品的包装、式样的改进和创新，以及售后服务的强化和改进等。

按照产品实体创新内容的不同程度可以将产品创新分为四类：

① 模仿型产品创新；

② 改进型产品创新；

③ 换代型产品创新；

④ 全新型产品创新。

按照产品的主导性不同可将创新作如下划分：

① 自主开发型产品创新；

② 紧跟型产品创新；

③ 引进消化型产品创新；

④ 差异化产品创新。

3）产品创新策略选择

在产品创新中，不仅要了解顾客的需要，还要研究行业内现有产品及可能出现的替代产品，以采取不同的创新策略。

（1）差异型产品创新策略　产品创新的重点，是在特定的市场中形成与同类产品之间的差异。如果技术与市场的创新程度都较低，形成差异的焦点在于提高产品的性能、降低生产成本和突出本企业产品的特色。实现这一策略的有效工具是应用质量机制展开技术，通过质量展开、技术展开、可靠性展开和成本展开，在细分的目标市场中全面满足顾客的需要。

（2）组合型产品创新策略　通过对现有技术的组合形成创新产品。组合技术创新的产品，可以以现有的市场为目标来满足现有的需要，也可以以新市场为目标市场来创造新需求。例如，曾经风靡全世界的 MP3 随身携带播放机，由于具有比 CD 机更好的便携性和可以下载网络上的音乐而受到年轻消费者的欢迎，取代磁带和 CD 随身听。而 MP3 实际上是信息技术与传统的半导体集成技术组合而成的产品。

根据市场环境的变化和企业生产经营各方面的条件,选择最适宜的产品组合措施和方法,使企业的产品形成一个以主导产品为核心、派生产品为依托、其他相关产品为辅助的产品系列,是系列化产品创新策略。

(3) 技术型产品创新策略　技术型产品创新策略主要应用新技术、新原理来解决现有产品或相对成熟市场中存在的问题,以提高市场占有率。实现这一策略的关键,是确定技术在现有产品或成熟市场中所具有的成本或质量优势,并通过技术创新来实现和保持这些优势。因此,对这类产品的创新更多地从提高产品的技术含量入手。

这一策略与差异型创新策略的不同之处,主要在于所采取的手段不同。技术型策略的应用基础是对技术的积累。创新一种全新的产品相当困难,然而创新构成产品的某一装置就容易多了。为了使部件或装置创新的成果能够被重复利用,技术型创新应该从针对产品或零部件的创新转向针对装置的创新。因为装置是为了实现某种或某些功能而设计的,因此,当其他产品需要同样的功能时,已有的装置就可以直接或修改后加以应用,从而降低开发成本,缩短开发周期。针对装置的模块设计已成为设计的方向,实施技术型创新策略时,应用并行工程技术和思想将有利于设计的顺利进行,并为此后实施差异型创新策略打下良好的基础。

(4) 复合型产品创新策略　该策略要求在技术与市场两个方面同时进行创新。这类新产品对于开发人员和用户都比较陌生,为此在开发中需要用户和开发人员紧密联系,这样开发人员才有机会引导用户,并使之对产品产生一定的认识。这类产品的销售过程通常很长,失败造成的损失通常较大。由于属于非竞争性产品,因此其在一定时间内具有垄断性,价格不是这类新产品开发的重点,而性能、特色、服务甚至企业形象才是需要特别关注的问题。

3. 工艺创新

1) 工艺创新的概念

工艺创新是指生产流程上产生的某种技术上的创新,又称过程创新。

2) 工艺创新与产品创新的关系

(1) 从侧重点来看,产品创新侧重于创新活动的结果;而工艺创新侧重于创新活动的过程。

(2) 从成果形态来看,产品创新一般为物质产品,即有形产品;而工艺创新通常为有形产品和无形产品的统一,原材料、机器设备和工装等是有形的,而工艺流程、作业规程和技术要求等则是无形的。

(3) 从成果的应用来看,产品创新主要是向市场提供产品,其用户是产品的消费者;而工艺创新多数情况下由企业自身享用创新成果,只是在少数情况下才向市场提供。

(4) 从创新成果的价值补偿来看,产品创新的价值补偿通过产品的市场销售即可得到;而工艺创新的价值补偿在少数情况下通过市场销售得到,多数情况下是通过资产折旧和批量产品售出后实现的。

3) 工艺创新的内容

(1) 改进工艺设计方法。

(2) 更新与改造机器设备。

(3) 改善工艺装备。

(4) 选用新材料。
(5) 创新加工方法和作业方法。
(6) 改善劳动条件。

4. 服务创新

1) 服务创新的概念

服务也是一种产品或商品,它具有以下一些特点:① 无形性;② 不可分离性;③ 差异性;④ 不可贮存性;⑤ 缺乏所有权。因此,服务创新是指企业首次向市场提供在技术上有某些改变的新服务。

2) 服务创新的类型

(1) 按照服务的领域或范围划分　一是按产业部门划分,可分为第一产业、第二产业及第三产业服务的服务创新,或者按行业,如为建材、电子、化工等行业服务的服务创新。二是按服务区域划分,可分为国内外服务的服务创新,为各地区服务的服务创新,为各省市、自治区、直辖市及各县、乡镇服务的服务创新。

(2) 按服务目的的不同划分　主要分为生产性服务创新、生活性服务创新和发展性服务创新。

3) 服务创新的方法

(1) 工业化-亲密关系法　在国外,有许多搞好服务创新的成熟思路,其中比较著名的观点是哥伦比亚大学管理学教授彼特·科雷萨的工业化-亲密关系法。该法针对服务创新的方向问题,提出了现代社会的服务既要有以工厂化方式提供服务的低成本,又要有高质量和密切关系。这种工业化的亲密关系来源于用户信息获取、调度机制、精心设计的服务和新的组织设计。这种模式往往在服务过程中有效地采用了信息技术,做到了以低成本提供高质量和个性化服务,从而获得巨大的竞争优势。戴尔公司就是典型的例子。

(2) 无形服务和有形展示相结合的方法　服务商品因其无形性而大大不同于实物商品。服务以行为方式存在,既看不见,也摸不着。通过有形展示可发挥以下作用:① 利于用户感受并产生合理的预期;② 促使用户对服务质量和企业形象产生"优质"的感觉;③ 促成企业员工熟悉业务,提高服务水平。

(3) 服务内容加、减方法　它是指在自己现有的特色服务或在别人新颖的服务观念、方式、方法基础上进行顺应式或逆向式的有新意的增加或减少服务内容。

(4) 个性化服务方法　亦可称为定制服务,它是以人们认识事物的相异之点为目标的思维方式,依据人们的好奇、求异的消费心理来为消费者提供特色服务。

(5) 服务质量创新方法　对服务质量的创新,要在以下五个方面下工夫:一是让顾客感知到服务的优良;二是让顾客体验到服务的可靠性;三是让顾客意识到服务的新颖性;四是满足顾客的时间要求;五是要激发顾客的友好情感,增强顾客的信任感。

5. 组织创新

1) 组织创新

任何组织机构,经过合理的系统设计并实施后,都不是一成不变的。它们如同生物的机体一样,必须随着外部环境和内部条件的变化而不断地进行调整和变革,才能顺利地成长、发展,避免老化和死亡。应用行为科学的知识和方法,将人的成长和发展期望与组织目标结合起来,通过调整和变革组织结构及管理方式,使其能够适应外部环境及组织内部条件的变化,从而提高组织活动效益的过程,就是所谓的组织创新。

组织变革是不以人的意志为转移的客观过程。引起组织结构变革的因素通常是外部环境的改变、组织自身成长的需要及组织内部生产、技术、管理条件的变化等。实行组织变革,就是根据变化了的条件,对整个组织结构进行创新性设计与调整。

2) 组织创新的内容

组织创新随着环境因素的变动与组织管理需求发展方向的变化等而各不相同,一般涉及以下内容。

(1) 功能体系的变动　根据新的任务目标来划分组织的功能,对所有管理活动进行重新设计。

(2) 组织结构的变动　对职位和部门设置进行调整,改进工作流程与内部信息联系。

(3) 管理体制的变动　包括管理人员的重新安排、职责权限的重新划分等。

(4) 工作行为的变动　包括各种规章制度的变革等。

以企业为例,企业组织结构老化的主要征兆有:企业经营业绩下降,企业生产经营缺乏创新,组织机构本身病症显露,职工士气低落、不满情绪增加等。当一个企业出现上述征兆时,应当及时进行组织诊断,以判断企业组织结构是否有创新的需要。

因此,组织创新是组织所进行的一项有计划、有组织的系统变革过程。组织创新主要从组织形式、组织结构、组织规模和组织流程等方面进行。

3) 组织创新的基本思路

(1) 注意培育企业组织意识。

(2) 明确组织创新的目标和方向。

(3) 加强组织创新的系统设计。

(4) 对领导体制优化设计。

(5) 横向沟通创新。

(6) 基层组织创新。

(7) 组织文化创新。

6. 制度创新

1) 制度创新

企业制度是指要求所有的人共同遵守的工作规程或行动准则。

企业制度创新是指在企业现有的生产和生活环境条件下,通过创设新的、能更有效地激励人们行为的制度、规范体系,来实现企业的持续发展和变革的创新。所有创新活动都有赖于制度创新的积累和持续激励,通过制度创新得以固化,并以制度化的方式持续发挥着作用。企业制度创新包括:① 企业外部制约性制度的创新;② 企业内部制约性制度的创新。

2) 制度创新的核心内容及内涵

制度创新的核心内容是社会政治、经济和管理等制度的革新,是支配人们行为和相互关系的规则的变更,是组织与其外部环境相互关系的变更,其直接结果是激发人们的创造性和积极性,促使新的知识不断产生和社会资源的合理配置及社会财富源源不断地涌现,最终推动社会的进步。同时,良好的制度环境本身就是创新的产物。

3）制度创新的必要性

自主创新是强国之道,而制度创新是自主创新的保证,是促进自主创新和经济发展一个非常重要的动力。因此,制度创新应该是需要优先解决的问题,也是在自主创新上取得突破的关键所在。应当从体制改革、机制完善、政策扶持、人才培养、作风建设等方面形成鼓励和支持自主创新的良好文化和制度环境。

制度创新是创新之本,没有制度创新,就没有核心竞争力。如深圳市企业在研发机构、研发人员、研发经费和申请专利这4个方面的自主创新都达到了一个比较高的水平,因为其科技体制、政策体系和激励机制在不断地创新,调动了企业和技术人员的创新积极性,营造了有利于创新成果生长发育的良好环境。

4）制度创新的基本思路

(1) 注意外部制度变化对企业制度创新的影响。

(2) 动态地看待企业制度的创新。

(3) 产权制度创新。

(4) 建立科学的、规范的企业内部制度。

(5) 充分发挥制度功能。

2.5.4 创新方法

主要创新方法或创新技法如下。

(1) 寻异　指打破常规,突破思维定式,改变现状,求新寻异,以创造出全新的构想与事物。

(2) 综合　指将各种要素或不同方案综合起来形成新的构想或事物。

(3) 分解　即面对有关方案,如认为整体方案弊端太大,则可将其科学分解,剔除不适当部分,只选择和应用其中部分内容。分解也是一种变动或创新。

(4) 折中　当几种意见对立,而又各有道理,或者各有弊端时,一般对几种方案进行折中处理,从而使各方都能接受。这种折中也是一种高难度的创新。

(5) 换元　又称替代,是指用等效目标进行替代,以寻求新的构想或方案。换元,可以是一种方案行不通时,用另一种方案进行替代;也可以是对原方案中某些要素或环节进行替代。有时还要进行多轮替代,直至满足目标要求为止。

(6) 重组　按照新的思路,将原有的要素进行重新组合,就可能获得有价值的新事物。

(7) 移植　当将某一领域中的机制与办法引进新的领域,用来解决所要解决的问题时,就会产生一种全新的思路或办法,使原有领域传统的东西一下子变成另一领域全新的东西。

(8) 逆寻　即运用逆向思维,在原有解决问题思路的相反方向上寻求解决方案。

2.5.5 改善与创新

1. 改善的定义

改善是指企业中全员不间断地进行问题的发现和发掘,并从中追求进步与改良,改善是一种渐进性的创新。改善是日本企业管理或工业工程的基础,也是日本企业竞争优势的根源。

2. 过程改善

通常,改善与创新都是在过程中持续进行的。表 2-4 列出了过程改善的类型、方式、思维和步骤。

表 2-4　过程改善表

改善类型	突破性改善		渐进性改善
	全新过程	重大变更(＞70%)	
典型的改善方式	六西格玛设计; 创新型品管圈(quality control circle,QCC); BPR(业务流程再造)	六西格玛改善; 问题解决型 QCC; 技术改造	问题解决型 QCC; 技术革新; 现场改善小组
改善思维	创造性思维		分析性思维
改善步骤	改善的 PDCA(plan do check action)循环 P:选择改进项目—调查、把握现状—寻求要因或方案—制订对策计划。 D:实施对策计划。 C:确认改善效果。 A:巩固和分享改善成果		

3. 改善与创新的几种情况

(1) 提出一种新的经营思路并加以有效实施。
(2) 创设一个新的组织机构并使之有效运转。
(3) 提出一个新的管理方式或方法。
(4) 设计一种新的管理程式或模式。
(5) 进行一项制度的创新。
(6) 采用传统工业工程方法创新。
(7) 采用现代工业工程方法创新。

习题

1. 简述工业工程的职能。
2. 规划包括哪几个方面的内容?
3. 简述 IE 设计的原则。
4. 创新设计的方法有哪些?
5. 试述机械产品系统的设计过程。
6. 什么是评价?其原则是什么?
7. 系统评价方法有哪些?
8. 什么是创新?简述 IE 创新体系的基本内容。
9. 列举工业工程设计职能的 5 项具体应用。

10. 简述规划的定义及分类方法。
11. 可行性研究的意义是什么？其主要包括哪些内容？
12. 简述常见的设计方法。
13. 简要说明系统评价指标包含的内容。
14. 简述评价的内容及流程。
15. 列举一种你所熟悉的评价方法，并简要叙述其评价过程。
16. 可以从哪些方面进行创新？其主要内容包括哪些？

思考题

工业工程的职能与管理的职能有何区别与联系？

案例 ▶▶▶

工业工程的职能与角色

工业工程在我国台湾地区得到了迅速发展，经过几十年借鉴美国和日本的成功经验，工业工程应用取得了丰硕的成果。以台湾中钢公司（简称中钢）为例，中钢特别重视工业工程的理念和运用，形成了自己特有的工业工程的运作模式。从1972年创立初期，中钢创办人赵耀东先生及执行副总经理陈树勋先生就着手引进工业工程的理念，经过30多年的辛勤耕耘，中钢在工业工程方面已奠定了深厚的基础。以下介绍中钢工业工程的主要职能、组织和业务。

工业工程组织职能的演进

1. 工业工程小组建制阶段(1972—1976年)

中钢1972年建厂，初期工程管理部门除包括炼焦、烧结、炼铁、炼钢、电气、公用设施、原料运输及土木等施工单位外，还要统筹掌握全部工程组织、工程进度、报表系统、训练策划、会议制度等参谋工作及各单位间的协调工作。为此，设立综合进度管制处，下设工业工程小组等机构。

2. 工业工程处建制阶段(1977—1981年)

投产初期，综合进度管制处所辖的进度管制组、工程协调组、工业工程组、工业安全组蜕变成生产计划处、工业工程处及工业安全卫生处。工业工程师主要工作是为组织编制的建立、功能与职责的划分、操作性职位工作评价、操作报表的建立、操作规范与维护规范的汇编、生产及销售系统的建立、定期会议制度和标准成本制度的建立等提供服务与支持。

3. 工业工程处建制(职能延伸)阶段(1982—1988年)

随着公司产能与设备的增加，原现场作业组被划分为负责上游厂处的炼钢及机电设备组，以及负责下游厂处的轧钢组，以加强对现场有关提高工作效能、降低生产成本等工业工程工作的协助；另增设作业研究组，应用系统分析及作业研究技术建立各种作业模式，帮助生产单位解决制程问题、改善质量等。

4. 工业工程大处建制(职权扩大)阶段(1989—2000年)

工业工程处由原隶属生产部门,改为直属执行副总经理指挥,组织架构及主要功能不变,而业务扩展是为全公司各单位及部门提供更多服务。工业工程成为名副其实的"第一处"。

5. 工业工程事业部处建制阶段(2001年至今)

随着企业规模日趋庞大,集团转投资事业与管理,由董事会通过设置企划部门,下辖秘书处、工业工程处、事业发展处及法制室。而工业工程处则将原有四组分别改为经营管理组、经营发展组、钢铁营运工业工程一组和二组,以扩大服务领域,提升其经营绩效。

工业工程的业务职能

工业工程的业务范围广泛,内容丰富,凡有关合理化、效率化、降低成本、增加获利及提升竞争力等工作,均属工业工程的范畴。

(1) 人力运用　包括:现场生产单位组织人力编订及人力合理化研讨;操作性职位工作评价,以达到同工同酬及公平合理的薪资给付;制订各单位的组织功能与权责区分,充分发挥组织效率;协力契约外包管理作业,合理控制外包人力及成本。

(2) 成本管理　包括:制订标准成本制度中各项基本标准;衡量生产现场的生产绩效及各单位的成本绩效,并分析差异原因,寻求改善对策。依据标准成本制度的各项标准,按不同的制程、规范及尺寸等,确定各种产品的标准产品成本,建立标准产品成本系统;研讨各项成本项目,如生产部门推行降低生产成本一亿元方案。

(3) 方法工程　包括:协助现场进行作业瓶颈改善、事务流程合理化及制程设备合理化;协助各单位有关投资设备、更新设备、制程改善及操作方法改善等效益评估;规划与研究现场管理制度。

(4) 管理活动　包括:方针管理体系的设计及推行、检讨;自主管理活动的企划、执行、检讨、发表与奖励;制订奖金办法、团体奖励办法等各种激励制度,以充分激发员工潜能,发挥最大效率;资本支出方案的审查、编拟、追踪及考核;设立提案改善制度,提出构想及改善方案,以强化公司体质,增加公司利润。

(5) 作业研究　包括:应用回归分析、变异数分析、实验计划、田口方法、六西格玛标准差等统计技术提升解决问题能力;应用线性规划、非线性规划等技术解决最佳产品接单组合、公司利润最大化等问题;应用仿真技术解决设备瓶颈、车辆调度、仓储面积大小、设备数量等问题;应用系统设计的思想,分析各种方案的效益与风险。

(6) 经营分析　包括:协助诊断各工厂的管理制度、营运绩效及有关生产、质量、交期、成本的整体评估;对外提供工业工程技术服务;加强内部的稽核与控制,防止"三呆"(呆人、呆物、呆料)等的发生,避免造成浪费。

工业工程的角色

随着企业的竞争日趋激烈,作为"企业诊断医师"的工业工程师必须具备:观察入微,举一反三的特质;专精广博的管理与工程知识;整体系统的概念,宏观的视野;突破创新的想法;正直的精神,追求永无止境的合理化;良好的人际关系。

中钢工业工程的业务由建厂期间综合协调及进度控制等工作,转为担任生产部门相关制度的建立和改善工作,服务范围进一步扩大到全公司及整个企业集团,相对责任更加重要。只有通过不断培训与提高,强化工业工程专业能力与协调沟通能力,才能提供权威可靠的管理咨询和强有力的参谋作用。

  工业工程在中钢是合理化、效率化的代名词，凡是能够降低成本、改善工作、提高士气、增进效率的业务，都是工业工程热衷研究的范围。若能将 IE 常用的手法，推广至公司所有人员，使他们对工作产生研究动机及改善意愿，肯定自我价值，则他们必定能够为公司创造最大效益。

 案例讨论

  如何发挥工业工程的职能和角色作用？

第 3 章
生产系统及其效率、成本与质量

▶学习目标

通过本章的学习,你应该能够:

(1) 全面理解工业工程研究的主要对象,清晰定义生产系统和生产效率,描述其相互关系;

(2) 重点掌握提高生产效率的方法,并分析影响系统生产效率的内部要素和外部要素;

(3) 了解成本和作业成本法,学会进行成本预测与预算、成本控制与成本分析;

(4) 了解质量控制和改进及其常用方法,学会运用 PDCA 循环管理法、图表法、抽样检验、统计过程控制、六西格玛管理等进行分析与说明。

3.1 生产系统

3.1.1 生产系统概述

广义上,工业工程的研究对象是由人员、物料、设备、能源、信息等生产要素所组成的各种生产及经营管理系统,并不局限于工业生产领域。这类系统可归结为大规模工业生产及社会经济系统或广义的生产系统。而生产系统是现代企业运作与管理的核心和基础。本书主要研究狭义的生产系统,但有时也可以看成广义的生产系统。

生产是将各种生产要素转换成有形或无形的生产财富,由此而产生附加价值的过程。有形产品的生产过程由产品设计、材料选择、生产计划、加工制造、质量保证、市场营销等一系列活动过程所组成。生产系统就是将与生产过程有关的固有技术和计划、设计、加工制造、控制、管理及有关信息处理技术等系统要素有机结合而成的一个人造系统(见图 3-1)。

如图 3-2 所示,生产系统又由产品计划子系统、技术信息处理子系统、管理信息处理子系统、生产控制子系统和生产过程子系统等所构成。各子系统的功能说明如下:

(1) 产品计划子系统 根据需求预测、市场调查或用户订货等信息来确定企业计划期内生产哪些产品及其品种、规格及数量等。产品计划所提供的信息对企业的决策是至关重要的。

(2) 技术信息处理子系统 主要包括产品设计和生产工艺设计两个部分的内容。产品设计是根据产品计划的信息,对产品进行初步设计、详细设计和工作图设计,并编制产品、部件和零件明细表等。生产工艺设计主要就产品的性质和质量需求,并考虑适当的生产率及经济性等因素来设计生产工艺过程,一般以机械加工工艺设计为主,同时还包括毛坯制造工艺

图 3-1　生产系统的基本构成

图 3-2　生产系统各子系统

设计、装配工艺设计及工艺装备等。

（3）管理信息处理子系统　包括产品设计管理和生产管理两个部分。产品设计管理是指对产品设计图样和数据等信息的有效使用及掌握设计进度等的管理。为了保证设计信息的有效使用,该系统必须具有信息收集、选择、积累、检索、修正、储存和更新等功能。生产管理指为保证产品生产数量、质量、成本和完成日期等计划的实现,编制各种生产作业计划、核算所需的各种资源、控制生产进度、制定质量标准等与生产有关的管理活动。为此,需要制订各种有关计划,如生产计划、原材料供应计划、设备负荷计划等,此外还包括质量管理、进度管理(进度计划)、在制品管理、库存管理、工艺装备管理、设备管理、成本管理、运输管理等。

(4) 生产控制子系统　该子系统通过有关信息的收集和处理来掌握和控制毛坯制造、加工、运输、装配、检验、外购件和零部件仓储、工艺装备仓储等的活动过程和进度。

(5) 生产过程子系统　它是由从原材料、毛坯等投入生产开始到产品出产为止的全部生产过程组成的子系统。它是一系列相互联系的劳动过程和自然过程的有机结合。

因此,生产系统实质上是由产品计划子系统、技术信息处理子系统、管理信息处理子系统、生产控制子系统所组成的信息流和生产过程子系统所组成的物流两大部分所构成的。

生产系统的设计与组织和产品的性质、种类、数量等关系极大。不同的产品性质、种类和数量可以形成不同的生产形态,而不同的生产形态又有不同的设计和组织生产系统的方式和方法。在生产企业中,可以按不同分类标准将生产形态分成很多种类。

(1) 计划生产和订货生产　这是根据计划期内产品销售预测或订货量等信息来进行的分类。所谓计划生产,就是根据通过市场调查、预测和判断所得到的市场需求量或某种计划来组织和安排生产的一种生产形态。而订货生产则是完全按照顾客的订货数量、品种、规格及完成日期等要求来组织和安排的生产形态。通常,顾客订货的产品中有不少是需要重新设计的新产品。

(2) 大量生产、成批生产和单件生产　这是根据产品品种多少和产量大小等来进行分类的,也是最基本的生产类型划分。所谓大量生产是指在较长一段时期内只固定生产一种或少数几种产品,即产品品种少、数量大。因此,大量生产类型具有生产条件稳定、工作地专业化程度高等特征。单件生产类型的特征正好相反,其产品多数属于市场需求量小、专业性较强、通用性不高的专用产品,每种产品只生产一件或少数几件。成批生产按产品批量大小,又可分为大批生产、中批生产和小批生产三种。大批生产与大量生产的特征接近,小批生产与单件生产的特征近似,而中批生产则更多地反映了成批生产的特征。表3-1所示为各种基本生产类型的技术经济特征。

表3-1　各种基本生产类型的技术经济特征

生产类型	大量生产	成批生产	单件生产
工作地专业化程度	在每台机床上固定地加工一个或几个零件	在同一机床上轮番地加工几种零件	在同一机床上经常加工各种不同的零件
采用的设备	广泛采用专用设备	通用设备为主,有个别专用设备	通用设备
工艺装备	采用较多数量的夹具和自动化专用工具	较广泛地采用夹具和专用工具	只在特殊情况下采用夹具和专用工具

续表

生产类型	大量生产	成批生产	单件生产
工人技术水平	工人技术等级较低	工人技术等级不同	工人技术等级很高
工序劳动量	不大	较大	很大
零件互换性	零件要求全部互换,有部分选配,无修配	零件互换性高,保存一部分钳工修配	广泛采用钳工修配
工时定额	采用精确的技术定额	对劳动量大的重要零件制订技术定额	采用概略的工时定额标准
产品品种	较少	较多	多、不定
产量	很大	较大	很小、单件

总之,由产品市场销售量或客户订货量信息来决定是计划生产还是订货生产,由生产产品品种多少、产量大小来决定是大量生产、成批生产还是单件生产。

由于社会经济、技术和管理环境变化及由此而带来的企业经营环境的诸多明显变化,生产系统正面临着来自复杂性、信息化、随机性、多样化、制约与权衡,以及主要与管理因素有关的其他障碍等多方面的挑战。生产环境也显示出了复杂性、相互依赖性和不确定性。

现代生产系统及其环境条件的特征如表 3-2 所示。

表 3-2 现代生产系统及其环境条件的特征

特征	表征
多样化	生产目标非单一,冲突和两难问题增多; 生产系统及环境的要素及其属性、种类多样化; 生产模式、技术的选择多样化和非最优化; 文化冲突加剧,文化融合要求提高
动态化	动态市场; 技术创新加快(产品更新、生产要素及其配置变更); 动态组织结构; 变革时期的动态社会环境与适应性
人本化	生产活动中人因问题突出,人机关系十分重要; 知识产品及智力资源日益占据主导地位; 决策者及其决策环境处于生产管理的最高层次; 利益相关者的态度及其行为和人与人的协作关系越来越重要
柔性化	柔性设施及柔性人机关系; 柔性生产战略、组织与管理
精益化	低成本、高质量是基本和永恒的生产目标; 为满足顾客需求和实现持续发展,需要不断改善; 强调生产活动的环境效益

续表

特　征	表　征
信息化	信息成为关键的生产资源； 信息流在生产管理中具有基础作用
网络化	将整个互联网、物联网等整合,实现资源全面共享,消除"资源孤岛"； 充分利用通信技术和计算机技术,把分布在不同地点的计算机及各类电子终端设备互联； 按照一定的网络协议通信,实现所有用户都可以共享软件、硬件和数据资源
集成化	技术及信息集成； 组织及过程集成； 社会及文化集成
数字化	通过连接,企业可以借助外部资源(能力),汇聚实现企业所需要的资源和能力； 通过数字技术与现实世界相连接、深度互动与学习融为一体,共生并创造出全新的价值； 把过去与未来都压缩到当下,理解当下的价值和意义
智能化	企业具备感知能力,可以直接对外部世界进行感应,获取信息； 具备记忆与思维能力,利用已有的知识对信息进行分析、计算、比较； 具备学习能力与自适应能力,对外界环境进行判断和调整,不断学习与积累知识； 具备决策能力,根据获取的外界信息做出反应,形成决策,并传递信息

3.1.2　企业生产系统类型

生产过程(制造过程)是将生产资源如原材料、劳动力、能源等生产要素转变为产品的过程。以生产过程为基本行为的制造业将可用资源与能源通过企业的生产过程,转化为可供人们使用的工业品或生活消费品,它涉及国民经济的许多行业,如机械、电子、轻工、化工、食品、军工、航天等。

企业生产系统主要有离散型生产系统、流程型生产系统、重入离散型生产系统和服务型生产系统等几种类型。

1. 离散型生产系统

离散型生产是指以一个个单独的零部件组成最终成品的生产方式。在我国,离散型制造企业分布的行业较广,主要包括机械加工、仪表仪器、汽车、服装、家具、五金、医疗设备、玩具生产等。离散型生产组织类型按其规模、重复性特点又可分为车间任务型(job-shop)和流水线型(flow-shop)。

车间任务型是指企业的生产同时在几个车间交叉进行,生产的零部件最终传送到装配车间装配,装配好的成品由质量部门检测,合格件出厂交付市场的一种生产组织方式。车间任务型生产主要适用于以单件、小批量生产方式为主的机械制造企业,企业主要按用户订单组织生产。流水线型生产是指加工对象按事先设计的工艺过程依次顺序地经过各个工位(工作地),并按统一的生产节拍完成每一道工序的加工内容的一种生产组织方式。这是一种传统的、不断重复的生产过程。汽车制造企业就是典型的流水线型生产企业。

2. 流程型生产系统

流程型生产是指通过对一些原材料的加工,使其形状或化学属性发生变化,最终形成新形状或新材料的生产方式。其企业规模一般都比较大,生产工艺复杂,诸如石油、化工企业就是典型的流程型生产制造企业。钢铁企业也是典型的流程型生产制造企业,它采用多品种、大批量生产方式,一般由单一的铁矿砂原料,根据不同的制造流程及化学性质和物理性质的改变,制成多种不同的产品。不同的钢铁企业,不但产品种类千差万别,而且工艺流程和生产配置也相差甚远。

流程型生产包括重复生产(repetitive production)和连续生产(continuous production)两种类型。重复生产又称大批量生产,与连续生产有很多相同之处,区别仅在于生产的产品是否可分离。重复生产的产品通常可一个个分开,它是离散制造高度标准化后,为批量生产而形成的一种生产方式。连续生产的产品则是连续不断地经过加工设备处理,一批产品通常不可分开。

3. 重入离散型生产系统

重入离散型生产是指产品或零件在制造过程中被某些机器(至少一台)重复加工两次以上的制造过程。随着重复进入的机器数量和重复进入机器的次数增加,生产系统的管理和控制越来越复杂。

重入离散型生产系统多用于制造现代微电子产品,产品加工过程精密而复杂,工序繁多,生产周期长,并且产品在整个加工过程中需要多次甚至数十次经过相同的机器群组加工。现在半导体芯片制造企业多采用代工(OEM)生产模式,其生产系统是典型的多品种、混合型复杂生产系统。一般要同时生产50多种产品,每一种产品的工艺要求、加工路线和交货期均不相同,在加工的过程中被加工对象数百倍甚至上千倍增值。因此,对生产过程的管理提出了许多新的课题。

4. 服务型生产系统

服务型生产系统指运用已有设施与设备,由服务员工对各种资源投入进行生产或加工的系统。服务型企业不管是从事制造业还是从事服务行业,都必须以提供服务为中心来组织生产,生产的产品只有让顾客满意,只有得到顾客的承认,才能实现产品的价值,企业才能生存。

按顾客的需求分析,服务型企业可分为通用型服务企业(如零售批发企业、学校、交通运输企业等)和专用型服务企业(如医院、维修站等);按系统的运作特点,服务型企业可分为技术密集型服务企业(如航空公司、银行、娱乐企业等)和人员密集型服务企业(如学校、百货公司、餐饮企业等)。

3.2 生产率和生产率管理

生产效率在经济学中的定义是在固定投入量下,制程的实际产出与最大产出两者间的比率。它能反映出达成最大产出、预定目标或最佳运营服务的程度,亦可衡量企业在产出量(数量、质量)、成本、收入或利润等目标下的绩效。

3.2.1 生产率和生产率管理概述

生产效率通常简称"生产率"。

《韦氏大辞典》给生产率下的定义是:每单位生产劳动的实物产出。工业管理上使用生产设施的有效程度及使用劳动力和设备的有效程度来描述生产率。在《辞海》(1999版)中生产率被认为是衡量生产技术的先进性、生产组织的合理性和工人劳动积极性的重要指标。

从经济学角度给生产率下定义,也有许多不同的表达方式。其中最简单的定义是:生产率是产出与投入之比。如果把生产组织看作一个简单的资源转换系统,可用图 3-3 来表示生产率的概念。

图 3-3 生产率的概念

生产率的概念适用于各种层次和规模的系统,既可用于一个企业,也可用于一个行业、一个地区以至整个国民经济系统,以衡量生产效益和经济效益。无论一个国家还是具体企业,其竞争力都必须以持续改进的生产率为坚实基础。生产率也称生产系统综合效率,并可进而分为技术效率、资源配置效率及组织效率这三种效率,而组织效率是最重要并影响其他两种效率的关键因素。

管理科学家德鲁克(P. F. Drucker)指出:生产率是一切经济价值的源泉。所以,它成为一切生产组织、一个企业、一个行业、一个地区乃至一个国家的经济系统最为关注的目标。工业工程的功能就是规划、设计、管理和不断改善生产系统,使之更有效地运行,取得更好的效果。所以,生产率是衡量工业工程应用效果的基本指标,是工业工程师必须掌握的一个重要尺度和准则。

生产率管理系统模型如图 3-4 所示。

关于生产率管理的含义,可引用美国生产率问题专家辛克(D. S. Sink)所下的定义,即生产率管理是一个较大的管理过程中的一个子系统,其内容包括根据系统的产出和投入之间的关系来进行规划、组织、领导、控制和调节。因此,它必须包括生产率测定和生产率改善。

由此可见,生产率管理就是对一个生产系统的生产率进行规划、测定、评价、控制和改善的系统管理过程。其实质是以不断提高生产率为目标和动力,对生产系统进行积极的维护和改善。

生产率管理与质量管理(保证生产质量的过程)、规划(确定什么是有效可取的方案的过程)、作业测定和预算(评价劳动和资金效率的过程)、财务和审计(负责评价盈利率)及人事管理等都密切相关。人力资源的开发与管理和劳动生产率的提高,对生产率管理具有重要意义。

图 3-4 生产率管理系统模型

P_i^I—投入因素的价格；Q_i^I—投入因素的数量；P_i^O—产出因素的价格；
Q_i^O—产出因素的数量；t_j—第 j 时期（基准期）；t_k—第 k 时期（测定期）

生产率的改进和管理不仅需要分析、评价、控制这类技术性方法，而且更应该注重对组织的系统性和创新性思考，进而围绕技术效率、资源配置效率及组织效率三层结构，以组织变革为重点，以过程为导向，用创新方法来提高生产率。生产率管理就是创新生产率改善技术、手段和过程，以及创造性解决生产率管理问题的模式、方式和方法，是工业工程的基本内容和方法。

3.2.2 影响生产率的因素

按企业是否可控，影响生产率的因素分为内部因素和外部因素。

1. 影响企业生产率的内部因素

1) 硬因素

(1) 产品 产品因素是指产品符合产出要求的程度。产品的类型、品种，产品的质量、数量，产品间的组合结构，都会影响生产率。

(2) 厂房、设备 厂房和设备的维修保养程度，工作地、设备平面布置状况，设备生产能力、使用年限、投资成本等，都能影响生产率。

(3) 技术 技术是构成生产率的一个主要来源。产品和劳务数量的增加，质量的改进，新的工艺流程、工艺方法等，都能够通过自动化和信息技术来获得。

(4) 材料和能源 材料和能源是为获得产出而投入的重要因素。降低材料和能源消耗能直接提高生产率。材料选择、材料质量、生产流程控制、废品的利用管理、存货周期率、库存管理、以国产材料代替进口材料等，都对成本有影响，从而影响生产率。

2) 软因素

(1) 人员　人是生产过程中的重要资源和生产率的主要影响因素。设备、技术都是人类思维的产物，只有通过人才能组织生产。任何提高生产率的措施必须依靠人才能实施。人的价值观、工作动机、工作方法、技术、个人技巧、工作态度和才能，都会影响生产率。

(2) 组织和机构　为使生产系统正常运转，需要一个内部协调、目标一致的企业组织机构，这个组织机构必须及时对市场信息进行反应，横向联系密切。

(3) 工作方法　改进工作方法是提高生产率的最有希望的途径。

(4) 管理方式　管理方法和方式影响着组织设计、人事政策、工作设计、工作计划和控制、资本费用和资金来源、成本控制技术等各方面。

2. 影响企业生产率的外部因素

对于影响企业生产率的外部因素，在短期内企业无法控制它，但它在社会结构和制度的较高层次上可得到控制，由此影响单个企业和生产行为、管理行为，从而影响企业的生产率。

1) 人力资源

人是最宝贵的自然资源。在人的因素上投资，能提高管理和劳动力的质量。对健康和余暇时间的重视可使疾病减少、精神和体力充沛，从而提高劳动力的质量。

2) 科技水平

科技水平直接影响企业的生产率。从某种意义上讲，生产率是反映一个国家科技实力和水平的重要指标。工业发达国家之所以具有比不发达国家高得多的生产率，一个重要的原因在于其居于世界领先地位的科学技术和装备。不断提高生产率主要依靠科技进步，依靠加强研究开发。

3) 政府政策

政府的政策、战略和计划主要通过政府机构的实际工作、法规（如价格控制、收入和工资政策等）、交通、通信、动力、财政措施和经济杠杆等对生产率产生巨大的影响。

通过对企业内部和外部影响生产率的因素进行分析，可以分清哪些是企业管理控制之下的因素，是在企业范围内可以改善的，以便设计提高生产率的最佳政策、计划。但也应该分析和了解所有的外部因素，只有这样，才能使企业提高生产率的政策、计划切实可行，内部行为和外部环境协调一致。

3.2.3　生产率测定和评价

生产率测定与评价（以下简称测评），就是对某一生产和服务系统（组织）或社会经济系统的生产率进行测定、评价及分析的活动和过程。

生产率测定（productivity measurement）主要是根据生产率的定义，比较客观地度量和计算对象系统或组织当前生产率的实际水平，为生产率分析提供基本素材和数量依据。

生产率评价（productivity evaluation）是在将对象系统生产率实际水平的测算结果与既定目标、历史发展状况或同类系统水平进行比较的基础上，对生产率状况及存在的问题等进行的系统评价和分析，它能为生产率的改善与提高提供比较全面、系统和有实用价值的信息。

生产率测定与评价是一项完整工作的两个阶段，相互依存，缺一不可。生产率测定是评价的基础和重要依据,没有经过测算的生产率评价是缺乏客观性和说服力的;生产率评价是生产率测定的目的和必然发展,不进行评估与分析的生产率测定实际意义不大,它所提供的信息基本上没有什么实用价值。

在整个生产率管理工作过程中,生产率测评的地位与作用十分重要,它回答了在哪里寻找机会来提高生产率的问题,并明确了改善与提高工作量的大小。因此,生产率测评是生产率提高的前提,是生产率管理过程的中心环节和实质部分之一。

在国家、地区和部门等宏观和中观社会经济系统层次上,生产率测评有助于评价经济绩效的好坏和经济政策的质量,有助于鉴别不同地区和部门内影响收入和投资分配的因素,有助于该地区和部门优先发展项目的选择决策,从而为公共资源的有效利用和政府实施对经济的有效调控提供客观而有价值的依据。

在企业生产系统等微观组织的发展过程中,生产率测评的作用和意义主要表现在以下五个方面。

(1) 定期或快速评价各种投入资源或生产要素的转换效率及系统效能,确定与调整组织发展的战略目标,制定适宜的资源开发与利用规划和经营管理方针,保证企业或其他组织的可持续发展。

(2) 合理确定综合生产率(含利润、质量、工作效果等)目标水平和相应的评价指标体系及调控系统,制定有效提高现有生产率水平、不断实现目标要求的策略,以确保用尽可能少的投入获得较好或满意的产出。

(3) 为企业或组织的诊断分析建立现实可行的"检查点",提供必要的信息,指出系统绩效的"瓶颈"和发展的障碍,确定需优先改进的领域和方向。

(4) 有助于比较某一特定产业部门或地区、国家层次中不同微观组织的生产率水平及发展状况,通过规范而详细的比较研究,提出有针对性的并容易被人们所接受的提高与发展方案及相应的措施,以提高竞争力,求得新的发展。

(5) 有助于测定企业组织内各部门和工作人员的相对绩效,实现系统内各部分、各行为主体间利益分配的合理化和工作的协同有序,从而保证集体努力的有效性。

生产率作为生产系统产出与投入比较的结果,依所考察的不同对象、范围和要素,可具有多种不同的表现形式,因而有不同类型的生产率及相应的测评方法。

生产率有多种分类方法,详述如下。

1. 按投入资源或要素范围分类

图 3-5 所示为生产率按投入资源或要素分类示意图。

(1) 部分要素生产率或要素生产率(partial factor productivity ratio,PPR) 生产过程的总产出与某一种资源(要素)的投入之比。对各种资源投入而言可有不同的生产率度量。例如,各种生产组织最常见的部分要素生产率包括:① 劳动生产率——只考虑劳动力(含人数、工时等)投入所计算的生产率;② 资本生产率——用固定资产账面值或折旧费作为投入计算的生产率;③ 设备生产率——投入资源为设备额定产出能力或可利用工时的生产率;④ 能源生产率——用能源这一项资源(通常以千瓦为单位)作为投入(只考虑能耗)的生产率;⑤ 原材料生产率——以投入生产过程的原材料重量或价值来测算的生产率;⑥ 成本生产率——将所有资源的成本总计作为投入而测算的生产率,是一种比较特殊的要素生产率。另外,还

图 3-5　生产率按投入资源或要素分类

有工资生产率、投资生产率、外汇生产率、信息生产率等要素生产率。

在我国,目前也可将要素生产率划分为以下两类:一是关于活劳动与物化劳动类投入要素生产率,如劳动生产率、设备生产率、物耗(含能耗)生产率等;二是关于货币资本类投入要素生产率,如成本生产率、资金生产率、投资生产率等。

部分要素生产率的测定一般根据生产率的定义,采用直接求产出量与投入量之比或其指数之比的算术方法(比值法)来比较简单地获得。

(2) 多要素生产率(multifactor productivity ratio,MPR)　生产过程或系统的总产出与某几种生产要素的实际投入量之比,它表明几种要素的综合使用效果。

(3) 全要素生产率或总生产率(total productivity ratio,TPR)　生产过程或系统的总产出与全部资源(生产要素)投入总量之比。全要素生产率的定量测评比较复杂,应按照系统评价的原理和定量与定性分析相结合的基本方法来进行。通常采用各种系统评价方法及效用函数、数据包络分析(DEA)方法和生产函数法(如柯布-道格拉斯生产函数法、丹尼森法、超越对数函数法等)。在经过适当简化处理后,也可直接采用比值法。采用比值法所建立的全要素生产率简化测算模型在许多场合仍是简单实用的。

2. 按生产系统运作结果分类

按生产系统运作结果,可将生产率分为狭义生产率和广义生产率两类。

(1) 狭义生产率　只考虑直接的资源(要素)投入产出结果的各种要素生产率,其测评方法同要素生产率的测评方法。

(2) 广义生产率　生产系统从投入到产出转换过程的总绩效或效能(performance),通常可用如下指标来测评。

效益或效果(effectiveness):生产系统实现既定目标的程度。该目标应是充分考虑系统内外部环境条件的适宜目标。

效率(effectivecy):系统对资源的利用程度。该指标更强调对资源(如时间、资本、劳动力等)的节约和有效使用。

质量(quality):生产系统的行为及结果符合用户要求或技术规格的程度。

生产率(productivity):生产系统的投入量与产出量之间的关系。

获利能力(profitablility):衡量生产系统在一定时期中营利性的指标,如利润、利润率。

工作生活质量(quality of work life):生产系统的设备、工具、设施和环境等方面对促进劳动者健康、安全、舒适、高效率工作的条件好坏,反映系统在一定时期内维持正常运作与保持发展的能力与水平,它与系统运行过程中各方面的协作与配合程度等有很大关系。

创新(innovation):生产系统的创造性和在较长时期内不断改善与持续发展的能力。

以上指标是密切相关的,它们之间的因果关系如图3-6所示。在图3-6中,创新、工作生活质量(两者都是直接涉及人的因素)是其他各指标的基础,也是系统得以维持和发展的原动力,因此,它们是测评广义生产率的重要指标。广义生产率较好地体现了工业工程活动所追求的多重目标和系统化评判准则。

图3-6 生产系统基本绩效指标的因果关系

(资料来源:D. Scott Sink,Productivity Management)

对广义生产率的测评只能是一项系统评价工作,需要建立适宜的系统效能评价指标体系,采用以多指标为基础、定性与定量相结合的系统评价方法来进行综合评析。

3. 按生产率测评层次和对象分类

按生产率测评层次和对象,生产率大体上有国民经济生产率、部门(或行业)生产率、地区经济生产率、组织(企业等)生产率等。组织生产率测评又可分为对营利组织(企业等)和非营利组织(政府和公共机构等)等不同类型组织生产率的测评,以生产企业为代表的营利组织的生产率测评更具代表性和现实意义,测评方法也相对比较规范和成熟。

4. 按生产率测评方式分类

按生产率测评方式,可将生产率分为如下两类。

(1) 静态生产率(static productivity ratios) 某一给定时期的产出量与投入量之比,也就是一个测评期的绝对生产率。比值法和系统评价方法等是这种生产率测评的基本和有效的方法。

(2) 动态生产率(dynamic productivity ratios) 一个时期(测评期)的静态生产率被以前某个时期(基准期)静态生产率除所得的商,它反映了不同时期生产率的变化。比值法、基于统计学和计量经济学原理的各种方法等是这种生产率测评的基本方法和常用技术。

此外,从对生产系统投入与产出的计量形态看,生产率可分为实物形态和价值形态生产率等两种不同表达方式。一般来说,只要产品比价和物价指数等没有问题,以价值形态表示的生产率指标比较准确,更易加总与综合。

生产率测评需要考虑多种因素的影响,是一项复杂的系统性工作,其主要特点和相应的原则如下。

(1) 生产率测评首先应具有整体性、目的适应性等特点,满足科学、客观等基本要求。生产率测评系统作为整个组织的管理与控制系统的构成部分和重要环节,其设置和运作应适应整个系统的营运目标,具备测算、评价、分析、预警等完整功能,并与系统内其他各功能集或分系统保持协调,为整个生产系统的管理工作提供客观、准确、快捷、有效的控制信息。一个完善、高效的生产率测评系统必然是组织中管理信息系统的核心部分。

(2) 生产率测评的方法是由测评的目的和问题的类型及所处环境条件所决定的。为此,在具体方法的选择上,应坚持问题导向,从实际出发,创造性地使用测评方法和模型。另外,在生产率测评的方法论上,既反对唯"数据""量化"和"复杂化",也反对唯"经验"和无条件的"简化",提倡定量与定性方法的有机结合。

(3) 生产率测评应有技术上的基本原则和要求,这是测评工作科学、有效的保障。比如,对测评对象的选择等应具有广泛性、代表性和可知性,测评项目或指标的确定应具有可测性、独立性和系统性,多要素生产率测算应具有可叠加性,通过横、纵向比较进行测评时应具有可比性等。

(4) 生产率测评不是一个纯粹的技术问题,其成功和有效与否会受到测评对象和主体行为因素的制约与影响。决策者的态度,测评的具体目的及其说明,测评主体的认识、立场、公正性,测评对象的理解、积极性等,均会对测评过程和结果造成直接和潜在的影响。测评对象的参与、决策者的支持和适度影响尤为重要和关键。

(5) 生产率测评应注意协调好国家、部门、地区、企业等不同层次的要求和关系。测评工作要保证从微观→中观→宏观的多级递阶和大系统的总体优化及综合协调,并体现在测评目标及组织设定、测评指标及方法设计、测评主体选择及其工作方式确定、测算、评价及测评后工作(含控制、改善、提高、发展等)的全过程中。

(6) 生产率测评的制度化和社会化势在必行。不论对国家、地区、部门,还是对企业或其他组织,均需尽快建立起常设、规范的生产率测评系统和制度,并应逐步实现职业化和社会化,这是确保生产率测评连续、公正、有效地进行,促进企业及社会经济健康、高效、持久发展的重要条件。

根据生产率测算的基本指标及其具体数量关系,有如下测定生产率的基本关系和相应的测算公式。

$$静态生产率 = \frac{测定期内产出量}{测定期内要素投入量}$$

$$部分要素生产率\ PPR = \frac{\sum_{i=1}^{q} Q_i^O}{Q_i^I} \tag{3-1}$$

$$多要素或全要素生产率\ MPR\ 或\ TPR = \frac{\sum_{i=1}^{q} Q_i^O}{\sum_{i=1}^{m} Q_i^I} \tag{3-2}$$

$$动态生产率 = \frac{t_k\ 时期产出量 / t_k\ 时期投入量}{t_j\ 时期产出量 / t_j\ 时期投入量}$$

$$\text{动态生产率 DPI} = \frac{\sum_{i=1}^{q} Q_{ki}^{O} \Big/ \sum_{i=1}^{q} Q_{ki}^{I}}{\sum_{i=1}^{m} Q_{ji}^{O} \Big/ \sum_{i=1}^{m} Q_{ji}^{I}} \tag{3-3}$$

式中：Q_i^O，Q_i^I 分别为测定期内第 i 种产品产出量与投入量；Q_{ki}^O，Q_{ki}^I 分别为测定期 k 内第 i 种产品产出量与投入量；Q_{ji}^O，Q_{ji}^I 分别为基准期 j 内第 i 种产品产出量与投入量。

注意：部分要素生产率 PPI 在测算上可看作全要素生产率 TPR 的特例，只要令式(3-3)中 $m=1$ 即可。

生产率测算的基本公式应基于生产率的定义，是测算各种生产率指标的基础，且对部分要素生产率的测算是比较方便和实用的。然而，在考虑多种资源（或生产要素）综合投入及具有多种不同产出、生产系统及其环境状况动态变化（如产品结构和服务领域的调整、价格及成本的变动、各种广义生产率指标的出现）等实际情况时，对生产率的科学测算就比较复杂，甚至有些困难。首先，对于多种不同类型的要素（如人力、材料、设备等），应如何统一其度量单位，以准确地反映投入、产出的真实量度；其次，如何确定系统或被分析单元的边界，哪些是产出，哪些是投入；第三，如何确定各种要素对生产率的作用大小或权重。最主要的问题还在于各要素之间的相互作用，它们对总生产率的影响常常是随机的。

3.2.4 提高生产率的方法

影响生产率提高的因素很多，也很复杂。既有人的因素，也有物的因素；既有宏观的因素，也有微观的因素；既有客观的因素，也有主观的因素；既有历史的因素，也有现实的因素；既有技术的因素，也有管理和政策的因素；此外，还有教育、文化的因素。这些因素中，有的是生产系统本身的构成要素，有的则是生产系统外部环境因素。在提高生产率的过程中，它们相互影响，相互制约，共同发挥作用。

对于国家和部门（产业）这样的宏观经济系统来说，影响生产率提高的主要因素有人力资源、经济结构、科技水平、宏观管理政策等。企业是微观经济组织，除了上述因素影响其生产率以外，还有几个直接的影响因素，包括产品结构及设计、生产系统规划与设计、生产规模、组织合理性、职工素质、管理及激励等。人力资源开发与管理、组织变革与管理、技术创新与进步等，都是影响生产率提高至关重要的因素。

提高生产率的主要方法可以从内部和外部要素两方面来分析。

在外部要素方面，提高生产率的方法有以下几种。

(1) 提高全社会管理者和职工对生产率的重视程度。

(2) 提高影响生产率的经济和环境方面的要素性能　① 市场规模及稳定性；② 产（行）业结构；③ 社会服务功能及政策环境；④ 生产要素的品质及可用性；⑤ 有效的培训设施；⑥ 研究信息交换与技术革新；⑦ 原材料的质量和适用性；⑧ 资金和信贷的可利用性；⑨ 税收结构。

在内部要素方面，可从以下几方面提高生产率。

(1) 工厂布置、机器和设备　① 产品系统结构；② 物料搬运；③ 设备水平及机器的维修保养；④ 工厂布置；⑤ 人-机-环境系统设计。

(2) 成本的控制。

　　(3) 生产的组织、计划和控制　① 企业及生产系统合理组织；② 生产计划和控制；③ 简化、标准化和专业化（包括更好的产品系统设计）；④ 作业研究；⑤ 库存控制；⑥ 质量控制；⑦ 开发信息系统；⑧ 利用其他方法，如运筹学、抽样、模拟、排队、网络技术。

　　(4) 人力资源开发　① 管理者与工人的合作；② 工人的选择与安排；③ 职业培训；④ 职务分析、功绩评价和晋升；⑤ 督促与纪律；⑥ 工资激励和利润分成计划；⑦ 工作条件和福利；⑧ 劳动方法；⑨ 作业时间；⑩ 轮班数。

　　由此可见，提高生产率是一项系统性工作，其要素和方法几乎涉及工业工程的所有内容。因此，工业工程的应用目的就是要提高生产率，其实质就是要进行广义的生产率管理。

3.3　成本预测和分析

　　成本对企业经济活动具有重要影响，对成本进行有效管理是企业经营管理中的一项重要内容，也是企业提高效率和效益的有效手段。凡是和企业经营过程相关的资金消耗都属于成本管理的范围。

3.3.1　成本和费用

　　企业是为生产经营而建立的，在企业的各项活动中必有各种损耗或耗费。这里首先界定支出、费用和成本的概念，以及三者之间的关系。

　　企业的一切开支及耗费都属于支出，因此支出是耗费的最大概念。支出中凡是与本企业的生产经营有关的部分称为费用，成本则是为实现某一特定目标而发生或将要发生的以货币计量的代价。费用中符合规定的部分才构成成本。因此其关系如图 3-7 所示。

　　支出主要包含以下几项。

　　(1) 资本性支出　该项支出的效益与几个会计年度相关，如取得固定资产。

　　(2) 收益性支出　该项支出的效益仅与本年度相关，如水电费、办公费。

　　(3) 营业外支出　指与企业生产经营没有直接联系的支出，如因火灾、水灾、地震、募捐、罚款等发生的支出。

　　支出与费用的关系如图 3-8 所示。

图 3-7　支出、费用与成本之间的关系

图 3-8　支出与费用的关系

　　费用是企业生产经营过程中发生的各种耗费，成本是企业为了取得某项资产所做出的价值牺牲。费用与成本都是企业在生产经营过程中所发生的耗费,费用是计算成本的前提和基础。成本是一种对象化的费用,即将费用按一定范围归集到某一个成本对象上,也就是该对象的成本。

费用和成本的区别在于以下几点。

(1) 费用强调的是一定利益主体(如企业、集团等)的耗费,成本强调的是因为特定目的(如某件或某批产品等)所发生的耗费。

(2) 费用按时期来归集计算,成本按对象来归集计算。

(3) 费用不一定计入成本,要看是否列入成本开支范围。

(4) 生产费用不包括期初在产品成本,也不剔除期末在产品成本,而产品成本计算刚好相反。

(5) 先有费用发生,后有成本计算。成本计算是费用核算过程中的一个环节。

成本在生产过程中起很重要的作用,具体表现为:

(1) 成本是补偿生产耗费的尺度;

(2) 成本是综合反映企业工作质量的重要指标;

(3) 成本是制订产品价格的重要因素;

(4) 成本是企业经营决策的重要依据。

3.3.2 成本的分类

成本的分类方式很多,主要有按职能、按与收益相配比的时间,以及按性态等进行分类。

1. 按职能分类

成本按职能的分类如图 3-9 所示。

图 3-9 成本按职能分类

2. 按与收益相配比的时间分类

按与收益相配比的时间,成本可分为期间成本和产品成本,如图 3-10 所示。

(1) 期间成本指在一定会计期间内发生,并由一定产品或劳务负担而直接从当期收入中扣除的成本。

(2) 产品成本指由一定数量的产品或劳务负担的成本。

3. 按性态分类

成本性态是指成本总额与业务量总数之间的依存关系。成本依性态可分为以下几类。

图 3-10 成本按与收益相配比的时间分类

（1）固定成本　固定成本是指在一定期间和一定业务量范围之内，其总额不随业务量的变动而改变的成本，它还可进一步细分为约束性固定成本（如厂房、设备折旧、待摊费等）和酌量固定成本（如职工培训费、技术开发费等）。

单位固定成本是指固定成本 y 和业务量 x 的比值。固定成本和单位固定成本的示意图如图 3-11 所示。

图 3-11　固定成本和单位固定成本的示意图

（2）变动成本　变动成本是指在一定期间和一定业务量范围内其总额随着业务量的变动而成比例变动的成本。变动成本的控制应强调控制单位业务量上的消耗，而不是消耗总量。决策必须保证业务量的收入高于这部分成本，进而补偿固定成本。

单位变动成本是变动成本 y 与业务量 x 的比值。变动成本和单位变动成本的示意图如图 3-12 所示。

（3）半变动成本　半变动成本是指有一定初始量，在此基础上随业务量增长而增长的成本。成本 y 和业务量 x 之间的关系为 $y=ax+b$，其示意图如图 3-13 所示。

图 3-12　变动成本和单位变动成本的示意图　　图 3-13　半变动成本示意图

（4）半固定成本　随着业务量的增加成梯度增加的成本，如图 3-14 所示，如销售人员工资即属于此类型。

（5）延期变动成本　延期变动成本是指在一定范围内总额保持稳定，超过特定业务量后开始随业务量增长按比例增加的成本。如工人基本工资到一定业务量后的计件奖励工资，如图 3-15 所示。

图 3-14 半固定成本示意图

图 3-15 延期变动成本示意图

这里,半变动成本、半固定成本和延期变动成本称为混合成本。

3.3.3 成本预测与成本预算

1. 成本预测

成本预测是确定目标成本和选择达到目标成本的最佳途径的重要手段,其实质就是动员企业内部一切潜力,用最少的人力、物力和财力来完成既定任务的过程。成本预测的内容主要有:① 新建和扩建企业的成本预测;② 确定技术措施方案的成本预测;③ 新产品的成本预测;④ 在新的条件下对原有产品的成本预测。

成本预测通常可按以下四个步骤进行。

(1) 提出一个目标成本草案。

(2) 采用各种专门方法,预测本企业在当前实际情况下成本可能达到的水平,并算出预测成本与目标成本的差距。

(3) 动员企业内部一切潜力,拟定出降低成本的各种可行性方案,力求缩小预算成本与目标成本的差距。

(4) 对降低成本的各种可行性方案进行技术经济分析,从中选出经济效益最佳的降低成本方案,并制订正式的目标成本,做出成本的最优决策。

从预测的期限来看,成本预测可分为长期预测(五年左右)和短期预测(月、季、年)。比较普遍的是在编制年度成本计划时预测年度成本计划指标。

2. 目标成本预测

制订目标成本一般采用以下方法。

(1) 根据产品价格、成本和利润三者之间相互制约的关系,确定产品的成本目标。其计算公式为

$$预测目标成本 = 预测单位产品售价 - 单位产品应纳税金 - 预测单位产品目标利润$$

或

$$单位产品目标成本 = 预测单位产品售价 \times (1 - 税率) - \frac{目标利润额}{预测销售量}$$

(2) 选择某一先进成本作为目标成本。

(3) 根据本企业上年实际平均单位成本和企业经营目标的成本要求来预测。这种方法只适用于可比产品,其计算公式为

$$单位产品目标成本 = 上年实际平均单位成本 \times (1 - 计划期预期成本降低的百分比)$$

对成本进行预测分析一般都是根据成本的历史数据,运用数理统计的方法来进行。具体做法是将成本发展趋势用 $y=a+bx$ 的直线方程式来表示。在这个方程式中,只要求出 a 与 b 的值,就可以从中预测在任意业务量 x 下的产品总成本 y。主要有以下三种方法。

1) 高低点法

选用一定时期历史资料中的最高业务量与最低业务量的总成本之差 Δy 与两者业务量之差 Δx 进行对比,先求出单位变动成本 b,然后再求得固定成本总额 a。其计算公式为

$$\left.\begin{array}{l} y = a + bx \\ \Delta y = b \times \Delta x \\ b = \Delta y / \Delta x \end{array}\right\} \tag{3-4}$$

再将 b 值代入高点 H 或低点 L 业务量的成本方程式,即可求得 a($a = y_H - bx_H$ 或 $a = y_L - bx_L$)。b 与 a 的值求得后,再代入计划期 P 的总成本方程式,即可预测出计划期的产品总成本和单位成本:

预测计划期产品总成本

$$y_P = a + bx_P \tag{3-5}$$

预测计划期产品单位成本

$$z_P = \frac{y_P}{x_P} \tag{3-6}$$

例 3-1 假如华中公司只生产一种产品,从它最近一年的历史成本数据中获悉该公司产量最高的月份为十二月,共生产 10 000 件,其总成本为 370 000 元,公司产量最低的月份为四月,共生产 6 000 件,其总成本为 250 000 元。若计划年度一月份的产量为 20 000 件,预测其总成本与单位成本各为多少?

解 将上述有关资料列表,如表 3-3。

表 3-3 成本数据列表

摘要	高点(十二月)	低点(四月)	差异
业务量 x/件	10 000	6 000	$\Delta x = 4\,000$
总成本 y/元	370 000	250 000	$\Delta y = 120\,000$

$$b = \Delta y / \Delta x = 30 \text{ 元/件}$$

代入高点:

$$a = y_H - bx_H = (370\,000 - 30 \times 10\,000) \text{元} = 70\,000 \text{ 元}$$

代入低点:

$$a = y_L - bx_L = (250\,000 - 30 \times 6\,000) \text{元} = 70\,000 \text{ 元}$$

预测计划年度一月份产品的总成本

$$y_P = a + bx_P = (70\,000 + 30 \times 20\,000) \text{元}$$
$$= 670\,000 \text{ 元}$$

预测计划年度一月份产品的单位成本

$$z_P = \frac{y_P}{x_P} = 33.50 \text{ 元}$$

2）加权平均法

加权平均法是根据过去若干时期的固定成本总额及单位变动成本的历史资料,依据影响不同,确定加权系数来确定成本的方法。其距计划期越近,对计划期的影响越大,所加权数就越大;反之,距离计划期越远,对计划期的影响越小,所加权数就应越小。计算公式为

$$y = a + bx \tag{3-7}$$

预测计划期间总成本为

$$y = \frac{\sum aw}{\sum w} + \frac{\sum bw}{\sum w}x \quad (w\text{ 代表权数}) \tag{3-8}$$

此法适用于具有详细历史固定成本总额与单位变动成本的数据的企业;否则,就只能采用上述的高低点法,或下面即将介绍的回归分析法。

3）回归分析法

由线性方程 $y=a+bx$ 可推得

$$a = \frac{\sum y - b \sum x}{n} \tag{3-9}$$

$$b = \frac{n \sum xy - \sum x \sum y}{n \sum x^2 - (\sum x)^2} \tag{3-10}$$

将 a、b 值代入 $y=a+bx$,即可求得总成本。

3. 成本预算

成本预算分制造费用预算和期间费用预算。

制造费用预算是指除直接材料和直接人工预算以外的一切生产费用的预算,列示了所有间接制造项目的成本。这一预算的编制基础也是生产预算,但是,它比材料预算和直接人工预算的编制要复杂,主要是由于制造费用中既有固定费用,也有变动费用;既有付现成本,也有沉入成本(即以前费用摊销数)。表3-4所示为某公司2004年直接人工预算。

表 3-4 某公司 2004 年直接人工预算

项 目	第1季度	第2季度	第3季度	第4季度	年度合计
生产量/台	2 400	6 000	5 600	2 000	16 000
单位产品直接人工小时/h	0.015	0.015	0.015	0.015	0.015
总需用小时数/h	36	90	84	30	240
每小时平均工资/万元	10	10	10	10	10
人工成本合计/万元	360	900	840	300	2 400

期间费用包括企业行政管理部门为组织和管理生产经营活动而发生的管理费用,为筹集资金而发生的财务费用,以及为销售产品或提供劳务而发生的销售费用等。在实行制造成本法的条件下,这些费用不计入产品成本,应直接计入当期损益。表3-5所示为某公司2009年度销售及管理预算。

表 3-5　某公司 2009 年度销售及管理预算　　　　　　　　　　　　　　单位：千元

项　　目		第 1 季度	第 2 季度	第 3 季度	第 4 季度	年度合计
预计销售量/件		2 000	6 000	6 000	2 000	16 000
单位变动性销售及管理费用		0.05	0.05	0.05	0.05	0.05
总变动费用		100	300	300	100	800
固定性销售及管理费用	（1）工资	35	35	35	35	140
	（2）广告费	10	10	10	10	40
	（3）折旧费	15	15	15	15	60
	（4）保险费	0	0	15	0	15
	（5）差旅费	5	5	5	5	20
	固定费用合计	65	65	80	65	275
销售及管理费用合计		165	365	380	165	1 075

3.3.4　成本控制与成本分析

1. 成本控制

成本控制是指在企业生产经营过程中，按照既定的成本目标，对构成产品成本费用的一切耗费进行严格的计算、调节和监督，及时揭示偏差，并采取有效措施纠正不利差异，发展有利差异，将产品实际成本限制在预定的目标范围之内。

1）成本控制的程序

成本控制一般包括以下几项基本程序。

（1）制订成本控制标准，并据此制订各项节约措施。

（2）执行标准，即对成本的形成过程进行具体监督。

（3）确定差异。

（4）消除差异。

2）成本控制的标准

成本控制的标准有以下四个。

（1）目标成本　目标成本是在预测价格的基础上，以实现产品的目标利润为前提而确定的。

（2）计划指标　在编制成本计划后，可将成本计划指标作为成本控制标准。为了便于掌握，还应根据需要对计划指标进行必要的分解。以分解后的更加具体的小指标进行控制，可使成本控制工作落实到每个责任单位和各有关具体人员，并把成本控制与成本计划、成本核算紧密结合起来。

（3）消耗定额　在产品生产过程中，可将各项消耗定额作为成本控制的标准。消耗定额是在一定的生产技术条件下，为生产某种产品或零部件而需要耗费人力、物力、财力的数量标准,它包括材料物资消耗定额、工时定额和费用定额等,凡是能制定定额的,都应制定出消耗定额或支出标准。用这些定额或标准控制生产过程中的物质消耗和人力消耗,是保证降低产品成本的必要手段。

(4) 费用预算　对企业经营管理费用的开支,一般采用经费预算作为控制标准。特别是对那些与产品生产无直接关系的间接费用,更需编制费用预算。应当指出,企业在一定时期制定的成本控制标准,并不是一成不变的。在执行过程中,要经常注意各种标准的先进性和适用性,以便积累资料,及时加以修正。

3) 成本控制的手段

(1) 凭证控制　凭证是记录经济业务、明确经济责任的书面证明。通过各种凭证,可以检查经济业务的合法性和合理性,控制财务收支的数量和流向。

(2) 厂币控制　厂币是企业发行用于厂内结算的一种货币。企业根据成本计划和费用预算中规定的各项费用支出指标,向各单位发放厂内货币。各单位在领用材料、转移在产品、发放工资和支付费用时,要支付厂币。月末进行结算,如有结余即为成本费用节约额。

(3) 制度控制　制度是职工进行工作和劳动的规范,是企业生产经营管理各方面工作正常运转的保证,具有很强的约束力。严格执行各项制度可对成本控制起到积极的作用。

4) 成本分级分口管理责任制

为了有效地进行成本控制,企业要建立成本控制组织体系,实行成本分级分口管理责任制。

(1) 企业成本管理　企业成本管理的内容主要有:制定和组织执行企业成本管理制度,大力宣传有关成本管理的方针、政策,提高广大职工的成本意识;在深入挖掘降低成本潜力的基础上,进行成本预测分析;编制成本计划;加强成本控制,核算产品成本,编制成本报表;检查、考核和综合分析企业成本计划的完成情况和增产节约的经济效果;组织和指导各车间、部门开展成本管理工作,总结和推广先进经验,不断提高企业成本管理水平。企业对成本的管理,是在企业统一领导下,通过财务部门进行的。同时,要按照各职能部门的分工和生产费用发生的地点,分解、落实各职能部门分口管理的成本指标,并在此基础上确定各分管部门的责任、权限和管理内容。

(2) 车间成本管理　车间成本管理是企业成本管理的中心环节,其内容主要有:根据厂部下达的成本计划或费用指标,在组织员工讨论的基础上进行试算平衡,编制车间成本计划和增产节约措施计划;根据企业批准的车间成本计划,向各班组下达有关消耗指标和费用指标,并对车间各职能组和人员提出增产节约的要求;组织车间成本核算,按计划控制车间生产费用,并督促和帮助各班组按计划和消耗定额管理生产费用;检查和分析车间成本计划和班组有关指标的完成情况,总结、推广班组管理的先进经验,不断提高车间成本管理水平。车间成本管理工作,是在车间主任直接领导下,由车间成本组或成本核算员负责组织执行的。在车间内部也应实行生产费用的分口管理,按照生产费用的内容规定各有关职能人员分管费用的职责。车间成本组或成本核算员要与其他职能组或职能人员互相配合,密切协作,共同搞好车间成本管理。

(3) 班组成本管理　班组成本管理的内容主要包括:讨论企业和车间的成本费用计划,拟定班组各项消耗定额和费用计划;根据费用计划和消耗定额,控制班组所发生的各种消耗和费用开支;核算班组负责执行的计划指标,并及时采用适当的形式向群众公布计划的执行结果;检查和分析各项消耗定额和费用指标的执行情况,组织评比竞赛,等等。班组成本管理,是指在班组长领导下,由核算员负责组织执行,并与其他管理员密切配合,共同努力,降低生产消耗。

2. 标准成本

所谓标准成本,是指以在产品设计阶段所选定的最优设计和工艺方案为基础,根据料、工、费的合理耗费,在企业现有的生产工艺技术水平条件下,进行经营所发生的成本。

制订标准成本对指导和控制企业的日常经济活动具有重要的意义。

(1) 事先提出按成本项目反映的标准成本,可以用来规划未来的经济活动,并以此作为进行短期决策和长期决策的依据。

(2) 在日常成本管理工作中,利用标准成本调节和控制日常发生的经济业务,针对重大问题进行分析研究采取有效措施及时加以纠正,以保证预定目标的实现。

(3) 事后对实际成本脱离标准成本的差异进行分析,以便于分清经济责任,正确评价有关部门和人员的经济业绩。

(4) 在标准成本控制中,将标准成本和成本差异单独反映,在产品、产成品和销售产品的成本都可以直接按标准成本计算,简化日常的账务处理和成本核算工作。

标准成本控制的运作程序如下。

(1) 制订单位产品的标准成本 单位产品标准成本的制订是标准成本计算和成本控制的基础。确定单位产品的标准成本,可用计算公式表示为

$$\text{单位产品标准成本} = \text{直接材料标准成本} + \text{直接人工标准成本} + \text{制造费用标准成本}$$

(2) 计算某种产品的标准成本 按照产品的实际产量和单位产品标准成本计算出的该种产品的标准成本。其计算公式为

$$\text{某种产品的标准成本} = \text{产品的实际产量} \times \text{单位产品标准成本}$$

(3) 汇总计算实际成本 按照一般的成本核算程序,归集产品生产和制造过程中实际发生的直接材料、直接人工和制造费用,以此计算出实际成本的发生额。

(4) 计算成本差异 成本差异通常是指产品实际成本与产品标准成本之间的差额。可用计算公式表示为

$$\text{成本差异} = \text{实际成本} - \text{标准成本}$$

实际成本大于标准成本的差异,通常称为不利差异,一般用 F 表示,可反映在成本差异账户的借方,因此亦称借差;实际成本小于标准成本的差异称为有利差异,一般用 U 表示,通常反映在成本差异账户的贷方,因此亦称贷差。

(5) 分析成本差异 对成本差异进行分析,一般要经过以下三个步骤:

① 分析成本差异的类型,并确定其数额;

② 追根溯源,分析成本差异产生的具体原因;

③ 明确有关责任人员的经济责任。

产品的标准成本是由生产产品所消耗的直接材料、直接人工和制造费用构成的,其基本公式是以"数量"标准乘以"价格"标准,包含直接材料、直接工人和制造费用的三种标准成本。

根据各项标准成本,企业通常要为每一种产品设置一个标准成本计算单,并在该计算单中分别列明各项成本的价格标准和用量标准,通过直接汇总的方法得出单位产品的标准成本。

表 3-6 所示为某产品标准成本计算的情况。

表 3-6 产品标准成本计算情况

项 目	单价标准(分配率)	用 量 标 准	标准成本/(元/件)
直接材料	—	—	
甲材料	26.8 元/千克	2.8 千克/件	75.04
直接人工	1.80 元/时	7 时/件	12.60
变动性制造费用	1.5 元/时	7 小时	10.50
固定性制造费用	0.55 元/时	7 小时	3.85
制造费用小计	—	—	14.35
单位产品标准成本			101.99

3. 成本分析评价

成本分析评价是对企业成本水平和成本管理工作的总结和鉴定。成本分析评价要通过一定的经济指标进行,目前常用的指标有以下几项。

1) 主要产品单位成本

单位成本是指每一单位产品的成本,计算公式为

$$单位成本 = \frac{某产品总成本}{某产品产量} \tag{3-11}$$

用单位成本指标评价企业的成本水平,最为简单、清晰。

2) 可比产品成本降低率

可比产品成本降低率,是指同一产品的两个不同时期成本相比的降低额,与前期成本水平相比的比率。由于企业的可比产品往往不止一种,这就需要把每种可比产品的成本降低额加总起来计算降低率,包括计划降低率和实际降低率。

$$可比产品成本计划降低率 = \frac{\sum\left(\begin{array}{c}某产品上年预计\\平均单位成本\end{array} - 计划单位成本\right) \times \begin{array}{c}计划\\产量\end{array}}{\sum(上年预计平均单位成本 \times 计划产量)} \times 100\% \tag{3-12}$$

$$可比产品成本实际降低率 = \frac{\sum\left(\begin{array}{c}某产品上年预计\\平均单位成本\end{array} - 实际单位成本\right) \times \begin{array}{c}实际\\产量\end{array}}{\sum(上年预计平均单位成本 \times 实际产量)} \times 100\% \tag{3-13}$$

可比产品成本降低率是长期以来我国分析评价工业企业产品成本的重要指标。这个指标有两个特点:一是综合性,它可以把各种可比产品成本的升降情况综合地反映出来;二是可比性,因为它是以可比产品为基础计算的,不仅可以与计划相比较,检查可比产品成本降低完成情况,而且可以与以前年度的相比较,研究成本的降低速度和趋势。

但是,这个指标也有不足之处:① 可比产品与不可比产品界限不易划清,特别是在花色品种、技术革新不断发展的情况下,有时即使是相同产品,也会有许多不可比因素;② 它只反映可比产品成本,不能反映成本指标的全貌,无法评价企业全面的成本管理工作,尤其是在可比产品比重小的企业,这种局限性就更为明显;③ 由于只评价可比产品成本降低率,因此在

可比产品与不可比产品之间分摊费用时,往往人为地使可比产品少负担一些,这种情况严重地影响成本降低指标的准确性。

3) 全部产品成本降低额

可比产品所占比重比较低的企业,应分析企业全部产品的实际成本是否超过按实际产量计算的计划总成本。计划成本大于实际成本的差额,为全部产品成本降低额。其计算公式为

$$\text{全部产品成本降低额} = \text{本期各种产品的计划单位成本} \times \text{本期各种产品的实际产量} - \text{本期全部产品的实际成本}$$

按上述公式计算出来的成本降低额,只要不是负数,即为完成成本计划。该指标综合反映能力强,既包括可比产品,又包括不可比产品,能够弥补可比产品成本降低率指标的某些缺陷。

4) 产值成本率和销售收入成本率

产值成本率和销售收入成本率都用百分数表示,其计算公式分别为

$$\text{产值成本率} = \frac{\text{总成本}}{\text{总产值(或商品产值)}} \times 100\% \tag{3-14}$$

$$\text{销售收入成本率} = \frac{\text{总成本}}{\text{销售总收入}} \times 100\% \tag{3-15}$$

5) 行业平均先进成本

将不同企业的产品个别成本与行业平均先进成本进行对比,即可发现本企业的产品成本是节约还是浪费。它可以用节约率来表示,也可以用节约额来表示。其计算公式分别为

$$\text{全部产品成本节约率} = \frac{\sum\left(\text{某产品行业平均先进单位成本} - \text{实际单位成本}\right) \times \text{实际产量}}{\text{按行业平均先进成本计算的总成本}} \times 100\% \tag{3-16}$$

$$\text{全部产品成本节约额} = \sum\left(\text{某产品行业平均先进单位成本} \times \text{实际产量}\right) - \text{本期全部产品的实际成本} \tag{3-17}$$

在生产经营过程中,产品成本具有重要作用。它是反映和监督劳动耗费的工具,是补偿生产耗费的尺度,是反映企业工作质量、推动企业提高经营管理水平的杠杆和制定产品价格的重要依据。

为了正确地计算产品成本,有效地控制各项开支,必须对企业发生的生产费用进行合理的分类。成本预算中制造费用预算、期间费用预算是最基本的预算,应掌握其编制方法。成本预测是成本管理的重要环节,年度成本预测是编制企业成本计划的准备阶段。成本预测包括目标成本预测、功能成本预测和成本降低幅度的预测。成本控制是成本管理的实施阶段,是落实成本目标、实现成本计划的有力保证。为了有效地进行成本控制,企业要建立成本控制组织体系,实行成本分级分口管理责任制。成本分析评价是成本管理的总结阶段,它对企业成本计划执行情况做出综合评价。成本分析评价指标有多种,要了解各项指标的特点、适用条件及其计算方法。

3.3.5 作业成本法

1. 作业成本法概述

20世纪50年代以来,随着计算机应用领域的日益广泛及高新技术在生产领域的应用,企

业生产过程日益高度自动化、计算机化，企业经营面临产品成本结构的根本变化，这种变化使得以工时或机时为主的间接费用分配方法已经不能准确提供产品成本信息，无法为管理决策和控制提供有用信息，企业难以取得竞争优势。传统成本计算方法已经越来越表现出成本信息的严重歪曲，传统成本管理体系无法满足企业实行全面成本管理的需要，在此变化下，作业成本法研究在20世纪80年代末全面兴起。1987年Robert Kaplan等所著《相关性消失：管理会计的兴衰》，获AAA管理会计委员会授予的第一个"管理会计文献杰出贡献奖"。1988年起Robin Cooper连续四次在《成本管理》上发表"论作业基础成本计算的兴起"，首次对作业成本法给予明确解释。作业成本法经过不断的发展研究已经成为现代企业全面管理的重要手段。

作业成本系统是重要的企业战略支持系统，它所提供的大量相关、准确的成本信息能在很大程度上帮助企业实施全面管理。作业成本系统大致由两部分组成：一是作业成本（activity-based costing，ABC）法，二是作业管理（activity-based management，ABM）。

作业是指企业生产经营过程中相互联系、各自独立的活动。它可以作为企业划分控制和管理的单元。企业经营过程中的每个环节或生产过程中的每道工序都可以视为一项工作。在作业成本法下，成本被定义为资源的耗用，而不是为获得资源而发生的支出。作业成本法计量的是资源耗费水平的变动，而不是支出水平的变化。前者取决于对资源的需求，后者则取决于现有的资源状况。

传统成本会计是出于财务报告的目的而对存货进行计量，所提供的信息与企业的决策和管理的相关性不大。一个好的成本方法提供的成本信息不仅能满足财务报告的需要，而且还能满足成本管理的需要。作业成本法改变的是成本管理方法的信息基础，而不改变成本管理的方法和模型。换言之，作业成本法是在新的成本信息支持下，对传统成本管理方法进行批判继承，提供更为精确的产品成本数据。作业成本法可能带来的收益有：为定价策略提供相应的成本信息；加强对成本有效的管理和控制；坚持改善市场营销策略；提高产品的盈利性；确保可标识的成本动因；产品盈利性的有效分析；改善成本控制；提供准确的业绩指标等。

作业成本法认为，"作业耗用资源，成本对象耗用作业"。作业是成本计算的核心，而产品成本则是制造和传递产品所需全部作业的成本总和。

2. ABC方法

ABC方法的计算步骤如下。

（1）确认和计量各类资源，将资源耗费价值汇集到各资源库。资源是执行作业所必需的经济要素。在作业中，企业的各项资源被确认后，要为每类资源设立资源库，并将一定会计期间所耗各类资源成本汇集到各资源库中去。

（2）将企业经营过程划分为各项工作。作业的划分不一定与企业的传统职能部门相一致。有时候作业是跨部门的，有时一个部门能完成好几项不同作业。作业的确定应遵循成本-效益原则，即作业的划分应粗细得当。

（3）确定"资源动因"（见表3-7）。资源动因是资源被各作业消耗的方式和原因，它反映了作业对资源的消耗状况，因而是把资源库价值分解到各作业成本库的依据。确立资源动因的原则是：第一，如果某一项资源耗费能直接地确定为某一特定产品的消耗就直接计入该特定产品成本中，此时资源动因也是作业动因，该动因可以认为是"终结耗费"，材料费往往适用于该原则;第二,如果某项资源耗费可以从发生领域划分为各作业的消耗就直接计入各作业成本库,此时资源动因可以认为是"作业专属耗费",各作业各自发生的办公费适用于这种原则,各作业按实付工资额核定应负担工资时也适用于这一原则;第三,如果某项资源耗费从最初消耗上呈现出混合耗费形态,就需要选择合适的量化依据将资源耗费分解到各作业,这个量化依据就是资源动因,如动力费一般按各作业实用电力度数分配,等等。

（4）根据各项作业所消耗的资源动因数,将各资源库汇集的价值根据资源动因逐项分配到各作业成本库中去,将每个作业成本库中转入的各项资源价值相加就形成了作业成本库价值。

（5）确认各作业的成本动因(见表3-8),再根据每个成本动因计算相应的作业动因分配率。作业成本动因通常简称为作业动因,它是作业被产品或劳务等成本对象消耗的方式和原因,是作业成本库成本分配到成本对象中的标准。"专属作业"是指为某种特定产品或劳务提供专门服务的作业,专属作业资源耗费价值应该直接由该特定的产品或服务所承担。

表 3-7 资源动因

成本要素	资源动因
职工医疗保险	职工人数
人力	消耗劳动时间
动力	消耗电力度数
房屋租金	使用面积
折旧	所有设备价值

表 3-8 作业成本动因

作业	作业成本动因
订单处理	订单份数
机器调整	调整次数
机器运行	机器小时数
质量检测	检验件数
材料搬运	材料重量

（6）根据各项作业所消耗的成本动因数将各作业成本库价值分配计入有关产品或劳务成本计算单,计算完工产品或劳务成本。

3.4 质量控制和改进

3.4.1 质量控制的内容和意义

1. 质量的内涵

ISO 9000—2000质量管理体系中给质量做了如下的定义:一组固有特性满足要求的程度。对这一定义可作如下理解。

（1）术语"质量"可使用表示程度的形容词,如好或优秀、差等修饰,如可以说一个产品的质量很好。

（2）"固有"是指存在于某事或某物中的,尤其是那种永久的特性,如机器的参数和功能等。

（3）"特性"可以是固有的也可以是赋予的,可以是定性的也可以是定量的。

（4）"要求"是指一个产品或一项服务必须满足的明示的或隐含的需求和期望。

通常,质量是符合要求和规格的,是适用的,是指产品出厂后对社会造成的损失大小,包括由于产品技能变异对顾客造成的损失及对社会造成的损害等。因此,质量的内涵应包括性能指标、安全性、可靠性、寿命、美感、认同程度和售后服务等。

2. 质量管理的内涵

按 ISO 9000 的定义,质量管理的内涵是"指导和控制一个组织的与质量有关的相互协调的活动",这些活动包括质量方针、质量策划、质量控制、质量保证、持续改进。

(1)质量方针　指由组织的最高管理者正式发布的该组织的质量宗旨和质量方向。质量方针是企业总方针的一个组成部分,由最高管理者批准。

(2)质量策划　其目的是设定质量目标并规定必要的作业过程和相关资源的分配,以实现质量目标。

(3)质量控制　质量控制包括设计控制、过程控制、包装贮存和搬运及售后服务等的控制。

(4)质量保证　致力于对达到质量要求提供信任,目标在于达到满足顾客要求的目的。

(5)持续改进　质量持续改进的关键在于要有纠正和预防措施,以保证管理体系持续有效,并符合内部(如质量计划和目标)和外部(ISO 9000)要求。

质量管理的原则包括以顾客为中心、重视领导作用、全员参与过程管理、持续改进、基于事实的决策方法、互利的供求关系。

图 3-16 所示为 ISO 9000 推荐的质量管理体系模式,一般企业通常采用图 3-17 所示的质量管理组织结构 。

图 3-16　ISO 9000 推荐的质量管理体系模式

图 3-17　企业质量管理组织结构

3.4.2　质量成本

在 20 世纪 20 年代,美国质量管理专家费根堡姆提出了质量成本的概念,首次把质量成本同企业的经济效益联系起来,受到质量管理界的高度重视。我国国家标准 GB/T 19000—2016 中对质量成本进行了定义:质量成本是为了确保和保证满意的质量而发生的费用及没有得到满意质量而造成的损失。

不同国家、不同企业对质量成本有不同的划分方法。我国的企业在进行质量成本管理时,常将质量成本划分为运行质量成本和外部质量保证成本两大类,如图 3-18 所示。

图 3-18 质量成本的分类

1. 运行质量成本

运行质量成本包括以下四个方面。

(1) 预防成本　是指用于预防产生不合格品或发生故障而需的各项费用。

(2) 鉴定成本　是指为评定产品是否符合质量要求而需的一切费用。

(3) 内部损失成本　是指产品出厂前因不满足规定的质量要求而花费的一切费用。

(4) 外部损失成本　是指产品出厂后因不满足规定的质量要求而支付的有关费用。

质量成本曲线图是描述预防成本、鉴定成本、内部损失成本和外部损失成本四种质量成本之间关系的曲线图,见图 3-19。

2. 外部质量保证成本

外部质量保证成本指在合同环境条件下,根据用户的要求而提供客观证据所支付的费用,包括为提供特殊的附加质量保证措施、程序、数据等所支付的费用,产品验证、实验和评定费用,为满足用户要求而进行质量体系认证所支付的费用。

由图 3-20 可知,总质量成本曲线最低点 A 处对应的成本为最佳质量水平。

图 3-19 质量成本曲线图

图 3-20 质量控制区域分类

(1) 质量控制区　损失成本约为 50%,预防成本约为 10%,如找不出更有利的改进项目,将重点转为控制。

(2) 质量改进区　损失成本大于 70%,预防成本小于 10%,确定改进项目并予以实施。

(3) 质量过剩区　损失成本小于 40%,鉴定成本大于 50%,此时质量过剩,重新审查标准或放松检验方案。

3.4.3　质量控制的改进

1. 设计和开发

(1) 设计和开发策划　组织应对产品的设计和开发进行策划和控制。在进行设计和开发策划时,组织应确定以下内容:适于每个设计和开发阶段的评审、验证和确认活动;设计和开发的职责和权限；组织应对参与设计和开发的不同小组之间的接口进行管理，以确保有效的沟通，并明确职责分工。

（2）设计和开发输入　应确定与产品要求有关的输入，并保持记录，这些输入应包括：功能和性能要求；适用的法律法规要求；以前类似设计提供的信息；设计和开发所必需其他要求。

（3）设计和开发输出　设计和开发的输出应以能够针对设计和开发的输入进行验证的方式提出，并应在放行前得到批准。设计和开发输出应满足设计和开发输入的要求，为采购、生产和服务提供适当的信息，包含或引用产品接收准则，规定对产品的安全和正常使用所必需的产品特性。

（4）设计和开发评审　在适宜的阶段，应依据所策划的安排设计和开发进行系统评审，评价设计和开发的结果是否满足要求，识别问题并提出必要的解决措施。评审的参加者应包括与所评审的设计和开发阶段有关的职能单位的代表，评审结果及任何必要措施的记录应予以保留。

（5）设计和开发验证　为确保设计和开发的输出能满足输入的要求，应依据所策划的安排对设计和开发进行验证，验证结果及任何必要措施的记录应予以保留。

（6）设计和开发确认　为确保产品能够满足规定的使用要求或已知预期用途的要求，应依据所策划的安排对设计和开发进行确认。只要可行，确认应在产品交付或实施之前完成。确认结果及任何必要措施的记录应予以保留。

（7）设计和开发更改的控制　应识别设计和开发的更改，并保留记录，在适当的时候，应对设计和开发的更改进行评审、验证和确认，并在实施前得到批准，设计和开发更改的评审应包括更改对产品组成部分和已交付产品的影响的评价。更改的评审结果及任何必要措施的记录应予以保留。

2. 采购

（1）采购过程　组织应确保采购的产品符合规定的采购要求，对供方及采购的产品控制的类型和程度应取决于采购的产品对随后的产品实现或最终产品的影响。

组织应根据供方按组织的要求提供产品的能力进行评价和选择供方。应制定选择、评价和重新评价的准则。评价结果及评价所引发的任何必要措施的记录应予以保留。

（2）采购信息　采购信息应表述拟采购的产品，其内容包括：产品、程序、过程和设备的批准的要求；人员资格的要求；质量管理体系的要求。在与供方沟通前，组织应确保规定的采购要求是充分与适宜的。

（3）采购产品的验证　组织应建立并实施检验或其他必要的活动，以确保采购的产品满足规定的采购要求。

当组织或其顾客拟对供方的现场实施验证时，组织应在采购信息中对拟验证的安排和产品放行的方法做出规定。

3. 生产和服务提供

（1）生产和服务提供的控制　组织应策划并在受控条件下进行生产和提供服务，受控条件应包括：获得表述产品特性的信息；必要时，获得作业指导书；使用适宜的设备获得和使用监视和测量装置；实施监视和测量；放行、交付和交付后活动的实施。

(2) 生产和服务提供过程的确认　当生产和服务提供过程的输出不能由后续的监视或测量加以验证时,组织应对任何这样的过程实施确认,这包括仅在产品使用或服务已交付之后问题才显现的过程。确认应证实这些过程实现所策划的结果的能力。

组织应规定和确认这些过程的安排,其内容包括:为过程的评审和批准所规定的准则;设备的认可和人员资格的鉴定;使用特定的方法和程序;记录的要求;再确认。

(3) 标识和可追溯性　组织应在产品实现的全过程中使用适宜的方法识别产品,应针对监视和测量要求识别产品的状态,在有可追溯性要求的场合,组织应控制并记录产品的唯一性标识。

(4) 顾客财产　组织应爱护在组织控制下或组织使用的顾客财产,应识别、验证、保护和维护供其使用的产品中属于顾客的那部分财产。若顾客财产发生丢失、损坏或发现不适用的情况时,应报告顾客,并保留记录。

(5) 产品防护　在内部处理和交付到预定的地点期间,组织应针对产品的特性提供防护,这种防护应包括标识、包装、贮存和保护。防护也应适用于产品的组成部分。

(6) 监视和测量装置的控制　组织应确定需实施的监视和测量及所需的监视和测量装置,为产品符合确定的要求提供证据。组织应建立过程,以确保监视和测量活动可行并以与监视和测量的要求相一致的方式实施。为确保结果有效,必要时,测量设备应对照能溯源到国际或国家标准的测量基准,按照规定的时间间隔或在使用前进行校准或验定。当不存在上述标准时,应记录校准或验证的依据;同时,还要进行调整或必要时再调整,防止测量结果失效;在搬运、维护和贮存期间防止损坏或失效;当发现设备不符合要求时,组织应对以往测量结果的有效性进行评价和记录,组织应对设备和任何受影响的产品采取适当的措施。校准和验证结果的记录应予以保留。

4. 不合格品控制

组织应确保不符合产品要求的产品得到识别和控制,以防止非预期的使用或交付,对于不合格品控制及不合格品处置的有关职责和权限应在文件中做出规定。

组织应采取下列一种或几种方法处置不合格品:采取措施,消除发现的不合格现象;经有关授权人员批准,适用时经顾客批准,让步使用、放行或接收不合格品;采取措施,防止其原预期的使用或应用。

5. 改进

(1) 持续改进　组织应通过使用质量方针、质量目标、审核结果、数据分析、纠正和预防措施及管理评审来持续改进质量管理体系的有效性。

(2) 纠正措施　组织应采取措施消除不合格的因素,防止不合格现象的再发生。纠正措施应与所遇不合格现象的影响程度相适应。

(3) 预防措施　组织应确定措施消除潜在不合格的因素,防止不合格现象的发生,预防措施应与潜在问题的影响程度相适应。

3.4.4　质量控制与改进的常用方法

1. PDCA 循环管理法

PDCA 循环由美国统计学家戴明博士提出,P(plan)表示计划,D(do)表示执行,C(check)

表示检查，A(action)表示处理。如图 3-21 所示，PDCA 循环表明了质量管理活动的四个阶段，每个阶段又分为若干步骤。

在计划阶段，主要工作是确定质量目标，通过市场调查、用户访问等，摸清用户对产品质量的要求，确定质量政策、质量目标和质量计划等。它包括现状调查、原因分析、确定要因和制订计划四个步骤。

在执行阶段，要实施上一阶段所规定的内容，如根据质量标准进行产品设计、试制、试验，其中包括计划执行前的人员培训。它只有一个步骤——执行计划。

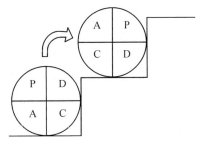

图 3-21　PDCA 循环管理图

在检查阶段，主要是在计划执行过程之中或执行之后，检查执行情况，看是否符合计划的预期结果。该阶段也只有一个步骤——效果检查。

在处理阶段，主要是根据检查结果，采取相应的措施，巩固成绩，把成功的经验尽可能纳入标准，进行标准化，遗留问题则转入下一个 PDCA 循环去解决。它包括两个步骤：巩固措施和下一步的打算。

采用 PDCA 循环管理法时，要注意以下几点。

(1) PDCA 循环一定要按顺序进行，它靠组织的力量来推动，像车轮一样向前滚动，周而复始，不断循环。

(2) 企业每个科室、车间、工段、班组，甚至个人的工作，均有一个 PDCA 循环，这样一层一层地解决问题，而且大环套小环，一环扣一环，小环保大环，推动大循环。

大环与小环的关系主要是通过质量计划指标连接起来的，上一级的管理循环是下一级管理循环的根据，下一级的管理循环又是上一级管理循环的组成部分和具体保证。通过各个小循环的不断转动，推动上一级循环，以至整个企业循环不停转动。通过各方面的循环，把企业各项工作有机地组织起来，纳入企业质量保证体系，实现总的预定质量目标。因此，PDCA 循环的转动，不是哪一个人的力量，而是组织的力量、集体的力量，是整个企业全体职工推动的结果。

(3) 每通过一次 PDCA 循环，都要进行总结，提出新目标，再进行第二次 PDCA 循环，使质量管理的车轮滚滚向前。PDCA 每循环一次，质量水平和管理水平均提高一级。

PDCA 循环不仅是质量管理活动规律的科学总结，也是开展质量管理活动的科学程序，还是一种科学管理的工作方法，它同样可以在质量管理活动以外的领域发挥重要作用。

2. 质量管理图表法

质量管理中的一项重要内容就是通过搜集整理数据，对数据进行分析来找出造成过程产生变异的根本原因，并采取措施消除这些变异。在这个过程中常运用排列图、散布图等图表方法对质量进行管理和控制，称为质量管理图表法。下面介绍几种常用的图表方法。

1) 散布图

散布图通过分析两种变量之间的关系来控制影响产品质量的相关因素。

散布图有以下几项功能。

① 判断质量问题与某些因素有无关系。

② 判断是否有异常状况。

③ 散布图有时表明一种趋势关系。
④ 散布图有时可用来确定作业范围。

2) 直方图

直方图是质量管理中应用很广泛的一种工具,它以频数的形式提供数据的分布状况,有利于找出其统计规律,以便对总体的分布特性进行推断。

表 3-9 所示为某工厂生产的产品规格分布情况。

表 3-9 工厂生产的产品规格分布

尺寸/mm	从	39.89	39.91	39.93	39.95	39.97	39.99	40.01	40.03	40.05	40.07	40.09
	至	39.91	39.93	39.95	39.97	39.99	40.01	40.03	40.05	40.07	40.09	40.11
分布 a		1	1	3	6	20	39	19	7	2	1	1
分布 b		4	11	11	13	18	11	8	8	4	4	6

对应的直方图如图 3-22 所示。

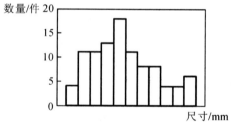

图 3-22 表 3-9 对应的直方图

由直方图可以:
① 看出质量参数的分布;
② 研究离散或偏离的原因;
③ 算出不符合质量要求的产品所占的比例;
④ 比较质量改进措施前后质量水平的变化。

3) 特性要因图

特性要因图又称因果图,是用来展示质量问题产生的原因,分析原因与结果之间关系的一种工具。借助因果图可以将影响质量的各种因素集中反映在一张树状的图中,按照各因素的类别进行归类,由主到次分别找出主要原因、次要原因等,从而确定应采取的措施。

4) 分层法

分层法就是把收集到的数据进行合理的分类,将相同性质或同一生产条件下的数据归纳为一个组,从而找到根本影响因素的方法。分层的方法包括按生产线、按材料、按班组或工人、按时间、按作业方法分层等。使用分层法的过程中要注意,尽量采用复合分层,要分析分层标志之间的关系。

此外还有流程图、调查表、排列图等图表方法,将在后面的章节中予以介绍。

3. 抽样检验

抽样检验是从一批产品中随机抽取少量产品(样本)进行检验,以判断该批产品是否合格的统计方法和理论,又称抽样检查。它与全面检验的不同之处在于,全面检验需对整批产品逐个进行检验,而抽样检验则根据样本中的产品的检验结果来推断整批产品的质量。如果推断结果认为该批产品符合预先规定的合格标准,就予以接收;否则就拒收。采用抽样检验可以显著地降低工作量。在破坏性试验(如检验灯泡的使用寿命)及散装产品(如矿产品、粮食)和连续产品(如棉布、电线)等的检验中,只能采用抽样检验。抽样检验是统计质量管理的一个重要组成部分。抽样检验方案(简称抽样方案)是一套规则,依据它去决定如何抽样(一次抽或分几次抽,抽多少),并根据抽出产品检验的结果决定接收或拒绝该批产品。抽样方案按指标性质分为计数抽样方案与计量抽样方案两类,按抽取样本的方式有一次、二次、多次及序贯抽样。除了根据抽样检验方法制订适用于各种特定情形的抽样方案外,抽样检验方法的标准化是一个重要的研究方向。

抽样检验的方法有以下几种。

(1) 单纯随机抽样　完全随机,无限制,一般多利用乱数表或抽样球抽样。

(2) 系统抽样　按一定的时间或数量间隔抽样。

(3) 分层抽样　先将总体按某种特征分为若干层,然后再在层内随机抽样。

(4) 曲折抽样　希望减少系统抽样因周期性而发生偏差等缺点所采用的方法,可视为随机抽样,但较复杂,具有规则性。

(5) 区域抽样　群体如一大箱物品,箱中有若干个小盒,每一小盒装有若干物品。为抽样方便,可自若干个小盒中随机抽取一定量的样本盒,然后就各样本盒进行全数检验。这种方法在社会调查时分为城镇或乡村取样,故称为区域抽样。适用前提:区域内变异大,区域间变异小。与分层抽样刚好相反。

(6) 分段抽样　先采用区域抽样,再从样本单位中随机抽样。可有两段、多段之分。

(7) 反复抽样　在同一检验批次内进行一次以上的抽样来推测群体品质的抽样方法。一般用在抽样检验中之双次、多次或逐次抽样。

4. 统计过程控制

在生产过程中,判别工序是否受异常因素的影响可以采取下面的方法:每隔一定的时间间隔,在生产的产品中进行随机抽样,并根据样本数据观察质量特性值的分布状态。若工序分布状态不随时间的推移而变化,说明工序处于稳定状态,只受偶然因素的影响;若工序分布状态随着时间的推移发生变化,说明工序处于非稳定状态,有异常因素影响着它,必须立即采取措施消除异常因素的影响。

统计过程控制(statistical process control,SPC)是利用统计规律判别和控制异常因素造成的质量波动,从而保证工序处于控制状态的手段,也称统计工序控制。

1) 影响质量的因素

一般生产过程中影响质量的因素分为偶然因素和异常因素。

(1) 偶然因素(随机因素)　对生产过程一直起作用的因素,如材料成分、规格、硬度等的微小变化,设备的微小振动,刀具的正常磨损,夹具的弹性变形及微小松动,工人作业的微小不均匀性等。

偶然因素对质量波动的影响并不大,一般来说,并不超出工序规格范围,其影响在经济上并不值得消除,在技术上也是难以测量、难以避免的。

由偶然因素造成的质量特性值分布状态不随时间的变化而变化。

由偶然因素造成的质量波动称为正常的波动,这种波动一般通过公差加以反映,此时的工序处于稳定状态或受控状态。

(2) 异常因素(系统因素)　在一定时间内对生产过程起作用的因素,如材料成分、规格、硬度的显著变化,设备或工夹具安装、调整不当或损坏,刀具的过度磨损,工人违反作业规程等。

异常因素造成较大的质量波动,常常超出了规格范围或存在超过规格范围的危险,其影响在经济上是必须消除的。异常因素在技术上是易于识别、测量并且是可以消除和避免的。

由异常因素造成的质量特性值分布状态随时间的变化可能发生各种变化。

由异常因素造成的波动称为不正常的波动,此时的工序处于不稳定状态或非受控状态,对这样的工序必须严加控制。

统计过程控制与产品检查有着本质的区别。产品检查是通过比较产品质量特性测量值与规格要求之间的差距,达到剔除不合格品的目的,是事后把关。统计过程控制是通过样本数据分布状态估计总体分布状态的变化,从而达到预防异常因素造成的不正常质量波动,消除质量隐患的目的,是事先预防。

产品检查通常通过专门的测量仪器和设备得到测量值,并由检查人员进行判定。而统计过程控制必须使用专门设计的控制图,并按一定的判定规则判定工序状态是否正常。

统计过程控制虽然会带来一定程度的预防成本的提高,但却能及早发现异常,采取措施消除隐患,使故障成本大幅度降低。因此对比产品检查,统计过程控制有更显著的经济效果。

2) 控制图

控制图是由美国贝尔(Bell)通信研究所的休哈特(W. A. Shewhart)博士发明的,因此也称休哈特控制图。控制图是反映和控制质量特性值分布状态随时间而发生的变动情况的图表。它是判断工序是否处于稳定状态,以保持生产过程始终处于正常状态的有效工具。根据控制图的特点,可将其分为两类,应用于不同的场合(见表3-10)。

表 3-10　控制图种类及适用场合

类别	名称	符号	特点	适用场合
计量值控制图	均值-极差控制图	$\bar{X}\text{-}R$	最常用,判断工序是否异常的效果好,但计算工作量大	适用于产品批量较大而且稳定正常的工序
	中位数-极差控制图	$\tilde{X}\text{-}R$	计算简便,但效果差些,便于现场使用	—
	两极控制图	$L\text{-}S$	一张图可同时控制均值和方差,计算简单,使用方便	—
	单值-移动极差控制图	$X\text{-}R_s$	简便省事,并能及时判断工序是否处于稳定状态。缺点是不易发现工序分布中心的变化	因各种原因(时间费用等)每次只能得到一个数据或希望尽快发现并消除异常原因

续表

类别	名称	符号	特点	适用场合
计数值控制图	不合格品数控制图	P_n	较常用,计算简单,操作工人易于理解	样本容量相等
	不合格品率控制图	P	计算量大,管理界限凹凸不平	样本容量可以不等
	缺陷数控制图	C	较常用,计算简单,操作工人易于理解,使用简便	样本容量(面积或长度)相等
	单位缺陷数控制图	U	计算量大,管理界限凹凸不平	样本容量(面积或长度)不等

图 3-23 为控制图的基本构造,从中可以看到:

(1) 以随时间推移而变动着的样品号为横坐标,以质量特性值或其统计量为纵坐标的平面坐标系;

(2) 三条具有统计意义的控制线——中心线 CL、上控制线 UCL 和下控制线 LCL;

图 3-23 控制图的基本构造

(3) 图中的曲线是一条质量特性值或其统计量的波动曲线。

在实际生产过程中,坐标系及三条控制线是由质量管理人员事先经过工序能力调查及其数据的收集与计算绘制好的。工序的作业人员按预先规定好的时间间隔抽取规定数量的样品,将样品的测定值或其统计量在控制图上打点并连接为质量波动曲线,并通过点的位置及排列情况判断工序状态。

3) 控制界限的确定——3σ 原理

如图 3-24 所示,设工序处于正常状态时,质量特性总体的均值为 μ_0,标准偏差为 σ,设 CL、UCL、LCL 三条控制线的位置分别为 μ_0、$\mu_0+k\sigma$、$\mu_0-k\sigma$。

控制图常产生以下两类错误,如图 3-25 所示。

当工序正常时,点子仍有落在控制界限外面的可能,此时会发生将正常波动判断为非正常波动的错误——误发信号的错误,这种错误称为第一类错误,控制图犯第一类错误的概率记为 α。

设总体均值 μ_0 在异常因素的作用下移至 μ_1,σ 不变。此时,点子应落在控制界限外并发出警报。但却也存在点子落在控制界限内不发警报的可能,这将导致将非正常波动判断为正常波动的错误——漏发信号的错误,这种错误称为第二类错误,控制图第二类错误的概率记

为 β。

图 3-24 控制图的两类错误

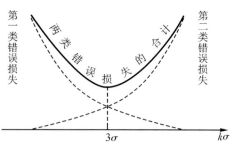

图 3-25 两类错误损失图

放宽控制界限,即 k 越大,第一类错误的概率 α 越小,第二类错误的概率 β 越大;反之,加严控制界限,即 k 越小,第一类错误的概率 α 越大,第二类错误的概率 β 越小。控制界限系数 k 的确定应以两类错误判断的总损失最小为原则。理论证明,当 $k=3$ 时,即控制图上下界限与中心线 CL 的距离为 $\pm 3\sigma$ 时,合计损失最小。这就是所谓的 3σ 原理,见图 3-25。

4) 控制图的绘制程序

(1) 确定受控质量特性。

(2) 选定控制图种类。

(3) 收集预备数据 收集预备数据的目的只是作出分析用控制图以判断工序状态。数据采集的方法是间隔随机抽样。为能反映工序总体状况,数据应在 10~15 天内收集,并应详细地记录在事先准备好的调查表内。数据收集的个数、计算公式及数值参见表 3-11、表 3-12。

表 3-11 控制图的样本及计算

控制图名称	样本数 k	样本容量 n	备注
$\bar{X}$-R 图 $\tilde{X}$-R 图 L-S 图	一般 $k=20\sim25$	一般取 3~6	$\tilde{X}$-R 图的样本容量常取 3 或 5
X-R_s 图	$k=20\sim30$	1	—
P_n 图、P 图	一般 $k=20\sim25$	$1/p\sim5/p$	
C 图、U 图		尽可能使样本中缺陷数 $C=1\sim5$	—

控制图名称	步骤	计算公式	备注
$\bar{X}$-R 图	(1) 计算各样本平均值 $\bar{x}_i$ (2) 计算各样本极差 R_i	$\bar{x}_i = \dfrac{1}{n}\sum_{j=1}^{n} x_{ij}$ $R_i = \max(x_{ij}) - \min(x_{ij})$	x_{ij} 为第 i 样本中的第 j 个数据, $i=1,2,\cdots,k$; $j=1,2,\cdots,n$; $\max(x_{ij})$ 为第 i 样本中最大值; $\min(x_{ij})$ 为第 i 样本中最小值

续表

控制图名称	步骤	计算公式	备注
$\tilde{X}$-R 图	(1) 找出或计算出各样本的中位数 $\tilde{X}_j$ (2) 计算各样本极差 R_i	$\bar{x}_j = x_{j\frac{n+1}{2}}$ (n 为奇数) $\bar{x}_i = \frac{1}{2}(x_{i\frac{n}{2}} + x_{i\frac{n}{2}+1})$ (n 为偶数) $R_i = \max(x_{ij}) - \min(x_{ij})$	$x_{i\frac{n+1}{2}}$：n 为奇数时，第 i 样本中按大小顺序排列起的数据列中间位置的数据； $\frac{1}{2}(x_{i\frac{n}{2}} + x_{i\frac{n}{2}+1})$：$n$ 为偶数时，第 i 样本中按大小顺序排列起的数据列中中间位置的两个数据的平均值
L-S 图	(1) 找出各组最大值 L_i 和最小值 S_i (2) 计算最大值平均值 $\bar{L}$ 和最小值平均值 $\bar{S}$ (3) 计算平均极差 $\bar{R}$ (4) 计算范围中值 M	$L_i = \max(x_{ij})$ $S_i = \min(x_{ij})$ $\bar{L} = \frac{1}{k}\sum_{i=1}^{k} L_i$ $\bar{S} = \frac{1}{k}\sum_{i=1}^{k} S_i$ $\bar{R} = \bar{L} - \bar{S}$, $M = \frac{\bar{L}+\bar{S}}{2}$	—
X-R_s 图	计算移动极差 R_s	$R_s = |x_i - x_{i-1}|$	—
P_n 图	计算平均不合格品率 $\bar{p}$	$\bar{p} = \frac{\bar{p}_n}{n}$, $\bar{p}_n = \frac{\sum_{i=1}^{k}(p_n)_i}{k}$	$(p_n)_i$ 为第 i 样本的不合格品数（各样本容量皆为 n）
P 图	计算各组不合格品率 p_i	$p_i = \frac{(p_n)_i}{n_i}$	n_i 为第 i 样本的样本容量（各样本容量可以不等）
C 图	计算各样本的平均缺陷数 $\bar{c}$	$\bar{c} = \frac{\sum_{i=1}^{k} c_i}{k}$	c_i 为第 i 样本的缺陷数（各样本容量相等）
U 图	计算各样本的单位缺陷数 u_i	$u_i = \frac{c_i}{n_i}$	各样本容量不等

表 3-12 控制图系数表

样本大小	A_2	D_3	D_4	M_3A_2	E_2	A_9
2	1.880	—	2.267	1.880	2.660	2.695
3	1.023	—	2.575	1.187	1.772	1.826
4	0.729	—	2.282	0.796	1.457	1.522
5	0.577	—	2.115	0.691	1.290	1.363
6	0.483	—	2.004	0.549	1.184	1.263
7	0.419	0.076	1.924	0.509	1.109	1.914

续表

样本大小	A_2	D_3	D_4	M_3A_2	E_2	A_9
8	0.373	0.136	1.864	0.432	1.054	1.143
9	0.337	0.184	1.816	0.412	1.010	1.104
10	0.308	0.223	1.777	0.363	0.975	1.072

注：表中 A_2 为均值图控制限计算系数；D_3、D_4 为极差控制图控制限计算系数；E_2 为单值 X 图控制限计算系数；M_3A_2 为中位数控制图控制界限系数；A_9 为两极控制图控制界限系数。

(4) 计算控制界限。

(5) 作分析用控制图并判断工序是否处于稳定状态 在坐标图上画出三条控制线，控制中线一般以细实线表示，控制上、下线以虚线表示。将预备数据各样本的参数值在控制图中打点。根据本节介绍的控制图的判断规则判断工序状态是否稳定，若判断工序状态不稳定，应查明原因，消除不稳定因素，重新收集预备数据，直至得到稳定状态下的分析用控制图；若判断工序处于稳定状态，继续以下程序。

(6) 确定控制用控制图 由分析用控制图得知工序处于稳定状态后，还须与规格要求进行比较。若工序既满足稳定要求，又满足规格要求，则称工序进入正常状态。此时，可将分析用控制图的控制线作为控制用控制图的控制线；若不能满足规格要求，必须对工序进行调整，直至得到正常状态下的控制图。

所谓满足规格要求，并不是指上、下控制线必须在规格上、下限内侧，即 UCL＞TU，LCL＜TL，而是要看受控工序的工序能力 C_p 是否满足给定值的要求。

(7) 应用控制图控制工序。

5) 控制图的观察与判断

工序质量特性值分布的变化是通过控制图上点子的分布体现出来的，因此工序是否处于稳定状态要依据点子的位置和排列来判断。处于稳定的控制状态的工序，必须同时满足以下两个条件。

一是控制图的点子全部在控制界限内。由于在稳定状态下，控制图也会发生误发信号的错误（第一类错误），因此规定在下述 3 种情况下，判定第一个条件，即点子全部在控制界限内是满足的：① 至少连续 25 点处于控制界限内；② 连续 35 点中，仅有 1 点超出控制界限；③ 连续 100 点中，至多有 2 点超过控制界限。

二是点子的排列无缺陷，即点子在控制界限内的波动是随机波动，不应有明显的规律性。点子排列的明显规律性称为点子的排列缺陷。

对控制图上的点，不能仅当作一个"点"来看待，一个点代表某时刻某统计量的分布，点的排列变化才能说明分布状态发生的变化。

5. 6σ 质量计划

1) 6σ 概念

σ 是希腊字母表里的一个字母，专业术语为"Sigma"，中文发音为"西格玛"，其定义为标准偏差，用来描述特性值相对于过程平均值的偏离程度。对于一个事务或制造过程，σ 值是一个度量单位，它显示过程的执行情况。σ 值越大说明执行情况越好。通过测量过程的能力来追求零缺陷。这里将缺陷定义为可能导致客户不满意的任何要素。在 6σ 中,常用的测量指数是单位缺陷数 (defects per unit,DPU),其中单位可以是各种任务或实体,如一个小时的工作、一份文件、一张发票、一个零件、一块材料等。σ 值显示了缺陷可能发生的频率。σ 值越大,过程产生缺陷的可能性越小。当 σ 值增加时,成本下降,工作周期缩短,同时客户满意度提高。6σ 与 3σ 比较如图 3-26 所示。

图 3-26　6σ 与 3σ 比较

20 世纪 80 年代中期,美国摩托罗拉公司确立了以客户完全满意(total customer satisfaction,TCS)为目标的质量方针并实施了 6σ 计划。由于 6σ 质量计划的成功实施,20 世纪 90 年代后,美国各大公司如 GE 等都开始实施 6σ 质量计划,并产生了显著效益。事实上,6σ 并不纯粹是一项统计技术,其实施是对企业管理技术的一次变革。目前,6σ 质量计划已经成为实现企业业务整体改进的一项竞争战略。

2) 6σ 的计量值质量特性

工序处于稳定状态时,工序质量特征值一般服从正态分布,在理想情况下即分布中心和公差中心重合,公差范围为 +6σ 到 −6σ 之间。

实际上,σ 水平是一种反映过程能力的统计度量单位。σ 值与单位产品缺陷、百万机会之缺陷和缺陷发生的概率等指标密切相关。随着 σ 水平的升高,缺陷水平降低。

6σ 水平是一种愿景,一种展望,一种基于数据制定决策的方法,一种致力于改善客户质量的承诺。6σ 是产品质量和过程能力的衡量指标,目标是每百万次机会 3.4 个缺陷,即短期 σ 水平达到 6σ。

对计量值质量特性来说,可以用日本著名质量管理专家田口提出的质量损失函数度量其对顾客的影响。通常,质量特性一旦偏离目标值就会对顾客造成损失。质量特性越远离目标值,对顾客造成的损失就越大。顾客的损失和质量特性与目标值之差的平方成正比。

作如下假设:

第一批产品的质量特性均匀分布在规格限内且没有超差品(当主要采用检验来控制产品质量时,通常会产生这样的分布);

第二批产品的质量特性呈倒钟形分布在规格限内(当对过程进行统计控制,且过程具有

一定的质量保证能力时,会产生这样的分布);

第三批产品达到了 6σ 质量,即质量特性呈倒钟形分布,且以目标值为中心分布在 1/2 规格限内(世界级企业按 6σ 原理持续改进获得的质量)。

对同样的质量特性来说,它们给顾客造成的平均损失之比是 12∶4∶1。也就是说,如果从对顾客造成的损失来度量质量的优劣的话,第三批产品的质量,即 6σ 质量比第一批产品的质量优 11 倍,比第二批产品的质量优 3 倍。

对计数值质量特性来说,可以用这样的假设来说明。假如一件由 100 个零部件构成的产品,由 4 个厂家来生产。这 4 个厂家的质量水平分别是 3σ、4σ、5σ 和 6σ。那么每生产 10 000 件产品,交给顾客的无缺陷产品分别是 10 件、5 364 件、9 970 件、9 997 件。在这种情况下,6σ 质量是 3σ 质量的 999.7 倍(见图 3-27),是 4σ 质量的 1.86 倍。不仅如此,采用 6σ 质量特性时,交付给顾客的仅有 3 件产品带有 1 处缺陷,而 3σ 质量将有 6 645 件产品带有 6 处以上的缺陷。这就是为什么有些企业在没有推广 6σ 时,总是为处理质量问题而疲于奔命(见表 3-13)。

图 3-27　6σ 质量与 3σ 质量之比

表 3-13　6σ 公司与 3σ 公司的比较

3σ 公司	6σ 公司
质量成本耗费 15%～25% 的销售额	质量成本耗费 5% 的销售额
每百万次机会产生 66 807 个缺陷	每百万次机会产生 3.4 个缺陷
依靠检查来发现缺陷	依靠有能力的工序防止缺陷产生
认为高质量是昂贵的	知道高质量制造商就是低成本制造商
没有规范的解决问题的方法	使用定义、测量、分析、改进、控制或定义、测量、分析、设计、验证
以竞争对手作为参照基准进行比较	以世界上最好的公司作为参照基准进行比较
认为 99% 已经足够好	认为 99% 是无法接受的

| 从自身内部出发定义关键质量特性(CTQ) | 从外部出发定义关键质量特性(CTQ) |

市场是由顾客决定的。因此，6σ质量计划具有强劲的市场竞争力。

3）实施模式和 DMAIC 的标准流程

从 20 世纪 80 年代诞生发展至今，6σ 已经演变成为一套行之有效的解决问题和提高企业绩效的系统方法论，而推动企业不断持续改进的 6σ 具体实施的模式有 DMAIC（见图 3-28），该模式已经成为国际上质量持续改善的标准流程。

图 3-28　DMAIC 的标准流程

（1）定义（define，D）　将顾客之声（VOC）转换成对内部产品、服务、过程的技术要求，再转换成关键质量特性（CTQ），进而定义项目，决定项目所需资源；定量化地定义问题、设定目标、预测效益；确定高端流程图；制订项目进展计划。

（2）测量（measurement，M）　收集现有信息，寻找潜在的关键因素，并进行测量系统分析和过程能力分析。

（3）分析（analysis，A）　根据在测量阶段所寻找到的潜在的关键因素设计实验，根据实验数据进行图表分析、假设检验和回归分析，以确定一组按重要程度排列的关键因素。

（4）改进（improvement，I）　优化解决方案，并确认该方案能够满足或超过项目改进目标。

（5）控制（control，C）　制订控制计划，实施 SPC 动态跟踪。确保对过程的改进一经实施就能够持之以恒，不会返回到以前的状态。

习题

1. 生产系统的含义是什么？
2. 试分析比较生产系统的类型。
3. 简述生产率及影响生产率的因素。
4. 什么是 ABC 方法？
5. 成本控制有哪些内容？
6. 何谓质量控制？其内涵是什么？
7. 什么是 PDCA 循环管理法？

8. 试述 6σ 在质量控制中的运用。
9. 生产系统由哪些子系统组成？简要说明各子系统的功能。
10. 简述费用与成本的区别。
11. 什么是生产率管理？
12. 生产率测评的意义和目的是什么？
13. 简述生产率的分类方法。
14. 试列举制造企业应用工业工程提高生产率的若干常用方法。
15. 简述作业成本法的主要步骤。
16. 简述 DMAIC 模式的标准流程。
17. 常用的质量管理图有哪些？各自有什么用途？

思考题

如何提高生产系统的生产率？

案例 ▶▶▶

上海通用汽车的全球制造系统

上海通用汽车有限公司(以下简称上汽通用)成立于 1997 年,由上海汽车工业(集团)总公司、通用汽车公司各出资 50% 组建而成。目前已经形成赛欧紧凑型轿车、别克君威轿车、别克 GL8 商务公务旅行车、别克凯越轿车四大系列 19 个品种的产品矩阵。上汽通用坚持"以客户为中心,以市场为导向"的经营理念,并不断以高质量、全系列的产品和高效优质的服务,满足用户日益增长的需求。

上汽通用被视为在中国成长最快以及最懂得经营中国市场的乘用车企业。在一路上扬的业绩背后,鲜为人知的是上汽通用大概还是国内汽车厂商中最重视生产、最会生产的乘用车企业之一。

2017 年,在通用汽车全球 68 家整车厂中,仅有 10 家通过了 BIQ(built in quality,即制造质量)Level 4 认证,在这 10 家之中,属于上汽通用的就有 7 家。尤为值得一提的是,上汽通用的制造质量管理体系评分始终保持着通用汽车全球制造系统(GMS)中的第一。

在上汽通用四大基地的现代化厂房里,更是全面渗透了精益管理和精益生产的运作理念,无论是冲压、车身、油漆、总装四大整车生产工艺,还是动力总成厂的发动机、变速箱、铸造、锻造车间,都拥有先进的工艺装备,代表着国际一流、国内领先的汽车制造水平。

上汽通用建立了一套完整的采购、物流、制造、销售与售后服务体系和质量管理体系,并在生产和管理中大量采用计算机控制技术,具有国际先进水平的国内第一条柔性化生产线,涵盖了冲压、车身、油漆、总装等整车制造环节及发动机、变速箱等动力总成制造过程。至今,上汽通用通过了上海质量体系审核中心(SAC)和挪威船级社(DNV)的联合质量体系评审,成为中国汽车工业第一家获得 QS 9000 质量体系认可的汽车制造公司。同时,上汽通用还获得了 ISO 14001 环境体系认证证书。上汽通用将计算机信息技术应用于公司业务的各个领域，公司的信息系统无论硬件水平还是软件水平都是目前国内汽车行业中最先进之一，其不仅为公司各项业务提供强有力的技术支持，而且可以和通用汽车公司全球网络联网。

就像一个生物体的 DNA 中的遗传信息一样，在上汽通用的组织内部也传递着一套"行为准则"。作为通用公司全球五大生产样板企业之一，上汽通用以通用汽车全球制造系统为蓝本，结合自身特点和我国国情，创造了自己的全球制造系统和上汽通用标准制造体系 SGM-GMS，如图 3-29 所示。

图 3-29 上汽通用标准制造体系

标 准 化

标准化工作是成文的、目前最好的、安全及有效完成工作的方法，以达到必要的质量水准。标准化实现有标准化工作操作单(SOS)、准时制(JIT)、岗位指导培训、"5S"、工作场地有序安排、目视控制等。

制造质量保证

在上汽通用，人人都会背诵质量"三不主义"，即"不接受、不制造、不传递缺陷"。工人有权力拒收有问题的零部件，而不能把工作中的缺陷传递到下道工序。生产线上也装备了按灯系统，一旦操作员工发现质量问题和物料脱节等现象，可按灯及时让生产线暂停下来。车间主任工段长会在第一时间赶到现场解决问题。"质量是制造出来的。我们不会因为质量问题惩罚员工，工作是可以改进的，但绝不允许隐瞒、传递质量问题。"品质管理的责任就这样被授权给了员工，让他们感觉到了责任，也感觉到了权力，这样每一个员工都知道自己的行为有影响力，而不是一台只会干活的机器。他们一旦感受到自己工作的价值，自身的积极性和能动性就迅速激发出来。

基本保证程序：记录最佳操作顺序，记录质量检查及关键质量操作，通过消除偏差来支持组员质量，支持解决问题。

基本保证模式有：质量体系(ISO 9000)、统计过程控制(SPC)、测量系统分析(MSA)、生产件认可程序(PPAP)、产品质量先期策划(APQP)、关键特征指示系统(KCDS)、过程失效模式分析(PFMEA)、设计失效模式分析(DFMEA)、质量系统评估(QSA)、实验设计(DOE)。

制造周期缩短

通过建立物料拉动系统(material pull system)，缩短制造周期(lead time reduction)。主

要的方式有:记录最佳工序和工艺;记录所需在途存货;通过消除浪费,实施持续改进流程(CIP)以减少操作时间。

员 工 参 与

支持组员的培训及岗位柔性,组员与班组长共同制订和维护标准化工作。主要内容及相关措施如下:

一页报告(one page report);

效率会议(effective meeting);

简报技巧(presentation skill);

领导角色(role of leader);

安全和健康(safety & health);

团队建设/力量(team building/power);

组织(get organized);

管理压力和变革(managing stress & change)。

工人是产品质量的直接缔造者,上汽通用十分重视对员工进行质量意识与技能的培训。每个新员工至少要经过2周的入门培训,对公司宗旨、制造质量、精益生产等理念有一个全面、深入的了解。线上工人则要在不同岗位上培训,直到达到公司近乎苛刻的上线生产标准。同时,公司还要求每个工人至少能掌握3个工位的工作内容,以适应柔性化生产。比如在上汽通用的金桥工厂,一个工人最多一年能生产75辆汽车,达到全球最好的水平。

在上汽通用烟台基地的车身车间,美方经理将全车间144人,在28门基础课程、67门核心技能课程(岗位预培训)、46门技巧课程的计划中,按领导层、工段长、班组长、工人的不同类型一一对号入座,进行周密安排,并用英文提出了自己对培训的疑问和意见。车间各级干部则亲自为员工讲课,他们用在国外样板厂接受过的培训知识,经过自己的实践、总结,理清思路后传授给班组长。

不 断 改 进

标准化是推进企业求变创新、提升企业竞争力的动力,并坚持持续改进。公司在"没有最好只有更好"口号的鞭策下向世界一流的目标前进。

公司通过 PDCA、PPS、实际问题解决、CIP 等具体方法不断改进其全球制造系统,并将成果不断标准化。

 案例讨论

上汽通用的全球制造系统是如何不断改进的?

第 4 章
方 法 工 程

▶学习目标

通过本章的学习,你应该能够:
(1) 掌握方法工程的概念、目的和特点,熟悉程序分析、作业分析和动作分析三者的联系;
(2) 重点掌握工艺程序图和流程程序图的内容和绘制方法,熟练运用"5W1H"技术、ECRS 四大原则和 IE 改善法;
(3) 掌握人机作业、联合作业、双手作业的作业分析,了解线路图和线图等;
(4) 了解动作分类及动作要素,掌握动作分析方法和动作经济原则。

首先介绍工作研究(work study)。工作研究是对工作或作业进行研究的技术与方法的统称,旨在运用科学合理的工作或作业方法以降低劳动或工时定额,提高生产率。工作研究是对生产或运营系统(工业领域和非工业领域)的全过程,涉及人、机、料、法、环等各方面进行实证研究的最重要的工业工程基础技术,成为工业工程不同于其他学科特有的技术。为了保持这种特色和传承,本书仍然用工作研究来概括表述,并分两章内容,分别在第 4 章和第 5 章重点介绍。

4.1 工作研究概述

工作研究包括方法工程(methods engineering)和作业测定(work measurement)。方法工程和作业测定的研究方法不同,但研究的对象范围是一致的,最终目的都是提高生产率。方法工程是将工作方法进行改进及标准化的技巧之总称,旨在消除生产系统中不合理、不均衡、不经济的因素,寻求最有效的标准工作方法。作业测定是对生产活动中劳动力如何使用及应当如何使用的问题进行定性、定量的测定,在方法工程的基础上正确测定作业量并制订标准时间。因此,两者是相辅相成的。

工作研究中的这两种技术有着密切联系,方法工程着眼于现有工作方法的改进,其实施效果要运用作业测定来衡量。作业测定是努力减少生产中的无效作业或时间,为作业制订标准时间。进行作业测定的基础是工作方法的合理化和标准化。在实施方法工程和改进过程中,不可能撇开与工作方法有紧密联系的机器设备、工具和环境条件等重要因素。最佳工作方法也必定是建立在最佳的人、机系统配合的基础上的,人机工程是开展方法工程和作业测定的重要基础。要使工作研究得到持久和有效的实施,调动处于生产和工作中心地位的人的积极性是至关重要的。工作研究应该成为企业中人的自觉要求。因此,在工作研究过程中要重视激励因素,要从思想、人际关系、物质鼓励等方面入手,调动广大员工的积极性,使工作研究在生产和管理工作中真正发挥作用,而不致流于形式。

因此,工作研究是使用方法工程和作业测定技术,对生产系统的生产组织、劳动分工与协作、工装设计、操作方法、生产流程、作业环境等进行综合设计,改进,寻求最经济、有效的方法与程序,使生产过程效率最高,并最大限度地利用资源。

总体上,方法工程是运用特定的技术,进行作业分析、设计,改进工作(作业)方法的工程活动,它运用程序分析、作业分析、动作分析的方法及其图表,对生产过程、工艺流程、工序以至详细的操作方法等全部过程,进行记录、分析、考察,得到与劳动效率和资源利用有关的图表和数据。在研究过程中,方法工程试图从作业对象、目的、地点、时间、人员与方法六个方面,以自我质询并作出回答的方式,在客观允许的条件下,将其中某些环节或动作取消、合并、重排、简化设计,以形成更为简便、有效的作业方法。而作业测定是在方法工程设定工作标准的基础上,采用写实、测时、工时抽样、预定动作时间标准等时间研究技术,以特定的程序和方法,确定完成一定工作(作业)所需时间的工程活动。

方法工程与作业测定的关系如图 4-1 所示。

图 4-1 方法工程与作业测定的关系

4.2 方法工程的分析技术与方法

4.2.1 方法工程的目的

方法是支持人们的工作有效进行所运用的整体手段的组成部分。方法工程对运行过程中的每道工序、每个作业、每个动作甚至每个微动作,都进行系统化的科学分析,寻求新的工作方法，以实现时间节约与空间节约的预期。

方法工程的目的是通过改进来逐步完善，具体表现在以下几个方面。

(1) 改进工艺程序。
(2) 改进工厂车间和工作场所的平面布局。
(3) 改进工厂设备的平面设置。
(4) 改善工作环境。
(5) 改进物料、人力、机器的利用。
(6) 降低劳动强度。

4.2.2 方法工程的分析技术

1. 生产过程描述

方法工程与生产过程是密切相关的，其研究范围贯穿整个生产过程。生产过程是指生产要素从投入生产前的一系列生产技术组织活动开始，直至生产出产品的全过程。生产过程按是否有劳动者参与分为自然生产过程和劳动生产过程。

自然生产过程借助于自然力直接作用于劳动对象，完成生产活动的部分环节，如衣服自然晾干、木材自然干燥等。

劳动生产过程中劳动者使用劳动工具作用于劳动对象，按照预期生产出质量合格的产品，如铸造、机械加工、装配等。劳动生产过程通常由下述4个环节构成。

(1) 生产准备过程　生产要素投入生产以前的一系列生产、技术、组织准备。
(2) 基本生产过程　直接对劳动对象进行加工使其成为产品的过程。它由工序组成，工序由作业(工步)组成，作业由动作组成，动作由动素构成。
(3) 辅助生产过程　确保基本生产过程有效运行而进行的各种辅助生产活动。
(4) 生产服务过程　为保证基本生产过程和辅助生产过程的有效运行而进行的各种服务活动。

2. 方法工程分析技术

方法工程分析技术主要包括程序分析、作业分析和动作分析三种。

1) 程序分析

程序分析是指以整个生产过程为对象，全面研究和分析一个完整的工艺或流程程序。研究作业是否多余，程序是否合理，搬运是否太多，等待是否太长，以便进一步改善工作和工作方法。

2) 作业分析

作业分析是指研究以人为主体的工序，使作业者(人)、作业对象(物或设备)和作业工具(机器)三者科学地、合理地布局与安排，以减轻作业者的劳动强度，减少作业时间消耗，使工作质量得到保证。

3) 动作分析

动作分析是研究作业者在进行各种作业时的身体动作，以排除多余的动作，减少疲劳，使作业简便有效，从而确定最佳的动作程序。

表4-1以汽车车身的方法工程分析为例阐述了方法工程的分析层次和分析技术。

表 4-1 方法工程的分析层次和分析技术

类别	工 序	作业单位	作业要素	动作单位	动作要素
工作划分	以材料的加工过程单位为基础的工作划分	以加工、检验、搬运等作业单位为基础的作业划分	以作业单位中所包含的一系列作业要素为基础的作业划分	以一个作业要素中所包含的一系列动作单位为基础的动作划分	以动作单位中所包含的一系列动作要素为基础的动作划分
工艺分解	汽车车身 → 板材切断/成形/焊接/组装/涂覆	搬入构件／点焊自动焊／检查制品／搬往下工序	放好构件A／放好构件B／进行焊接／取出成品	取出构件B／搬到夹具上／放好构件B	搬运／校正位置
分析技术	←—— 程序分析 ——→	←———— 作业分析 ————→		←—— 动作分析 ——→	

方法工程分析技术的特点如表 4-2 所示。程序分析、作业分析和动作分析依次进行。程序分析是首要的研究内容。经过程序分析,若某项程序(工序)可以剔除,则该项程序(工序)就没有必要再进行作业分析及动作分析。

各项技术分析的特点,将分别在以后有关章节中加以论述。

表 4-2 方法工程分析技术的特点

类别	分析技术名称	分析技术的特点
程序分析	工艺程序图分析	工艺程序图包含工艺程序的全面概况及工序之间的相互关系,根据工艺顺序编制,且标明所需时间。分析的目的是改进工艺内容、工艺方法和工艺程序
程序分析	流程程序图分析	流程程序图分析是在工艺程序图的基础上,对生产过程中的操作、检验、运送、储存、等待进行详细记录、分析,提出改进意见
程序分析	线图、线路图分析	线路图是以现场为对象,对现场布置、物料和作业者的实际流通路线进行分析,以达到改进现场布置和移动路线,缩短搬运距离的目的
作业分析	人机作业分析	分析单人单机或单人多机的作业,分析人和机器的相互配合,以提高人-机的利用率
作业分析	联合作业分析	分析多人单机的作业,以提高多人间的作业配合程度,平整工人的工作量
作业分析	双手作业分析	以双手为对象,记录其动作,表示其关系,经过分析、改善,提高工作效率
动作分析	动作要素分析	将作业划分为动作要素,分析每一动作要素与其他动作要素的关系,以达到简化动作、提高效率的目的
动作分析	瞬时动作分析	用 1 s 或 0.01 min 拍摄一格的速度,记录作业活动,在较短时间内分析动作轨迹,加以改进
动作分析	微动作分析	用每分钟拍摄 3 840~7 680 格的速度,记录作业活动,然后进行微动作(慢动作)分析,寻求作业的改进

4.2.3 方法工程的一般步骤

无论是解决工厂的布置问题,还是解决作业者的重复性劳动问题,都能够采用方法工程的各种分析技术。方法工程的实施一般包括以下七个步骤。

1. 确定研究对象

首先,选择研究对象,弄清问题所在。然后制订实施计划,包括确定调查研究日程、参加人员、使用的工具等。确定研究对象时要考虑经济因素、技术因素及人的因素,三方面缺一不可。

2. 分析前的准备工作

收集有关资料和信息,包括现在的实施情况、过去达到的实际成绩、将来的计划、相关因素的最新资料等。

调查准备工作包括人员、用具、纸张等的准备,同时要统一调查人员的认识,制订调查表(分析记录表、流程工序分析汇总表等)及设施布置图(参见表 4-3、表 4-4 和图 4-2)。

表 4-3 分析记录表

动作分析表				分析序号		批准	检查	制表
动作划分	现在(左/右)	改进(左/右)	节省(左/右)	制品	品名	产品号图号		
基本元素	第一类			车间	工厂	车间		
	第二类			对象		基本元素、两手动作		
	第三类			范围		~		
两手	操作/运送			调查日		年 月 日	上午下午	~
合计				备注				

序号	要素作业	左手动作内容	基本元素记号			右手动作内容	备 注
			左	目	右		
合计							

表 4-4 流程工序分析汇总表

零件编号	零件名	作业工序		搬运工序			储存工序		检验工序表
		工序数	总工时	工序数	总距离	总时间	工序数	总时间	

图 4-2 设施布置图

调查表是否合理对调查研究工作有较大的影响。调查表一般按以下原则设计。

① 调查结果容易记录,例如,按调查顺序排列,用定量的、直观的记录方式。
② 纵横栏的划分要易于进行累计统计。
③ 在表格中应设有记录存在问题及改进意见的栏目。
④ 可在表格中加上备注栏,作为已有栏目的补充。

3. 调查

向现场有经验的人员进行询问,通过实测方法或资料查询,把调查结果准确无误地记录在调查表中,并绘制成相应的图表。

4. 分析研究

通过调查明确存在的问题,根据改进原则提出简便易行的改进方案,分析和选择改进方案。

5. 确定实施方案

从经济、安全、易于管理等方面综合分析评价改进方案,制订实施方案。

6. 试行实施方案

实施新方案前要做好准备工作,并在实施新方案过程中不断修正(见图 4-2)。

7. 实施和进度管理

针对存在的问题按正确的方案进行调整或修正,把控实施进度,确认最终效果。

4.3 程序分析

4.3.1 程序分析原理

程序分析是指以整个生产过程为对象,全面研究和分析一个完整的工作程序,明确作业是否多余,程序是否合理,搬运是否太多,等待是否太长,以便进一步改善工作和工作方法。

程序分析主要包括三类:工艺程序、流程程序、线图/线路图。

程序分析的原理主要通过"5W1H"技术、ECRS 四大原则及 IE 改善法得以体现。

1. "5W1H"技术

"5W1H"技术在国外又称"6W"技术或"5W1H"方法。"5W1H"技术是指抓住事物的制约条件,从主体的本质,客观的本质,物质运动的基本形式,时间和空间,以及事情发生的原因和程度这几个角度进行提问,从而发现问题的症结所在。"5W"分别是 Why(为什么)、What(什么)、Where(哪里)、When(时间)、Who(谁),"1H"为 How(怎样做)。在实际应用中,往往按表 4-5 所示进行分析。

表 4-5 "5W1H"的分析

条件	第一类问题(5W1H)	第二类问题(Why)	第三类问题(Other Options)
目的	做什么(What)	为何需要做	有无其他更合适的工作
地点	何处做(Where)	为何需此处做	有无其他更合适的地点
时间	何时做(When)	为何需此时做	有无其他更合适的时间
人员	何人做(Who)	为何需此人做	有无其他更合适的人选
方法	如何做(How)	为何如此做	有无其他更合适的方法
原因	为何这样做(Why)	为何需这样做	有无其他更合适的原因

在程序分析时,对表 4-5 中的问题必须有系统地一一询问。这种由浅入深、由表及里、有系统的逻辑提问技术是程序分析的基础,适用于有关解决和改善工程和管理等方面所有领域的问题,也是一种很好的提问分析技术和方法。

2. ECRS 四大原则

ECRS 是通过提问技术,对现行方案进行严格考核与分析,从而建立新方案时所运用的四项原则。ECRS 是取消(eliminate)、合并(combine)、重排(rearrange)和简化(simplify)的英文首字母大写组合。

(1) 取消(eliminate) 在经过"完成了什么""是否必要"及"为什么"等问题的提问后,取消不必要的工序、作业与动作。

(2) 合并(combine) 将无法取消的工序,能合并者则合并,以达到省时简化的目的。

(3) 重排(rearrange) 经取消、合并后,可再根据"何人、何处、何时"三提问进行重排,使其有序,剔除重复的。

(4) 简化(simplify) 经取消、合并、重排后,采用最简单的方法和设备,以节省人力、时间及费用。

俗话说"正确地提出问题是解决问题的一半",在方法工程中尤其如此。方法工程的方案提出过程就是将拟议中的各种方案变为现实的过程。人们在研究各项活动的改进时,容易陷入就事论事的误区,缺乏整体考虑。在拟定新方案时,必须树立全局观点和系统观点。一旦各种改进方案发生矛盾,就应抓住改进的重点目标,放弃若干次要目标。

新方案开发阶段,应尽可能采取三结合方式进行,即将方案研究人员、现场管理人员和作业人员组织在一起,发挥集体智慧和经验,研究和探讨各种改进方案。实践证明,这种方式能取得较好的效果,可以改变现场管理人员和作业人员不关心方法工程的现状,并使他们了解改进的全过程,有利于新方案的推行和实施。

3. IE 的改善方法

IE 的改善方法是 ECRS 四大原则的衍生,包括排除法、结合法、交换法和精减法。

(1) 排除法 从另外的角度看,发现无用的作业工序。

(2) 结合法 将类似的作业一起分析。

(3) 交换法 改变作业的顺序,替换作业人员。

(4) 精减法 消减作业的次数和距离。

4.3.2 程序分析的描述

1. 国外程序分析的符号描述

为了简化记录及分析工作过程,进行程序分析前有必要规定一些专用符号。美国和日本分别于 1947 年、1960 年颁布了工序与流程图标准,随后我国也颁布了相应的符号标准。

1947 年美国机械工程师学会(ASME)颁布了工序与流程图标准,其中规定了工艺流程中各种生产活动的图形符号,共 6 项,有加工、检验、运输、暂时存储、控制存储、组合作业组装等(见表 4-6)。

表 4-6 ASME 工序与流程图符号

符号名称	符 号	代 表 内 容
加工	○	改变工件的几何形状或物理、化学性质的工作,包括加工的准备和清理等
检验	□	对产品质量、产量与标准进行核对的操作
运输	⇨	产品位置的变动
暂时存储	◻	移进和取出不需要临时请示的产品
控制存储	▽	对产品的存储、收货、发货有必要的手续
组合作业组装	⊙	作业和检查同时进行或由作业者在同一作业域进行

日本于 1960 年在日本工业标准 JISZ8206 中规定了工序图符号(见表 4-7)。标准规定的

工序图符号分为两类：一类是基本符号，包含生产过程中全部基本要素，从加工、搬运、停滞及检查四方面进行分类；另一类是辅助符号，包含区分主管部门、省略工序图、废却等。

表 4-7　JISZ8206 工序图符号

工序		符号	内容
基本符号	加工	○	原料、材料、零件或制品，根据作业的目的发生物理或化学变化的情形，或者为了给下一道工序做准备而进行的作业
	搬运	○ ⇨	原料、材料、零件或制品，从某一位置向另一位置发生移动的状态，符号的大小相当于加工符号直径的1/3~1/2。在与加工符号容易混淆的情况下，也可使用下面的符号
	停滞	▽ D	原料、材料、零件或制品，不处于加工或检查状态，而处于停止或储存状态。有必要区分停止和储存时，可用下面的符号表示停止
	检查	□	对原料、材料、零件或制品用任何方式进行测量，把测量的结果同基准比较，以判定其是否合格。包含与这些活动同时发生的不属于直接生产的准备、整理等作业
辅助符号	区分主管部门	╁	在区分管辖部门的场合下，用加波浪线的符号图表示
	省略工序图	╪	省略工序系列中的一部分时，将工序线像图示那样断开来表示
	废却	↓	在生产工序中原料、材料、零件或制品废却的情况

2. 我国程序分析的符号描述

我国根据美国机械工程师学会 ASME 颁布的标准，结合我国具体情况，也制定了工作程序分析图表所用的图形符号标准，规定了程序分析所用符号（见表 4-8）。

表 4-8　我国工作程序分析图表所用图形符号

符号名称	图示	含义
操作	○	工艺过程或工作程序中的主要步骤
运送	⇨	研究对象从一处到另一处的移动
检验	□	对物体的品质、数量及操作执行情况的检查
等待	D	延迟或耽搁
储存	▽	受控制的储存
操作和检验	⌺	同一时间或工作场所由同一个人执行操作和检验工作

从表 4-6 至表 4-8 可以清楚地看出，3 个国家制定的标准符号大体相同。这些工作程序图形符号对于许多工业活动都适用，其划分的活动和应用范围如下。

（1）操作　或称加工。这一工序通常要求有作业人员及设备、工具等，它是唯一增加产品使用价值的环节,即该活动能改变工件形状或性能。

(2) 运送　或称搬运、运输,需要作业者和设备。须考虑搬运重量、距离及消耗时间等。

(3) 检验　包括数量和质量检查,该工序需要作业者、设备及工具,起控制作用。检验的目的是剔除不合格的产品。应根据产品的功能和精度要求,选择合理适宜的检验方法及决定是否需要设计更好的工夹量具等。

(4) 等待　或称暂时储存、延迟。由工序程序设计或车间布置所造成的半成品或成品需要暂时储存,要求有一定的空间来增加储存量。等待应减至最低限度。

(5) 储存　也就是控制储存。要求有空间位置和作业者。应着重对仓库管理、物资供应计划和作业进度等进行分析,以保证材料及零件的及时供应,避免不必要的物料积压。

(6) 操作和检验　又称联合作业。操作和检验同时进行或由同一个作业者在同一工作地进行。

3. 程序分析的步骤

程序分析有一条主线:选择研究对象→记录现状→分析→设计新方法→实施新方法→巩固成果。具体步骤如下。

(1) 选择　选择所需要研究的工作。

(2) 记录　用程序分析有关图表,对现行的方法进行全面记录。

(3) 分析　用"5W1H"技术,对所记录的事实进行逐项提问,并根据 ECRS 四大原则,对有关程序进行取消、合并、重排与简化,并用 IE 改善法进行分析。

(4) 建立　在上述步骤的基础上,建立最实用、经济、合理的新方法。

(5) 实施　采取措施使新方法得以实现。

(6) 维持　坚持规范及经常性的检查,维持该标准不变。

具体分析时,要利用程序分析的符号,并按照以上步骤进行。

4.3.3　工艺程序分析

1. 工艺程序分析的内容

工艺程序分析是对现场的宏观分析,将整个生产系统作为分析对象,分析的目的是改善整个生产过程中不合理的工艺内容、工艺方法、工艺程序和作业现场的空间配置,通过严格的考察与分析,设计出最经济合理且最优的工艺方法、工艺程序、空间配置。

2. 工艺程序图

工艺程序图包含以下内容。

(1) 工艺程序的全面概况及各工序之间的相互关系,根据工艺顺序编制,需标明所需时间。

(2) 各种材料及零件的投入,可作为制订采购计划的依据。

(3) 各生产过程的机器设备、工作范围、所需时间及顺序。

3. 工艺程序图的编制方法

在图的上方先注明产品名称、产品型号、图号、工艺图号、制图人姓名及编制时间。用垂线表示工艺程序的顺序,以水平线表示材料及零件的投入顺序。符号的右边记录作业与检验的简单说明,左边记录时间、地点、距离等所要说明的数据。

主装配件的制造过程画在工艺程序图的最右侧,其他零部件均按进入装配线的顺序从右至左排列。自制零件一起排列在上方,并写明名称、图号、规格及数量。

按时间顺序从上至下、从右至左标明作业与检验的编号,将其写于符号之内。

工艺程序图的基本形式如图4-3所示。

图 4-3　工艺程序图基本形式

4. 工艺程序图的实例分析

现以国内某厂电子枪生产线的工艺程序图为例进行分析,图4-4所示为电子枪结构图。

图 4-4　电子枪结构图

图4-5为电子枪生产线改进前的工艺程序图,真实地记录了生产线的供料点、供料规格和用量、时间、人员配备及电子枪生产线的概况和各作业点之间的相互关系。本图展现了整个生产线的现状,可为工艺程序分析提供依据。

图 4-5 改进前电子枪生产线工艺程序图

从图 4-5 中知:0—8 检验作业经分析可以取消。其次,作业 0—18 装灯丝焊接芯柱,同步装入灯丝,作业 0—20 焊尾丝、0—21 焊 A_1 引出线、0—22 焊弹簧片三道工序焊接时均可能产生火花溅到灯丝上而造成灯丝损坏,导致废品率高达 12% 左右。一旦经 1—5 和 1—7 两道检验不合格,需将灯丝取下重新装入新灯丝,产生返工。针对该问题,提出改进措施,即将 0—18

分解为装灯丝和焊芯柱两道作业,并将装灯丝作业排在 0—22 焊弹簧片之后,避免灯丝的损坏。经上述改进后,每年节约灯丝 19.56 万根,节约返修工时 540 小时。电子枪生产线改进后的工艺程序如图 4-6 所示。

图 4-6　改进后电子枪生产线工艺程序图

4.3.4 流程程序分析

流程程序分析是对生产现场的整个制造程序做详细的记录,以便对整个制造程序中的操作、检验、运送、储存、等待等做详细的研究与分析,特别适用于分析运送距离、等待等隐藏成本的浪费。

1. 企业作业流程

1) 企业的作业流程

企业的作业流程包括各项作业活动、管理活动、信息系统、支持作业流程等核心流程。其中,各项作业活动包括识别客户需求并满足需求、接受订单、评估信用、设计产品、采购物料、制作加工、包装发运、结账、产品保修等。管理活动包括计划、组织、分工、协调、监控、预算和汇报,以确保作业流程以最小成本及时准确地运行。信息系统通过提供必要的信息技术以确保各项作业活动和管理活动的完成。支持作业流程包括设施、人员、培训、后勤、资金等,以支持和保证核心流程完成。

如图 4-7 所示,从客户下订单到生产管理,再到采购和选择供应商等,形成了一个较完整的企业作业流程,为企业创造价值和利润。

图 4-7 企业作业流程

2) 流程的组成要素和特点

流程就是一组能够为客户创造价值的相互关联的活动进程,也是一组将输入转化为输出的活动进程。这就是说:首先,流程是一组活动,而非一个单独的活动;其次,流程是一组能够创造价值的活动。

流程的组成要素指输入的资源、活动、活动的相互作用(结构)、输出的结果(客户和价值)

等,其结构如图 4-8 所示。

图 4-8　流程的结构

流程的特点包括目标性、相关性、动态性、层次性和机构性。

① 目标性——有明确的输出(目标或任务)。
② 相关性——流程的活动是互相关联的。
③ 动态性——流程中的活动具有时序关系。
④ 层次性——活动中又有子流程。
⑤ 机构性——有串联、并联、反馈等结构。

3) 流程管理

流程管理是从流程角度出发,关注流程是否增值的一套管理体系。图 4-9 所示为流程管理体系的框图。供应链环境下的流程注重价值链的增值,其包含内部价值链和外部价值链,如图 4-10 所示。供应链流程模式如图 4-11 所示。

图 4-9　流程管理体系框图

图 4-10　供应链环境下的流程——价值链

图 4-11　供应链流程模式

2. 流程程序图

生产流程分析是以产品生产过程为研究及改进对象的一种分析技术。它把产品(包括零部件)从原料到制成品的一系列流程划分成加工、检验、运输、储存等要素加以控制,按照各要素的顺序具体而定量地进行记录,然后通过对整个生产过程的分析研究,针对生产性活动及非生产性活动(如停放、运输、延迟等)中存在的问题,提出改进意见,使生产流程更加合理。

生产流程分析通常包括两方面:一方面是加工工艺和作业的方法改进,也就是采取取消、合并一些工序或调整、改进加工工艺和作业的方法,达到提高生产率的目的;另一方面则是改进生产过程管理,减少停放时间和缩短运输路程等。

在生产流程分析过程中,可用规定的工序符号将生产现状的调查资料编制成流程分析图表,并使用该图表开展分析工作。

流程程序图由操作(○)、检验(□)、运送(⇨)、暂存或等待(D)、储存(▽)等5种符号构成,因为比工艺程序图详尽复杂,所以常对主要零件单独作图,除记录时间外也记录搬运距离。依据研究的对象不同,流程程序图可分为材料或产品流程程序图和人员流程程序图。材料或产品流程程序图说明生产过程中材料或零件被处理的步骤,人员流程程序图记载作业人员在生产过程中的一系列活动。

在实际工作中,一般都使用事先设计好的流程程序图。此图将5种符号印在表格中,分析记录时,只需要将各项工作按照发生的顺序用直线将符号连接起来,而表头部分则应有工作部别、工作名称、现行方法与建议方法及最后统计。

编制流程程序图必须注意以下事项。

(1) 图表上记录的内容必须是直接观察所得到的。

(2) 图表应提供尽可能全面的信息,所有的图表都应具备有关信息,其表头应包括:① 产品、物料或设备的名称,附上图号或编号;② 所记录的流动程序,应明确说明起点与终点,以及该方法是现行的还是建议的;③ 进行作业的地点(如部门、工厂、工地等);④ 图表查阅号、总页数、页号等;⑤ 记录者、审定人的姓名,记录日期等;⑥ 距离、时间的总计,人工成本、材料成本,以便对新、旧流程进行比较。

3. 生产流程分析

1) 流程分析图示

(1) 工序的连接　为了表示生产流程,用一条实线把各工序连接起来。在同一图面上若同时表示几条工序系列时,则应将作为研究对象的工序系列用粗实线表示,如图4-12(a)所示。

(a) 工序连接　　(b) 工序集合　　(c) 工序的分离　　(d) 工序的并行

图 4-12　流程分析图示

(2) 工序的集合　在装配作业中,将若干个零件装配成部件,或将部件装配成机器,其表示规则如图4-12(b)所示,即将几个工序系列汇总在同一加工工序(装配)的符号上。

(3) 工序的分离　在检修机器时,先将机器拆成部件,再将各部件拆成零件,即分解作业。工序分离的表示方法如图4-12(c)所示,即从加工工序(拆卸机器)符号的下端引出各工序系列。

(4) 工序的并行　相同的工序同时进行时,把表示的工序系列并排画出,然后在并行工序的上面或下面集中起来。这种表示方法称为工序并行,如图 4-12(d)所示。

(5) 记录时间　操作、检验或运送等所需的时间,其记录形式为

$$\frac{单件时间 \times （件）数}{总时间}$$

(6) 记录运送距离　运送距离可目测或步测,其记录形式为

$$\frac{运送一次的距离 \times 运送次数}{总运送距离}$$

2) 流程分析的调查项目

调查的目的不同,调查的内容也不完全一样。表 4-9 比较全面地列出了调查的项目,实际使用时,可以从表中选择适当的内容进行调查。通常可用调查分析图或表格来记录调查结果。

调查分析图(见图 4-13)通过生产流程将各工序记录下来,在其右侧简要地记录已规定的作业条件,再在左侧记录加工、检验、运送等所需的时间及运送距离等。

表 4-9　流程分析的调查项目

符号	数量	距离	时间	作业内容	作业者	机器	工夹模具检验器具	容器放置法	方法	费用
○ 操作	加工数量次品率合格率		加工时间、标准时间、熟练率	作业名(工序名)	职务、特长、人员、经验、工资率	台数、名称、型号、能力、精度、折旧费	名称、型号、能力、精度、折旧费	名称、容积、放置法(活性)	作业部位作业方法作业条件环境条件	加工费
□ 检验	检验数量次品率合格率		检验时间、标准时间、熟练率	检验名称检验项目	职务、人员、技能、经验、工资率	台数、名称、型号、能力、精度、折旧费	名称、型号、能力、精度、折旧费	名称、容积、放置法(活性)	检验部位检验方法检验条件环境条件检验基准	检验费
⇨ 运送	运送数量、重量、体积、运送不良	距离次数	运送时间、运送间隔	运送区间	运送工务、人员、技能、经验、工资率	台数、名称、型号、能力、折旧费	—	名称、容积、放置法(活性)	运送方法通路条件	运送费
▽ 储存	储存数量、重量、体积、变色、色质(不良)、丢失、破损		储存日数、平均储存日数、储存时间	储存场所保管场所	储存责任者、职务、人员、技能、经验、工资率	—	—	名称、容积、放置法	储存方法储存条件环境条件	储存费

图 4-13 调查分析图

采用表格形式记录时,应将加工对象的作业工序、生产设备、物料运送和停放的时间、地点、距离等情况记录清楚,以便进行分析研究。

不管采用哪种形式记录调查结果,都应在记录结束后检查一下是否有遗漏。若有遗漏还应进一步检查,看其是属于调查中的遗漏,还是属于记录时的遗漏。

3) 流程分析研究

在调查现状的基础上,将流程程序图进行整理,对各工序的数量、时间及距离加以汇总,并填写汇总表,最后根据汇总表进行分析研究(见表 4-10)。分析研究时应着重考虑以下问题。

表 4-10 流程程序分析的调查分析表

作业名称 _____ 分析人员 _____
图　　号 _____ 分析日期 _____
产　品　号 _____
车　　间 _____ 审查日期 _____

序号	符号	说明	执行方法					
			移动距离/m	操作时间/h	运送时间/h	检验时间/h	等待时间/h	储存时间/h
1	○⇨□D▽							
2	○⇨□D▽							
3	○⇨□D▽							
4	○⇨□D▽							
5	○⇨□D▽							

续表

序号	符号	说明	移动距离/m	操作时间/h	运送时间/h	检验时间/h	等待时间/h	储存时间/h
6	○⇨□D▽							
7	○⇨□D▽							
8	○⇨□D▽							
9	○⇨□D▽							
10	○⇨□D▽							
11	○⇨□D▽							
12	○⇨□D▽							
13	○⇨□D▽							
14	○⇨□D▽							
15	○⇨□D▽							
16	○⇨□D▽							
17	○⇨□D▽							

(1) 所有活动的目的是什么？能否采取措施排除不必要的活动？
(2) 作业地点、时间是否合适？能否变动？
(3) 作业人员是否可以变动，或合并由一人作业？
(4) 各作业工序使用的工夹模具情况如何？有无实现机械化、自动化的可能性？
(5) 工序划分是否合理？能否简化或改善作业方法、合并作业工序？
(6) 是否可以变更作业或检查顺序，从而获得更高的效率？
(7) 运输路线是否合理？能否改进？

总之，要从作业目的、时间、地点、人员及作业方法等方面进行改善，而改善的着眼点应放在"排除、结合、交换、简化"四个方面。也就是说，要首先根据作业的目的，明确此项活动是否需要排除，如果决定排除，则对该项活动其他方面的考察就没必要进行了；对地点、时间、人员进行考察，其改进的方向应是结合或交换（重新组合）；对作业方法进行考察，其改进方向应是简化。

4. 流程程序图分析与改进

分析对象不同，生产流程分析图表会有所区别，下面举例说明流程分析方法。

某机械厂对阀体加工工序的流程进行了分析与改进。原有的工艺路线工序划分过细，运输及等待时间较长，因此改进后的流程合并了部分加工工序，如将第7道工序（抹遮盖物、喷漆、干燥等）与第8道工序（装箱）合并，并减少作业及检查等工序的次数，缩短了时间及运输距离，从而大大降低了成本。改进后的流程程序见表4-11。从表中可见运输距离缩短了1 791 m，单件成本降低2.20元。流程程序分析的主要内容是通过厂区布局及车间设备布置状况的调查,研究原材料和制品的运输路线。其目的在于缩短流程(加工路线)和运输路线,以便缩短生产周期。

表 4-11 某机械厂改进后的流程程序

	项 目		现行方法		改善方法		差异	
年节约额—直接劳务费2.2万元	单位成本直接工资/元		30.0		27.8		2.20	
	移动距离/m		2 446		655		1 791	
设备改进费 1.5万元	工 序	序号	合计时间/h	序号	合计时间/h	序号	合计时间/h	
	○ 操作	8	0.325 9	7	0.304 4	1	0.017 5	
	⇨ 运送	9	0.008 5	6	0.002 22	3	0.006 23	
估计节约费 2.05万元	□ 检验	2	0.008 5	1	—	1	0.002 5	
	D 等待	12	31.5	8	25.5	4	6.0	
	▽ 储存	2	108.0	1	60.0	1	48.0	

改 善 方 法

序号	符 号	说 明	移动距离/m	操作时间/h	运送时间/h	检验时间/h	等待时间/h	储存时间/h
1	●⇨□D▽	向搬运车送料(2人)	3	0.000 2	—	—	—	—
2	○➡□D▽	搬向钻床	30	—	0.000 2	—	—	—
3	●⇨□D▽	放在机床旁	3	0.000 2	—	—	—	—
4	○⇨□■▽	等待加工	—	—	—	—	4.00	—
5	●⇨□D▽	钻孔、攻螺纹、切断	2	0.055 0	—	—	—	—
6	○⇨□■▽	停工待料	—	—	—	—	2.00	—
7	○➡□D▽	将工件移向钻床	6	—	0.000 52	—	—	—
8	●⇨□D▽	钻孔(8个)	2	0.035 0	—	—	—	—
9	○⇨□■▽	等待搬运	—	—	—	—	2.00	—
10	○➡□D▽	运往修理车间	100	—	0.001 1	—	—	—
11	○⇨□■▽	等待作业	—	—	—	—	1.50	—
12	●⇨□D▽	去毛刺	2	0.010 0	—	—	—	—
13	○⇨□■▽	等待	—	—	—	—	2.00	—
14	○➡□D▽	运往机加工车间钻床旁	100	—	0.000 5	—	—	—
15	○⇨□■▽	等待加工	—	—	—	—	6.00	—
16	●⇨■D▽	钻孔、检查与测量	2	0.170 0	—	—	—	—
17	○⇨□■▽	等待搬运	—	—	—	—	2.00	—
18	○➡□D▽	运往喷涂工段	100	—	0.000 4	—	—	—
19	○⇨□■▽	等待喷涂	—	—	—	—	6.00	—
20	●⇨□D▽	喷涂、干燥	5	0.038 0	—	—	—	—
21	○➡□D▽	运往包装工段	150	—	—	—	—	—
22	○⇨□D▼	等待作业	—	—	—	—	—	60.0

1) 分析方法

首先用 1/100~1/50 缩尺画出厂区或车间面积,画出其他固定设施、机械设备、货架等,然后按作业对象的运动过程、发生顺序在图面上用线段将工序的图示符号连接起来,如图 4-14 及图 4-15 所示。图 4-14 所示为平面流程线图,产品加工若不在同一楼层或同一平面内,需要画出立体流程图,图 4-15 所示为立体流程图。进行平面流程分析时,也可用引线流程图,就是在平面流程图的作业点按上图钉,然后引出一条线绳并将其拉紧,该线绳代替流程图中的实线,用以表示生产流程。为了区分加工、检验、运输等不同工序及不同工序系列,图钉和线绳可以采用不同的颜色。进行立体流程分析时,可以采用上下移动线图来代替立体流程图,作图方法如下:根据立体分析结果进行汇总,然后在坐标纸上画出纵轴和横轴,纵轴表示上下移动的距离,横轴表示水平移动的距离,再按工序顺序用工序图符号表示水平及上下移动的位置,最后把水平及上下移动的距离按工序顺序加以汇总,如图 4-16 所示。

图 4-14 平面流程线图

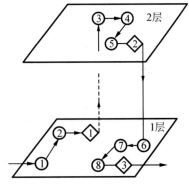

图 4-15 立体流程图

2) 改进分析

按流程分析的改进要点提出改进方案,具体改进要点如下。

对平面移动的研究要点包括:移动距离可否缩短?移动路线是否为直线或较近线路?零件的流程有无逆行情况?

对于上下移动的研究要点包括:上下移动的高度能否减小?上下移动的次数能否减少?上下移动能否用吊车或其他搬运工具?

此外,还有对设备及建筑物配置的情况,如设备布置采用何种方式(按机群还是按流水线等)?通道吊车的布置是否合适?通路宽度是否合适?车间办公室、检查场地位置是否合理?

图 4-16 水平及上下移动线图

等等。

5. 流程程序分析实例

例 4-1 某工厂领发料工作的改进。

某工厂新上任的仓库主任,发现每日上班后领料人非常拥挤,并且等待时间较长。由于此仓库每日要供应全厂六个车间的物料,领料发生延迟必将影响全厂的工作,并且该仓库发料员常发生锯伤手的情况,因此,经与仓库人员商量后,仓库主任决定选择仓库的发料工作为改进对象,主要的流程程序分析步骤如下。

1) 选择

以仓库发料作为改进对象。

2) 对流程的记录

采用记录技术记录以下情况。

(1) 仓库的平面布置　该仓库为一层平房,其平面布置如图 4-17 所示。

图 4-17 仓库平面布置图

领料人从右边的大门进入至柜台处,该柜台与大门之间约有 3 m 距离。在柜台内侧有两把 1 m 长的固定尺,柜台两端各有一小匣,作储存已经发料的领料单之用。柜台一端连接办公室,由窗口可以看到柜台处发料的情况。仓库内全部是铁架及箱子,存放各种大小物料及零件。仓库后面的铁架 B 用于堆放钢管、铁管及橡皮管等物料。柜台后面铁架 A 处,放锯切用的手锯。图中的①、②代表发料员,③代表仓库管理员,④代表仓库主任。

(2) 记录实际发料情况 以发橡皮管为例(见图 4-18),发料详细过程如下。

统 计 表

项 别	现行方法	改良方法	节省
操作次数 ○	9	7	2
运送次数 ⇨	6	2	4
检验次数 □	4	2	2
储存次数 ▽			
等待次数 D			
运送距离(米)	6.5	3	3.5
共需时间(分)			

工作部门 仓库 **编号** ____
工作名称 从仓库发橡皮管 **编号** ____
开 始 发料员在柜台收到领料单
结 束 发料员在柜台旁等待另一领料单
研究者 _____ __年_月_日
审阅者 _____ __年_月_日

现行方法

步骤	操作	运送	检验	等待	储存	工作说明	距离(米)	需时(分)	剔除	合并	排列	简化
1	○	⇨	■	D	▽	审阅领料单						
2	○	➡	□	D	▽	至铁架处	1.5					
3	●	⇨	■	D	▽	选取比需要稍长之橡皮管(必须要稍长)						✓
4	○	➡	□	D	▽	回柜台	1.5					
5	●	⇨	■	D	▽	量取尺寸,指出锯切点(用大拇指指出锯切点)				✓		
6	○	➡	□	D	▽	带橡皮管至铁架 A 处	0.2		✓			
7	○	⇨	□	D	▽	从箱内取弓锯						✓
8	○	➡	□	D	▽	带橡皮管及弓锯回柜台处	0.2		✓			
9	●	⇨	□	D	▽	锯切需要长度(手指有受伤危险,且锯不平)				✓		
10	●	⇨	□	D	▽	放锯于柜台上(因此,下次常找不到锯子)			✓			
11	○	⇨	■	D	▽	再量取尺寸			✓			
12	●	⇨	□	D	▽	发给领料人						
13	●	⇨	□	D	▽	在领料单上签字						
14	●	⇨	□	D	▽	放领料单于匣中						
15	○	➡	□	D	▽	带余料至铁架处	1.5		✓			
16	●	⇨	□	D	▽	放余料在铁架上						
17	○	➡	□	D	▽	回柜台	1.5					

改良方法

步骤	操作	运送	检验	等待	储存	工作说明	距离(米)	需时(分)
1	○	⇨	■	D	▽	审阅领料单		
2	○	➡	□	D	▽	至铁架处	1.5	
3	●	⇨	■	D	▽	取合适长度管子放锯切架上		
4	●	⇨	□	D	▽	自钩上取锯		
5	●	⇨	□	D	▽	锯切需要长度		
6	●	⇨	□	D	▽	余料放回铁架,锯挂钩上		
7	○	➡	□	D	▽	带管至柜台	1.5	
8	●	⇨	□	D	▽	发给领料人		
9	●	⇨	□	D	▽	在领料单上签字		
10	●	⇨	□	D	▽	放领料单于匣中		

图 4-18 仓库发料的流程程序图

工作开始为发料员②审阅领料单(查看要领的物料或零件的名称、规格、数量及主管是否均已签章)。此例为领 1.2 m 的橡皮管,该发料员经中间过道走到仓库最后的铁架 B 处(距离约为 15 m),选取比所需长度稍长的橡皮管,拿回柜台,放于柜台固定尺上量取所需长度,以大拇指按住锯切点,用手握住橡皮管走至 2 m 远的 A 处,拿到锯子后返回到柜台上锯切所需长度的橡皮管。注意锯时一拇指按住锯切点,如果不这样,不但锯不平,而且有锯伤手指的危险。锯毕即将锯子放回柜台上(若这样,下次再需使用锯子时,在 A 处将找不到锯子),将橡皮管在尺上校对其长度后交给领料人,并在领料单上签字以示该料已发放,再将领料单放入小匣内。最后将锯下的余料送回仓库后面的铁架 B 处。

3) 对流程的分析

根据记录的全部事实,按照程序对记录的事实采用"5W1H"技术逐项提问分析。

首先是对操作提问。由图 4-18 所示的仓库发料流程程序图(现行方法)可知,第一个操作是步骤 3,现对步骤 3 的作业进行提问。

问:完成了什么(首先提问作业动作)?是否必要?(What,第一类问题)

答:选取比需要稍长的橡皮管,是必要的。

问:为什么?(Why,第二类问题)

答:怕在柜台上量时不够长,故必须选取稍长的橡皮管。

问:有无其他更好的做法?(other options,第三类问题)

答:可能有,假如能够储存各种不同长度的管子。

问:何处做(即在什么地方锯)?

答:在柜台上。

问:为何在此处锯(即为什么要在柜台上锯)?

答:因为锯子在附近,柜台上有固定尺,柜台平面可作锯切台用。

问:有无其他更合适之处?

答:若在存放管子的铁架处锯,则可节省来回行走的时间。

问:何时做(即什么时候锯)?

答:在整个发料工作时间的一半时锯,即走了大约 35 m 之后才锯。

问:为什么要在此时锯?

答:因为要走到后面铁架 B 处取橡皮管及在铁架 A 处取锯子,最后才能放到柜台上锯。

问:有无其他更合适的时间锯?

答:可以最初在铁架 B 处选取管子时锯,或者事先锯好最常用的各种尺寸管子。

问:由谁做?

答:由发料员锯。

问:为什么要由发料员锯?

答:因为仓库里不可能有其他人。

问:有没有其他更合适的人锯?

答:如果找有锯切经验的人来做,可能更好。

问:如何做(即他是如何锯的)?

答:他用左手握住管子,用拇指按住管子锯切的地方作为锯片下切处。

问:为什么要这样锯?

答:因为在锯切的过程中,并无任何可以夹住管子的东西。

问:有没有其他更合适的办法?

答:如果能使用一个简单的设备夹住管子,则既可以保持正确平整的锯缝,又可以不锯伤手指。

再对步骤5的"检验"进行提问。

问：完成了什么？
答：锯切点已经找出来，并用拇指按住。
问：是否必要？
答：有必要。
问：为什么？
答：因为这样可以保证锯出所需的长度。
问：有没有其他更好的办法？
答：如果仓库储存所需长度的管子，则可以取消此动作。
问：何处做？
答：柜台上。
问：为什么要在此处做？
答：因为尺是固定在柜台边缘上的。
问：有没有其他更合适的地方？
答：有。在最后面的铁架B处。
问：何时做？
答：在柜台与铁架间行走约35 m后，在锯切前做。
问：为什么要在那时做？
答：因为尺在柜台上，所以必须将管子带至柜台时才可以做。
问：有没有其他更合适的时间做？
答：有。如果在选择管子时做，则不需要带管子到柜台前。
问：由谁做？
答：发料员。
问：为什么需要此人来做？
答：因为他的工作是发料。
问：有没有其他更合适的人来做？
答：有。如果找有锯切经验的人来做，可能更好。
问：如何做？
答：将管子平放在尺子上，使其一端位于尺的起点，再移动左手待拇指到达所需的尺寸即用拇指按住锯切处。
问：为什么要这样做？
答：因为一向都是如此做的。
问：有没有其他更合适的方法？
答：有。如果有一种设备，能夹住橡皮管，并能调整和指出锯切点，又不会锯伤手指为最好。

对步骤11的第4个检验提问，则有以下问题。

问：完成了什么？
答：管子已经按其所需要的尺寸锯好，现在再来量取其尺寸。
问：是否必要？

答:无此必要。因为在锯前已经量好,而且此种锯切并不要求精确地锯切,故此动作可以取消。

根据提问、归纳和整理,有以下结论。

(1) 在仓库不需要锯切。
① 储存一定长短的管子。
② 由锯工来锯(不用仓库人员锯)。

(2) 减少锯切。
① 锯成各种常用尺寸的管子(进仓库时锯)。
② 比需要长5 cm以内的管子不再锯切。
③ 收料时即在管子上注明各种尺寸。

(3) 安全而又容易地锯切。
① 在铁架处,选择与锯切同时进行,不用来回走动。
② 使用可以夹持管子并保证安全且能控制锯切长度的设备。
③ 在铁架处量长度,与选择合并。

下面即可根据程序分析的 ECRS 四大原则,进行取消、合并、重排、简化工作。

对于"仓库不需锯切"的意见:储存生产中所需长度的管子,如果产品是固定的,则容易做到;如果产品不固定,则很难做到。仓库专门有一位锯工负责锯料,也不需要。

将"减少锯切"与"安全而又容易地锯切"合并起来考虑:在铁架B处适当高度的地方上刻上刻度,以10 cm为单位,这样发料员发料时便可以方便地在铁架处量取长度,而不必走到柜台前来量尺寸。在铁架处锯,则需要在铁架前增加锯切工作台。

可以夹持管子并保证安全且能控制锯切长度的设备如图4-19所示。图中,活动夹和锯切架固定在平台上,锯切时,将管子放入槽内,活动夹可将管子固定在所需位置,锯子亦挂在锯切架旁边。

活动夹

用两角铁焊接而成,并装在一硬木上锯导孔,每孔间隔8 cm
挡板
20 m
锯切架

图 4-19 锯切设备

4) 建立新方案

发料新方案的流程程序图如图4-18(改良方案)所示。

发料员首先仍然如原来一样审阅领料单,根据领料要求(领取1.2 m长的橡皮管),走到最后面的铁架B处,取出一根橡皮管,只要在铁架上刻度处一比,就很容易地取得需要的长度。然后在锯切架处安全而容易地完成锯切工作(锯子就在锯架旁),锯完后,可以放余料于铁架上,锯子挂于钩上。然后,带锯好的管子返回柜台,办理发料及领料单的手续。

由图4-18的表头处可见,新方案比老方案每次节省了两个操作、四次运送、两次检验,路程缩短34 m。

5) 实施新方案

新方案必须经由领导批准才能实施,为此需起草一份建议书,其内容包括提案人、工作部门及改良方案的效益分析等,待领导批准后即可实施新方案。

新方案解决了领料人在柜台处的拥挤及等待,提高了管子的锯切质量,发料员的手指不会划伤,操作更加安全可靠。

可节省的工时及费用如下。

(1) 平均每人每次 3 min 的等待时间,每天平均 600 次/人,共节省 1 800 min(即 30 h),相当于每天 3~4 人的工作量。

(2) 锯伤的医疗费及休息时的工资损失。

所需设备及措施如下。

(1) 在铁架的适当高处做各种长度记号,以 10 cm 为单位。

(2) 在铁架上添置一个 2 m 长的台架,作为锯切的工作台。

(3) 添置锯切架及活动夹,如图 4-19 所示。

新设备的成本:锯切架、活动夹估计需 100 元。投入少,但收益大。

4.3.5 线路图和线图

1. 线路图

线路图以作业现场为对象,对现场布置及物料(包括零件、产品、设备等)和作业者的实际流通路线进行分析,常与流程程序图配合使用,以达到改进现场布置和移动路线、缩短运输距离的目的。

线路图依比例缩尺绘制工厂的简图或车间平面布置图,将机器、工作台等相互位置一一绘制于图上,并将流程程序图上所有的动作,以线条或符号表示。特别是物料与人员的流通路线,要按照流程程序记录的次序和方向用直线或虚线表示,各项动作发生的位置则用符号及数字表示。流通的方向一般以箭头表示。线路图主要用于"搬运"或"移动"路线的分析,下面以实例分析加以说明。

图 4-20 为气缸头的加工线路图,按照图示线路流通,运行复杂,流程线路较长,时间花费较多,有必要进行改进。改进后的气缸头的加工线路图如图 4-21 所示,对比两图可见,改进后的加工线路图可节省路程。

2. 线图

线图是线路图的一种特殊形式,是按比例绘制的平面布置图或模型。在图上,用线条表示并度量人、物料或设备在一系列规定活动中所走的路线。因为是用线条来度量距离,所以要精确地按比例绘制。制作时可用一画有方格的软质木板或图纸,将程序内有关的机器、工作台、库房、各工作点,以及可能影响移动路线的门、柱、隔墙等均按比例用硬纸板剪成或画出,用图钉按照实际位置的比例钉于软质木板上。长线的一端,用图钉钉于移动的起点,然后按照其实际的顺序,绕过钉于移动各点的图钉,直至全部移动完毕为止。这样,就建立了包含工作(作业)活动路线全部情况的模型。愈是频繁活动的路线,包含的线条就会愈多。也可画线表示工作活动的路线,以线条的数量(见图 4-22)表示活动的频繁程度。

图 4-20　气缸头的加工线路图(原方法)

图 4-21　气缸头的加工线路图(改进方法)

图 4-22　线图

4.4 作业分析

4.4.1 作业分析概述

1. 作业分析的定义

作业分析是研究人机关系的内容之一，即研究如何使工人的作业及工人与机器的相互配合达到最经济、最有效的程度。

作业分析是研究一道工序、一个工作地点的工人（一人或多人）使用机器或不使用机器的各个作业活动。它与流程分析的区别在于，流程分析是研究整个生产的运行过程，分析到工序为止，而作业分析则是研究一道工序的运行过程，分析到作业为止。

作业分析常用的工具为人机作业、联合作业和双手作业程序图。这些图线详细记录了作业者在工作地点的活动状况及作业者与机器在同一时间、同一地点的协同工作状况。通过作业分析，寻找进一步发挥人和机器的作用、缩短作业周期、提高工作效率的途径。

2. 作业分析的基本要求

（1）通过删减、合并、简化，使作业总数减至最低、工序排列最佳，并使每一作业简单易行。

（2）合理地分配负荷，防止人体某些肌肉群由于动作过于频繁而产生劳损。发挥两手作用，平衡两手负荷，避免用手长时间握持工件，尽量使用工具。

（3）要求机器设备完成更多的工作，例如自动进刀、退刀、停车、自动检测、自动换刀等。对于大量生产应设计自动上料落件装置，改进零件箱或零件放置方法。

（4）减少作业循环，减少物料的运输和转移次数，缩短运输和移动距离，使运输和移动方便易行。

（5）改进设备、工具、材料规格或工艺性，采用经济的切削用量。

（6）工作地点应有足够的空间，使作业者有充足的回旋余地。

（7）消除不合理的空闲时间，尽量实现人机同步工作，使某些准备工作、布置工作地点的工作、辅助性工作放在机动时间进行。

综上所述，通过作业分析，应达到使作业的结构合理、减轻作业者的劳动强度、减少作业时间的目的。

4.4.2 人机作业

1. 人机作业含义

人机作业分析又称闲余能量分析，主要分析一个作业周期内设备与人的作业的相互关系，以减少空闲时间。主要分析方法是人机作业程序图。

2. 人机作业程序图

人机作业程序图画法如下。

（1）在图中的时间栏中间画出等距离的间隔刻度线代表时间比例单位。刻度的大小可根据作业周期的长短和图纸幅面确定。

(2) 按照活动发生的顺序和时间,在人、机栏内分别记录作业者和机器的活动情况。在图中,用涂黑的粗线表示工作,空白表示空闲。左边注写出作业单元内容说明,右边注写出机器设备的工作内容。

(3) 观察结束后,将人、机的工作时间和空闲时间汇总填入右上方各栏中。

3. 人机作业中人、机数量的确定

进行人机作业程序分析时,关于工人与机器数的确定,常用公式(4-1)计算。

$$工人数 = \frac{一月(年)总工作量}{平均一个工人一月(年)有效工时} \tag{4-1}$$

$$N = \frac{t+M}{t} \tag{4-2}$$

式中:N 为一个工人操作的机器数目;t 为一个工人操作一台机器所需时间(包括从一台机器移动到另一台机器所需时间);M 为机加工时间。

例如,一个工人操作一台机器的时间为 1 min,机加工时间为 4 min,则机器数目

$$N = \frac{t+M}{t} = \frac{1+4}{1} 台 = 5 台$$

为了求得一个工人操作的机器最少台数,可用公式(4-3)计算。

$$N_{\min} = \frac{L+M}{L+W} \tag{4-3}$$

式中:$N_{\min}$ 为一个工人操作的机器的最少数目;L 为装卸工件的时间;W 为工人从一台机器移动到另一台机器所需时间;M 为机加工时间;$(L+W)$ 为工人操作机器所需时间;$(L+M)$ 为一台机器的作业周期。

4. 人机作业实例分析

图 4-23 所示为在立式铣床上精铣铸件(工件)时人机作业情况的详细记录图。由图可见,工作中铣床有 3/5 的时间没有工作,这是由于当工人作业时,机床停止工作;机床自动切削时,工人则无事可做。由于工人将工件夹紧在机床台面上和加工完成后松开夹具、取下零件是必须在机床停止时才能进行的,因此要缩短其周程时间,应尽量利用机器工作的时间进行手工作业。如检查工件,去除加工面的毛刺,将加工完的工件放入成品盒,取出铸件做好加工前的准备,在放回工件的同时取出待加工件(铸件),用压缩空气吹洗已加工的铸件等。图 4-24 所示为改进后的记录图,由图可见,重新安排工作后,不需增加设备和工具,仅在 2 min 内就节省了工时 0.6 min,提高工效 30%。

图 4-23 精铣铸件人机操作图(现行方法)

图 4-24 精铣铸件人机操作图(改良方法)

4.4.3 联合作业

1. 联合作业含义

联合作业是指两个或两个以上人员对同一台设备进行作业,主要分析方法是用联合作业分析图,力求通过对各对象的工作合理调配,取消空闲或等待时间,达到缩短周期的目的。

2. 联合作业程序图

联合作业程序图又称多种作业程序图,是记录在同一时间坐标上,一组工人共同作业于一台机器或不同工种的工人共同完成一项工作时,他们之间相互配合关系的图表。其编制方法如下。

(1) 在图纸的正中央画出等距离的水平间隔刻度线,表示时间单位,并标出刻度数值。

(2) 在左边现行方法栏中,按作业活动发生的先后顺序,记录每一工人或不同工种的工人活动的内容及消耗的时间。用带有斜线的方块表示工作时间,空白表示空闲时间。

(3) 经过现行方法考察后,将改进的方法画入右边栏内,并填写节省时间的百分数。

3. 联合作业分析的原则

以图 4-25 为例,有 2 项作业或工作,如果串行,考虑等待时间需 8 h;如果串行,不考虑等待时间需 7 h;如果进行并行改进,联合作业最长需要时间为 4 h,时间大大缩短。因此,联合作业有一个基本原则,即若能联合作业同时完成为最佳。

(a) 串行作业(工序串行)加等待需8 h　　(b) 串行作业(工序串行)无等待需7 h　　(c) 并行作业(工序并行)仅需4 h

图 4-25　串并行联合作业示意图

4. 联合作业实例分析

转化塔为很高的圆形设备,其作用是将一种气体转化成另外一种气体。触媒即催化剂,其作用是促使化学反应加速进行。触媒在使用期间,必须经常检验,以维持其转化效率。由于化工厂多为连续生产,故检验触媒的时间应尽量短,以缩短其周期。现行方法中用不同工种的 4 名工人,其工作时间如图 4-26(a)所示。由图可见,全部检验作业共需 324 min,空闲时间为:电工 132 min,钳工 156 min,起重工 216 min,操作工 270 min。

改进方法是根据如果能改为同时作业则可缩短周程的原则建立的,即当加热器移开的时候,顶盖同时松开,而在顶盖还原装妥之时,加热器亦同时还原,如图 4-26(b)所示。由改良方法知,电工、钳工、起重工、操作工的空闲时间大为减少,整个周程时间由 324 min 降为 222 min,减少了 102 min,增加效率达 31 个百分点。

图 4-26 转化塔内触媒检验的联合作业程序图

4.4.4 双手作业

1. 双手作业概述

生产现场的具体作业,主要是靠工人的双手完成的。调查了解如何用双手进行实际作业则称为双手作业分析。其作用是研究双手的动作及其平衡,发掘"独臂"式作业,发现伸手、寻找和笨拙无效的动作,发现工具、物料、设备等不合适的放置位置,使动作规范化。分析时常采用双手作业程序图。

双手作业程序图是按作业者双手动作的相互关系记录其手(或上、下肢)的动作的图表。分析研究双手作业程序图的目的在于平衡左右手的负荷,减少无效动作,减轻工人疲劳,缩短作业时间,使作业过程合理化,并据此拟定作业规程。

双手作业程序图一般用来表示一个完整工作循环时的重复作业。它和人机程序图的区别在于,前者是分析作业者左右手的动作状况,着眼于工作地点布置的合理性和零件摆放位置的方便性,而后者则是分析人、机的相互协调配合关系,着眼于如何充分利用人的机动时间来做其他工作或增加操作机器的台数,以提高人力、机器的利用率。

绘制双手作业程序图所使用的符号一般与其他程序图的相同。但由于双手作业程序图要比流程程序图记录详细,所以在符号的名称和含义上略有不同。

2. 双手作业实例分析

以电缆夹的装配为例进行说明。如图 4-27 所示缆夹包括上夹、下夹、垫圈及螺钉。缆夹装配作业程序图见图 4-28。

图 4-27 缆夹

(a) 现行方法

图 4-28 缆夹装配作业程序图

(b) 改良方法

续图 4-28

由图 4-28 看到，在改良方法中，虽然右手的动作仍为 27 个，但已经使左右手尽可能地达到同时对称动作，且等待、持住的动作已大大减少。

4.5 动作分析

动作分析是方法工程中的一种微观分析。它是以作业者在作业过程中，手、眼和身体其他部位的动作作为分析研究对象的。通过动作分析，找出并剔除不必要的动作要素，在此基础上制订最佳作业方法和预定动作时间标准，以达到使作业简便、高效省力的目的。

美国人吉尔布雷斯(F. B. Gilbreth)是动作研究的创始者。他在动作研究方面的重要贡献之一，就是给组成一个"动作"的各个因素进行定义，从而使人们能够更有效地研究和处理个别的动作，不像以往那样只看到这些因素的集合体。吉尔布雷斯把这种分解后的微细动作称为"动素"(therbligs)。同时，他还按照减少疲劳、缩短时间的要求，首先提出了动作的经济原则。这些贡献，使人们对人的工作的科学分析明显地前进了一步。

4.5.1 动作分析的17个动素

动作分析的目的是发现作业人员的无效动作或浪费现象,简化作业方法,减少工作疲劳,降低劳动强度。

人的作业活动可分为17个基本要素,即动作要素,简称动素。它也可以说是人的动作可分解成的基本动作。其有关符号及说明如表4-12、表4-13所示。

表4-12 动作要素符号及说明(一)

分 类	序 号	名 称	说 明
第一类	1	伸手	空手接近或离开目的物
	2	握取	握住目的物
	3	移物	用手移动目的物
	4	定位	为了进行下一动作而对准位置
	5	装配	将两个以上目的物组合起来
	6	使用	使用工具进行作业
	7	拆卸	分解两个以上目的物
	8	放手	放下目的物
第二类	9	寻找	用眼和手寻找目的物
	10	选择	从许多目的物中挑选一件
	11	定位	为避免定位动作而放置目的物
	12	检查	将目的物与规定标准进行比较
	13	思考	决定下一步作业步骤的考虑
第三类	14	保持	保持和支持目的物
	15	故延	可以避免的延迟
	16	迟延	不可避免的延迟
	17	休息	为消除疲劳的休息

表4-13 动作要素符号及说明(二)

符 号	名 称	缩 写	颜 色	符 号	名 称	缩 写	颜 色
⌒	伸手	TE	草绿	→	选择	St	浅灰
∩	握取	G	红	⌐	思考	Pn	棕
⌣	移物	TL	绿	⌐	定位	P	蓝
#	装配	A	紫	8	预定位	PP	淡蓝
∪	使用	U	紫红	⌒	保持	H	金赭

续表

符号	名称	缩写	颜色	符号	名称	缩写	颜色
╫	拆卸	DA	淡红	⌒	休息	R	橘黄
⌒	放手	RL	洋红	⌒	迟延	UD	黄
◯	检查	I	深褐	⌒	故延	AD	柠檬黄
⌒	寻找	Sh	黑	◯	发现	F	

注：美国机械工程师学会增加了"发现(find)"这个动作，用 F 表示，指东西已找到的瞬时动作。

17 个动作要素可以分为三类。

第一类包括：伸手、握取、移物、定位、装配、使用、拆卸、放手等 8 个动作要素。这些都是完成作业所必需的动作要素。对这类动作改进的重点是取消不必要的动作，同时对工件的摆放、方向、距离、使用条件等进行研究并改进。

第二类包括：寻找、选择、预对、检查、思考等 5 个动作要素。这一类动作要素有延迟第一类动作要素的倾向。这类动作要素通常是必需的，但可通过改进工作场地的安排来减少或消除。

第三类包括：保持、故延、迟延和休息等 4 个动作要素。这些动作要素通常与工作无关或无益，它们是动作分析的重点。这些动作要素的减少或消除，将使动作分析带来明显的效果。通过使用简单的夹持器具，合理布置工作场地，调整动作的顺序，都可以消除或减少保持和延迟的动作要素。当然，正常和合理的休息是必需的，不能随意取消。

17 个动作要素还可以分为：① 有效动素，即对作业有直接贡献者，如装配、拆卸等；② 无效动素，如寻找、选择、定位等辅助动素，休息、迟延等为消耗性动素。

我国台湾的周道教授将 17 个动素用 4 个动素同心圆表示，如图 4-29 所示，从内到外依次为核心动素、常用动素、辅助性动素和消耗性动素。常用动素是改善对象，辅助性动素中作业越少越好，消耗性动素应尽可能取消。

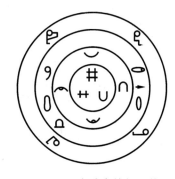

图 4-29　17 个动素的相互关系

4.5.2　动作分析的方法

常用的动作分析方法有三种，即目视分析、摄影分析和预定时间标准法。

(1) 目视分析　主要凭研究人员的观察，用动作要素符号进行记录和分析的一种研究方法。其做法和测时观测类似，要求将作业者的左、右手和目视动作正确无误地记录下来，然后对记录资料做详尽的分析。分析每一动作要素取消、合并或简化的可能性，同时用动作经济原则来加以衡量，最后提出切实可行的改进作业方法的意见。由于每一项动作活动的时间都很短，因此目视分析一般只适用于比较简单的作业活动。

目视分析的方法：直接观察作业人员的作业状态，并记录下来。主要有两手作业分析、基本动作分析两种。观测者紧紧跟随观测对象，整天观测或连续多天观测；或者采用非连续观测方法，每个工作日观测数次，整个过程所需时间较长。

(2) 摄影分析 采用摄像或录像的方法进行动作分析,它不仅可以记录人的全部作业活动(连最细微处都不会放过),而且事后可以根据分析的需要,反复再现。因此,摄影分析是一种非常有效的动作研究方法。摄影分析的方法:将作业状态记录在胶片或录像带上,然后播放出来,进行分析。主要有高速摄影、普通摄影、低速摄影三种。通过录像设备,录下运作情况,然后进行分析。通过对每个时间段的产出计算,或者每个生产日的产量计算,也可求得运作效率。

摄影分析有如下两种具体方法。

① 瞬时动作分析。一般采取每分钟60~100格的拍摄速度,记录全部作业活动。这种拍摄速度比普通速度(每分钟960格)慢得多。它得到的是瞬时动作的轨迹。例如,一小时的作业,用每分钟60~100格的速度拍摄的影片,只需放映4分钟就可以了。这种分析方法,消耗器材较少,比较经济,但是不可能得到完整的动作记录,也不容易看清动作的细微处。这种方法一般适用于长周期的作业、周期不规则的作业,以及人机作业等场合。

② 细微动作分析。这种方法与上述方法正好相反,一般采取高速摄影,每分钟拍摄3 840~7 680格,甚至更多,然后用普通速度(每分钟960格)放映,得到慢动作镜头。这种方法一般适用于重复程度高的作业分析场合,可以对作业活动进行十分细微和精确的研究。

(3) 预定时间标准法 预定时间标准法(predetermine time standard, PTS)并非是直接求出作业时间,而是将作业分解成一些基本细小动作,利用记录仪器代替人手,自动记录下运作情况;然后从"标准动作时间表"中把各个相同动作的时间值找出,所有动作时间之平均值就构成标准作业时间,这种方法在后续内容中将详细介绍。

4.5.3 动作经济原则

动作经济原则为吉尔布雷斯首创,后经多位学者研究并改进,美国巴恩斯将其总结为22条。

1. 关于人体的运用的原则

(1) 双手应同时开始和结束工作。
(2) 除规定的休息时间外,双手不应同时空闲。
(3) 双臂的动作应对称,方向应相反,并应同时进行。
(4) 手的动作应尽可能以最低等级的动作来完成。
(5) 应尽可能利用物体的自重,如需用肌力时,则应将其减至最轻。
(6) 做连续的曲线运动比做方向突变的直线运动为好。
(7) 自由摆动的动作比受约束或受控制的动作更轻快。
(8) 对于重复操作,平稳性和节奏性很重要,节奏性能使动作流畅和协调。

2. 关于工作地点布置

(1) 工具物料应置于固定场所。
(2) 工具物料及装置应布置在工作者的前面近处。
(3) 物料的供应应尽可能利用其自重,坠至工作者手边。
(4) 尽可能利用"坠送"(指对加工完成的零件)方法。
(5) 工具物料按照最佳的作业顺序排列。

(6) 应采用适当的照明设备,使视觉舒适。
(7) 调整工作台及座椅的高度,应使工作者坐、立适宜。
(8) 调整工作椅的式样及高度,应使工作者保持良好姿势。

3. 关于工具设备

(1) 应尽量解除手的工作,而以夹具或足踏工具代替之。
(2) 可能时,应将两种可以联用的工具合并。
(3) 工具、物料应尽可能预放在固定工作位置。
(4) 手指工作时,应按各个手指的本能,合理分配负荷。
(5) 设计手柄时,应尽可能使其与手接触面增大。
(6) 机器上的杠杆、十字杆及手轮的位置,应能使工作者极少变动其姿势,且能利用机械的最大能力。

任何工作中的动作,凡符合以上 22 条原则的,皆为经济有效的动作;否则,就应该改进。同时,将这 22 条归纳为四方面的原则内容(见表 4-14):两手同时使用,动作单元力求减少,动作距离力求缩短,舒适地工作。

表 4-14 动作分析基本原则

基本原则	改善重点	关于人体	关于工作地点	关于工具设备
两手同时使用	减少不可避免的迟延及保持等动素	① 两手同时开始并同时完成其工作。② 双臂的动作应对称,反向并同时为之	—	① 须长久持住的工作物,尽量使用夹具。② 简易并须用力的操作,使用足踏工具
动作单元力求减少	减少寻找、选择、思考、预对等动素;简化握取与装配等动素	① 删除不必要的动作。② 设法简化或合并必要的动作	① 材料及工具按顺序排列。② 材料及工具使其处于可工作的状态	① 装配用的材料零件应使用容器安装。② 工具设备的设计应力求减少动作次数,并利用机械的最大能力。③ 设法将两种以上的工具合并
动作距离力求缩短	减少手腕动作的距离;减少全身移动的动作	① 使用身体部位的最小范围。② 使用身体的最适当部位	材料、零件应放置于正常工作范围	利用物体的动力,使其自动堕至装配区域或制成品箱内
舒适地工作	减少动作的难度,避免改变工作姿势,减少须用力的动作	① 避免使用限制性的动作。② 采用曲线的圆滑动作,避免改变方向。③ 利用惯性,即重力及自然力	将工作地点调整至适当的高度	① 动作路径已成一定规则时,设法使用工具。② 使用重力工具

下面将以上原则总结为 10 条。

(1) 双手的动作应同时而且对称。

(2) 人体的动作应尽量用最低等级且能得到满意的结果(见表 4-15)。

表 4-15 人体的动作等级

级 别	动 作 枢 轴	人体动作部位
1	指节	手指
2	手腕	手指及手腕
3	肘	手指、手腕及小臂
4	肩	手指、手腕、小臂及大臂
5	身体	手指、手腕、小臂、大臂及身体

例:新式开关用力程度大大小于旧式开关,如图 4-30 所示。

(3) 应尽可能地利用物体的动量,连续的曲线运动比方向突变的直线运动更佳,弹道式的运动比受限制的运动轻快,应尽可能运用轻快的自然节奏使动作流利和自发。如挥动锤子,圆弧形挥动比上下形挥动省力得多,如图 4-31 所示。

(a) 旧式开关

(b) 新式开关

图 4-30 新旧开关对比图

(a) 上下形挥动

(b) 圆弧形挥动
(后面上、前面下)

图 4-31 两种挥动轨迹

(4) 工具、物料及装置应置于固定处或工作者附近,并依最佳的工作顺序排列。

人体第 3 级动作的范围,即以左右手自然下垂和以肘为中心、小臂为半径所能达到的空间范围,称为正常工作范围;人体第 4 级动作的范围,即以肩为中心、整个手臂为半径所能达到的空间范围,称为最大工作范围,如图 4-32 所示。

图 4-32 人体工作范围

显然,图 4-33(d)中的工作台布置是四种布置中最佳的。

(5) 零件、物料应尽量利用其自重坠至工作者附近。

(6) 应配备适当的照明设备,工作台及座椅的高度应使工作者保持良好的姿势及坐、立

图 4-33 工作台布置

适宜,分别如图 4-34、图 4-35 所示。

图 4-34 改善照明

图 4-35 设计良好的座椅

(7) 应尽量解除手的工作,而以夹具或足踏工具代替,分别如图 4-36、图 4-37 所示。

(8) 如有可能,应将两种工具合并使用,如图 4-38 所示。

图 4-36 脚操纵的虎钳

图 4-37 脚操纵的焊接烙铁

图 4-38 钳锤

(9) 手指分别工作时,各指负荷应按照其本能予以分配;设计手柄时,应尽可能增大与手的接触面;机器上的杠杆、十字杆及手轮的位置,应能使工作者极少变动姿势,且能最大限度地利用机械力,分别如图4-39、图4-40所示。

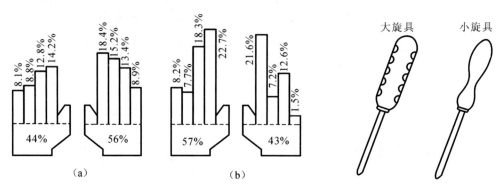

图 4-39 德伏拉克型打字机键盘的手指负担　　图 4-40 大旋具与小旋具

(10) 工具及物料应尽可能预放在工作位置,如表4-16所示。

表 4-16 工具及物料的预置

示意图			
放置位置	平卧在工作台上	挂架上	用弹簧吊于工作位置上方
预放类别	未预放	半预放	完全预放
需时相对比率/(%)	146	123	100

4.5.4 动作改善

动作改善的技巧不外乎删除、合并、重排、简化四种,以下分别列出其改善重点。

1. 删除

(1) 删除所有冗余的作业、步骤或动作(包括身体、足、手臂或眼的动作)。
(2) 删除工作中的不规律性,使动作成为自发性的,并使各种物品置放于固定地点。
(3) 删除以手作为持物工具的工作。
(4) 删除不方便或不正常的动作。
(5) 删除必须使用肌力才能维持的姿势。
(6) 删除必须使用肌力的工作,而以动力工具取代之。
(7) 删除必须克服动量的工作。

(8) 删除危险的工作。
(9) 删除所有不必要的闲置时间。

2. 合并
(1) 把必须突然改变方向的各个小动作合并成一个连续的曲线动作。
(2) 合并各种工具，使之成为多用途的工具。
(3) 合并可能合并的作业。
(4) 合并可能同时进行的动作。

3. 重排
(1) 使工作平均分配于两手，两手之同时动作最好呈对称性。
(2) 组合作业时，应把工作平均分配于各成员。
(3) 把工作安排成清晰的直线顺序。

4. 简化
(1) 使用最低级别的肌肉工作。
(2) 减少视觉动作及必须注视的次数。
(3) 保持在正常动作范围内工作。
(4) 缩短动作距离。
(5) 使手柄、作业杆、足踏板、按钮均在手足可及之处。
(6) 在须运用肌力时，应尽量利用工具或工作物的动量。
(7) 使用最简单的动素组合来完成工作。
(8) 减少每一动作的复杂性。

习题

1. 工作研究的含义是什么？
2. 工作研究包括哪些内容？有什么特点？
3. 试用草图描绘工艺程序图的基本形式。
4. 简述程序分析的"5W1H"技术和 ECRS 四大原则。
5. 作业分析的意义及内涵是什么？
6. 试分析比较人机作业、联合作业、双手作业的异同点。
7. 动作分析的目的及一般研究方法是什么？
8. 简述动作经济原则的内容。
9. 动作改善的一般方法是什么？
10. 工作研究的两种技术的关系如何？
11. 简述工作研究的主要步骤。
12. 方法研究的概念、特点与目的是什么？
13. 方法研究的内容是什么？基本步骤有哪些？
14. 简述程序分析的概念、特点及种类。

15. 程序分析的步骤和常用工具是什么？
16. 简述工艺程序分析的概念、特点。
17. 工艺程序图的组成和作用规则是什么？
18. 流程程序分析的概念、特点和种类是什么？
19. 布置和路径分析的概念、特点、目的是什么？
20. 何谓工序？何谓操作？何谓动作？
21. 简述双手操作分析的目的。
22. 任意选定一个超市，绘出其设施布置简图以及顾客移动路线图，分析现行布置的优缺点，并提出改进意见。
23. 某空气调节阀由阀体、柱塞套、柱塞、座环、柱塞护圈、弹簧、O形密封圈、锁紧螺母、管堵等组成。各组成部分的加工工艺和装配顺序如下。

（1）阀体：切至规定长度、磨至定长、去毛刺、钻铰4孔、钻铰沉头孔、攻螺纹、去毛刺、检验与柱塞以及柱塞套组件的装配、加锁紧螺母、加管堵、检查、包装、贴出厂标签、最终检查、出厂。

（2）柱塞套：成形、钻、切到规定长度、加工螺纹、钻孔、去毛刺、吹净、检查与柱塞组件的装配、装配后再加弹簧与阀体装配。

（3）柱塞：铣、成形、切断、检查与座环组件装配，装配后再加O形密封圈与柱塞套装配。

（4）座环：成形、钻、切断、检查与柱塞护圈装配，装配后组件加O形密封圈与柱塞装配。

（5）柱塞护圈：成形、钻、攻内螺纹、套外螺纹、检查与座环装配。

根据上述资料数据，绘制出该空气调节阀的工艺流程图。

24. 水阀由阀体、阀盖、阀杆组成，其零件制造工艺如下。

（1）阀体：车外圆、检验外圆、车螺纹、检验螺纹、锪平面、扩孔、车内螺纹、检验螺纹；

（2）阀盖：车外圆、检验外圆、车螺纹、检验螺纹、扩孔、车内螺纹、检验螺纹；

（3）阀杆：车外圆、检验外圆、车螺纹、检验螺纹、钻孔、切断、铣小方头。

装配过程：① 组装阀杆组件，方法是将手柄与阀杆铆接，将压紧螺母套入阀杆，将O形密封圈套入阀杆，将阀杆穿进阀盖；② 将阀芯放入阀体；③ 将阀杆组件与阀体组装。

根据上述资料数据，绘制出该水阀的工艺程序图。

25. 一个传动轴组件由轴、齿轮、套筒（外购件）、平键（外购件）四种零件所组成，自制件加工工艺如下。

（1）轴：车端面及外圆、精车外圆、铣键槽、去毛刺、调质、磨外圆、检查尺寸及表面粗糙度；

（2）齿轮：锻造、正火、粗车、精车、滚齿、倒角、插键槽、去毛刺、剃齿、磨内圆、珩齿、检查装配顺序（轴上先后装入平键、齿轮、套筒，并最终检查后完成产品装配）。

根据上述资料数据，绘制出该传动轴组件的工艺流程图。

26. 按照事务流程图的绘制规则，结合下列管理流程，绘出该电力公司客户问讯处管理事务流程图。流程如下：

（1）需要部门根据需求情况提出采购要求，并填写"计划申报表"，经所在部门有关领导审批后，递交采购部门。

(2) 计划员根据"计划申报表",考虑库存情况后,做出"采购、加工通知单",并报领导审批,审批签字后,按类别分发给采购员。

(3) 采购员根据"采购、加工通知单"提出采购请求。

(4) 审计小组对物资价格的合理性逐一进行审计。如审计通过,则采购员可进行采购;否则需重新询价/报价。

(5) 到货后,仓库检验人员进行数量、质量检验。合格则填写"检验结果通知单";不合格则通知采购员退货。

(6) 发票到后,判断是否需要验证。如需要则送国家税务部门验证;否则转下一步。

(7) 采购员填写"入库通知单"。

(8) 仓库部门做实物账并进行入库的相应操作;财务人员记账、付款。

(9) 使用部门到配件总库领料,并在相应部门的配件库入库,设备维修人员在自己所在部门的配件库领取配件进行设备维修。

27. 某工人操作 2 台车床,作业时间分别为:装夹工件 0.5 min;车削 2 min;卸下工件 0.5 min,去毛刺并检查尺寸 0.5 min。该车床能自动加工,试绘制优化作业后的人机作业图,并求出人机利用率。

28. 一电工和钳工的联合作业过程如下:电工切断电源 1 min,钳工卸开机器 5 min,电工维修 25 min,同时,钳工维修 15 min,然后钳工安装 10 min。试绘制联合操作分析图,并计算二人时间利用率。

思考题

如何利用工艺程序图和流程程序图进行程序分析?

案例

生产线布置设计与流程程序分析

某电子玩具现代化生产企业的一个局部生产线的布置如图 4-41 所示。在进行生产线自动化改造前的生产流程图如图 4-42 所示。调查中发现生产线存在以下问题。

(1) 生产线不能平衡,存在瓶颈。

(2) 中间环节过多,有一定数量的半成品存货。

(3) 生产线上每个工人操作一台机器,由于三人生产步调不一致,造成一些闲置。

(4) 生产过程中物料摆放不十分清楚,容易造成工人操作过程中出现寻找和停顿的情况发生。

根据对先进的生产系统的理解和认识,针对生产线中存在的问题,运用工业工程原理、理念和生产线平衡技术等,并借鉴准时生产、精益生产和生产瓶颈理论等,对装配生产线局部进行自动化的改造,以期达到改进生产线、提高生产率的目的。

图 4-41 生产线原布置图

图 4-42 改进前生产流程图

具体实施时,绘制生产流程图。通过分析,主要的改进方法有以下几条。

(1) 合并流程。

(2) 工作装置改进。

(3) 生产线布置优化。

解决方案如下。

(1) 减少生产线上的一个操作工,其工作被左右的两人分担,以便平衡工作量,减少等待,提高效率。

(2) 减少一人后,生产线不平衡状况有了很大的改善,为进一步提高生产率,考虑增加操作自动化,而且还可以完全消除中间存货。

改进优化后的生产线重新布置图如图 4-43 所示,生产流程图如图 4-44 所示。

图 4-43 生产线重新布置图

图 4-44 改进后生产流程图

运用工业工程方法和生产管理方式等，对装配生产线局部进行自动化的改造后，手工劳动的部分被机器所取代，将必然促使质量的改进，报废率下降。

从表4-17可以看到，改进后工时数由39.36 s减少到32.66 s，所需工人由3人减少为2人，生产率由78.9%提高到86.3%。可以预见，对于大量的重复玩具生产，改进后的生产线提高的效率将会更加明显。

表4-17 改进前后对比

项　　目	改　进　前	改　进　后	备　　注
工时	39.36 s	32.66 s	减少时间6.7 s,17%
工人数	3人	2人	减少1人
生产率	78.9%	86.3%	生产率提高7.4%

案例讨论

如何运用方法工程平衡流水线、调整流水线的工序布置及进行流程优化？

第 5 章 作业测定

▶学习目标

通过本章的学习,你应该能够:
(1)清晰定义作业标准和标准作业,描述作业测定的基本概念,并运用作业指导书进行作业分析;
(2)掌握时间研究的工具、方法和步骤;
(3)了解工作抽样的工作原理、方法和步骤;
(4)了解标准资料法和学习曲线等;
(5)掌握时间研究和 MOD 法,结合实例,制订标准的时间,并揭示由各种原因造成无效时间的性质和数量,采取措施消除无效时间。

5.1 作业测定概述

5.1.1 作业标准和标准作业

1. 作业标准

作业标准(operation standard)是针对作业步骤、内容、方法、注意事项及质量进行设定的。如果作业内容无法标准化,那作业时间就失去了意义。下面就作业标准的编制目的、基准、规格等进行说明。

1)作业标准的编制目的及效果

作业标准是为保证实现产品的规定质量,并在一定标准工时范围内完成任务的标准作业方法。它重点叙述确保产品质量的过程与方法,并以 IE 的全部手段确保作业的效率,最终成为全员参与的作业改善的评价与检查的基准,从而不断地提升作业的质量与效率,降低成本。为了实现上述目的,在现场作业管理中要对很多因素进行分析,以确保作业标准的实现。

在用作业标准对作业者进行作业规范与指导时,期望达到如下效果。
① 不论谁经过培训都可以实现同样的作业方法。
② 作业可以保证一定的作业质量及效率,并作为成本管理的基准。
③ 作业方法合理,有节奏,有助于提高熟练度。
④ 可以作为标准时间设定与更新的基准。
⑤ 保证并提高作业的安全性。
⑥ 成为生产计划的实施与结果评价的基准资料。

⑦ 成为作业改善的基准。

2) 作业标准设定

① 确保生产用材料及零件准时到位,且数量准确。

② 保障材料及零件的质量稳定性。

③ 作业中使用的机械设备、工装可靠且有明确操作方法。

④ 编制作业条件及方法步骤。

⑤ 设定标准时间及质量基准。

⑥ 有措施和方法解决出现不良品等问题。

⑦ 明确品质检查的责任人与频率。

3) 作业标准的编写

① 作业标准的编写不仅仅是对现有作业内容的简单描述,还要包括作业内容的步骤及注意事项,以及判断作业效果的质量特性与基准。

② 作业标准的编写人要有良好的工业工程知识及写作水平,以保证作业顺序、作业重点及质量特性等内容定义清晰,逻辑连贯,言简意赅。

③ 当作业步骤过多时,以作业重点检查表的形式,压缩作业标准内容。因此作业步骤、作业重点与质量特性是作业标准必须提示的内容。

④ 当作业方法复杂,需要时间配合精确的人机联合作业时,应考虑采用人机联合作业分析的形式进行表述。

4) 作业标准的内容

作业标准因企业、产品、用途、目的不同而不同,但共同的是都要使作业者在经过适当的培训后,达到作业标准所要求的方法、质量和效率。为此,作业标准需要涵盖以下内容。

① 产品简图(或照片)。

② 标准时间。

③ 作业顺序与步骤。

④ 安全注意事项。

⑤ 作业内容的重点及注意事项。

⑥ 专业检查的频率与责任人。

⑦ 须达到的质量基准。

2. 标准作业

1) 标准作业及其三要素

标准作业(standard operation)是对周期性的人机作业中有关人的作业动作程序进行标准化,目的是消除复杂人机作业的动作浪费,固化增值动作的程序。

标准作业包括三要素:

① 标准作业的周期时间;

② 标准作业周期中手工作业顺序;

③ 标准在制品(work in product,WIP)的数量。

有了作业标准之后,严格执行有关的方法与程序,并根据三要素标准作业执行,同时为了更好地实现标准作业所要达到的目的,作业者在严格执行作业标准的同时,有权利和义务提出改善效率及革新的建议,当然,建议或新方法必须有数据证明明显优于现行方法。不能凭感觉判断或任意更改标准,那样只会给生产造成混乱,严重时影响生产计划的按期完成。

因此,标准作业在执行作业标准的同时,可在效率、成本、交货期上进行科学改善与革新,特别是集中在作业者的动作上。

2) 标准作业程序

标准作业程序(standard operating procedure,SOP)是用来确定作业顺序和周期时间的,SOP 显示总的加工时间,包括人机作业时间及作业者行走的时间。在 SOP 基础上建立标准作业图表。

标准作业图表描述了整个产品的生产过程,它包括标准作业的三要素及其他信息,如重点加工位、质量控制点、安全检查点等。另外标准作业图表能加深作业者对 SOP 的理解,是对 SOP 的具体化的描述,是现场主管用于培训员工的工程文件,它包含作业标准图的全部要素。标准作业图表包括"标准作业单"与"作业指导书",图与表合二为一。

5.1.2　作业测定的概念

作业测定的定义:"作业测定是运用各种技术来确定合格工人按规定的作业标准完成某项工作所需的时间的技术。"

合格工人的定义:"一个合格工人必须具备必要的身体素质、智力水平和教育程度,并具备必要的技能知识,使他所从事的工作在安全、质量和数量方面都能达到令人满意的水平。"

规定的作业标准:"经过方法工程制订的标准工作方法,以及有关设备、材料、负荷、动作等的一切规定。"

5.1.3　工时消耗与标准时间的构成

1. 工时消耗的构成

工时消耗可分为定额时间和非定额时间两大部分。定额时间是指在正常的生产技术组织条件下,工人为完成一定量的工作所必须消耗的时间。它由作业时间、布置工作场地时间、休息与生理需要时间,以及准备与结束时间等构成;而非定额时间则包括非生产时间(指工人在工作班内做了生产以外的或不必要的工作所损失的时间)和停工时间。工时消耗构成如图5-1 所示。

2. 标准时间与工时定额

1) 标准时间

标准时间的含义是:"在适宜的作业条件下,用最合适的作业方法,以普通熟练工人的正常速度完成标准作业所需的劳动时间。"其构成如图 5-2 所示。其中宽放时间为工作地服务和休息时间等。工时定额是指在一定的生产技术和组织条件下,为生产一定数量的产品或完成一定量的工作所规定的劳动消耗量的标准。

这里"适宜的作业条件""最合适的作业方法"是指通过方法工程所确定的作业条件与作业方法;"普通熟练工人"与"正常速度"则意味着标准时间是适合大多数作业者的时间;"标准作业"又是标准时间的依据,是作业测定的结果。据此,可将标准时间的特性归纳为如下几点。

图 5-1 工时消耗构成

图 5-2 标准时间的构成

(1) 客观性 对应于某一(通过方法工程)标准化了的作业,标准时间是不以人们的意志而转移的客观存在的一个量值。

(2) 可测性 只要将作业标准化了,就可以用科学的方法对作业进行测定(如秒表测时、工作抽样等),以确定标准时间的量值。

(3) 适用性 因为标准时间是普通熟练工人以正常速度能完成某项作业的劳动标准时间,不强调以过分先进或十分敏捷的动作完成某项作业的时间,所以它应该是易于被大多数人所接受的。

2) 工时定额

工时定额的侧重点是"规定了一个额度",所以即使同一作业,由于用途不同,也可能有不同量值的定额值。例如"现行定额""计划定额""目标定额"等,各种名称对应不同的值,但却都对应着同一种作业。

许多生产单位为了完成计划、安排生产等,往往在没有对作业进行方法工程和作业测定时,也要预先规定一个定额作为时间标准,所以它不能称为标准时间。标准时间的侧重点在于找出规定条件下,按标准的作业方法进行工作时所消耗的时间,它对应于某一标准作业,是一个唯一的量值。工业工程基础的目的之一就是要用方法工程和作业测定去求得这一量值,只有这样,在制订各种工时定额时才有可靠的依据。因此标准时间与工时定额的联系在于以下两点。

① 标准时间是制订工时定额的依据。

② 工时定额是标准时间的结果。一般来讲"现行定额"往往就是标准时间,而"计划定额"与"目标定额"则与标准时间有一定的差异。当上级下达规定的工时定额指标时,有了标

准时间,就可以知道自己单位的标准时间与上级下达定额的差异,做到心中有数。

3. 时间定额的构成和确定

由于生产类型的不同,时间定额的组成也有所不同。

在大量生产条件下,由于产量大,分摊到一件产品上的准备与结束时间很短,可忽略不计,故劳动定额的时间组成中没有准备与结束时间,只包括作业时间、工作地服务时间及休息与生理需要时间。在成批生产条件下,时间定额中应包括准备与结束时间。

时间定额以单位产品计算,或者以一起加工的成批产品计算。前一种情况下的时间定额称为单件时间定额,后一种情况下的时间定额称为成批时间定额。

1) 单件时间定额

单件时间定额的组成部分有作业时间、工作场地服务时间和工人休息与生理需要时间等。

① 作业时间($T_{作}$)。它由基本时间($T_{基}$)与辅助时间($T_{辅}$)所组成。

② 布置工作场地时间($T_{布}$)。它是由组织性的时间与技术性的时间两部分组成,通常用占作业时间的一定比例(百分数)来表示。

③ 工人休息与生理需要时间($T_{休}$)。通常它是用占作业时间的一定比例(百分数)来表示的。因此,单件时间定额的计算公式为

$$T_{单} = T_{作} + T_{布} + T_{休} = (T_{基} + T_{辅})(1 + a + b) \tag{5-1}$$

式中:a 为工作场地服务时间占作业时间的比例;b 为休息与生理需要时间占作业时间的比例;a 和 b 一般称为宽放率。

2) 成批生产的时间定额

成批生产条件下的每批时间定额为

$$T_{批} = T_{准} + T_{单} \times n \tag{5-2}$$

式中:$T_{批}$ 为零件成批的时间定额;$T_{准}$ 为准备与结束时间;n 为该批产品件数。

成批生产中的每一件产品的时间定额为

$$T_{单计} = T_{单} + \frac{T_{准}}{n} = T_{作} + T_{布} + T_{休} + \frac{T_{准}}{n}$$

$$= (T_{基} + T_{辅})(1 + a + b) + \frac{T_{准}}{n} \tag{5-3}$$

在西方国家和日本的企业中,标准时间中还包括一项"现场宽放"或"不可避免的宽放时间"。它包括管理人员、技术人员、班组长因材料或其他有关问题找作业者商谈的时间,短时间的机械故障的排除时间等。显然,这样分类是考虑了生产现场的实际情况,更为合理。

中国和西方、日本等国的定额时间与非定额时间对比见表 5-1。

表 5-1 中国和西方、日本等国的定额时间与非定额时间对比

国家	定额时间					非定额时间		
中国	准备结束时间	作业时间		布休时间		非生产时间	由于企业原因造成的停工损失时间	由于公认原因造成的停工损失时间
		基本时间	辅助时间	布置工作场地时间	休息与生理需要时间			
				组织性的 / 技术性的				

续表

国家	定额时间					非定额时间
西方、日本等国	标准时间					非标准时间
西方、日本等国	调整时间	工作时间		宽放时间		非标准时间
西方、日本等国	调整时间	机动时间	手动时间	疲劳宽放	不可避免的迟延	可以避免的迟延
西方、日本等国	调整时间	机动时间	手动时间	疲劳宽放	政策性宽放	可以避免的迟延
西方、日本等国	调整时间	机动时间	手动时间	固定　变动	政策性宽放	可以避免的迟延

- 我国工时消耗分类的原则和方法、定额时间和非定额时间的划分,似乎是十分严格的,但在实践中对有些时间消耗的处理不十分合理
- 关于休息与生理需要时间的确定,我们的标准很不统一,确定的方法也比较粗略

5.1.4　作业测定的主要方法

1. 时间研究

时间研究是利用秒表或电子计时器,在一定时间内,对作业的执行情况进行直接的连续观测,把工作时间及与标准概念(如正常速度概念)相比较的对执行情况的估价等数据,一起记录下来给予一个评比值,并加上遵照组织机构制定政策允许的非工作时间作为宽放值,最后确定出该作业的时间标准的方法。

2. 工作抽样

工作抽样是在较长时间内,以随机方式,分散地观测作业者,利用分散抽样来研究工时利用率,具有省时、可靠、经济等优点,因此成为调查工作效率,合理制订工时定额的通用技术。

3. 预定时间标准法

预定时间标准(predetermined time standards,PTS)法利用预先为各种动作制订的时间标准来确定各种作业所需要的时间,而不是通过观测或测定。它是国际公认的制订时间标准的先进技术。由于它能精确地说明动作并加上预定工时值,因而有可能较之用其他方法提供更大的一致性。而且该方法不需要对作业者的熟练、努力等程度进行评价,就能对其结果在客观上确定出标准时间,故在国外称为预定时间标准法。

4. 标准数据系统

标准数据系统通过搜集整理各类作业时间的数据资料,形成拥有更大工作单元的作业时间数据库,这些工作单元是一些基本作业动作的组块,并与特定的机器或作业相联系,据此确定作业的标准时间的方法。用标准数据系统计算工作的标准时间比预定时间系统使用起来更方便。

5.1.5　工时定额制订和考核

1. 工时定额的表现形式

工时定额的基本表现形式有两种。

(1) 生产单位产品消耗的时间——时间定额。
(2) 单位时间内应当完成的合格产品的数量——产量定额。

两者互为倒数关系。另外,还有一种看管定额,适用于一个人或一组工人同时看管几台机器设备的情况。工业企业采用什么形式的劳动定额,要根据生产类型和生产组织的需要而定。产量定额主要适用于产品品种少的大量生产类型企业;看管定额一般为纺织企业所采用。

劳动定额是组织现代化大工业生产的客观要求。在现代工业企业里,工人一般只从事某一工序的工作,企业内部的这种分工是以协作为条件的,怎么使这种分工在空间和时间上紧密地协调起来,就必须以工序为对象,规定在一定的时间内应该提供一定数量的产品,或者规定生产一定产品所消耗的时间;否则,生产的节奏就会遭到破坏,造成生产过程的混乱。

2. 工时定额制订方法

企业生产常用的制订工时定额的方法主要有以下几种。

1) 类推比较法

这种方法是以现有的产品定额资料作为依据,经过对比推算出另一种产品零件或工序的定额方法。作为依据的定额资料有:类似产品零件或工序的定额的方法;类似产品零件或工序的实耗工时资料;典型零件、工序的定额标准。用来对比的两种产品必须是相似或同类型、同系列的,且具有明显的可比性。

类推比较法的主要优点是制订定额的工作量不大,只要运用的依据恰当,对比分析细致,可保证劳动定额水平的平衡和提高。

2) 经验估工法

经验估工法是由定额人员、技术人员和工人结合以往生产实践经验,依据图样、工艺装备或产品实物进行分析,并考虑所使用的设备、工具、工艺装备、原材料及其他生产技术和组织管理条件,直接估算定额的一种方法。经验估工法又可分为综合估工、分析估工和类比估工三种方法。

(1) 综合估工 又称粗估工,是在估工时凭定额人员和老工人的实际经验对影响工时消耗的诸因素进行综合的粗略分析,并笼统地估算出整个工序的定额。

(2) 分析估工 又称细估工,是按定额时间分类,把工序分为若干个组成部分,然后分析影响各个定额的组成时间消耗的因素,并在此基础上确定各个组成部分的工时定额,最后汇总为工时定额。

(3) 类比估工 采用此方法时,一般采用粗估工法制订代表件的工序定额,其他类似零件的定额则以代表零件的工序定额为基础,进行比较估工来确定。

3) 技术测定法

技术测定法是制订劳动定额的常用方法。这种方法是在分析技术组织条件和工艺规程的基础上,对定额各部分时间的组成进行分析计算和测定来确定定额的方法。这是制订劳动定额的比较科学的一种方法。

技术测定法制订劳动定额的步骤如下。

① 将制订定额的工序初步分解为若干组成部分(如工步、作业、动作等)。

② 分析工序结构和作业方法的合理性及组成部分的时间消耗因素。

③ 计算确定各组成部分和整个工序时间的定额。

4）统计分析法

统计分析法是根据过去同类产品或类似零件、工序的工时统计资料,结合当前组织技术和生产条件的变化来制订定额的方法。这种方法简单易行、工作量小,以占有比较大量的经济资料为依据,比经验估工法更能反映实际情况。凡是生产条件比较正常、产品比较固定、品种比较少、原始记录和统计工作又比较健全的情况,一般都可以用这种方法。

5.2 时间研究

5.2.1 时间研究的概念

1. 时间研究的定义

时间研究是一种作业测定技术,旨在决定一位合格、适当、训练有素的作业者,在标准状态下,对一特定的工作以正常速度作业所需要的时间。定义中有下列两个要素。

（1）合格、适当、训练有素的作业者　即作业者必须是一个合格的工人,而且该项作业必须适合于他做;作业者对该项特定工作的作业方法必须受过完全的训练;作业者必须在正常速度下工作,不能过度紧张,也不能故意延误,工作时生理状态正常。

（2）在标准状态下　即经过方法工程制订的标准工作方法、标准设备、标准程序、标准动作、标准工具、标准的机器运转速度及标准的工作环境等。

2. 时间研究的目的

（1）决定工作时间标准,并用以控制人工成本。

（2）制订标准时间作为资金制度的依据。

（3）决定工作日程及工作计划。

（4）决定标准成本,并作为标准预算的依据。

（5）决定机器的使用效率,并用以帮助解决生产线的平衡问题。

5.2.2 时间研究的工具

1. 秒表（马表、停表）

秒表是时间研究中使用最广泛的工具。其表面有 100 个小格,长针每 1 min 转 1 周,1 小格即代表(1/100) min(见图 5-3)。短针表面分 30 格,短针每 30 min 转 1 周,1 格代表 1 min。秒表的特点是 1/100 分秒表读数、记录容易,整理、计算方便。

2. 观察记录板

观察记录板(见图 5-4)用于安放秒表和时间研究表格。时间研究人员在观测操作时,一方面要注意工人的细微操作,另一方面又要阅读秒表的读数,而且随时要将二者的观测结果记录下来,要求观察记录板尺寸略大于时间研究用的表格。

3. 时间研究表格

时间研究表格指记录、汇总与分析时间研究观测数据的各种表格,如时间研究记录表、时间研究汇总表、时间研究分析表等,前者用于现场观测过程,后两者用于办公室。时间研究记

图 5-3 秒表

图 5-4 观察记录板

录表要记载与时间研究有关的所有详细资料及每单元的时间及评比资料,如作业名称、所用设备、加工对象、材料规格、质量要求、操作者、研究者等,还要附上作业现场的平面布置图、部件图、装配图,并标明各种作业工艺参数,如机器转速,进刀速度,进刀深度,夹具、工具、量具、工作环境的相关参数等。时间研究记录表上核心的部分是记录各动作要素时间的部分,含秒表读数、持续时间、应扣除的时间等基本信息。如表 5-2 所示,时间研究表格用于记录一切有关的资料。

表 5-2 时间研究表格

部　　门：		研究编号：
操　　作：	方法研究编号：	张　　号：
		完成时间：
		开始时间：
工厂/机器：	号　　码：	经过时间：
		操 作 人：
工具及样板：		钟　　号：
产品/零件：	号　　码：	研 究 人：
图　　号：	物　　料：	日　　期：
品　　质：		审 核 人：

动作单元说明	R.	W.R.	S.T.	B.T.	动作单元说明	R.	W.R.	S.T.	B.T.

注:将工作位置布置/机器装置/零件等草图绘于反面或另附一纸。

4. 测量工具(摄影、录像设备,计时机等)

时间研究用的测量工具如钢卷尺、千分尺、弹簧秤、转速表或其他量具等,用来测定观测时的作业条件,如机器转速等;摄影或录像设备可以精确地记录时间研究对象作业的实际作业细节与所耗的时间。计时机是为了克服使用秒表观测时难以兼顾辨识作业细节、读取时间与记录三项工作的困难而设计的。

近年来发展的各种数据收集站,将数据的采集、汇总与打印的功能结合在一起,可自动安排采样进程;收集数据时可在屏幕上自动显示,有编辑功能与统计汇总功能,并将数据传输到计算机上进行分析处理,大大提高了时间研究的精度与效率。

5.2.3 时间研究的步骤

时间研究的步骤如下。

1. 收集资料,确定研究对象

首先收集相关资料,并确定研究对象。

2. 划分作业单元

1) 单元概念

人工单元:时间研究主要是测定人工单元。

机器单元:机器作业单元。

不变单元:作业时间不随时间变化的单元。

可变单元:作业时间随时间变化的单元。

规则单元:加工每个工件都有规则性的出现的单元。

间歇单元:加工过程中偶尔出现的单元。

外来单元:偶然事件,且将来不需要列入标准时间的单元。

2) 划分作业单元的原则

① 每一单元应有明显辨认的起点和终点。

② 单元时间愈短愈好,但以使时间研究人员能精确测记为宜,一般以 0.04 min 为宜。

③ 人工作业单元应与机器单元分开。

④ 尽可能使每一人工单元内的作业动作为基本动作,以便于辨认。

⑤ 不变单元与可变单元应分开。

⑥ 规则单元、间歇单元和外来单元应分开。

⑦ 关于作业的时间标准仅用于其特定的作业,所以每一单元应有完整而详细的说明。

3. 测量时间

1) 测时方法分类

使用秒表进行测时时,通常采用的方法有连续测时法、归零测时法、累计测时法和周程测时法。

(1)连续测时法 在整个研究时间内,秒表不停地连续走动,直到整个研究结束为止。观测者将每个作业单元的终点时间读出,记录在表格内。研究结束后,将相邻两个作业单元的终点时间相减,即得到作业单元实际持续时间。

连续测时法的优点是因为一直连续计时,可以在整个观测时间内得到完整的记录,也比较方便,而且即使出现一些迟延,或发生额外的动作要素,或有外来的因素干扰,也毫无遗漏地记录了下来。其缺点是各单元的持续时间必须通过减法求得,数据处理工作量大。

(2) 归零测时法 在测时过程中,需要在一个作业单元结束后,即按停秒表,读取表上读数,然后立即将秒表指针快速拨回到零点,在下一个作业单元开始时重新启动。由于上一个作业单元结束点,即是下一个作业单元的开始点,所以秒表指针归零后要立即启动。

归零测时法的优点是可以直接读得每个作业单元的持续时间,而且很容易记下不按规定进行作业的单元时间,在观测过程中就可以比较不同周期内各单元时间读数的同一性。其缺点是缺乏观测期总工时的完整记录,这对分析观测数据、制订标准工时并与实际时间做比较是不利的。

(3) 累计测时法 累计测时法是一种用两只或三只秒表完成测时的方法。以两只秒表联动测时为例,把两只秒表装在一个专用的架子上,由一联动机构连接。用于连续计时的时候,在每一个作业单元结束时,操作联动机构,一只表停下来,另一只表则重新启动。研究人员对停下的表读数,每个单元的时间通过将两个交替的读数相减而获得。若用于重复记录,则停下的表在被读数后即返回到零位,所有单元的时间是直接读出来的。此法最大缺点是携带不便。

(4) 周程测时法 也称为差值测时法。对于单元甚小且周期甚短的作业,读出并记录时间很难准确,于是将几个作业单元组合在一起测时。此法采用每次去掉一个单元的办法来测时。

2) 剔除异常值——三倍标准差法(3σ)

假设对某一作业单元观测 n 次所得时间为 $x_1, x_2, x_3, \cdots, x_n$,则该作业单元的平均值为

$$x = \frac{x_1 + x_2 + x_3 + \cdots + x_n}{n} = \frac{\sum_{i=1}^{n} x_i}{n} \tag{5-4}$$

标准差为

$$\sigma = \sqrt{\frac{\sum_{i}^{n}(x_i - x)^2}{n}} \tag{5-5}$$

正常值为 $x \pm 3\sigma$ 内的数值,超过者为异常值。根据正态分布的原理,在正常情况下,若计算同一分布的抽样数值,其 99.7% 的数据应在 $x \pm 3\sigma$ 内,如图 5-5 所示。

图 5-5 $x \pm 3\sigma$ 正常值的正态分布

3) 决定观测次数

一般采用误差界限法,误差为 ±5%,可靠度为 95%,其观测次数为

$$N = \left[\frac{40 \times \sqrt{n\sum_{i=1}^{n} x_i^2 - \left(\sum_i^n x_i\right)^2}}{\sum_{i=1}^{n} x_i}\right]^2 \tag{5-6}$$

式中：x_i 为每一次秒表读数；n 为试行先观测的次数。

例如，某一单元试行观测 10 次，结果如下：7,5,6,8,7,6,7,6,6,7。平均值误差为 ±5%，可靠度为 95%，问需观测多少次？

先求 $\sum X_i$ 和 $(\sum X_i)^2$，列表如下：

i	1	2	3	4	5	6	7	8	9	10	合计
x_i	7	5	6	8	7	6	7	6	6	7	65
x_i^2	49	25	36	64	49	36	49	36	36	49	429

代入公式，得

$$N = \left(\frac{40 \times \sqrt{10 \times 429 - 65^2}}{65}\right)^2 = 24.6 \approx 25 (次)$$

已测了 10 次，需再测 15 次。

4) 确定观测时间

根据观测次数来测时，每一单元都有时间值，取所有时间值的算术平均数，即为该单元的作业时间。以随机起点等时间间隔法为例确定观测时间。

设在某厂的一个车间实施工作抽样，决定观测五日，每日观测 20 次。该车间是上午 8 时上班，下午 5 时下班，中间休息 1 小时（12 时至 1 时），可按以下方法决定每日观测时刻。

步骤 1：作两位数的乱数排列。

较简单的方法是，以黄色纸片代表个位，取 10 张，上面分别写 0,1,2,3,…,9；以 10 张红色纸片代表十位，上面分别写 0,1,2,3,…,9。每次从不同颜色的纸片中随机地各抽出一张，记下数字，然后将抽出的卡片放回。

如此反复抽取，即得乱数排列。设共抽 15 次，其乱数排列如下：

21,94,62,35,06,64,96,40,85,77,88,63,52,27,75

步骤 2：将此数列中小于 50 的数保留，大于 50 的则减去 50，保留余额，得出

21,44,12,35,06,14,46,40,35,27,38,13,02,27,25

步骤 3：去掉上述数中大于 30 的数，得出

21,12,06,14,27,13,02,27,25

步骤 4：决定第一日的观测时刻。

首先决定第一日第一次的观测时刻，取乱数排列的第一位数字 21，因为 8 时上班，所以第一次的观测时刻为 8 时 21 分。

随后决定每次观测的时间间隔，以每日工作为 480 分，减去第一次的 21 分，再除以每日的观测次数，得出时间间隔，即

(480−21)/20＝22.95≈23（分）

第二次的观测时刻为:8 时 21 分+23 分=8 时 44 分。

如此类推。

步骤 5:决定第二日的观测时刻。

首先决定第二日第一次的观测时刻,乱数排列的第二位数字为 12,于是第二日第一次的观测时刻为 8 时 12 分。

第二次的观测时刻为:8 时 12 分+23 分=8 时 35 分。

如此类推,可得出 5 天的观测时刻。

4. 评定正常时间

单元作业时间为作业者个人的平均时间,由于作业者自身的原因,其值可能比标准时间长,也可能比标准时间短。因为要靠人的判断,不一定客观。因此必须利用"评比"予以修正,使其成为不快不慢的"正常时间"。评比是指时间研究人员将所观测到的作业者速度与自己所认为的理想速度(正常速度)做比较。主要的评比尺度有 60 分法、100 分法和 75 分法。通常采用前两种,而最后一种则为欧洲国家,尤其是英国用得多。时间研究人员经过基本训练建立正常速度的评比标准,按评比尺度给出评比值,以此确定评比系数,再评定正常时间。具体评分细则如表 5-3 所示。

表 5-3 作业水平与评比值

评比			作业水平	相当行走速度 /(km/h)
正常=60	正常=75	正常=100		
40	50	67	甚慢;笨拙,摸索的动作;作业者似在半睡状态,对作业无兴趣	3.2
60	75	100	稳定,审慎,从容不迫,似非按件计酬,作业虽似乎缓慢,但经观察并无故意浪费行为(正规操作)	4.8
80	100	133	敏捷,动作干净利落、实际;很像平均合格的工人;确实可达到必要的质量标准及精度	6.4
100	125	167	甚快;作业者表现高度的自信与把握,动作敏捷、协调,远远超过一般训练有素的工人	8.0
120	150	200	非常快;需要特别努力及集中注意,但似乎不能保持长久;"美妙而精巧的操作",只有少数杰出工人可做到	9.6

$$正常时间 = 每个作业单元的观测时间 \times 评比系数$$
$$= 单元作业时间 \times \frac{研究人员的评比值}{正常评比值}$$

5. 确定宽放时间

宽放时间是指作业时所需的停顿和休息时间。前面评定的正常时间并未考虑作业者个人需要以及各种不可避免的延迟因素所耽误的时间,由此在制订标准时间时,合理地确定宽放时间是很重要的。宽放通常有以下五种:私事宽放、疲劳宽放、程序宽放、特别宽放及政策宽放。

(1)私事宽放 是满足作业者生理需要或正常而舒适地工作所需的时间,如喝水、上厕所、擦汗、做工间操、更衣等需要的时间。在工作环境恶劣情况下从事工作的作业者,如高温重体力劳动者,所需私事宽放时间应大于轻工作的作业者的。私事宽放与作业者的年龄、体质、性别等有关,例如女工的私事宽放时间多于男工的。在正常情况下,私事宽放时间是正常时间的5%(用宽放率表示),这已足够了。但对于不同情况,宽放率确定有差别:① 对于轻松工作,一般为正常时间的2%~5%;② 对于较重工作(或不良环境),则大于5%;③ 对于举重工作(或天气炎热),定为7%。如果企业规定工作日中有工间休息时间,则应视为福利而不计入宽放时间。

(2)疲劳宽放 指为恢复作业者在工作中产生的生理上或心理上的疲劳所需要的时间。导致疲劳的因素很多:① 工作环境的影响,如照明、温度、湿度、空气清新度、色调、噪音等。② 精神疲劳,如精神紧张、单调厌倦感。③ 劳动强度与静态肌肉疲劳。④ 作业者的健康状况,如生理状态、营养、休息、情绪等。这些因素都很难准确地测量,因此疲劳宽放时间的确定最复杂,也容易引起争论。

(3)程序宽放 作业者无法避免的迟延所需要的时间,也就是作业过程中由于作业程序或作业上的特性而发生的不可避免的中断时间。如作业中途被领导或管理人员询问情况或因为其他干扰而停顿工作,因为材料不规则而产生的工作迟延,其他停电、清扫、整理、上润滑油等偶发原因产生的迟延。

(4)特别宽放 指因作业的特殊性,如作业构成、管理方法等造成的特别许可的宽放。具体包括以下3种。

①周期动作宽放时间 如刃磨工具、清洁机器、周程检查等发生在一固定间隔或某一定周期之后的动作时间。

②干扰宽放 指在一人多机的情况下,由于一台机器停止工作,等待作业的时间。

③临时宽放 可能发生而不能确定所发生的事件时所预定的时间。

(5)政策宽放 政策宽放并非"时间研究"的一部分,但要作为管理政策予以考虑。它不但能配合事实上的需要,而且能保持时间研究的原则不受破坏。如因某种原因,某类作业者在市场上的工资已升高,按工厂标准工资已无法雇到此类作业者,则可以将其差额用"宽放时间"给予补偿。其他如材料不良或机器的机能欠佳等情况下,也都常给予此类宽放。当这些影响因素消失时,这种宽放也就取消。

综合上述宽放,总体宽放率一般为15%~17%,宽放时间确定为:

$$宽放时间 = 正常时间 \times 宽放率$$

6. 制订标准时间

由秒表测得的观测时间,经评比修正为正常时间,然后考虑宽放时间的加入,最后得到标准时间。

$$标准时间 = 正常时间 + 宽放时间 = 正常时间 \times (1 + 宽放率)$$
$$= 观测时间 \times 评比系数 \times (1 + 宽放率) \tag{5-7}$$

5.2.4 时间研究的应用与实例

例 5-1 某项作业是在铣床上铣通槽,要求用秒表测时进行时间研究,并制订该作业的标准时间。

1) 划分作业单元

将整个作业分为7个单元,各个单元内容如下:

(1) 拿起零件放到夹具上;

(2) 夹紧零件;

(3) 开动机床,铣刀空进;

(4) 立铣通槽;

(5) 按停机床,床台退回;

(6) 松开夹具,取出零件;

(7) 清除铁屑。

2) 运用连续测时法进行测时

连续观测10个周期,并将结果(R值)记录在时间研究表中(铣通槽作业时间研究表,略)。对测定的时间进行数据处理。首先计算每个周期各单元的实际工作时间(T值),并将各单元10次观测结果的和记入统计栏。然后,求各单元平均工作时间。例如第1单元的平均工作时间为0.146 min,第2单元的平均工作时间为0.158 min等。

3) 进行作业评比

用速度评比法(速度评比尺度)对各单元作业进行评比,其中,第1、2、5单元的评比系数为1.20,第3、6、7单元的评比系数为1.10,第4单元的评比系数为1.0。

4) 计算正常时间

以第1单元为例,正常时间为:

$$正常时间 = 观测时间平均值 \times 评比系数 = 0.146 \times 1.2 = 0.175 (\text{min})$$

5) 确定宽放率

综合考虑现场环境及作业等情况,确定宽放率为15%。

6) 计算标准时间

以第1单元为例,计算标准时间为:

$$标准时间 = 正常时间 \times (1+宽放率) = 0.175 \times (1+15\%) = 0.201 (\text{min})$$

依此类推,第2~7单元的标准时间分别为:0.218 min,0.063 min,0.705 min,0.911 min,0.25 min,0.034 min。各单元的标准时间之和即为铣通槽作业的标准时间。

$$作业标准时间 = 0.201 + 0.218 + 0.063 + 0.705 + 0.911 + 0.25 + 0.034$$
$$= 2.382 (\text{min})$$

5.3 工作抽样

5.3.1 工作抽样的原理

工作抽样又称瞬间观测法,它是通过对现场对象以随机的方式进行瞬时观察,调查各种对象活动事项的发生次数及发生率,从而进行作业测定的一种方法。

工作抽样是根据数理统计的理论,以概率法则作为基础的方法,因此必须考虑可靠度与精度的问题。

1. 可靠度与精度

此处的可靠度是指观测结果的可信程度,也就是抽样符合正态分布曲线(见图 5-6)。表 5-4 列出了几个常见的正态分布概率值,以供查询。

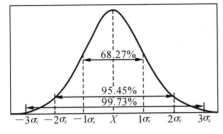

表 5-4　正态分布概率值

范围	概率/(%)	范围	概率/(%)
±0.76σ	50.0	±2.58σ	99.0
±1σ	68.25	±3σ	99.73
±1.96σ	95.0	±4σ	99.99
±2σ	95.45	—	—

图 5-6　正态分布曲线

精度就是允许的误差,抽样的精度分为绝对精度 ε 和相对精度 θ。当可靠度定为 95% 时,绝对精度 $\varepsilon = 2\sigma$。观测事项发生率(概率)为 $\overline{p}$,估计标准率为 p,则

$$\sigma_p = \sqrt{\frac{\overline{p}(1-\overline{p})}{n}} \tag{5-8}$$

$$\varepsilon = 2\sigma_p = 2\sqrt{\frac{\overline{p}(1-\overline{p})}{n}} \tag{5-9}$$

相对精度即为绝对精度与观测事项发生率之比,即

$$\theta = \frac{\varepsilon}{\overline{p}} = 2\sqrt{\frac{(1-\overline{p})}{n\overline{p}}} \tag{5-10}$$

相对精度的标准可在 ±(5%～10%) 范围内选择。一般都将可靠度定为 95%,相对精度定为 ±5%。

2. 观测次数

观测次数根据所规定的可靠度和精度要求而定,在可靠度取 95% 时,可计算出所需观测的次数 n。

用绝对精度表示:

$$n = \frac{4\overline{p}(1-\overline{p})}{\varepsilon^2} \tag{5-11}$$

用相对精度表示:

$$n = \frac{4(1-\overline{p})}{\theta^2 \times \overline{p}} \tag{5-12}$$

5.3.2　工作抽样的方法与步骤

工作抽样的方法与步骤如下。

1. 确立调查目的与范围

调查目的与范围不同,则项目分类、观测次数与方法均不相同。

2. 调查项目分类

根据所确定的目的与范围,就可以对调查对象的活动进行分类,分类的粗细应根据抽样的目的而定(见图 5-7、图 5-8)。如只是单纯调查机器设备的开动率,则观测项目可分为"工

作""停工""闲置"。

图 5-7 调查项目粗分类

图 5-8 调查项目细分类

3. 决定观测方法

在观测前,首先要绘制被观测的设备(机器)及作业者的分布平面图和巡回观测的路线图,并注明观测的位置,如图 5-9 所示(×表示观测点)。

4. 设计调查表格

调查表格分别如表 5-5、表 5-6 所示。

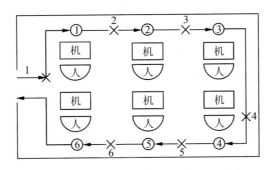

图 5-9 设备和作业者配置及巡回路线图

表 5-5 空闲时间分析

分类		作业	空闲	合	计	作业率/(%)
机器	1#	正正正正正正丅	正正正下	32	18	50	64
	2#	正正正正正正下	正正丅	38	12	50	76
	3#	正正正正下	正正正正正一	24	26	50	48
作业者	1#	正正正正正丅	正正正下	27	23	50	54
	2#	正正正正丅	正正正正下	22	28	50	44
	3#	正正正正正下	正正正丅	33	17	50	66

表 5-6 空闲时间细分

分类		作业	修理	故障	停电	工作中	工作准备	搬运	等材料	等检查	商议	清扫	洗手	作业小计	作业率/(%)
机器	1#	正正正	—	正	—									15	75
	2#	正正	—	正正	—									10	50
	3#	—	正正正	—	—										0
作业者	1#					正正	正	正	正		正			20	67
	2#					正正正		正	正				正	20	67
	3#					正正	正	—	正	正		正		15	50

5. 向有关人员说明调查目的

向有关人员说明调查目的。

6. 试观测

通过试观测决定观测次数。

7. 正式观测

(1) 决定每日的观测时刻 观测时刻的决定必须保证随机性,这是工作抽样的理论依据,如观测时刻选择不当,将会产生观测偏差。决定观测时刻的方法有两种:

① 随机起点等时间间隔法(与时间研究法同);

② 分层抽样法。

与随机起点等时间间隔法不同的是,分层抽样法主要是按照各段时间实现"分层",分别规定观测次数和观测时间,然后再进行观测。

(2) 实地观测　观测人员按照既定的观测时间和预定的抽样调查项目,将观测活动准确地记录在调查表上,作为记录时间的依据。

8. 整理数据得出结论

(1) 剔除异常值　剔除异常值采用三倍标准差法。

(2) 得出结论,改进工作。

5.3.3 工作抽样的应用与实例

例 5-2　某饮料厂主要生产瓶装汽水、汽酒等饮料,采用流水线作业的生产组织形式,其生产流程如图 5-10 所示。

图 5-10　瓶装汽水的生产流程

此流水线的大部分工序属于纯机动的,少部分工序是机手并动和手动作业。一个工序或工位只有 1 人看管,设备只要出产品就算是处于工作状态。

现用工作抽样,以上空瓶、洗瓶、出瓶、灯检、灌糖、灌水、扎盖、成品检验、装箱等工位作为观测对象进行观测。

1) 观测次数确定

经分析研究,规定可靠度为 95%,绝对精度 ε 为 ±3%,相对精度 θ 为 ±5%。根据该厂过去的统计资料,工作概率 $\overline{p}$ 为 80%,规定每班观测 20 次。

将有关数据代入

$$n = 4(1-\overline{p})/(\theta^2\overline{p})$$

即总观测次数

$$n = 4 \times (1-0.8)/(0.05^2 \times 0.8) = 400(次)$$

观测轮班数 = 400/(8×20) = 2.5(班),取 3 班。

2) 每日的观测时刻确定

为了简便,采用随机起点等时间间隔法,设乱数数列为

$$18, 13, 2, 9, 11, 19, 5$$

观测时间间隔 = (480−18)÷20 = 23(min)

该厂白班作业时间从 7 时开始,故第一天第一次观测时刻是 7 时 18 分,则第二次为 7 时 41 分,如此类推。

第二天第一次的观察时刻为 7 时 13 分,第二次为 7 时 36 分,其余类推。

第三天以后的观察时刻如此类推。

3) 观测及分析

按观测次数计应观测 3 个班,现有计划地观测 6 个班(见表 5-7)。观测对象为 8 个工位,每班观测 20 次,共 960 次。其结果及管理界限的计算和管理图、平均工作概率和精度计算,

已在本节前述的工作抽样步骤中作为剔除异常值的举例。此观测的平均工作概率为77.13%，绝对精度为±0.297%，在预先规定的±3%内，观测有效。

工作抽样后，再应用抽样所得平均工作概率77.13%来制订流水线的产品定额。为此，应用秒表测时法去测试各工序的每分钟产量，结果发现各工序的能力不平衡。流水线的产量取决于薄弱工序的能力，通过平整流水线，使产量达81.1瓶/分。于是汽水生产线的轮班产量定额＝480×77.13%×81.1＝30 025(瓶)

经过适当放宽，将流水线产量定额规定为30 000瓶/班，班产量从原来的22 000瓶/班提高了36.36%。

表 5-7　汽水生产线工作抽样观测结果

观 测	次 数	工作次数	工作效率/(%)
1	160	129	80.63
2	160	142	88.75
3	160	124	77.5
4	160	125	78.13
5	160	119	74.38
6	160	120	75.00
合计	960	259	79.06

5.4　预定时间标准

5.4.1　预定时间标准法的概念及特点

预定时间标准(PTS)法是国际公认的制订时间标准的先进技术。它利用预先为各种动作制订的时间标准来确定各种作业所需要的时间，而不是通过直接观察或测定。由于它能精确地说明动作并加上预定工时值，因而有可能较之用其他方法提供更大的一致性。而且不需要对作业者的熟练、努力等程度进行评价，就能对其结果在客观上确定出标准时间。

PTS法避免了现场测时或统计抽样中的随机性和不确定性，使得到的时间数据具有很好的一致性，且客观准确。问题的关键在于如何科学合理地确定人体活动的基本动作及其正常时间。实践表明，PTS法发展的过程就是不断解决这一问题的过程。

1. PTS法的特点

(1) 在作业测定中，不需要对作业者的速度、努力程度等进行评价，就能预先客观地确定作业的标准时间。

(2) 可以详细记述作业方法，并得到各项基本动作的时间值，从而对作业进行合理地改进。

(3) 可以不使用秒表，在工作前就确定标准时间，并制订作业规程，保证了时间标准的一致性，减少了时间研究中常见的读数错误等引起不正确结果的可能性。

(4) 当作业方法变更时，必须修订作业的标准时间，但所依据的预定动作时间标准不变。

(5) 用PTS法平整流水线是最佳的方法。

在对PTS法的特点描述及分析中，能够看到它可以用来为新设生产线的新工作设定工作标准，不用经过时间研究就可以对不同的新方法进行比较，且这种方法不容易出现带有主观偏见的绩效评价。

2. 运用PTS法判定工作标准的步骤

(1) 将工作或工作单元分解成基本动作。

(2) 决定调节因素，以便选择合适的表格值，调节因素包括物重、距离、物体尺寸，以及动作的难度等。

(3) 合计动作的标准时间，得出工作的正常时间。

(4) 在正常时间上加上宽放时间，得出标准工作时间。

3. PTS 法的局限性

(1) 工作必须分解成基本动作　这使得这种方法对许多进行多品种小批量生产、以工艺对象专业化为生产组织方式的企业来说是不实用的。因为在这样的企业中，工作种类繁多，而重复性较低。

(2) PTS 法的标准数据可能不能反映某些具有特殊特点的企业的情况　对于一个企业是正常的事情，在另一个企业也许是不正常的。作为样本被观测的作业者可能不能反映某些特殊企业中作业者的一般状况。

(3) 需要考虑调节的因素很多，几乎到了无法制作如表 5-2 所示表格的地步。例如，在某些情况下，移动物体所需的时间也许与物体的形状有关，但是前面表 5-2 中并没有考虑这个因素。

(4) 这种方法是建立在这样一种假设的基础上的，即整个工作时间可用基本动作时间的求和得到，但这种方法忽略了某种可能性，即实际工作时间也许与各个动作的顺序有关。

(5) 这种方法由于表面上看起来使用方便，因此容易被不分场合地错误使用。事实上，分解基本动作和确定调节因素是需要一定技能和经验的，并不是人人都会。

5.4.2　常用的预定时间标准法

PTS 法有很多种，根据基本动作的分类与使用时间单位的不同而不同。

1. 模特法

模特法（MOD法）或称模特排时法（MODAPTS），又称大量作业测定法，是 1966 年澳大利亚的海特（G. C. Heyde）博士创立的一种预定时间标准技术，它是所有 PTS 方法中比较完善和先进的一种方法。

实际上模特法广泛应用于生产现场管理中，该方法将作业动作分解为 21 种人体基本动作，它的时间单位为 MOD（1 MOD＝0.129 s），每一种动作均有对应的标准时间。

2. 方法与时间测定法

方法与时间测定（method-time measurement，MTM）法又称方法与时间衡量制度，是 1948 年由梅纳德（H. B. Maynard）所提出的。此方法将人所操作的作业分成基本动作，以明确这些基本动作间的关系及其所需要的时间值。

方法与时间测定法把动作分解为"伸手、移动、抓取、定位、放手、施压、解开、转动"等动作要素，同样要预先制订"标准动作时间表"，其时间单位为 TMU，1 TMU ＝ 0.000 6 min ＝0.036 s。

3. 作业要素法

作业要素（work factor，WF）法是把作业动作分解为"移动、放下、定向、装配、使用、拆卸、精神准备"等动作要素，预先制成"标准动作时间表"，其时间单位为 RU，1 RU＝0.006 s。

5.4.3　方法与时间测定法

下面介绍使用比较广泛的一种预定时间标准法——MTM法。MTM分析的主要目的有：
(1) 在开始生产之前，设计有效的工作方法；
(2) 改善现行作业方法；
(3) 设定标准时间；
(4) 预估所需要的时间；
(5) 设计制作考虑作业人员的动作经济的工具、夹具；
(6) 激励员工重视作业改善。

在 MTM 法中，有若干种基本动作标准数据，其中最精确的一种是 MTM-1。这种方法将基本动作分为 8 种，如表 5-8 所示。

表 5-8　MTM-1 的基本动作分类

序号	动　　作	序号	动　　作
1	伸手(reach)	5	移动(move)
2	施压(apply pressure)	6	抓取(grasp)
3	放置(定位、对准)(position)	7	解开(disengage)
4	放手(release)	8	转动(turn)

这些基本动作的标准时间是用微动作研究方法，对一个样本人员在各种工作中的动作加以详细观测，并考虑到不同工作的变异系数而确定的。

如表 5-9 所示是美国 MTM 标准研究协会（MTM association for standard and research）制作的其中一个动作"移动"的标准时间。

这里所用的时间测量单位是 TMU(time measurement unit)，表中的标准时间考虑了移动重量、移动距离及移动情况三种因素，每个因素不同，所需的标准时间也不同。

表 5-9　MTM 的动作"移动"的标准时间

移动距离 (单位:英寸)	时间/TMU			重量允许值			不同移动情况
	A	B	C	重量 (单位:磅)	动态因子	静态常数 /TMU	
≤$\frac{3}{4}$或小于	2.0	2.0	2.0	2.5	1.00	0	A. 移动物体至另一只手或从静态移动物体； B. 移动物体至一个大致位置或不固定的位置； C. 移动物体至一个精确位置
1	2.5	2.9	3.4				
2	3.6	4.6	5.2	7.5	1.06	2.2	
3	4.9	5.7	6.7				
4	6.1	6.9	8.0	12.5	1.11	3.9	
5	7.3	8.0	9.2				
6	8.1	8.9	10.3	17.5	1.17	5.6	
7	8.9	9.7	11.1				
8	9.7	10.6	11.8	22.5	1.22	7.4	
9	10.5	11.5	12.7				

续表

移动距离 (单位:英寸)	时间/TMU			重量允许值			不同移动情况
	A	B	C	重量 (单位:磅)	动态因子	静态常数 /TMU	
10	11.3	12.2	13.5	27.5	1.28	9.1	A. 移动物体至另一只手或从静态移动物体; B. 移动物体至一个大致位置或不固定的位置; C. 移动物体至一个精确位置
12	12.9	13.4	15.2				
14	14.4	14.6	16.9	32.5	1.33	10.8	
16	16.0	15.8	18.7				
18	17.5	17.0	20.4	37.5	1.39	12.5	
20	19.2	18.2	22.1				
22	20.8	19.4	23.8	42.5	1.44	14.3	
24	22.4	20.6	25.5				
26	24.0	21.8	27.3	47.5	1.50	16.0	
28	25.5	23.1	29.0				
30	27.1	24.3	30.7				

例如,有这样一个动作,需要用双手将一个18磅的物体移动20英寸,移到一个确切的位置上,在该动作发生前两手无动作。为了得到这个动作的标准时间,首先应该根据对移动情况的描述确定该动作属哪种情况。从表中的三种情况描述中可知属C,然后,根据移动距离为20英寸,在20英寸的行和C列的交叉处,找到该动作所需时间为22.1 TMU。而且,还需要进一步考虑根据重量对所查出的时间做一些调整。因为该动作中是用两手移动18磅的物体,每只手承重为9磅,在表中的重量允许值中,处于7.5与12.5之间,因此,动态因子为1.11,静态常数(TMU)为3.9。这样该动作的标准时间可按下式计算:

$$\text{TMU表格值} \times \text{动态因子} + \text{静态常数} = 22.1 \times 1.11 + 3.9 = 28 (\text{TMU})$$

每一种基本动作都有类似这样的表格。这些标准数据,是经严格测定、反复试验后确定的,其科学性、严密性都很高,而且有专门的组织制订这样的数据。表5-9所示的数据是美国MTM标准研究协会制作的。

5.4.4 模特法

模特法是所有PTS方法中比较完善和先进的一种方法,较之其他PTS方法对于预定时间标准研究有较大的突破。它在长期的人体工程学实验的基础上,对人体活动的基本动作做了高度的归纳,共归纳出21种基本动作。不像其他方法有几十种甚至上百种,模特法使问题大为简化,而且便于作业。

1. 模特法的原理

(1) 所有人作业时的动作,均包括一些基本动作。模特法把生产实际中作业的动作归纳为21种。

(2) 不同的人做同一动作(在条件相同时)所需的时间值基本相等(见表5-10、表5-11)。

表 5-10 人体各部位动作一次最少平均时间

动作部分	动作情况		动作一次最少平均时间/s
手	抓取动作	直线的	0.07
		曲线的	0.22
	旋转动作	克服阻力	0.72
		不克服阻力	0.22
脚		直线的	0.36
		克服阻力的	0.72
腿		直线的	0.66
		脚向侧面	0.72～1.45
躯干		弯曲	0.72～1.62
		倾斜	1.26

注：此表的数值应理解为该动作所有被测对象的最快速度所需的时间，用数理统计原理计算确定的平均值，或对同一动作的最快速度所需时间多次测定的平均值。

(3) 身体不同部分动作时，其动作所用的时间值互成比例，因此可以根据其手指一次动作时间单位的量值，直接计算其他不同身体部位动作的时间值。

模特法在人体工程学实验的基础上，根据人的动作级次，选择以一个正常人的级次最低、速度最快、能量消耗量最少的一次手指动作的时间消耗值，作为它的时间单位，即 1 MOD=0.129 s。

表 5-11 人体各部位动作的最大频率

动作部位	最大频率/(次·min^{-1})
手指	204～406
手	360～430
小臂	190～392
臂	99～344
脚	300～378
腿	330～406

模特法所归纳的 21 种动作都以手指动作一次(移动约 2.5 cm)的时间消耗值为基准进行试验、比较，来确定各动作的时间值。

大量的试验、研究表明，一个人(或不同的人)以最快速度进行作业，其动作所需时间，与这个人(或不同人)以正常速度进行作业，其动作所需时间之比 K 是一常数(或基本接近常数)。

不同的人(或同一个人)手的移动，无障碍时

$$K = \frac{最快速度所需时间}{正常速度所需时间} = 0.57$$

障碍物高度为 10～30 cm 时

$$K = \frac{最快速度所需时间}{正常速度所需时间} = 0.59$$

上身弯曲的往复动作，$K=0.51$；坐立往复动作，$K=0.57$。

假设：身体第 1 部位最快动作的时间值为 t_1，该部位正常动作的时间值为 T_1；身体第 2 部位最快动作的时间值为 t_2，该部位正常动作的时间值为 T_2；身体第 3 部位最快动作的时间值为 t_3，该部分正常动作的时间值为 T_3；…；身体第 n 部位的最快动作的时间值为 t_n，该部位正常动作的时间值为 T_n。

$$\frac{t_1}{T_1} = \frac{t_2}{T_2} = \frac{t_3}{T_3} = \cdots = \frac{t_n}{T_n} = K$$

因

$$\frac{t_1}{T_1} = \frac{t_2}{T_2}$$

故 $\quad \dfrac{t_2}{t_1} = \dfrac{T_2}{T_1}$ 或 $\dfrac{t_3}{t_1} = \dfrac{T_3}{T_1}$ 或 $\dfrac{t_n}{t_1} = \dfrac{T_n}{T_1}$

由此可见,两个动作的最快速度所需时间之比,等于两个动作的正常速度所需时间之比。正常速度仅是时间研究人员头脑中的一个概念,在实际中难以确定。

动作的最快速度所需时间是可以通过大量的实测,用数理统计方法来求得其代表值的,即可求得 K 值,这样只要令 t_1 为手指动作一次的正常值,就可根据上式求得身体其他部位一次动作所需时间与手指一次动作所需时间的比值,从而决定其他部位动作的时间值。

试验表明,其他部位动作一次的时间值都大于 1 MOD,通过四舍五入简化处理,得到其他动作一次所需的正常时间值均为手指动作一次时间值的整倍数。

2. 模特法的分类和特点

模特法把动作分为 21 个,每个动作以代号、图解、符号、时间值表示。

模特法将人体的动作分为上肢基本动作、下肢及腰部动作、辅助动作和其他动作等四类。其中上肢基本动作有 11 种,下肢及腰部动作 4 种,辅助动作有 6 种,共计 21 种动作及符号,另加上 4 种反射动作符号和其他动作符号 3 种,共计 28 种符号,分别如图 5-11 和图 5-12 所示。

图 5-11　模特法基本示意图

续图 5-11

图 5-12　模特法中的动作分析

模特法将动作归纳为 21 种，用一张模特法基本图就可以全部表示出来。

除了模特法，还有其他标准时间预测法，模特法与其他方法的比较如表 5-12 所示。

表 5-12　模特法与其他方法的比较

PTS 法	MOD	MTM	WF	MSD	MTA	BMT
基本动作及附加因素种类	21 种	37 种	139 种	54 种	38 种加 29 个公式	291 种
不同的时间值数字个数	8 个	31 个	—	39 个	—	—

模特法把动作符号与时间值融为一体。如 G3 表示复杂的抓取动作,同时也表示了该动作的时间为 3 MOD=3×0.129 s=0.387 s。

如果是移动小臂去抓放在零件箱中的一个小螺钉(抓时要同时扒开周围的其他零件),在模特法中用 M3G3 表示,其中 M3 表示小臂的移动,G3 表示复杂的抓取,M3G3 的时间值是 6 MOD(其中 M3 为 3 MOD,G3 为 3 MOD)。

在模特法的 21 种动作中,不相同的时间值只有"0,1,2,3,4,5,17,30"8 个,而且都是整数。只要知道动作的符号,也就知道了时间。只要有了动作表达式,就能用心算很快计算出动作的时间值。因此,模特法易懂、易学、易记。

同时,在实际使用中,还可以根据企业的实际情况,决定 MOD 数的单位时间值的大小。如 1 MOD=0.129 s(正常),1 MOD=0.1 s(高效)。用模特法的时间值计算动作时间的精度(对 1 min 以上的作业)并不低于其他 PTS 法。因此,采用模特法来分析动作、评价工作方法、制订标准时间、平整流水线,都比其他 PTS 法容易,且见效快,非常实用。

3. 模特法动作分析

根据工业生产的实际统计,一般最常见的手工作业,其作业动作 95% 以上是以上肢为主的动作,并且上肢动作的基本特点是由成对出现的移动动作、反射动作和终结动作结合而成的。一个作业动作的完成就对应着移动—终结动作及一些其他少量的附加因素的组合。

1) 基本动作——上肢动作

(1) 移动动作　移动动作用符号 M 表示,是手指、手和臂活动的动作。因所使用的身体部位不同,所要达到的目的不同,故使用的身体部位及其移动距离不同,所以时间值也不同。在模特法中,根据使用的身体部位的不同,时间值分为五等。

① 手指动作 M1　用手指的第三个关节前的部分进行的动作,时间值为 1 MOD,移动距离为 2.5 cm。

② 手的动作 M2　用腕关节以前的部分进行一次动作,时间值为 2 MOD,动作距离为 5 cm。依靠手腕的动作不仅能做横向动作,也可做上下、左右、斜向和圆弧状的动作。根据 M2 的动作方式,伴随手的动作,小臂多少也要动作,但主动作是手的动作,小臂的动作是辅助动作(这里的小臂动作不另计时间值)。

③ 小臂动作 M3　将肘关节作为支点,肘以前的小臂(包括手、手指)的动作。每动作一次定为 M3,时间值为 3 MOD,移动距离为 15 cm。由于手和小臂动作的方向关系,肘关节多少要前后移动。肘关节的前后移动看作是主动作 M3 的辅助动作,不另计时间值。粗加工、组装部件等在作业机上作业时,移动零件的位置和作业位置的动作,一般认为是 M3。

④ 大臂动作 M4　伴随肘的移动,小臂和大臂作为一个整体,在自然状态下伸出的动作。其时间值为 4 MOD,移动距离一般为 30 cm。当把手臂充分伸展时,伴有身体前倾的辅助动作,从时间值上来看,仍是 M4。

⑤ 臂部动作(大臂尽量伸直的动作)M5　在胳膊自然伸直的基础上,再尽量伸直的动作。另外,将整个胳膊从自己的身体正面向相反的侧面伸出的动作也用 M5 表示。其时间值为 5 MOD,移动距离一般为 45 cm。从生理的角度看,连续做 M5 的动作是不可取的,应尽量减少 M5 的动作。

(2) 反射动作　反射动作是将普通工具和专用工具等牢牢地握在手里,进行反复作业的动作。反射动作不是每一次都特别需要注意力或保持特别意识的动作。反射动作是上述各种动作的连续反复动作,没有终结动作与其成对出现,所以又称特殊移动动作。因反射动作是反复作业,所以其时间值比通常移动动作小。

各动作的单程动作时间:手指往复动作 M1/2,每一个单程动作时间为 1/2 MOD;手的往复动作 M1,每一个单程动作时间为 1 MOD;小臂往复动作 M2,每一个单程动作时间为 2 MOD;大臂往复动作 M3,每一个单程动作时间为 3 MOD。

臂部动作 M5 一般不发生反射动作,即使有也必须进行改进,所以,反射动作的时间值最大为 3 MOD。

(3) 终结动作　终结动作是指移动动作进行到最后时所要达到目的的动作。如触及或抓住物体,把拿着的物体移到目的地,放入、装配、配合等动作。目的不同,其难易程度不同,因而决定了不同的动作种类。

终结动作的种类有:触及、抓取,用 G 来表示;放置,用 P 来表示。

触及、抓取动作目的物在手或手指支配下的控制动作,可分为:触及动作 G0、简单抓取动作 G1、复杂抓取动作 G3。

放置动作主要表现为放入、嵌入、装配、贴上、配合、装载、隔开等形式,根据其难易程度分为:简单放置动作(无意识的放置动作)P0、一般放置动作(大致位置上的放置动作)P2、复杂放置动作(准确放置动作)P5。

另外,还有不太需要注意力的动作和需要注意力的动作。在模特法的符号标记中,用"(注)"表示动作为需要注意力的动作。

① 触及动作 G0　用手指或手去接触目的物的动作。这个动作没有要抓住目的物的意图,只是触及而已。它是瞬间发生的动作,所以没有动作时间,因此时间值为 0 MOD。

② 简单抓取动作 G1　用手指、手简单地抓取的动作。用手或手指抓一次物体的动作,非常自然,而没有一点踌躇现象,在被抓物体的附近也没有障碍物。其时间值为 1 MOD。

③ 复杂抓取动作 G3(需要注意力)　用 G0 和 G1 的动作不能完成的复杂抓取的动作。其时间值为 3 MOD。这个动作的特点是需要注意力。一般情况下,用两指抓取的时候会发生踌躇现象,且当手指或手接触到物体后,只是手或手指简单地闭合时是不能抓住物体的。

④ 简单放置动作 P0　这个动作是把拿着的东西送到目的地后,直接放下的动作。放置的场所没有特殊的规定,一般不需要注意看,没有时间值,即时间值为 0 MOD。

其动作举例:将拿着的螺丝刀放到桌子的旁边;将挪近的空气传动装置放回原来的位置;将传送带送来的零件放在自己面前;将用完了的辅助支架放到传送带上;将要检查的零件抓起,堆放在面前,手离开物体等。

该类动作虽然没有时间值,但写动作分析式时仍应写上以表示有该类动作发生,如表5-13 所示。

表 5-13　打字动作程序图

序　号	动作内容	分析式	次　数	时间值
1	伸手接触键	M3G0	1	3 MOD
2	按键并放开	M1P0	1	1 MOD

续表

序 号	动作内容	分析式	次 数	时间值
3	接触下一个键	M2G0	1	2 MOD
4	按键并放开	M1P0	1	1 MOD

⑤ 一般放置动作 P2(需要注意力)　往目的地放东西的动作,并需要用眼睛盯着进行一次修正的动作。其时间值为 2 MOD。一般 P2 适合于能够大体上确定物体位置或指定位置,虽有配合公差但配合不严的场合。

⑥ 复杂放置动作 P5(需要注意力)　将物体正确地放在所规定的位置或进行配合的动作。它是比 P2 更复杂的动作。P5 需要伴有两次以上的修正动作,自始至终需要用眼睛观察,动作中产生犹豫,时间值为 5 MOD。P5 一般适合于需要将物体放置在准确位置上,需要 XY 坐标的,或配合紧密的,或要多方面的人来配合的场合。

(4) 移动动作与终结动作的结合　无论什么动作,移动动作之后,必定伴随着终结动作。例如,伸手拿螺丝刀的动作,其移动动作为 M3,终结动作为 G1,其动作符号的标记为 M3G1,时间值为

$$3 \text{ MOD} + 1 \text{ MOD} = 4 \text{ MOD}$$

拧螺母的动作分析式及时间值如表 5-14 所示。使用螺丝刀的动作分析式及时间值如表 5-15 所示。

表 5-14　拧螺母的动作分析

序 号	左手动作	右手动作	分析式	次 数	时间值
1	拿着螺栓 H	抓螺母	M3G1	1	4 MOD
2	H	把螺母对准螺栓	M3P5	1	8 MOD
3	H	旋转螺母	M1G0 M1P0	1	2 MOD
4	H	继续拧入	M1G0 M1P0	10	20 MOD

表 5-15　使用螺丝刀的动作分析

序 号	左手动作	右手动作	分析式	次 数	时间值
1	BD	抓螺丝刀	M3G1	1	4 MOD
2	BD	抓螺丝刀拿到机壳上	M3P0	1	3 MOD
3	BD	把刀头放到螺钉头槽内	M2P5	1	7 MOD
4	BD	旋转 3 次螺钉	M1G0 M1P0	3×10	60 MOD
5	BD	把螺丝刀放回原处	M3P0	1	3 MOD

(5) 同时动作　用不同的身体部位,同时进行一样或不一样的两个以上的动作称为同时

动作。一般以两手的同时动作为佳(排除一个手闲着的情况)。这样,可以提高工作效率。但有时很难做到,如两手都做需要注意力的终结动作时,不可同时进行。

2) 基本动作——下肢及腰部动作

(1) 蹬踏动作 F3　F3 是将脚跟踏在板上,做足蹬动作。其时间值为 3 MOD。

蹬脚踏板时,从脚踝关节到脚尖的一次动作为 F3,再抬起返回的动作又为 F3。必要时,连续蹬脚踏板的动作时间,要使用计时器计算。

脚离开地面,再蹬脚踏板开关的动作,应判定为下述的 W5。

(2) 步行动作 W5　W5 是指通过步行使身体水平移动的动作。回转身体也要挪动脚步,也判定为步行动作。步行时,每一步用 W5 表示,时间值为 5 MOD。步行到最后一步,手和臂随之移动的动作为 M2,这是因为最后的一步动作中,手离目的物已非常近了。

站立的作业者,沿着桌子抓物体时,可能随伸手的动作而一只脚要向前移动一步(或者退回),这是为了保持身体的平衡而加的辅助动作。这种动作应判定为手的移动动作,而不是 W5。

搬运重物时,有时步行到目的地的步数与搬运重物返回的步数不同,这是因为重物的影响,使得返回的步幅大小与之前的不同,其时间值要用下述的重量修正 L1 加以修正。

(3) 身体弯曲动作 B17　B17 是从站立状态到弯曲身体,蹲下,单膝触地,然后再返回原来的状态的整个过程。其时间值为 17 MOD。

曲身、弯腰是以腰部为支点,向前弯伏,使手的位置在膝下面的动作;蹲下实质上是弯曲膝盖,使手在膝下面的动作。因此,B17 动作之后,手(或臂)的移动动作用 M2 表示。这是因为随着上半身的活动,手很自然地移动到离目的地很近的地方。

该类动作举例:从站立状态弯腰捡地上物品,再返回原状态的动作等。

(4) 坐下站立动作 S30　S30 是指从坐在椅子上到站起来,再坐下的一个周期动作。站起来时两手将椅子向后面推和坐下时把椅子向前拉的动作时间也包括在里面。其时间值为 30 MOD。

3) 辅助动作

(1) 重量修正 L1　搬运重物时,物体自重影响动作的速度,进而影响时间值。因此,应按下列原则考虑:有效质量小于 2 kg 的,不考虑;有效质量为 2～6 kg 的,质量因素为 L1,时间值为 1 MOD;有效质量为 6～10 kg 的,质量因素为 L1×2,时间值为 2 MOD;以后每增加 4 kg,时间值增加 1 MOD。

有效质量的计算原则:单手负重,有效质量等于实际质量;双手负重,有效质量等于实际质量的 1/2;滑动运送物体时,有效质量为实际质量的 1/3;滚动运送物体时,有效质量为实际质量的 1/10;两人用手搬运同一物体时,不分单手和双手,其有效质量皆以实际质量的 1/2 计。

重量修正在搬运过程中只在放置动作时附加一次,而不是在抓取、移动、放置过程中都考虑,且不受搬运距离长短的影响。

对于搬运非常重的物体,在劳动环境中是不希望出现的。搬运重物时改善作业方法的着眼点,应考虑用搬运工具。

(2) 眼睛动作 E2　眼睛的动作分为眼睛的移动(向一个新的位置移动视线)和调整眼睛

的焦距两种，都是独立动作。每种动作用 E2 表示，时间值为 2 MOD。

眼睛是人的重要感觉器官，对人们的动作起着导向作用。在手移动时，眼睛一般要瞬时看一下物体的位置，以控制手的速度和方向。这种眼睛的动作，一般是在动作之前或动作中进行的，而不是特别有意识地使用眼睛的动作，动作分析时，不计时间值。只有眼睛独立动作时，才给眼睛动作以时间值，如读文件、找图的记号、认真检查，或者为了进行下一个动作而向其他位置转移视线或调整焦距。

一般作业中，独立地使用眼睛的频率不高。在生产线装配工序和包装工序中，进行包含某种检查因素的作业，一般都是同其他的动作同时进行的，所以要很好地观察分析，不能乱用 E2。

人们的眼睛不可能在广阔的范围内看清物体，一般把可以看得非常清楚的范围称为正常视野。在正常视野内，不给眼睛动作时间值。但是，在正常视野内，对于调整焦距的动作，在必要时给以 E2，因为在眼睛动作中，移动视线时不能同时调整眼睛的焦点。从正常视野内向其他点移动视线的时候，用 E2 进行的动作约在 30°和 20 cm 的范围内。

(3) 校正动作 R2　校正动作是指校正抓取零件和工具的动作，或将其回转或改变方向而进行的动作，是独立动作。这种复杂的手指和手的连续动作，用 R2 表示。在一只手的手指和手掌中进行的动作时间值为 2 MOD。

注意：只限于用 R2 进行的动作，才给予时间值。其动作举例：抓螺丝刀，很容易地转为握住；抓垫圈，握在手中；把有极性的零件（如二极管、电解电容等）拿住，并校正好方向；把握在手中的几个螺钉，一个一个地送到手指；把铅笔拿起，校正成写字的方式。

在作业过程中，作业熟练者为了缩短动作时间，在进行前一个动作时，已经使用身体其他部位着手下一个动作的准备，这一个校正准备动作，不给予时间值。如用 M4 抓零件或工具，运到手前。在其移动过程中，校正成最容易进行下一个动作的状态（改变其位置或方向）。这种状况，只记移动和抓的时间值，不记校正动作时间值。

(4) 判断动作 D3　判断动作是指动作与动作之间出现的瞬时判定，是独立动作。这个判定动作及其反应的动作，用 D3 表示，时间值为 3 MOD。D3 适用于其他一切动作间歇的场合。

在流水线生产中，跟其他动作同时进行的判断动作不给予 D3 时间值。眼睛从看说明书移向看仪表指针，判断指针是否在规定的范围内，此动作应分析为 E2D3。

(5) 加压动作 A4　加压动作是指在作业动作中，需要推、拉以克服阻力的动作，用 A4 表示，时间值为 4 MOD。A4 一般是在推、转等动作终了后才发生。用力时，发生手和胳膊用力或脚踏使全身肌肉紧张的现象。A4 是一独立动作，当加压在 2 kg 以上，且其他动作停止时，才给予 A4 时间值。

(6) 旋转动作 C4　旋转动作是指为使目的物做圆周运动而回转手或手臂的动作，即以手或肘关节为轴心，旋转一周的动作，如搅拌液体、旋转机器手柄等。该动作用 C4 表示，时间值为 4 MOD。

旋转 1/2 周以上的才为旋转动作，旋转不到 1/2 周的应被视为移动动作。

带有 2 kg 以上负荷的旋转动作，由于其负荷大小不同，时间值也不相同，应按其有效时间计算。

4) 其他动作符号

(1) 延时 BD　不做任何动作而闲着，例如，右手取物品，左手闲着，则左手记录符号为 BD。

(2) 保持 H　手握持物体不动的状态。例如，左手握持螺栓，右手拧螺母，则左手记录符号为 H。在动作分析中应尽量避免或减少 BD 和 H 的出现。

(3) 有效时间 UT　在作业过程中人的动作之外机器或工具自动工作的时间。其时间用计时器测定，而不取决于人的动作速度。该类情况有用电扳手拧螺母、用手电钻打孔等。

4. 模特法动作改进

根据应用模特法的实践经验，改善各种动作的方法如下。

1) 替代、合并移动动作

(1) 应用滑槽、传送带、弹簧、压缩空气等替代移动动作。

(2) 用手或脚的移动动作替代身体其他部分的移动动作。

(3) 应用抓器、工夹具等自动化、机械化装置替代人体的移动动作。

(4) 将移动动作尽量组合成为结合动作。

(5) 尽量使移动动作和其他动作同时动作。

(6) 尽可能改进急速变换方向的移动动作。

2) 减少移动动作的次数

(1) 一次运输的物品数量越多越好。

(2) 采用运载量多的运输工具和容器。

(3) 两手同时搬运物品。

(4) 用一个复合零件替代几个零件的功能，减少移动动作次数。

3) 用时间值小的移动动作替代时间值大的移动动作

(1) 应用滑槽、输送带、弹簧、压缩空气等，简化移动动作，降低时间值。

(2) 设计时尽量采用短距离的移动动作。

(3) 改进作业台、工作椅的高度。

(4) 将上下移动动作改为水平、前后移动动作。

(5) 将前后移动动作改为水平移动动作。

(6) 用简单的身体动作替代复杂的身体动作。

(7) 设计成有节奏的动作作业。

4) 替代、合并抓的动作

(1) 使用磁铁、真空技术等抓取物品。

(2) 抓的动作与其他动作结合，变成同时动作。

(3) 即使是同时动作，还应改进成为更简单的同时动作。

(4) 设计能抓取两种物品以上的工具。

5) 简化抓的动作

(1) 工件涂以不同颜色，便于分辨抓取物。

(2) 物品做成容易抓取的形状。

(3) 使用导轨或限位器。

(4) 使用送料(工件)器，如装上、落下送进装置，滑动、滚动运送装置等。

6) 简化放置动作
(1) 使用制动装置。
(2) 使用导轨。
(3) 固定物品堆放场所。
(4) 同移动动作结合成为结合动作。
(5) 工具用弹簧自动拉回放置处。
(6) 一只手做放置动作时,另一只手给予辅助。
(7) 采用合理配合公差。
(8) 两个零件的配合部分尽量做成圆形的。

5.5 标准资料法

5.5.1 标准资料和标准资料法的概念

标准资料就是对事先通过作业测定(如时间研究、工作抽样、PTS等)所获得的大量数据(测定值或经验值)进行分析整理,编制而成的某种结构的作业要素(基本作业单元)正常时间值的数据库。

标准资料本身是通过作业测定技术,包括秒表时间研究、预定动作时间系统和工作抽样等技术整理而得到的。标准资料一经建立,在制订新作业的标准时间时,就不必进行直接的时间研究了。只需将它分解为各个要素,从资料库中找出相同要素的正常时间,然后通过计算加上适当的宽放量,即可得到该项新作业的标准时间。利用标准资料来综合制定各种作业的标准时间的方法就称为标准资料法。

标准资料法与其他作业测定法相比较,具有以下几个特点。

(1) 标准资料是以其他作业方法为基础而预先确定的时间数据,因此,它和预定时间标准相似。但是两者涉及的作业阶次不同。标准资料所累积的是作业要素的时间数据,而预定时间标准所累积的是最基本动作(动素)的时间数据。

(2) 标准资料利用现成的时间资料,对同类作业要素不需要重新测定,只要查出相应数据加以合成即可,能较快地制定出一项新作业的标准时间,并且成本较低。

(3) 标准资料是对众多的观测资料进行分析整理而得到的,衡量标准比较统一,数据库资料有较高的一致性。

(4) 建立标准资料所依据的资料数量多、范围广,可排除数据的偶然误差,而且标准时间的建立通常由训练有素的时间研究人员在积累了大量数据的基础上完成,因此可信度高。

(5) 运用标准资料法,合成时间不需要再评比,可减少主观判断的误差。

(6) 标准资料是利用其他作业测定方法制定的,因此,标准资料并不能从根本上取代其他测定方法。

标准资料法的基本用途就是制定和修改作业和标准时间。由于标准资料本身的内容及综合程度的差别,其具体用途也有差别。标准资料也为企业设计和调整生产线、生产组织和劳动组织提供了基础的标准数据资料。

5.5.2 标准资料的种类

按我国目前的实际应用情况,标准资料可以按如下标准进行分类。

(1) 按制定和实施范围分类　可分为国家标准资料、行业标准资料、地方标准资料和企业标准资料。

(2) 按标准资料的内容分类　可分为:
① 作业时间标准资料;
② 辅助时间标准资料;
③ 宽放时间标准资料。

(3) 按标准资料综合程度分类　它是指按不同作业阶次编制标准资料。综合程度大的标准资料,查找、使用方便,制定标准时间快捷,其缺点是通用性差;反之,综合程度小的标准资料,查找、使用困难,制定标准时间费时费力,但通用性好。

(4) 按设备分类　又可进一步按以下四种因素分类。
① 按设备作用:如车削、铣削、钻孔、焊接等。
② 按设备类型:如车床、铣床、钻床、磨床等。
③ 按设备规格:如车床 D610/C616/C630 等。
④ 按设备制造厂:如沈阳机床集团、北京第一机床厂等。

(5) 按标准资料确定方法分类　可分为综合标准资料与分类标准资料。

5.5.3 标准资料的表现形式

用标准资料方法确定各作业标准时间时,首先应明确作业中哪些是不变因素,哪些是变动因素。标准资料的常见表现形式有以下几种。

(1) 解析式(经验公式)　它是指以特定的函数关系反映影响因素与工时消耗变化关系的标准资料。公式是表达变动因素与时间值关系的最简单的方法。

(2) 图线式(包括直线、曲线)　它是指以函数图反映影响因素同工时消耗变化规律的图表。

(3) 表格式　它是指以表格的形式直接反映影响因素和工时消耗的标准资料。

上述表达形式中,表格式便于检索,是最常用的形式,图线式往往作为其他两种形式的过渡形式。

标准资料最基本的单元是动作,由若干动作的标准资料相加,可以综合成要素级的标准资料,而若干要素的标准资料相加,又可以综合成任务级的标准资料。这样,由低一级的标准资料综合成高一级的标准资料,就构成了标准资料的等级。标准资料等级从低到高可分为:动作、要素、任务、中间产品、成品及服务等。

5.5.4 标准资料的应用范围和条件

标准资料法作为一种作业测定方法,原则上可适用于任何作业,用于制订作业标准时间,由于它是预先确定的时间数据,在工作开始之前,就可以利用现成的数据制订一项工作的标准时间,不需要直接观察和测定,所以尤其适用于编制新产品作业计划、评价新产品,或对生产和装配线均衡进行调整。同时,对于制订新产品的劳动定额,确定生产能力,制订各种成本,进行预算控制,推行奖励工资制,高效设备的采购决策,衡量管理的有效性,建立有效的工厂布置等也有比较重要的作用。

由于标准资料是合成各种作业时间的基础资料,因此运用标准资料也受一定条件的制约。首先,标准资料只能用于和采集数据的作业类型与条件相似的作业;其次,根据标准资料的特点,其应用目的是减少作业测定工作量,提高效率,所以,要判断是否采用标准资料法,应将其与其他方法进行比较,在成本上进行权衡,因为编制标准资料工作量很大,要花费大量人力物力和时间;第三,标准资料法是在其他测定方法基础上建立的,只能在一定条件和范围内节省测定工作时间,不能完全取代其他测定方法。

通常,标准资料提供的是作业要素的正常时间,采用标准资料制订一项作业的标准时间时,需将根据标准资料得到的正常时间加上宽放时间才能得到标准时间。所以,应用时应首先将作业适当地分解成为作业要素,然后,在标准资料中查出同类作业要素的时间数据,最后将各要素时间进行合成,并加上宽放时间。

5.5.5 标准资料的编制

建立标准资料实际上是一个对所研究的作业测定对象进行时间研究和分析综合其结果的过程,即确定作业要素,用前述三种基本方法进行时间研究或搜集以往时间研究的测定值或经验值,将大量数据加以分析整理,编制成公式、图、表等形式的资料,最好以数据库的形式展现。标准资料编制的基本方法如下。

1. 选择和确定建立标准资料的对象和范围

企业标准资料的编制是一项系统工程,要建立标准资料的体系表,应就准备建立的标准资料数据库进行全面系统的规划,以确保建立的标准资料系统完整,满足实际使用要求。通常情况下,企业生产类型趋向于大批量专业化生产时,标准资料综合程度(即它的阶次)应该低些,即趋向于动作和作业的标准资料;而生产类型趋向多品种小批量生产时,标准资料综合程度应该高些,即趋向于工步、工序乃至典型零件的标准资料。另外,应把限制范围控制在企业内一个或几个部门或一定的生产过程内。

2. 作业分析

作业分析就是将作业分解为作业要素。标准资料对象的阶次不同,作业分析的内容及分析的详尽程度也不同,因而作业分析没有统一标准。但有一个基本准则就是要找出尽可能多的公共要素。

3. 确定建立标准资料所用的作业测定方法

秒表时间研究、工作抽样、预定时间标准法都可为编制标准资料收集原始数据,在条件受到限制时也可借助于积累的统计资料得到原始数据。具体应用中应该使用何种方法,要根据作业的性质和测定方法的特点及应用成本来选择。

4. 确定影响因素

确定影响因素可以从以下角度进行分类:① 按影响工时消耗因素产生原因分类;② 按影响因素的性质分类;③ 按影响因素与加工对象的关系分类。

5. 收集数据

略。

6. 分析整理，编制标准资料

由训练有素的工作研究人员对收集和测定的作业要素时间数据进行分析、整理，按照使用要求进行分类、编码，用表格、图线或公式的形式制成标准资料。

5.6 学习曲线

在制造业中，同一产品生产重复次数增加，单位产品生产工时必然呈下降趋势，而且这种趋势呈现一定规律性。1936年，美国康奈尔大学副校长T.P. Wright博士研究了由于生产重复程度的提高，工时下降的规律，并最先提出学习曲线，用来描述产品制造工时随累计产量增加呈下降趋势的规律。

5.6.1 波士顿经验曲线

波士顿经验曲线又称经验曲线、改善曲线。波士顿经验曲线表明了经验与效率之间的关系。当个体或组织在一项任务中学习得到更多的经验，他们会变得更有效率。

1960年，波士顿咨询公司(Boston consulting group)的布鲁斯·亨得森(Bruce D. Henderson)首先提出了经验曲线效应(experience curve effect)。亨得森发现生产成本和累计产量之间具有一致相关性。简单来说，就是如果一项生产任务被多次反复执行，它的生产成本将会随之降低。每一次当产量倍增的时候，其成本(包括管理、营销、制造费用等)将以一个恒定的、可测的比率下降。

此后，研究人员对各个行业的经验曲线效应进行了研究，发现下降的比率在10%～30%之间。波士顿经验曲线如图5-13所示。

图5-13 波士顿经验曲线

经验曲线是一个非常有用的概念。一家企业生产某种产品的数量越多，生产者就能更多地了解如何生产该产品，从生产中获得的经验也就越来越多。那么，在以后的生产中，企业可以有目的地并且较为准确地减少该产品的生产成本。每当企业的累积产量增大一倍时，其生产成本就可以降低一定的比例(该比例的具体大小因行业不同而有所差别)。

图5-14表明了在生产某产品的过程中，90%的经验曲线是如何对生产成本产生影响的。

5.6.2 学习曲线效应

学习曲线效应的含义是:越是经常地执行一项任务,每次所需的时间就越少。这个关系最初于1925年在美国怀特-彼得森空军基地量化,使得航空效率加倍而所需劳动时间下降了10%~15%。随后在其他行业的经验研究得出了不同值:从百分之几到百分之三十。但在大多数情况下这是一个常量值,它不随行为规模的变化而变化。

图 5-14　90%的经验曲线对生产成本产生的影响

学习曲线将学习效果数量化绘制于坐标纸上,横轴代表学习次数(或产量),纵轴代表学习的效果(单位产品所耗时间),这样绘制出的一条曲线,就是学习曲线。

学习曲线有广义和狭义之分。狭义的学习曲线又称人员学习曲线,它是指直接作业人员个人的学习曲线。广义的学习曲线也称生产进步函数,是指工业某一行业或某一产品在其产品寿命周期的学习曲线,是融合技术进步、管理水平提高等许多人努力的学习曲线。下面进行学习曲线的对数分析。

单台产品人工工时和累积产量的关系用函数关系表示为

$$y = a(c)^n \tag{5-13}$$

式中:n 为倍增次数,且满足 $2^n = x$,x 为第 x 次生产台数;y 为第 x 台次的工时;a 为第1台的工时;c 为生产产品的学习率。

已知 $x=2^n$,对等式两边取对数,得

$$\lg x = n \lg 2 \tag{5-14}$$

又设

$$m = \lg c / \lg 2 \tag{5-15}$$

对式(5-13)两边取对数,有

$$\lg y = \lg a + n \lg c \tag{5-16}$$

将式(5-14)与式(5-15)代入式(5-16),得

$$\lg y = \lg a + m \lg x$$

$$y = a x^m \tag{5-17}$$

公式(5-17)便是学习曲线函数式,式中,m 为学习系数。由于 $m = \lg c / \lg 2$,因而学习率一定,则学习系数是一个定值,如表 5-16 所示。

表 5-16　学习率与学习系数对照表

学习率/(%)	学习系数 m	学习率/(%)	学习系数 m
50	−1.0	58	−0.786
53	−0.916	60	−0.737
55	−0.862	63	−0.667
65	−0.599	78	−0.358
68	−0.556	80	−0.322
70	−0.514	83	−0.269
73	−0.454	85	−0.234
75	−0.415	90	−0.152

利用式(5-17),在已知第 1 台产品工时和产品学习率的情况下,可以推算任意台产品的直接人工工时。例如,已知第 1 台工时为 100 000 h,学习率为 80%,欲知生产到第 64 台产品时的直接人工工时,代入式(5-17)得到累计产量工时为

$$y_{64} = 100\ 000 \times 64^{-0.322}\ h = 26\ 214\ h$$

通过公式计算得出 80% 学习曲线累计产量和人工工时,见表 5-17。

表 5-17 80% 学习曲线累计产量和人工工时

累 计 产 量	单台直接人工工时/h	累计人工工时/h	累计平均直接人工工时/h
1	100 000	100 000	100 000
2	80 000	180 000	90 000
4	64 000	314 210	78 553
8	51 200	534 591	66 824
16	40 960	892 014	55 751
32	32 768	1 467 862	45 871
64	26 214	2 362 453	37 382
128	20 972	3 874 395	30 269
256	16 777	6 247 318	24 404

5.6.3 学习曲线的应用

1. 学习曲线的估算

学习曲线应用中,确定学习率是至关重要的。学习率大(接近 100%),说明随着累积产量增加,工时下降缓慢;学习率小,则说明随着累积产量增加,工时下降迅速,或者说工人熟练程度提高较快。那么,影响学习率的主要因素是什么?学习率主要取决于产品的结构及其制造工艺。产品结构及其制造工艺决定了手工作业在加工作业中所占的比重。手工作业比重大,随着生产重复程度的增加,工人技术熟练程度容易提高,学习率就小。机器加工时间比重大,即使生产重复程度的增加,产品生产工时下降也缓慢,因而学习率就大。此外,学习率的大小受企业组织管理因素的影响。随着组织管理的改善,对新产品工时的消耗降低。因此,组织管理因素也是影响学习率的一个重要方面。

学习率的估算可采取多种方法。如果系统尚未开工生产,或者生产后未注意积累原始资料,则可以采取类推比较方法。就是根据同行业中相似产品的学习率,再结合本企业具体条件来确定学习率。如果系统已进行若干时间生产,并积累了原始数据,则可利用统计学中的回归分析求解学习系数 m。用对数方法可将函数方程 $y = ax^m$ 转换为直线方程 $\lg y = \lg a + m \lg x$,从而利用原始数据求出 a 及 m 的估算值。如同其他统计分析方法一样,估算值的准确性取决于搜集数据的多少及正确性。

2. 学习曲线的应用

学习曲线在工业工程中运用很广,可用于系统的稳定性及预测产品工时,既可作为新产品报价的依据,也可以用作考核生产工人技术熟练程度提高的依据。这里举例说明在预测工时中的应用。

例 5-3 某企业已生产 A 产品 150 台,第 150 台的工时为 100 h,同时已知学习率为 80%。今年计划再生产 100 台,试预测这 100 台产品的平均工时为多少。

解 从表 5-16 中查得 80% 学习率对应的学习系数 m 为 -0.322,因此得第 1 台产品工时为

$$a = \frac{100}{150^{-0.322}} \text{ h} = 501.8 \text{ h}$$

因为

$$y_{平均} = \frac{1}{100}\int_{150}^{250} ax^m \, dx$$

所以

$$y_{平均} = \frac{502}{100} \times \frac{1}{m+1}(250^{0.678} - 150^{0.678})$$

$$= \frac{502}{100} \times \frac{1}{0.678}(250^{0.678} - 150^{0.678}) \text{ h} = 91.59 \text{ h}$$

习题

1. 作业测定的定义及其主要方法是什么?
2. 简述时间研究的方法及步骤。
3. 何谓工作抽样?试简述其方法和步骤。
4. 常用的预定时间标准法有哪些?
5. 什么是标准资料法?
6. 简述波士顿经验曲线的概念及特点。
7. 简述工时定额的概念及其制订方法。
8. 学习曲线效应是什么?
9. 简述标准资料编制的基本原理和方法。
10. 模特法的原理是什么?
11. 标准时间和工时定额的区别和联系是什么?
12. 什么是秒表时间研究?其制订标准时间的思路是什么?
13. 秒表时间研究中为什么要划分操作单元?如何划分?
14. 测时的方法有几种?时间研究表中"R"栏和"T"栏的记录内容各是什么?
15. 常用的评定方法有哪些?各种方法确定评定系数的思路是什么?
16. 何谓宽放?为什么要增加宽放?宽放有多少种?
17. 工作抽样的原理是什么?工作抽样的特点是什么?
18. 简述工作抽样与秒表测时的区别。
19. 工作抽样中随机决定观测时刻的方法有哪三种?
20. 某一操作单元,观测 21 次,其中漏记一次,其余 20 次观测数据如下:21、20、21、20、22、20、19、24、20、22、19、19、21、20、28、21、22、18、23、20。试用三倍标准偏差剔除异常值(已知均值 21)。
21. 某公司购进一台先进仪器,对其使用情况进行工作抽样。实地采样,停机率为 25%,可靠度为 95%,相对精度为 ±5%,试确定其观测次数。

22. 某车间通过工作抽样调查操作工人的工时利用率。事先设定的抽样可靠性为95%，工作抽样获得的抽样数据为：通过200次观察，其中正在作业的有160次，其他为停工与非作业活动。如果事先设定容许的抽样相对误差为±5%，问已有抽样观察次数是否足够？

23. 何谓预定时间标准法？它有什么特点及用途？

24. 模特法有什么特点？模特法采用的时间单位是多少？

25. 简述模特法的动作分类。模特法有哪21个动作？动作的时间值是多少？

26. 下面列出6组双手操作动作，试对每组双手操作情况进行综合分析，并求出时间值。两手均需要注意力时的动作，左手先做。

(1) 左手：M4G1 M2P0；右手：M3G1 M3P0 ；
(2) 左手：M3G3 M3P0；右手：M3G1 M2P2 ；
(3) 左手：M3G3 M2P2；右手：M4G1 M4P0 ；
(4) 左手：M4G1 M4P2；右手：M3G1 M3P2 ；
(5) 左手：M5G1 M3P5；右手：M4G3 M3P5 ；
(6) 左手：M4G3 M3P0；右手：M3G3 M2P2 。

27. 运用模特法对如下所示动作进行分析（设定双手操作，且右手先行）。

动作说明	左手	右手	分析式
1. 取放橡皮垫圈	M3G3M3P2	M3G3M3P2	
2. 取放固定垫圈	M3G3M3P5	M3G3M3P5	
3. 取放螺栓	M3G1M2P2	M3G1M2P2	
4. 取放装配件	M3P0	M3P2	

28. 右手持塞规，左手移动15 cm在工作台上抓取一零件，检测其尺寸大小。试写出左手动作分析式。

左手动作内容	分析式
抓取零件	
拿回来检测	

29. 根据下列内容用模特法进行分析，并计算时间值：

(1) 伸手(15 cm)握取二极管，拿到身前；
(2) 看清极性，改变方向；
(3) 插入仪器内，眼看仪表表头并判断；
(4) 走5步伸手握取一个螺栓。

30. 简述学习曲线的含义及学习曲线的应用。

31. 何谓学习率？何谓学习系数？两者有何关系？

32. 某产品的学习率为70%，累计生产到第200台时的工时为50小时每台，写出此产品的学习曲线方程。

思考题

简述作业标准、标准作业与标准时间的关系。

方法工程与作业测定的综合运用

上海大众汽车有限公司在学习应用德国大众先进工业工程技术,特别是在程序分析、动作分析、人机分析、时间研究、物料搬运、工作和劳动组织等方面的技术与方法后,几年来企业生产率水平提升很快,企业经济效益得到了明显的提高。全员劳动生产率由1986年月人均水平为1.212 3元,提高到1991年月人均水平为10.499 0元。其中一线劳动生产率由1985年20人生产一辆轿车,提高到1992年生产同样一辆轿车只需6人;生产工时由1985年整车工时为47.9小时,到1992年整车工时为31.46小时,下降了34.3%,一线劳动生产率接近德国大众公司下属埃姆顿(EMDEN)工厂的劳动生产率(6.3人/车)的水平,这些效率和效益的变化得到了国内同行的关注与认可。

方法工程与作业测定的目的

方法工程与作业测定技术实用性很强,它通过对现行的以工作系统为研究对象的工程活动,应用人类工程学和行为科学等的原理,对现有的各项工艺、作业、工作方法等进行系统分析,用方法研究技术进行工作程序和操作程序的分析、研究,改进工作流程或工作方法,消除、减少多余的非生产性的动作(如寻找、选择、停留等),制订合理的工序结构,确定标准的工作方法。同时,根据人体活动特点,所涉及的工作场地布置、工位、器具、劳动组织进行综合研究分析,使人员、材料、设备等生产要素形成一个理想、优化的组合,使工人在省时、省力、安全、可靠、便利的条件下工作。在保证工作效率的前提下,考虑到人的生理需要;降低人工费用和产品成本,少投资或不增加投资,以提高劳动生产率,提高企业经济效益。

在相同的生产条件下,完成同一项作业,而且所用的操作工具和零件材料也都相同,由于操作人员的工作方法不同,所消耗的操作时间明显不同,他们之间的工作效率也相差很大。通过对工人的操作进行大量分析研究发现,工人的工作效率与工作方法有着密切关系。因此,开展方法工程与作业测定研究不是随意地加快工人的操作速度、增加工人的劳动强度,而是寻求一种体力消耗量少、强度低、效率高的工作方法。

一般认为,所有的工作都存在着方法、时间和效率的问题。方法和时间是一对形影不离的双生子,要提高工作效率,首先就必须进行工作方法研究。不同的方法将产生不同的时间,所以说方法决定时间。目前我们许多企业在研究和改进工作方法方面还是远远不够的。为了促进工作效率的提高,应该学习借鉴预定时间系统,如MTM、WF、MOD、UAS、MEK等分析系统,借助这些分析方法对动作进行分析、研究,减少消除非生产性的动作,总结和改进工作方法,以达到提高工作效率的目的。例如:单手按插两个直径为10 mm的销子,变成双手同时插入,工时降低16%。它不仅能进行动作研究,而且还可利用它们,根据人体生理运动的特点,确定合理的工作位置。也就是说,不仅要满足工艺上的要求,还要考虑人的生理需要。

喇叭装配方法与作业测定

工业工程研究人员的活动主要是以现场作业为中心,是对人、材料、设备进行系统地研究,所以研究人员对生产现状,如生产过程、工艺流程、物料搬运、零件储存、工作方法等情况有充分的了解。他们善于发现问题、分析问题、暴露工作系统中各项活动的缺点,并提出改善方案。在开展工作研究这项工作时就发现了不少问题,现以桑塔纳喇叭预装工位为例说明如下。

现状:桑塔纳喇叭预装工位用电喇叭由上海交通实业电器有限公司提供,零件完工后经过二次包装运送至储存仓库(约一个月库存),按计划由储存仓库送至CKD仓库,然后用铲车送至喇叭预装工作位,然后,操作人员经二次开箱把零件放到一个简易工作台上,放置过程中出现多次的弯腰动作,工作台上的紧固件等工件混合放置(见图5-15)。

图 5-15 工作台与工件放置位置示意图

通过调查分析,发现存在以下问题。

(1) 工作台上的零件混合放置,增加了操作工人多余的非生产性的动作,如寻找等。

(2) 经二次开箱后,喇叭从纸盒内取出,开箱后纸箱、纸盒的清理,造成了较多的辅助工时。

(3) 喇叭包装的纸箱、纸盒无法回收利用,包装费用较高,造成零件成本较高。

(4) 弯腰从纸盒内取出喇叭放到工作台上,弯腰次数频繁,增加劳动强度,且消耗工时增多。

(5) 储存仓库内的零件库存量大,不仅增加了周转资金,而且占据了较大的库位。

(6) 从如图5-16所示的程序流程中可知,零件从供货厂到预装工作位,整个工作流程中,运输(搬运)、储存、停留占了很大的比例等。

由于上述这些问题增加了不必要的搬运和移动,造成了时间的浪费,导致较多生产费用投入,造成了生产成本的上升,而且还增加了工人的劳动强度,因此,首先从物料搬运系统开始结合程序分析,采用系统分析方法进行分析。我们发现该零件真正在工作位上的装配时间只不过占 0.03% 左右,其他时间都处在仓库的储存和搬运状态,如果只对操作工人的动作分析,其效果还不大,要提高效率和效益,就得从整个工作系统着手来研究。

改进方案:搬运在整个工作过程中仅起到上、下道工序的连接作用,对零件不起增值作用,而且搬运成本占有一定的比重,所以应尽量减少搬运。对于必需的搬运,应尽量缩短其搬运距离及搬运次数。根据物流系统的原则,在物料搬运过程中采用合并或删除的办法,尽量减少物料、搬运环节,消除重复装卸,以少搬运或不搬运为原则。合理地确定物料的流向、路径、时间、储存,把整个生产过程有机地联系起来,消除不必要的搬运和移动,减少储存和储存

序号	工作描述	符号 储存 ▽	符号 搬运 ⇨	符号 操作 ○	符号 检验 □	符号 延迟 D	距离/m	时间/h	定员/人
1	喇叭由供货厂送至储存仓库		●				3 000		
2	喇叭存放在储存仓库	●						600	
3	运至CKD仓库		●				6 000		
4	喇叭存放在CKD仓库	●						24	
5	喇叭送至预装工位		●				150		
6	喇叭装配			●				0.02	
Σ		2	3	1					

（a）改进前

序号	工作描述	符号 储存 ▽	符号 搬运 ⇨	符号 操作 ○	符号 检验 □	符号 延迟 D	距离/m	时间/h	定员/人
1	喇叭由供货厂送至预装工位		●				3 315		
2	喇叭装配			●				0.02	
Σ			1	1					

（b）改进后

图 5-16　程序流程

时间等等待现象。此外改进零件包装形式，用塑料周转箱替代原来的纸盒、纸箱的包装，并要求供货单位按时按需地送货到指定工作位。我们还根据人因工程学的原理，设计了一个新的工作台（见图 5-17）替代原来的工作台。

图 5-17　新工作台设计

喇叭预装合理化建议提出后，为了保证该建议的实施，我们先后征求了本公司有关职能部门、生产采购、仓库、规划、车间等部门的意见,他们一致认为该方案可行,特别是生产车间,他们认为:"虽然生产工时减少了,生产量增加了,但是劳动强度减轻了,工人还是愿意接受的"。

由于改变了原来的零件包装形式,为了促使该方案实施顺利进行,我们又走访了供货厂——上海实业交通电器有限公司,说明了情况,很快得到了该公司有关部门领导的支持、帮助。据现场调查,该生产部门反映,采用新的方法,可以消除包装工序,能节省劳动力四个人,并且减少了生产过程中重复出现的搬运、存放等工作,减少了辅助时间,使这些无效生产时间转换成有效的生产时间,提高了工作效率,厂方表示满意。

应用效果评估

我们通过现状分析、比较,对提出的合理化建议进行评估,即对该方案的经济效果进行测算,它主要表现在以下几个方面。

(1) 运用大众时间标准分析制订喇叭装配的新标准时间为 0.35 min,原来的标准时间为 1.232 min,工时降低 71.6%,全年可节省工时 1 102.5 h,可增加喇叭装配产量 189 000 只,可节省劳动力资金 6 317 元。

(2) 采用了新的零件包装形式——塑料周转箱,按年 6.5 万生产计划计算,包装费用节约 9.36 万元,扣除塑料周转箱的投资费用 0.36 万元,降低了生产成本 9 万元。

(3) 由于设计了新的工位器具,工作位布置符合人体活动特点,使工人操作坐立适宜,同时减少了许多不必要的非生产性的动作(如弯腰拿取喇叭、选择紧固件等),缩短了动作距离,降低了工人的疲劳程度。

(4) 物流系统良好,物品堆放整齐,场地整洁,无废纸盒子,工作环境有了改善,对生产、组织质量、安全都具有良好的效果。

(5) 从改进后的程序分析图可知,减少了搬运环节,减少了笨重无效的劳动,降低了劳动强度。

(6) 缩短了库存周期,减少了仓库库位面积 40 m²,也减少了周转资金,改进前库存周期为一个月时间,改进后为 4 天左右,压缩了 20 天左右,按目前 250 台/日计算,流动资金占用量减少 24.4 万元。

综上所述,综合应用方法工程与作业测定所产生的效率和效益是很大的,对提高企业的水平和素质,推动企业的发展起到很大的作用,总结几年的实践,有以下几点体会。

(1) 开展工业工程技术应用能促进工作系统标准化,减少工作方法不适合、规划不完善、生产管理不善所引起的无效的时间,从而提高整体素质。

(2) 运用工业工程技术,能给企业带来更多、更好、更切实可行的合理化建议。

(3) 方法工程与作业测定借助、时间研究等方法去寻求最经济、最有效的工作方法,它也是工业工程最基本、重要的基础工作,它的理论和方法同样适合其他的企业。

(4) 大批量生产过程中,每个动作都要成千上万次地重复出现,即使只节省几个动作,几秒钟时间,也会带来很大的经济意义。同时也使机床设备、工具、能源等都相应地减少磨损或消耗。因此,工时的节省会引起企业人力、物力、财力的一系列的节约。从这个意义上讲,工时的节约是最大的节约。

(5) 传统的劳动定额管理方法用多发奖金来增产,修改产品定额降低工时,发展到一定程度,超过了工人的承受能力,而方法工程与作业测定采用的方法是改进工作方法、改进工作位置布置、改善工夹具等,降低疲劳程度,减少工时,从而提高劳动生产率,是行之有效的方法。

案例讨论

(1) 上海大众汽车有限公司在学习及应用国外先进工业工程技术方面的经验对其他企业有何启示?

(2) 该案例中是如何综合运用方法工程与作业测定技术的?

第 6 章
工业工程的方法与应用

▶学习目标

通过本章的学习,你应该能够:

(1) 从宏观上了解工业工程的方法论,从微观上掌握工业工程中常用的一些基本方法,包括工程与系统分析方法、系统设计方法、图表法及综合评价分析方法;

(2) 重点掌握工业工程的组织形式,工业工程的导入和推进体系、程序、方法及其实施;

(3) 学会结合案例形成工业工程的一套基本方法、应用模式、组织形式及推广应用体系。

6.1 工业工程的方法论

工业工程是一门系统性和实践性很强的应用型学科。为有效解决企业发展和生产系统中存在的问题,首先应确立正确的工业工程方法论,明确工业工程在实践中应遵从的基本思想与原则,着重掌握工业工程的基本方法及技术体系。

工业工程作为一种新型的技术综合体,包括各类专门的方法与技术,如主要研究与解决人机关系系统问题的工效学和人因工程、主要研究与解决作业系统问题的工作研究方法、主要研究与解决产品系统问题的工业系统设计技术、主要研究与解决物流系统问题的设施规划与物流系统分析技术、主要研究与解决制造技术系统问题的现代制造系统技术等。各类专门的技术方法有其特定的具体分析与解决方法,但要真正形成工业工程的综合效能,并使各种具有工业工程属性的专门方法与技术形成内在的逻辑一致性,必须要确立工业工程的方法论。

工业工程方法论是运用工业工程的各种原理和方法在解决工业生产和社会经济系统问题时所应遵循的工作程序、逻辑步骤、基本方法及方法体系,它贯穿于各种专门的工业工程方法和技术的主线中。而系统工程理论正是符合工业工程需要,并指导各类具体工业工程方法与技术应用的方法论。

系统工程是开发、改造和管理大规模复杂系统所需思想、程序和方法的总称,其基本工作过程包括系统诊断与分析、系统规划与设计、系统实施与运行、系统评价和改善等阶段,并按照问题说明、目标探索、方案综合、分析权衡、评价抉择等逻辑步骤来展开,这也是研究与解决企业生产与工业及社会经济系统中的人机系统、作业系统、产品系统、物流系统、现代制造系统等具体系统问题的基本逻辑和方法。另外,系统工程中的许多基本方法,如创造性技术、结构分析方法、优化分析与设计方法、系统仿真技术、系统评价技术及计算机辅助系统分析与设计技术等,在工业工程中具有通用性,其意义和地位与方法论等同,也属于工业工程方法论的内容。参照系统工程中的霍尔三维结构,可将工业工程方法论的形式体系归结为如图6-1所示结构。

图 6-1　工业工程方法论的体系结构

工业工程专门技术与系统工程方法的结合,直至在一定范围内和一定程度上的统一,正是现代工业工程的标志之一。在我国工业工程的研究、开发与应用中,要充分认识其方法论的意义和系统工程在整个工业工程方法与技术体系中的支配地位,并着力实现问题导向、综合分析、结构优化、系统推进等系统工程的核心思想和基本要求。

6.2　工业工程的基本方法

在工业工程的实践中,已形成许多具有通用性、能较好体现系统工程思想及其工作过程的基本方法,如工程与系统分析法、系统设计法、系统图表法及综合评价分析法等。

6.2.1　工程与系统分析法

工程分析中使用较多的是系统分析方法。系统分析是第二次世界大战后,由美国兰德(RAND)公司最早开发的研究大型工程项目等大规模复杂系统问题的一种方法。20世纪70年代以来,系统分析的应用已广泛扩大到社会、经济、生态等领域。目前,系统分析被认为是应用建模、优化、仿真、评价等技术对系统的各个方面进行定量和定性分析,为选择最优或满意的系统方案提供决策根据的分析研究过程。

工程中往往将一些先进的技术,如计算机集成制造(CIM)、成组技术(GT)、并行工程(CE)、企业重组(BPR)、精益生产(LP)等集合起来,形成一个系统,并引入工程分析方法,描述和处理工程管理系统,形成工程与系统分析方法,如图6-2所示。

在进行系统分析时,系统分析人员对与问题有关的要素进行探索和挖掘,对系统的目的与功能、环境、费用与效果等进行充分的调查研究,并分析处理有关的资料和数据,据此对若干备选的系统方案建立必要的模型,进行优化计算或仿真实验,把计算、实验、分析的结果同预定的任务或目标进行比较和评价,最后把少数较好的可行方案整理成完整的综合资料,作

图 6-2　工程与系统分析方法构架

为决策者选择最优或满意的系统方案的主要依据。问题、目的与目标、方案、模型、评价和决策者是系统分析的基本要素；问题导向，以整体为目标，多方案模型分析和选优，定量分析与定性分析相结合，以及需多次反复进行等，是系统分析的特点和原则。

对于社会因素和技术因素错综复杂、投入资金大和建设周期长的大系统，只有经过系统分析才能获得最优方案，这样可以避免因决策失误而造成严重的经济损失。在工业工程的实践中，系统分析是一种最基本和通用的思想方法，并体现在各种具体的方法与技术路线当中。

系统优化方法是为了达到最优化目的所提出的各种求解方法，如解析法、直接法及数值计算法、网络优化方法等，并在运筹学中有比较集中的体现。从数学意义上说，优化方法是一种求极值的方法，即在一组约束为等式或不等式的条件下，使系统的目标函数达到极值，即最大值或最小值。从经济意义上说，是在一定的人力、物力和财力资源条件下，使经济产出（如产值、利润等）达到最大，或者在完成规定的生产或经济任务下，使投入的人力、物力和财力等资源最少。优化方法是系统分析中量化分析的基本方法，此外还在工业工程中被广泛应用于最优设计、最优计划、最优管理和最优控制等许多方面。

系统仿真是利用模型复现实际系统中发生的本质过程，并通过对系统模型的实验来研究已有的或待开发的系统，又称系统模拟。这里所指的模型包括物理的和数学的、静态的和动态的、连续的和离散的各种模型。所指的系统既包括各类工程系统，也包括社会、经济、管理等系统。当所研究的系统造价昂贵、实验的危险性大、需要很长的时间才能了解系统参数变化所引起的后果或不便做优化计算时，仿真是一种特别有效的研究手段。仿真过程包括建立仿真模型和进行仿真实验两个主要步骤，与数值计算、求解方法等比较，它首先是一种实验技术，并需要计算机系统的支持。仿真技术对满意系统方案的生成具有重要的作用，随着对象系统的复杂化，它被广泛运用于工业工程的规划、设计、评价、创新等活动中。

系统评价是对新开发的或改建的项目或系统，根据预定的目标，从技术、经济、社会等多方面对各种系统方案进行评审和选择，以确定满意的行动方案的过程。评价对象、评价目的、评价时间、评价地点等是系统评价应考虑的基本问题。比较有代表性的系统评价方法有费用-效益分析法、评分法、关联矩阵法、数据包络分析法、模糊综合评定法、层次分析法等。评价是工业工程的基本功能之一。工业工程活动中充满着对方案的选择，随处都需要运用系统评价的思想与方法。

6.2.2 系统设计法

系统设计就是在系统分析的基础上,按照系统思想和优化要求,综合运用各有关学科的知识、技术和经验,通过总体研究和详细设计等环节,落实到具体工作或项目上,以创造出满足设计目的的人造系统。在系统开发过程或整个系统生命周期中,系统分析着重回答"干什么"的问题,而系统设计则主要解决"怎么干"的问题。系统设计一般分为工作系统(如生产系统、组织系统等)设计、信息系统(如管理信息系统、决策支持系统)设计及工程系统设计等。

在进行系统设计时,一般要考虑的基本问题(又称系统设计的要素)有:① 系统的功能,主要指设计系统的目的和对所设计系统各方面结果的期望及要求;② 系统的输入与输出,即要明确进入这个系统需要进行处理和转换的内容及输出结果的形式、性质、数量等;③ 系统的程序和层次,要求明确系统内部从输入到输出所经历的必要的转换环节及系统的反馈控制方式;④ 系统的环境,在系统环境的问题上,要充分考虑到环境因素未来的变化;⑤ 系统的媒介,这里主要指在整个转换及输入/输出过程中所利用的手段,如生产系统中的设备、工具,以及信息系统中的计算机等;⑥ 系统中人的因素,在设计中应着眼于发挥人的主观能动性和人机的最佳配合。

系统设计通常采用归纳法或演绎法这两种方法。应用归纳法进行系统设计的程序是:首先尽可能地收集现有的和过去的同类系统的设计资料;在对这些系统的设计、制造和运行状况进行分析研究的基础上,根据所设计的系统的功能要求进行多次选择,然后对少数几个同类系统进行相应修正,最后得出一个理想的系统。演绎法是一种公理化方法,即先从普遍的规则和原理出发,根据设计人员的知识和经验,从具有一定功能的元素集合中选择符合系统功能要求的多种元素,然后将这些元素按照一定的形式进行组合,从而创造出具有所需功能的新系统。在系统设计的实践中,这两种方法往往是并用的。比如,可先用演绎法对系统整体予以描述,然后对其中的子系统等采用归纳法进行详细设计。

按照系统工程原理和工业工程的要求,可归纳出对不同工程系统、工作系统和信息系统进行设计的程序及其主要内容。它们在形式上虽然有所不同,但均具有内在的逻辑一致性。

根据上述系统设计思想,从工业工程的角度能够对企业进行工业工程系统(又称工业与系统工程)的设计,主要包括人员活动系统、管理控制系统和公用(共)服务系统等。

1. 人员活动系统

人员活动系统(human activing system)又称组织的物理系统或技术系统,涉及在物理工作地发生的各种活动,它由以下组元(元素)组成:

(1) 产品(货物与服务);
(2) 过程设计;
(3) 制造(生产)系统的设计;
(4) 物流设施规划与布局设计;
(5) 工作流程设计;
(6) 工作地设计;
(7) 维护与辅助工作程序设计;
(8) 安全程序设计等。

2. 管理控制系统

工业工程师的任务之一是定义和设计一个组织系统中的管理控制系统(management control system),它由以下组元组成:

(1) 可重组组织和管理系统的设计;

(2) 组织和工作设计;

(3) 资源配置与定位,库存控制;

(4) 企业目标、战略与流程设计和再造(PDR),员工参与(EI),以及质量保证与质量改进(QI)的系统匹配集成设计;

(5) 业绩评价、运作管理与运行费用控制;

(6) 横向对比与决策支持系统的设计;

(7) MRP/ERP、JIT 或 TOC 系统的设计;

(8) 人力资源规划、培训与开发;

(9) 约束/瓶颈管理理论及其应用等。

尽管上述元素主要采用制造的术语,但其框架体系适用于任何系统。

3. 公用服务系统

公用服务系统(corporate service system)为上述两个系统服务,其组元有:

(1) 目标战略与规划、建模、分析和决策支持;

(2) 市场研究与营销(marketing);

(3) 供应保障(logistics)与供应链管理(SCM);

(4) 客户关系管理;

(5) 企业内、外部合作与企业网络设计;

(6) 企业业绩测试、评价与改进;

(7) 政策法规与沟通的支持数据库;

(8) 金融与投资监测、分析与决策支持;

(9) 流程设计与再造、员工参与和质量改进集成的决策支持等。

6.2.3 系统图表法

图表是直观形象地表述问题、吸引注意力和快速启迪思维的有效工具。图表的外观反映事物或问题的概貌和特征,而其内在则体现设计者对问题的洞察力、理解力和艺术表达力。常见的图表有活动规划图表和问题分析图表。图表法的形式有针对某种特定要求制订的检核表,如新产品设计用检核表、物流改善用检核表、降低成本用检核表等,这种方法称为检核表法。

1. 活动规划图表

活动规划图表是系统分析活动中用来规划各项工作的图表,包括流程图、层次分析图、工作分配表和工作进度表。

(1) 流程图　包括系统流程图和程序流程图,分别用来规划系统工作阶段(如工艺流程图)和思维程序(如程序框图)。流程图一般用标准符号来绘制。

(2) 层次分析图　用来对工程系统进行层次分析和规划各项活动的投入项目、过程项目和产出项目。

（3）工作分配表　用来把计划中的工作项目分配给适当人选。工作分配的意义：一是要明确责任，二是要平衡工作负荷。

（4）工作进度表　用来给各项工作项目分配时间和确定时间先后顺序，如甘特图和计划评审网络图等。

2. 问题分析图表

问题分析图表用来分析和表达各种问题中的构成因素（或要素）及其因果关系，主要有点阵图、矩阵图、关系树图、三角阵图、成组因素交叉关系矩阵和成组因素综合关系图等。

图表（系统图表）法是工业工程及其系统分析中常用的一种结构模型化方法，在规划活动过程、分析复杂问题方面具有直观、简洁和富有启发性等特点。在问题分析图表和活动规划图表两类系统图表中，问题分析图表以关联树图及其矩阵表为代表，还有特征因素图、成组因素综合关系图及其交叉关系矩阵、解释结构模型等；活动规划图表以各种流程图为代表，另有规划、工作、活动一览表，工作分配表，工作进度表等。

流程图是用来规划工作阶段或思维程序的系统图表，是对实际系统运作过程或分析与解决问题方法论的直观表述，在工业工程中具有广泛的应用。应用于工业工程的流程图通常有两类：一类主要用于基础工业工程和生产系统的规划与设计，如程序流程图、工艺流程图等（前已论述）；另一类主要用于信息系统的开发与设计，如数据流程图、系统流程图等。各种流程图基本上都已有标准的符号和绘图规则。

6.2.4　综合评价分析法

工业工程是一种对系统进行规划设计和组织管理的综合技术，其工作过程是一个集体努力和综合创造的过程。创造性思维与创造性技术是认识系统问题，探寻行动方案，分析、设计、改善大规模复杂系统问题的基础。如果把工业工程理解为设计，那么它不同于常规设计，而更适用于研究发展新项目与系统；如果把它理解为管理，它需要不断探索改进管理系统与工作程序以提高效率。因此，工业工程需要的是高度的创造性和综合性。

随着发明学、创造工程、系统工程和管理科学的发展，一些具体的创造性技术和方法被广泛地应用于工业工程的领域中。在这一节中，我们将主要介绍访谈法、观察法、结构性问卷调查法、会议法、问题导问法、情景分析法、鱼骨图法、列举法和流程地图法等。这些方法都是在诊断、评价和分析工业工程问题时常用的方法和工具；同时，它们的用途不止于此，还可以普遍地应用于工业工程和管理的许多方面。

1. 访谈法

如果同样的信息可以通过直接和简单的方法获得，那么就可避免采用间接的和耗费时间的方法收集信息。在许多事例中，最好的方法是直接访问。

在企业中工作的各级人员掌握着大量的信息，并且几乎每一个人都可以提出一些必要的和可行的革新建议。访谈就是一种能很好地了解问题的常用方法。

大多数信息和数据是通过访谈得到的。访谈计划应该能够反映关键问题和关键数据。同时，除了收集数据之外，访谈应该有目标，如同访谈者建立良好的关系，提供信息取得所依据的某一观点或意见的支持，为解决问题做出决策等。

在计划中为数据分析留有的时间要像数据收集中的一样充足。在整理或总结访谈记录时应把数据同假设联系起来。访谈时需要集中注意力,因此尽量不要在短时间内安排太多的访谈。一个很好的原则是:为访谈所分配的时间应是同被访者面对面交谈时间的两倍。数据收集的安排要尽量有逻辑性,先问关键问题,这样就可以避免收集一些不必要的数据。

2. 观察法

观察法也是一种常用的直接获得信息的方法,通过观察现象来发现现象背后存在的问题。

通过观察可以得到的信息包括:工厂、仓库和办公室的布局,作业活动、原材料和人员的流动,工作方法、工作节奏和纪律,工作环境(如噪声、光线、温度、通风、秩序和整洁情况等),高级和中级管理人员、监督人员、专业人员和工人的态度和行为,人与人之间、组与组之间的关系等。

鉴于大多数人在被调查时会感到不自在,因此在开始观察之前,必须特别注意使他们轻松自在。首先,调查人员应当告诉被调查对象自己想要干什么,不应在没有提醒的情况下就开始对工人或其他员工进行观察。调查人员应该说明调查的目的,让他们清楚并非为难某一个人,调查人员的唯一目的在于取得关于某项活动是怎样进行的可靠信息。和这些被观察对象交换看法,允许他们有机会指出所有影响该项活动或工作关系的因素,并鼓励他们提出改进的建议,这样就能够取得他们的信任以便更好地合作。他们应尽可能在被观察的情况下像平常一样活动,不要故意比平常做得好些或差些、快些或慢些。如果出现了任何不正常的情况,观察应停止,并在情况恢复正常之后再重新进行。

当观察的任务主要是处理工业工程中涉及的人员问题及个人之间与集体之间的关系时,还必须深入了解员工(客户)的态度和行为。尽管如此,调查人员应当观察到人们的倾向、爱好和成见,使他们能够在必要时清楚这些内容是怎样影响调查者所关心的问题的,并且能够与他们达成合作。这种观察贯穿于整个过程的始终。观察从初次见面获得第一个印象时就已开始。有些情况可以在以后的接触中加以核实。需要注意的是,在那些不直接涉及个人品质的访问中,当场记录各种印象容易分散调查人员和被调查对象的注意力,为此,调查人员应当在心里记录并在事后及时追记和分类。

3. 结构性问卷调查法

研究系统时,其运行机制往往是造成研究对象系统问题的根本原因。同时,由于在系统中,不同变量之间的相互影响和互动,因果关系链条的相互交错,使系统的运行显得异常复杂,因此我们很难一下从错综复杂的关系中,迅速地抓住问题的本质。

为了全面地了解系统,我们通常会采用结构性问卷调查法。所谓结构性问卷调查法,是采用一种结构性问卷形式,通过不同角度和层面,用问题对系统进行层层剖析,即对系统进行水平方向的"横切"和垂直方向的"纵切",最终使系统的运行机制和问题完全地显现出来,如图6-3所示。

结构性问卷调查法是一种很有用的全面、深入了解系统运行机制的诊断方法。一份好的设计问卷,可以用来了解一个研究人员几乎一无所知的系统。

结构性问卷可以通过以下步骤来设计。

图 6-3 结构性问卷诊断系统

1) 明确调查的范围

首先是对需要了解问题的范围做出清晰的界定,以避免受到不必要的干扰,便于集中精力,取得良好的调查结果。

如果已经明确了调查的范围,但依然感到问题繁多,难以下手,则可以从更小一级的系统开始调查。比如当我们感到企业的生产能力不足,就可以将调查范围确定在对生产系统的调查上,如果生产系统还表现出其他很多问题,为了使调查不受干扰,我们可以将调查范围进一步缩小到生产系统的供应和销售等子系统上。将其他的问题放在下一步调查或另行调查。

2) 对系统进行"横切"和"纵切"

首先可将系统分为输入、输出和运行机制三块。

通常从输出开始问第一个问题。例如,"招聘系统的输出是什么?"回答是:"为公司引进优秀的人才,及时输送到各个需要人才的部门。"这个问题没有表明系统的输出有什么问题。没关系,我们要继续用问题对输出进行分切。"在过去的三个月中,一共招聘了多少人?"(数量),"招聘工作一般需要多长时间才能完成(从收到招聘信息开始计算)?"(时间),"目前,新进人员中,留下来的有多少人?能够胜任工作的有多少人?","各部门的人员需求还有多少尚未满足?"(质量),"新聘用的人员如何上岗?"(与下一系统的接口)。当然,你还可以设计更多的问题。为了使问题准确全面地暴露,应当要求给出相关的资料或举出若干例子对问题进行佐证。

但要注意一点,要针对输出提出具体问题,暂时不要问"如何招聘""如何甄选"之类的复杂问题,在没有彻底了解输出之前,这些问题很容易被搪塞过去。

在了解了系统的输出之后,就可以开始分析系统的输入并发现输入中存在的问题,同样可以从输入信息的数量、质量、时间和来源等方面着手进行。

下一步是了解系统的运行机制。在了解了系统的输出和输入后,就可以使用外延法或内延法,利用系统的因果关系链,对系统的运行机制进行研究。

4. 会议法

在此以鱼缸会议法为例加以说明。

进行工作研究时,都要分析存在的问题,比较常见的现象是系统中各部门喜欢将错误归结于自身之外的因素。如销售部门责怪制造部门:"我们一直达不到销售目标的原因,是产品品质无法同别人竞争。"制造部门责怪工程部门,工程部门回头责怪销售部门:"如果他们不干扰我们的设计,让我们自主设计产品,我们已经是业界的领导者。"

由于传统的职能分工,我们仅仅专注于自己的业务,看不见自己行为的影响怎样延伸到业务范围之外。当有些行为的影响回过头来伤害到自己,我们还误认为这些新问题是由外部引起的。

鱼缸会议为各部门看清自己或自己部门的行为对系统及其他部门的影响提供了一种较好的方法。以对部门的诊断为例,将相关的部门集中起来,尽可能地罗列出被诊断部门存在的问题,由被诊断的部门对问题进行记录。与一般的讨论会不同的是:被诊断的部门自始至终不能发言,只能记录其他部门的意见。由于这时候,被诊断的部门好像鱼缸中供人观赏的金鱼,因此,这种会议被称为鱼缸会议。

之所以不让被诊断的部门发言,是为了防止在辩解中强化对问题的习惯性防卫心理,让其他部门可以无拘无束地发表自己的意见,使被诊断的部门可以充分地了解其他部门对自己部门的看法,看清自己部门的行为是如何对其他部门造成影响的。

会议结束后,被诊断的部门还可以通过三色笔法和鱼骨图法(后面详细描述),对问题进行进一步的分析,并提出相应的解决方案,使问题最终得到改善。

5. 问题导问法

前已述及"5W1H"法是对某项工作或某件事情从目的(Why)、对象(What)、时间(When)、场所(Where)、人员(Who)、手段(How)等六个方面提出问题,看其是否合理,并找出改进之处的方法。

"5W1H"在工业工程实践中被广泛采用,该方法是对各种场合及对象普遍适用的提问法。这里,我们提供一套具体应用的问题导问法,即"五问法",可以帮助你迅速准确地抓住问题的本质。其基本方法是对于要研究的工作或事情反映出的问题追根究底,了解问题的根源,即多问几个为什么。有问题了,要问为什么它会发生,不断地追问"为什么",直到你发现和掌握了问题的系统原因。一般凡事"连问五次为什么",系统原因大多能够被分析出来。采用这个方法可以通过分析得到更深层次的系统原因,并获得深入系统的解决方案。

例 6-1 假设你看到一位工人,正将铁屑撒在机器之间的通道地面上,你会想:发生了什么事情?

问:"为何你将铁屑撒在地面上?"
答:"因为地面有点滑,不安全。"
问:"为什么会滑,不安全?"
答:"因为那儿有油渍。"
问:"为什么会有油渍?"
答:"因为机器在滴油。"
问:"为什么会滴油?"
答:"因为油从联结器泄漏出来了。"
问:"为什么会泄漏?"
答:"因为联结器内的橡胶油封已经磨损了。"

上例中,人们倾向于看到一个问题(地面上的油渍),就立下结论,将铁屑撒在上面,以为就此解决了一个问题。事实上,通过5问,判断解决问题的方法之一应是采用金属油封来取代橡胶油封。

"问五次"并非铁则,不过再问一次"为什么",就可以避免简单的解决方法和表面上的原因,进而深入地了解系统成因。而造成联结器漏油的采购政策,无疑也会造成其他问题。因此,如果能够找到系统存在问题的根本原因,许多问题就会迎刃而解。

6. 情景分析法

情景分析法是在现代社会技术迅速发展,不确定性因素日益增长,技术系统和企业之外的社会、政治等外部不确定因素越来越强烈地影响着未来的技术进步和企业发展的背景下产生的。所谓情景分析,一般是在专家集体推测的基础上,对可能的未来情景的描述。对未来情景,既要考虑正常的、非突变的情景,又要考虑各种受干扰的、极端的情景。情景分析法就是通过一系列有目的、有步骤的探索与分析,设想未来情景及各种影响因素的变化,从而更好地制订出灵活且富有弹性的规划、计划或对策。这种方法灵活而富有创造性,是一种综合的、具有多功能的辅助分析方法。情景分析法的基本步骤为:建立信息库→确定主题目标→分析并构造影响区域→确定描述影响区域的关键变量→探寻各种可能的未来发展趋势→选择并解释环境情景→引入"突发事件"检验其对未来情景的影响→详细阐明主题情景。在情景分析过程中,还常常用到前已述及的各种方法。与其他方法相比,该方法具有灵活性、系统性,以及定性与定量研究相结合等特点,在工业工程实践中具有较好的应用前景。

7. 鱼骨图法

鱼骨图又称要因分析图。所谓鱼骨图就是将造成某项工作结果的众多原因罗列出来,以图表的方式来表达结果与原因之关系,因其图形像鱼骨,故称为鱼骨图,如图 6-4 所示。鱼骨图早期主要用于解决质量或生产方面的问题,但通过和三色笔法的结合,也可以广泛地用于分析工业工程领域的问题。三色笔法的介绍详见后文。

鱼骨图可以用在工程改善的某个阶段,特别是在分析问题的初期,此方法在工程及管理上应用甚广,效果相当好,是一种简单又实用的工具。

例 6-2 某一工程存在质量问题,其原因分析过程如图 6-4 所示。

图 6-4 鱼骨图

根据图上所列原因,再逐项分析,找出关键因素(主要原因),然后采取对策,问题就可以得到解决。

鱼骨图的编制程序如下:

(1) 先确定要分析的问题,再由左向右画出带有箭头的一条线,箭头指向问题;
(2) 找出造成问题的大原因(可以通过三色笔法来找出原因);
(3) 找出造成大原因的小原因;

(4) 逐步过滤,圈出主要原因;

(5) 对主要原因进行再分析;

(6) 依据提出的原因拟订改善方案,逐项拟订改进措施,直至取得成果。

任何工程和管理问题的产生均有其原因,这些原因又有主要原因和非主要原因之分,只有对症下药,才能解决问题。

鱼骨图法提供了一种便捷的工具,尤其在建立问题意识的初期。而后续的对策往往需要配备一些较有经验的人来进行,则更具效果。

需要注意的是,鱼骨图的用法不止于此,在分析、确定问题的假设阶段,鱼骨图与三色笔法的结合,同样很有必要。

8. 列举法

列举法主要是通过会议等集体启发的形式,将所研究问题的特性、缺点或希望的状态罗列出来,然后提出相应的改进措施,从而形成具有独创性的系统方案。按列举的内容,列举法主要有缺点列举法和希望点列举法等。按照系统工程的基本工作过程和系统分析原理,将缺点及希望点(或问题分析及目标探寻)列举出来,并联系在一起结合使用,会取得更好的效果。

下面介绍的三色笔法就是一种列举法。该法通常与鱼缸会议和鱼骨图法一起使用,用来对收集到的问题进行进一步处理,使我们分清系统问题的主次。由于在对问题进行处理的过程中,会使用三种不同颜色的笔,因此,这种方法被称为三色笔法。

三色笔法的实施步骤如下。

用一种颜色的笔,将所有的问题罗列出来。用另一种颜色的笔,对问题进行分类。用第三种颜色的笔,画出鱼骨图,标出关键性的问题。对关键性的问题制订计划,使问题得以改善。

例如,对产品质量问题进行分析时,用三色笔法可表述为:

① 原材料 $\begin{cases} 保管不善, \\ 质量不稳定; \end{cases}$

② 设备 $\begin{cases} 精度不高, \\ 老化,故障率高; \end{cases}$

③ 环境——车间灰尘太大;

④ 人员 $\begin{cases} 作业人员技术不熟练, \\ 劳动强度大,工人易疲劳。 \end{cases}$

9. 流程地图法

研究系统运行机制的另外一个有效的方法是流程地图法,也称为牛皮纸法。该方法可描述为完成一项工作要经历的流程或产品经历整个组织的过程,它能让系统真正运转起来,并说明需要改进的地方。

流程存在着两个问题:一是流程往往是由专家,而不是真正从事这项工作的人来设计的;二是流程往往最后说明工作应当怎样完成,而不是现实中的情况如何,也就是流程反映的是公司生产过程手册的内容,而不是日常工作中的状态。克服这些问题的方法之一是流程地图法。该方法是将我们对流程的设计绘制在一张牛皮纸上,故其也称为牛皮纸法,一旦完成了第一张草图,你就会发现工作或业务变得简单而有逻辑。这是一种允许人员大量参与的解决复杂系统问题的方法,因此,该方法一直被视为具有"低技术性,高接触度"的特点。

流程地图法的表现形式是牛皮纸图,其主要形成步骤如下。

(1) 调查访谈　通过与流程地图法研究过程中主要部分有联系的人面谈,了解流程中的主要活动、信息流、关系网、数量和指标等。

(2) 绘制草图　一般情况下,将有关信息在 A4 纸上画下来。在一面墙上贴一张大牛皮纸,通常长 4～6 m、高 1～2 m。然后用"即时贴"自粘便条纸、普通白纸和流程中的文件在牛皮纸上画出流程的草图,如图 6-5 所示。

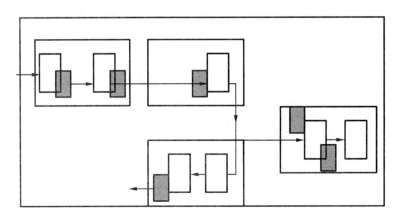

图 6-5　牛皮纸图

(3) 流程描述　邀请面谈过的人来评论牛皮纸上的业务流程,检查流程描述是否正确,从而开始对待改进业务流程中的一些部分有初步认识。然后将这些认识和意见写在不同颜色的自粘便条纸上,突出表示出来。

(4) 流程改善　邀请在流程中工作或受到流程影响的人沿着墙看一遍这张牛皮纸,一个人一个人地看或 6～8 人一组一起看,让他们提出改进建议和意见。再把这些意见用自粘便条纸添加上去。到此时为止,已经有几个人看过了这张牛皮纸,通常已经能够得到至少 50 条意见。

(5) 流程定型　当收集到所有改进意见时,就可以用这张牛皮纸作为建立新业务流程的依据。

尽管看起来很简单,流程地图法却是让流程中各个层次上和各个群体中的人都参与分析和重新设计其工作方式的一种效率很高的方法。这种方法通常可以把很复杂的过程变得很实在、很直观,使人们能够站在一种新的角度看待这些流程,还能促使他们产生"必须做些什么才能改善这些流程"的感受。

对于很多人来说,牛皮纸图使他们第一次直观地看到整个流程。由于工作原因或职能、地理位置因素的限制,他们以前只能了解流程中与他们直接相关的那一部分。因此,将来自流程中各个环节上的人都聚集在牛皮纸图前,就可以帮助他们对别人的工作或业务多一点了解,让他们知道该怎样做才能使其他人的工作更简单和更有效率。

6.3 工业工程的组织

6.3.1 工业工程组织设立

科学的方法需要通过有效的组织来实施。企业中的工业工程活动,因其行业特征、产品类型、经营方式、规模,主管人员的能力,技术人员的数量和素质及生产管理水平等各方面的不同而不同,工业工程的组织与业务也呈现不同的形式。

在第二次世界大战之前,传统的工业工程内容主要是时间研究、动作研究、工作简化、质量控制、工资激励、业绩评审、工厂布置、物料搬运、生产计划等。在某些企业中可能只有上述工业工程内容中的一两项,而另一些企业的工业工程内容可能比较齐全。在组织体制上,大多数的企业把工业工程的工作分散放置在几个有关的部门中,例如,放在工程开发部门、生产制造部门或企业管理部门,而很少设立独立的工业工程部门。

在第二次世界大战后,特别是从20世纪60年代以来,工业工程的职能和内容有了很大的变化和扩充,把工业工程人员集中起来设置独立工业工程部门的企业越来越多。国外专家20多年前对欧美近4 000家大、中型企业的调查就已表明,98%的企业设置了独立的工业工程部门,但名称上不一定都叫工业工程部,有的称为生产率与系统服务部、制造咨询部、联合服务部、生产率咨询部、管理系统部等,但核心工作都是工业工程。这种独立的工业工程部门在企业组织中的位置和工业工程内部的结构也各自有所不同,但绝大多数由企业最高管理层直接领导,承担工业工程部门职能范围内的指导、监督和日常工业工程的各项专业工作。

在有条件的企业中,建立专门的工业工程部门是工业工程这项综合性工作的组织保证,它可以为工业工程工作建立正常、有效的工作程序和制度,能对工业工程项目的生命周期进行全过程和全面的跟踪与协调,并进行统筹规划,能为工业工程工作积累应有的经验和资料,保证使其成为企业持续发展中的一项战略性工作。

6.3.2 企业组织结构中的工业工程部门

企业组织结构及其工业工程部门的设置与企业的规模、行业特征、管理方式及水平等密切相关,且可能会因企业而异。根据国外的已有经验,结合中国部分合资企业及国有大、中型企业的初步实践,国内所采用的最常见的企业组织结构形式如图6-6所示,其中工业工程组织(IE部)是企业的一个职能部门。

图6-6 常见的企业组织结构形式

6.3.3 工业工程的组织形式

为实现工业工程的职能,充分发挥工业工程部门的作用,工业工程部门的内部组织结构被划分成名目甚多的专业小组或专业室(如时间和动作研究、制造工程、系统与运筹研究、设施设计、质量与可靠性工程等),以便各自开展一些基础性的研究工作和完成基础性资料与数据的积累。但日常的工业工程任务大多涉及复杂的综合问题,需要多专业的工业工程人员协作,因而工业工程部门设有协调室,负责协调各专业室的工作安排,形成矩阵式的内部工作方式。

在许多情况下,某项工业工程工作是围绕着某个项目任务的下达而开展的。因此,工业工程工作也要根据工程项目的性质和规模来确定其适当的组织形式。

1. 企业设有独立工业工程部门的组织形式

集中式组织结构:IE人员集中归属 IE 部门管理,被指派到各部门工作。

图 6-7 给出一个企业设有独立工业工程部门并按工业工程项目组织实施的组织形式。图 6-7 中的 IE 项目 1 有一个比较完整的组织形式,这是因为这个工业工程项目的工程规模较大,任务内容较全面。IE 项目 2 的开发任务只要求到"系统开发"阶段为止,因此它的组织形式也相应地比较简单。其他工业工程项目的工作当然还可以有其他适当的组织形式。图 6-8 所示为一种比较完善的独立设立工业工程部门的组织结构。

图 6-7 工业工程工作的系统化组织形式

2. 矩阵式工作组织形式

首先,不论工业工程项目的性质和规模如何,原则上都应设立一个系统工程工作组,负责整个工业工程项目系统分析的技术指导和总体规划(指该工程项目系统分析工作的总体规划)。其次,一般项目也都会设立一个总体规划组,负责对整个工业工程项目要求建立的某种工程系统进行总体规划和设计。工业工程工作的另一个重要原则是,要与本单位或本企业的其他有关部门(如人事部门、生产部门、财务部门、工程与开发部门、市场经营部门等)构成密

图 6-8 独立设立工业工程部门的组织结构

切的矩阵式工作组织关系,如图 6-9 所示。没有这些部门的人力、财力、物力、设备、信息和时间上的支持与配合,各个工业工程项目的工作就将陷入困境。因此,一方面,要由全单位或全企业制订一套完善的制度来规定各部门有义务支持和配合工业工程部门的工作,从组织上保证这种密切的矩阵式的工作组织关系;另一方面,则要依靠工业工程部门的主管人员和全体工业工程人员努力与其他有关部门保持良好的、和谐的关系,以自己的工作态度和绩效取得他们的理解与支持。有些工业工程项目的工作也可以聘请某些相关部门的有关人员直接参加,作为分析小组的正式成员,或者作为专家顾问,这样做可提高合作的密切程度,对工作是十分有利的。有时还可借此解决工业工程人员不足的问题。遇到事关全局的重大工业工程项目,应在企业高层成立项目领导小组及相应的办公室。

图 6-9 工业工程部门与其他部门间的矩阵式工作组织关系

工业工程部门为了做好日常或各种工业工程项目的工作,通常还应建立一个技术水平高、工作经验丰富、责任心强的专家顾问班子。这些专家顾问来自本单位和外单位各种专业领域和工作岗位,在需要时请其前来参加有关的咨询讨论或评审会议,提供技术咨询和建议,有的还可直接参与部分工业工程工作,以弥补本部门力量的不足和提高工业工程部门的工作质量。

矩阵式组织结构特点:IE 人员集中为 IE 部门的成员,但根据需要,不同的 IE 人员被指派到工厂或车间、部门工作,具有很大的灵活性。

6.3.4 企业组织与业务流程重构

自从 Hammer 和 Davenport 提出重构和过程创新的概念以来,企业业务流程重构(business process reengineering,BPR)受到了普遍的关注。据估计,企业业务流程重构可使企业的经济效益提高 70%～80%,而日常管理只能使企业的经济效益提高 10%～20%,因此它对企业有着巨大的吸引力。另一方面,信息技术(计算机技术、通信技术等)在企业的广泛应用为企业实施业务流程重构提供了强有力的支持。西方发达国家一些大的企业如福特汽车公司、国际商业机器公司、通用机器公司等都实施了企业业务流程重构方案,以改善企业的经营绩效,提高企业的经济效益,加强企业的市场竞争力。企业业务流程重构被称为信息时代的新工业工程,是工业工程的重要内容和组织方式。

精益生产(lean production,LP)(在第 7 章有专门论述)与大量生产相比,只需一半的人员、一半的生产场地、一半的投资、一半的工程设计时间、一半的新产品开发时间和极少的库存,就能生产质量更高、品种更多的产品。精益生产既是一种生产方式,又是一种哲理,旨在消除生产过程中的一切浪费。浪费是指生产过程中一切不增加价值的活动。而业务流程重构也是对现有业务流程中不合理的部分和浪费的消除,并对业务流程进行重新构造。可以认为业务流程重构的思想源于精益生产哲理。要消除不增加价值的活动就必须深入了解业务流程,否则就无法识别哪些是增加价值的活动,因此业务流程重构又是实现精益生产的保证。

从 BPR 的角度出发,企业信息系统的建立本身就是一个企业流程重构工程,需要与企业的业务流程简化、规范化、优化和自动化结合起来一起实施。BPR 的科学内涵包括四个方面:① BPR 是在打破原有部门界限、职能分工的基础上,对业务流程或具体任务重新组合;② BPR 不是通过渐进改良提高管理效率,而是一场改变传统工业流程的飞跃式革命;③ BPR 是对原有业务流程进行根本性反省,进行彻底改造和再设计,并在此基础上实现信息化,直接面对顾客、面对市场,增强企业的核心竞争能力;④ 信息技术不是将原有业务处理自动化,而是新流程的数字化工具与加速器。

根据 Davenport 和 Short 的定义,企业业务流程是关于人、原材料、设备以及方法程序的逻辑组织,使人、原材料、设备、方法程序通过一定的工作活动设计来实现特定的目标。他们认为,业务流程有两个重要的特征:一是业务流程要有用户或顾客,二是业务流程要穿越组织边界,并独立于组织结构。企业业务流程重构就是以业务流程为中心,打破企业的职能部门分工,对现有的业务流程进行改进或重新组织,以求在生产效率、成本、质量、交货期等方面获得显著改善,提高企业的市场竞争力。

企业业务流程重构不同于业务流程自动化。业务流程自动化是在不改变现存业务流程的前提下,对业务流程采用先进的技术和设备,以提高其效率。而业务流程重构是改变现存业务流程的组织方式和人员的职能,消除业务流程中的一些步骤或改变它们的操作顺序。我们以企业的物资采购业务流程为例,来说明企业流程重构的含义,如图 6-10 和图 6-11 所示。

图 6-10　企业的物资采购业务流程

图 6-11　企业的物资采购业务流程重构

从图 6-10 和图 6-11 可以看出,现存的企业物资采购业务流程是采购部门向供应商发出采购订单,同时将采购订单的复件送给财务部门,当物资接收部门收到订货时,它将验收单据送给财务部门,同时供应商也将发票送给财务部门,财务部门对采购订单复件、验收单据和发票进行识别,只有当三者完全匹配时,财务部门才向供应商付款。这样的业务流程使得财务部门花费大量的时间和人员进行单据的识别和生成,不仅延误时间,而且增加了成本。根据工业工程中"高效率,低成本"的原则,我们对现有采购过程进行流程重构,通过企业业务流程重构,使得原有的物资采购业务流程大大改进。当采购部门向供应商发出采购订单时,这个订单也同时进入了企业信息系统的实时数据库,而不需向财务部门送订单复件;物资接收部门收到物资后,只需通过数据库查询物资是否和发出的订单相符,若相符,则接收物资,并将接收业务信息输入数据库,否则返回订单;同时,计算机财务系统对采购订单和接收业务信息进行自动匹配,若能匹配,则财务部门向供应商付款,而不需供应商开具发票。这样,不仅简化了原有的业务流程,缩短了时间,提高了工作效率,而且计算机财务系统和数据库使得业务更加准确。

6.4 工业工程的应用模式

6.4.1 工业工程应用模式的设计

工业工程在世界各国的发展与应用模式不尽相同。从整体上分析,发达国家应用工业工程理论形成了两种典型模式。

1) 技术-设计型模式

以美国为代表的西方工业工程与管理理念,体现为技术-设计型模式,如图 6-12 所示。该模式以技术为先导,从开始就注重从技术上对涉及的设备、物料、产品、人员等要素组成的集成系统进行系统而全面的设计。一方面,它具有比较客观、与主观因素关系较小的特点;另一方面,它又比较宏观,甚至有些庞大,从而保障了系统有一个较好的基础或自成一体。对该模式所建立的系统,同样要进行计划和控制,保障系统高效率而低成本地运行,以实现企业的目标。

图 6-12 工业工程的技术-设计型模式

2) 技术-改善型模式

以日本为代表的工业工程与管理理念,体现为技术-改善型的模式,如图 6-13 所示。该模式以技术为指导,在已设计的包括设备、物料、产品、人员等要素组成的集成系统基础上,不断地进行系统而全面的改善。在不断改善的过程中,改革和创新是关键技术,生产的准时化和精益化是高效率、低成本运行系统的保证。而通过调动人的积极性,充分发挥各级各类人员在改善过程中的作用是该模式成功的关键。

图 6-13 工业工程的技术-改善型模式

6.4.2 工业工程的运行模式

工业工程在世界各国的发展与应用模式不尽相同,这主要是因为引起企业的问题是多元的。我们可将企业的主要问题归纳为设计和运行两方面。

首先,应用工业工程进行系统设计容易产生两类问题。一方面,比较明显的问题是系统功能设计问题。由于设计上的缺陷,系统功能不能满足企业的需求。例如,系统反应较慢,达不到要求;提供的信息不明确,不便于理解和使用;系统不能提高组织的运转效率,也不能改进产品和管理的质量;系统各部分接口设计不良也是常见的问题;有的系统设计得过于复杂,容易误作业;还有的系统层次太多,排列不合理,作业顺序烦琐,造成运行不良。另一方面,系统是组织的一个密不可分的一个组成部分,它与组织中的其他要素,如结构、任务、目标、人员、文化等都有着内在紧密的联系,应该完全相容。当组织中的某个系统发生变化时,必然会影响到组织的结构、任务、人员、文化等发生相应的变化。系统的建立过程就是一个组织再设计的过程。如果新的系统不能与组织中的其他要素相容,这个系统也被视作是失败的。

其次,系统运行得不好也是一个问题。尽管系统功能的设计可能是正确的、完善的,但如果系统运行中经常产生问题,则会导致问题难以及时得到处理,甚至最终系统被这些运行问题拖垮。因此,工业工程运行模式的设计必须要解决好这些问题。

根据实际工业工程设计和运行经验,我国工业工程的运行模式采用如图 6-14 所示的形式,即从分析型理论与方法、规划设计型理论与方法、生产过程管理与控制型理论与方法、评价型理论与方法等四个方面进行规划设计。

图 6-14　工业工程的运行模式

从企业层面,该运行模式提供从企业规划、企业设计、企业应用诊断到企业改造、企业重组等各个阶段的全过程解决方案,提供从资本视角、物理视角、功能视角、信息视角、业务视角到组织视角等各个方面的全方位解决方案。在多变的经济环境、市场环境及技术环境条件下,企业系统必须经常调整自身的目标、功能(包括结构形态)、输入和输出,使系统最优或次优(满意或合理)。图 6-15 表明了在企业中工业工程功能是如何实现的。

图 6-15　企业中的工业工程功能的实现

6.5 工业工程的实施

6.5.1 工业工程的导入方法

工业工程的导入必须按与企业自身基础特征相适应的程序方法进行,特别是在企业基层推进时更是如此。如果准备不够充分,只是成立一个部门或只有一个责任人,多数情况下会失败,或者遇到很大的抵抗而无法顺利推进。这种现象不只体现在工业工程活动的推进上,一切新方法、管理技术的推广都需要慎重。这不是技术的可靠性问题,而是人的惰性对成功导入的进度和结果影响很大,所以不可以只做表面文章。要想实现企业的精益化生产,落实现场工业工程是最重要的一环,必须切实做好每一步导入工作。图 6-16 所示为工业工程的导入方法。通过对创造氛围、人才培养、组织建设、改善活动的推进及不断的教育培训等方面进行导入,建立方法,形成体系。

图 6-16 工业工程的导入方法

工业工程活动的开展是工业工程导入的必要条件。开展工业工程活动的基本要求是企业要明确生产方针、目标等相关事项,这是工业工程活动的前提。当企业的方针、目标等相关管理项目清晰明了时,工业工程活动就能够取得比较大的成绩;否则,将难以展开。同时还应对管理者提供指导及相应的方法培训,明确目标、方法及期望。企业还要尽最大努力发挥员工的自主能动性,让员工有工作成就感和体验到人生价值,并对此进行适当的指导、支持、奖赏和鼓励。

6.5.2 工业工程的活动形式

工业工程活动基本上是对信息的收集、分析、处理和利用过程,数据的有效性和丰富性决定工业工程活动的成败。一人或少数几个人的活动所能收集的数据是有限的,数据的收集与分析需要很多劳力与实践,特别是现在企业内的活动越来越细化,各部门间的团队合作、统一目的及目标是非常必要的。

随着问题涉及范围的深入,被牵连进来的关键部门(如研发、生产和采购等)会越来越多,因此活动方式会有所差异,但主要的项目形式有三种:① 与其他部门合作推进的跨部门项目;② 依赖或委托其他部门推进的项目;③ 部门内部推进的项目。

推进工业工程活动时更多地是以项目的形式进行。表 6-1 所示为对工业工程活动形式及内容特征的分类。

表 6-1 工业工程活动形式及内容特征的分类

形式	跨部门合作项目	委托其他部门项目	部门内部项目
基本特点	相关部门的负责人,以项目小组的形式,团队推进	课题在部门内无法也无从解决,将相关工作明确后,委托给其他职能部门	日常工作中收集数据及针对现场发现的问题,内部解决
活动范围	由企业方针而确立的题目或问题,关系到几个部门	部门内的工作计划中无法解决的问题	只与本部门相关
活动负责	主要责任部门	部门内	部门内
推进方法	有关部门责任分担; 项目会议统筹进度及各部门技术协调	其他部门提出解决方案; 其中部分工作由内部完成; 接受指导	部门内小组推进; QC 小组内部解决
案例	工厂整体布局的改善; 工装夹具改良,自动化	标准时间的设定; 夹具、设备的引进; 设备改良; 作业标准的设定和修订	作业动作的改善; 作业配置的改善; 生产线平衡的改善; 简单的工装改良; 作业环境的改善; 搬运的改善

6.5.3 工业工程的推进体系和方法

在工业工程的推进中,首先要明确目的,然后要注重推进体系和方法。图 6-17 所示为工业工程的推进体系。

图 6-17 工业工程的推进体系

现场工业工程最重要的课题就是提高学习效率的改善活动。任何专业问题,都有其解决的基本程序与方法,图 6-18 所示为工业工程活动程序的推进方法。

6.5.4 工业工程的实施

1. 工业工程实施中的问题

目前,企业对工业工程了解不多,应用不广,工业工程应用水平不高。具体表现为:① 企业尚未从系统的角度认识工业工程的价值;② 缺乏社会化应用环境(工业工程宣传、咨询服务、培训、认证等);③ 企业普遍短视;④ 不想做实实在在的具体工作、基础工作。

工业工程解决的主要问题是各类产品生产过程及服务过程中的增值链问题。例如,机械工程在完成对产品及制造工艺的研究和设计后,就要进入投产阶段,在产品进入这一生产阶段后,就需要运用工业工程的知识来面对生产的组织与运行问题,如如何缩短生产线,如何优化作业空间,如何进行零部件和制成品的全球配送,如何保障生产或服务的质量,等等。为了交给顾客一个满意的产品,企业不仅要有效运用时间、人员、机器、资本等资源实现所设计的产品,而且要解决生产中的质量和成本问题,以及最终确保产品的交货期、质量和利润。所有

图 6-18 工业工程活动程序的推进方法

这些工业化生产所面临的问题,正是工业工程所要解决的问题。

解决这些问题主要是通过有效管理和实施工业工程进行的,但实施时存在阻力或抵制。实际上,传统观念已深植于企业内部,要想根除这些观念相当困难。当进行改革时阻碍会以多种方式表现出来,工业工程实施中常遇到的 10 种抵制观念如下:

(1) 那种东西没有什么用；
(2) 道理确实如此,但是我们的情况不同；
(3) 方案是不错,实际效果难说；
(4) 再降低成本已不可能；
(5) 我们也一直是这样做的；
(6) 不愿做别人劝告的事情；
(7) 成本下降的话,品质也会跟随下降；
(8) 现状也不错,为什么要改变；
(9) 那种东西是不灵的,10年前我们就已搞过了；
(10) 我们对此最了解。

以上10条在应用工业工程进行改善革新时并非一定都会遇到,但在企业实施工业工程的过程中有一定的代表性,如美国GE公司在现场推行工业工程时就出现了其中一些抵制。企业在实施工业工程项目时应高度重视这些观念问题。

2. 企业实施和推广工业工程的方法

1) 要有实施和推广工业工程的总体思路

(1) 全面规划　如果不先做总体规划或总体规划考虑不周,就会造成虽然某项工作开展得很好,但它与相关工作不协调,不能形成一个整体或系统,企业整体效率和效益也很难提高。

(2) 突出重点、明确目标、分步实施　根据企业特点抓住工业工程与管理工作中几个关键、薄弱的环节先推行,有重点、分阶段地进行,每个阶段都有具体的内容和目标。

(3) 效益驱动　在推行工业工程的过程中必须考虑阶段性成果,争取步步取得实效。如果没有阶段性成果,长期见不到实效,就会降低推广应用的积极性。

2) 在工业工程实施和推进过程中要培养基本的工业工程意识

(1) 正确掌握现状,通过工业工程手法对现状数据进行分析。
(2) 不放过任何细小的浪费,提高效率。
(3) 要形成将不良率减到零的推进意识。
(4) 企业、部门全员参与是工业工程活动成功的关键。
(5) 将效率、成本、工作率、生产线平衡、故障率等问题以数据说明和显示。
(6) 遵守解决问题的程序,努力使问题得到解决并取得较大成效。

3) 先明确责任,再行使权力,并形成执行力

这里主要是指在工作中要先取得相应的权力,明确工业工程在企业中要有合法的地位。企业中执行不力是个"通病",也是最为严重的一种"症状",特别是在中层管理者当中,最容易出现这种现象。而对于主张改革和创新的工业工程师来说,在企业实行改革中,也最怕出现这种情况。工业工程师若在企业中没取得相应的权力,就不容易实施围绕工业工程的改革计划。

4) 先从改善开始,然后才是改革

在实施改革过程中,必须一块一块地做,将问题和矛盾一个一个地解决,这样才能最终有效地推进企业改革,否则将寸步难行。

5) 先试验,后推广

通常,一项工作在没有先例的情况下,是很难做好的,也很容易导致改革的失败。但可以

对企业中某个部门、某个系统率先进行改变或改革,看成效如何再行决策。如果效果好,就以此为基础,大范围地推广开来;如果不足,就总结经验,重新再来。这样做对于企业来说是一种比较可靠和可行的方法,因为即使失败了,所造成的损失也将会比较小。

6) 灵活应用工业工程的理念和方法

例如,在生产中追求零库存、准时性等原则是很好的理念。但如果工业工程师只是片面地追求零库存、准时生产,那将很难达到目的,而且还可能事倍功半,收效不大。不去追求达不到的零库存,将注意力转到关注减少浪费中来,反而会使企业更容易做好工作,收到效果,这种方法对当今国内的中小企业尤为适合。事实上,在20世纪90年代初期,一些日本企业利用IT技术达到了零库存的理想状态,但是只维持了很短一段时间就放弃了,因为他们很快就意识到,维护这种零库存状态所花费的成本相当高。现在一些成功应用工业工程理念的企业,大多都在追求一种准零库存,而非绝对的零库存,就是这个道理。

习题

1. 试述 IE 方法体系的基本结构和内容。
2. IE 的基本方法有哪些?
3. 简述 IE 的评估方法及流程。
4. 企业 IE 部门的组织形式有哪些?
5. 简述工业工程的导入方法。
6. 简述企业中 IE 的推进程序和方法。
7. IE 实施时面临的主要问题有哪些?
8. 简述工业工程的应用模式。
9. 运用鱼骨图解决工业工程问题的主要步骤有哪些?
10. 简述工业工程在企业实施应用中可能出现的问题。
11. 如果你作为企业高管,在实施和推广工业工程过程中采取的总体思路是什么?
12. 简述主要的综合评价方法,并对各方法进行简要说明。
13. 试画出一种企业有独立的 IE 部门的典型组织架构。

思考题

企业如何推广应用工业工程?

案例 ▶▶▶

钢铁集团企业——鞍钢、邯钢运用工业工程的实践

钢铁企业是应用工业工程较早并且比较成功的企业,下面以实例予以说明。

1. 鞍山钢铁集团公司

作为全国第一大钢铁企业,从1989年开始,鞍山钢铁集团公司(以下简称鞍钢)应用基础工业工程中的工序分析、作业分析、动作分析、时间测定等多种分析方法,设计了将文、图、表融为一体的作业标准模式,通过几年的试运行,取得了明显的效果。

工业工程中的方法研究和作业测定等基本方法,为修订岗位作业标准、提高效率提供了手段。从生产系统实际出发,灵活运用这些方法,就能修订出适合岗位需要、符合生产实际的作业标准。鞍钢曾先后在20个单位试点,并把认真学习和深刻认识工业工程的含义、核心、特点及思想等放在工作的首位。

鞍钢修订企业标准的工作程序如图6-19所示,这符合工业工程方法论的要求。

图 6-19 鞍钢修订企业标准的工作程序

鞍钢按照基础工业工程的思想与方法,根据企业生产系统的实际状况,大量运用了工序分析(如生产工序分析、流程工序分析、生产-用户工序分析等)、路径分析、操作或作业分析、动作分析、时间分析、事故和故障分析、技巧分析、作业程序分析等具体分析方法,还研制出手工操作、单人单机作业、多人单机作业、结构作业、嵌套式作业、群体作业、动作要素和维护检修等作业程序图。鞍钢按照科学的程序,采用适宜的方法,经过企业上下的共同努力,形成了将文、图、表融为一体的鞍钢生产岗位作业标准设计的基本内容和工作文本,并由主题内容与适用范围、引用标准和文件、名词术语、岗位职责、人员素质要求、作业前准备、作业程序与操作方法、事故处理与故障报告、相互关系和信息传递、检查与考核等10部分构成。截至1993年,鞍钢已修订了100多个作业标准,经专家鉴定的14个标准已颁布实施。该企业标准起草与审批的程序为:现状分析→收集资料→编制标准说明→起草标准→召开研讨会→工厂专家鉴定→工厂三级审查→公司专家鉴定→公司三级审查→公司发布实施。

近年来,鞍钢运用基础工业工程技术重新修订了岗位作业标准等,共取得成果134项,获得企业经济效益2 000多万元。通过分析,理顺工序次序3处,改善作业环境和调整不合理设备布局5处;建立了合理的操作程序34个,优化操作动作128个,缩短操作路线近万米;提高产品质量10%~20%,提高工时利用率10%~25%,减少故障时间60%。通过优化劳动组织,提高劳动生产率20%左右。

2. 河钢集团邯郸钢铁公司(以下简称邯钢)

20世纪80年代,国务院号召企业学邯钢,真学邯钢真见效。以"模拟市场核算,成本否决机制"为特征的邯钢经验有着丰富深刻的内涵,最根本的是落实"三改一加强"(改革、改组、改造、加强企业管理)。而在"三改一加强"中用科学的工业工程方法解决企业深层次问题,则是邯钢走向企业管理现代化、提高经济效益不可分割的重要环节,这正印证了"管理科学,兴国之道"。

企业推行工业工程,既具有重要的现实意义,又具有长远的基础作用。1998 年,邯钢向当时河北省冶金工业局提交了一个报告《应用工业工程挖掘企业深层次经济效益》。经过复核,应用工业工程方法,邯钢在 1994—1997 年间创经济效益 6 000 多万元;1995—1998 年累计经济效益达 18 亿元。

邯钢的具体做法可概括为以下几条:

(1) 应用工业工程原理,强化炉头温度,提高焦炭质量,1994 年和 1995 年创经济效益 659 万元;

(2) 运用工业工程原理,优化人机组合,提高轧线合格率和成材率,增加经济效益总额 133 万元;

(3) 运用工业工程原理,把企业干部分为六类,制订 45 个定额标准,按定员定额套算,1997 年仅工资就节约 408 万元;

(4) 运用工业工程原理,实现连铸板坯 16MN 热送热装,全年获经济效益 106 万元;

(5) 运用工业工程原理,减少裂纹废品,提高铸坯合格率,创经济效益 105 万元;

(6) 运用工业工程原理,规范职工行为,创经济效益 79 万元。

从上面 6 条可以看出,邯钢应用工业工程是多方面的。通过进一步对邯钢 1996 年前的 87 项获省部级二等奖以上的成果应用工业工程方法的归类分析,结果显示邯钢应用工业工程方法的比例如下:

(1) 网络技术(PERT)21.8%;

(2) 价值工程(VE)13.8%;

(3) 成本控制 11.5%;

(4) 信息及计算机 11.5%;

(5) 系统工程(SE)11.5%;

(6) 提高劳动生产率和测定 9.2%;

(7) 人力资源和工效学 8.1%;

(8) 质量控制(QC)5.7%;

(9) 生产计划 3.5%;

(10) 市场营销 1.2%;

(11) 其他 2.2%。

综上所述,工业工程的各种方法在企业多方面得到应用,并取得良好的成效。

近年来,随着经济全球化和市场的迅速发展,用户对钢铁产品的品种、数量、质量、成本、交货期和服务提出更高的要求。钢铁企业如何应用工业工程来不断发展壮大,这是一个重大课题。钢铁企业在应用工业工程时,不妨相互借鉴。以下是钢铁企业一些有共性的、具有工业工程与管理特征的好的做法,值得学习与推广。

(1) 做好企业计划工作,如编制生产制造大纲等。这是工业工程的基础,标准流程、标准工时将依据它产生。

(2) 建立和完善企业生产制造基础系统和基础管理。如分析钢铁企业生产的基础设备状况,抓好关键设备工位图表的编制。

(3) 以动作研究、科学管理为前提,制订作业标准、标准方法及标准工时。

(4) 加强质量保证体系,严格贯彻有关规定,提高产品质量。

(5) 执行绩效考核,改善激励机制;严格管理费用,完善交付产品的成本核算。

(6) 协调企业的供应链机制,进一步完善成本和财务管理。

(7) 全面实现企业信息化工作(如 ERP 系统),利用计算机和网络对生产计划、制造大纲、人员、质量等进行管理。

上述工作完成后,即可实现对钢铁企业生产的进度、质量、成本、效率等的动态管理。

案例讨论

钢铁企业应用工业工程有何特色?

第 7 章 企业生产中的工业工程

学习目标

通过本章的学习,你应该能够:

(1)理解企业生产中,现场工业工程与管理密不可分,并学会自觉应用工业工程的理念,从管理视角了解企业生产中的工业工程;

(2)掌握生产改善与平衡的原理与方法;

(3)掌握准时生产和精益生产的原理与方法;

(4)重点掌握5S管理、全面生产维护、目视管理、定置管理、车间(班组)管理等现场工业工程与管理优化内容、目标、方法、评价和实施等。

7.1 生产的平衡与改善

7.1.1 生产平衡

1. 生产线平衡

生产线平衡指的是生产线上的每一个工位的工作时间都进行均衡化,通过对瓶颈工序和负荷过大工位的改善,以达到每个工位的工作时间都趋于一致的一种方法。它是一种解决工序间的作业负荷不均衡问题的手段和方法,能够使得各工序间的作业时间均衡,通过相关的方法研究使生产线的生产过程更加流畅。生产线平衡对工艺流程的每道工序的作业时间进行相关研究,运用相关技术手段使得各工序间的工作时间相近,目的是要消除由工序间的不平衡造成的浪费和效率上的损失。

生产线平衡的目标是实现作业工序的合理分配、作业工位的合理布置以及生产节拍最优。由于产品在不同工位的作业强度不同,因此如果生产线不平衡,将会导致不同工位为了跟上生产节拍而最终影响产品的质量,以及整个生产线的效益。

生产线平衡即对生产的全部工序进行平均化,调整作业负荷,以使各作业时间尽可能相近的技术方法和手段。生产线平衡直接关系到生产线的正常使用,是生产流程设计及作业标准化中最重要的方法之一。

2. 生产平衡率

生产线平衡的一个很重要的评价指标是生产平衡率。生产平衡率是用于衡量流程中各工作站节拍符合度的一个综合比值,其计算公式如下:

$$生产平衡率 = \frac{各工序时间总和}{工序总数目 \times CT} \times 100\% \tag{7-1}$$

式中:CT(cycle time)指生产线中耗时最长的作业工序的作业时间,称为周期时间。生产平衡损失率＝1－生产平衡率。并且生产线的生产能力也是由CT决定的,即

$$产量 = \frac{作业时间 \times 工时利用率 \times 产品良率}{生产线周期时间(CT)} \tag{7-2}$$

生产平衡率越高,生产线的产能越大,生产效率越高。如果各个工作站的作业时间完全相等,则该生产线是一条完全平衡的生产线;这时,由于线上各活动同步进行,实现了工人和设备的最大利用,因此工作流极为顺畅。企业只有不断地追求生产线平衡才有可能在投入很少成本的情况下更好地满足客户的要求,实现人员和设备的充分利用。在研究生产线平衡的过程中,为了能够尽快地找到生产线中的瓶颈工位,从而有目的地优化生产线使之达到平衡和满足客户需求,需要引进一个作业时间作为平衡生产线各个工作站作业时间的参考,我们称之为节拍(takt time,TT)。节拍反映了生产线或生产设备满足相应客户需求生产所耗费的时间。

$$节拍(TT) = \frac{计划工作总时间}{客户总需求} \tag{7-3}$$

节拍的单位为秒(s),通过节拍的确定能够帮助企业更好地实现将客户需求和生产速率同步的目标。

7.1.2 基于 PDCA-SDCA-KDCA 的持续改善

1. 基于 PDCA 循环的持续改善

日本企业依托戴明环(PDCA)对企业的活动进行改善提升,然后标准化,建立了一系列管理工具,这些使得日本企业的管理发展到了极致。戴明环是能使任何一项活动有效进行的一种合乎逻辑的工作程序,特别是在质量管理中得到了最广泛的应用。其中,P、D、C、A 所代表的含义如下:

P(plan),策划或计划,确定方针和目标,制订活动计划;

D(do),执行具体操作,贯彻计划中的内容;

C(check),检查、总结执行计划的结果,注意效果,找出问题;

A(act),行动或处理,对正确的经验进行标准化,对错误的教训进行总结,防止再犯。

PDCA 作为推动工作、发现问题和解决问题的有效工具,其典型模式被称为"四个阶段"改善,成为基于 PDCA 循环的企业改善方法。

2. 基于 SDCA 循环的持续改善

基于 PDCA 循环的企业持续改善的过程中,大量成功的经验会被标准化,这些标准反过来会促进企业的改善提升,称之为改善的标准化。然而 PDCA 循环不是运行一次就可完结,而是周而复始地运行。一个循环结束,解决一些问题,可能还有问题没有解决,或者又出现了新的问题,再进行下一个 PDCA 循环。而被标准化的经验,同时也加入 PDCA 循环中用以改善企业的精益现状。这个标准化,我们命名为 standardization,而原有的 PDCA 循环经标准化后可表述为 SDCA 循环。

SDCA 循环就是标准化维持,即"标准化、执行、检查、总结(调整)"模式,包括所有和改进过程相关的流程的更新(标准化),并使其平衡运行,然后检查过程,以确保其精确性,最后做出合理分析和调整使得过程能够满足愿望和要求。

SDCA 循环标准化维持的目的,就是标准化和稳定现有的流程。

S(standard),标准,即企业为提高产品质量编制出的各种质量体系文件;

D(do),执行,即执行质量体系文件;

C(check),检查,即质量体系的内容审核和各种检查;

A(action),总结,即通过对质量体系的评审,做出相应处置。

SDCA 的第一个步骤是标准化。我们日常所用到的规章制度、流程、操作规范等都可以称为标准,这里的标准化主要指制定这些标准并通过训练、指导等手段让标准的使用人掌握标准的过程。

在形成标准之后,就要去执行这些标准,然后检查执行的效果,最后根据检查的结果采取一些行动。行动主要包括:当发现标准不合理时重新修订标准,当发现标准的执行不到位时则对执行人采取处罚、教育、培训等手段使其能够按照标准来执行。

3. 基于 KDCA 循环的持续改善

企业为什么进行改善,如何进行改善,什么时候进行改善,用什么工具进行改善,改善的标准在哪里,这一系列的问题也会在改善中被解决。因此,在进行 PDCA 循环和 SDCA 循环的过程中,不仅产生了标准,更产生了经验,产生了知识,这些经验、知识为后续的改善提供了借鉴,可推动不断改善。这些经验、工具在运用形成知识的过程,我们称之为知识化,即 knowledgeable,而原有的 PDCA、SDCA 循环经知识化后,可表述为 KDCA 循环。

同时,KDCA 循环的内涵可进一步表示为标准化的知识管理系统。企业在大量的改进活动中,不可避免地会产生大量的经验及知识,这些知识有显性、隐性等不同的属性,企业可建立精益知识管理系统,通过知识管理的方法对生产改善进行指导,可实现对知识的充分利用与共享,这些对加强企业的核心竞争力具有重要意义。

改进提升理论是在戴明环(PDCA)的启发下,将 PDCA 改善,进化为 SDCA 改善及 KDCA 改善,这三者相互促进,不断循环,推进企业改善,这种系统完整的改善提升理论与方法概括为 PDCA-KDCA-SDCA 持续改善。

总体而言,企业要实现生产线平衡是相对容易的,只需要保证物流的紧密衔接和人员的精准操作即可。要实现企业的均衡生产则较难。均衡生产是在生产线平衡的基础上,对生产相关的要素进行整体改善,其中需要各相关部门人员相互配合,如财务、销售、计划人员、管理人员、各车间的协调一致,库存的保证等等,需要企业内部多方合作、紧密衔接才有达到的可能。而整体改善面临的情况则是,企业内部包括多条生产线,多个车间;生产线上的材料不同、工艺不同、人员不同、生产节拍不同;各个车间之间的联系也是亲疏有别,各部门之间的联系、交流可能存在信息局部化、不完整,交流中信息缺失、人员缺乏耐心,组织工作不到位等情况;企业外部,与上下游企业间良好的组织关系,行业的动态性、市场的变化、政策法规的变化等,这些都是整体改善需要统筹考虑的问题。

整体改善就是以企业为中心,将影响企业运行的外部因素(上下游企业、行业环境、政策等)和内部因素(企业内各部门、人员、文化等)进行综合考虑,将整个流程看成一个整体,将流程中的各个要素看成是整体的一部分,大而化小,从全局层面诊断整个流程中企业竞争力的短板,也就是改进的薄弱点,通过改善提升企业的竞争力,以实现企业的价值。

7.2 准时生产与精益生产

7.2.1 准时生产方式

1. 概述

准时(just in time, JIT)生产方式，又称丰田生产方式，是一种拉式生产方式，起源于 20 世纪 50 年代，由日本丰田汽车公司的大野耐一从美国的超市得到启发而首先推出，于 20 世纪 90 年代传入我国，它是一种传统大量生产方式的革新。

20 世纪 20 年代，亨利·福特(Henry Ford)创造了一种机械化装备与传送线结合的高效生产方式，被后人称为大量生产方式，又称大量流水生产线、机械自动化流水线。该方式在 20 世纪 30 年代以后迅速推广到主要发达国家和苏联，成为 20 世纪主导的生产模式。由于其充分利用规模经济/规模效应的优势，因而极大地降低了单件产品的生产成本，提高了产量，促进了各国的工业化进程，形成了世界性的大宗贸易，而且普及了工业品，提高了人民的生活水平等，为人类文明与社会进步做出了空前的贡献。

随着经济的发展和社会的进步，大量生产方式得到了充分发展，但其固有的不足也显现出来。一方面大量生产方式只适应短缺经济时代，这种以生产厂家主导市场（又称卖方市场）的单一或少品种的大量生产，缺乏适应顾客需求变化的产品及生产柔性，因此，它无法适应现代与未来市场的变化与发展；另一方面，与之伴随的"三高"（高物耗、高能耗和高污染）弊病使发展中国家或地区再也无法利用传统的大量生产模式实现工业化，同时在今天的市场环境中，大量生产方式已显现出技术陈旧、投资高、建造生产线时间与试运行时间长的缺陷。由于缺乏产品与制造系统的柔性，其越来越难适应现代与未来顾客需求的变化，且投资回报率下滑使资金越来越少地流向这类生产企业，大量生产方式的处境愈加困难。而且这种生产方式分工过细，知识与技能含量低，使大量从生产线下岗的员工无法摆脱失业的威胁。采取军事化、半军事化的传统生产组织管理方式束缚了员工的参与积极性与创造性，以人为"机器"或"工具"的管理理念严重地脱离"以人为中心"的现代管理要求。这些都要求对大量生产方式进行变革。

1950 年丰田英二决定重建由于战争而遭受破坏的丰田公司（丰田公司于 1937 年成立，第二次世界大战后几乎变成一片废墟）。经过考察美国福特公司大量流水生产线的模式后，丰田英二认为大量生产方式固然好，但不能照搬。他分析：日本的国内市场小，应该搞"多品种、小批量"的生产，按当时日本的国情搞终身雇佣制，要对美国传统的大量生产方式进行变革。20 世纪 70 年代，丰田公司又推行准时生产制，把大量生产方式发挥到淋漓尽致的境界，使其竞争力大增，对美国制造业造成巨大的冲击。

丰田公司经过实践总结出的准时生产方式有以下几个特征。

(1) 准时生产　在必要的时间（不迟也不早）生产必要数量（不多也不少）的规定产品，其生产指令就是看板(kanban)。

(2) 实行拉式生产方式　信息流从最终工序逆流而上到第一道工序，进行看板管理。拉式生产管理的主要特征是：信息流的运动方向正好与物料流方向相反，生产计划的产量与实际生产的产量相同,且少库存或零库存。

(3) 优化生产流程,消除一切不产生附加价值的活动,如检测活动。

(4) 进行计算机辅助公示管理。

(5) 利用制造资源规划 MRP Ⅱ 软件系统。

(6) 进行在制品(WIP)管理,如进行多种混流生产,培养多面手,采取小组工作方式和并行工程方式,要求供应商准时供应,极大地压缩库存等。

2. JIT 生产的主要方式

JIT 追求一种无库存生产系统,它采用了包括看板在内的一系列具体方法,使库存达到最小。JIT 生产方式的基本手段可以概括为下述四个方面。

(1) 适时适量的生产,即"just in time"一词本来所要表达的含义——"在需要的时候,按需要的量生产所需的产品"。

(2) 弹性配置作业人数以达到"少人化" 这是指根据生产量的变动,弹性地增减各生产线的作业人数,以及尽量用较少的人力完成较多的生产。这种"少人化"技术一反生产系统中历来的"定员制",是一种全新的人员配置方法。

(3) JIT 生产方式在生产组织中融入两种机制:第一,使设备或生产线能够自动检测不良产品,一旦发现异常或不良产品时设备可以自动停止,为此在设备上开发、安装了各种自动停止装置和加工状态检测装置;第二,生产第一线的设备作业工人发现产品或设备的问题时有权自动停止生产。

(4) 利用看板传递生产和运送的指令 在 JIT 生产方式中,生产的月度计划是集中制订的,同时传达到各个工厂及协作企业,而与此相对应的日生产指令仅下达到最后一道工序或总装配线。对其他工序的生产指令均通过看板来实现,即后工序"在需要的时候"用看板向前工序去领取"所需的量",同时就等于向前工序发出了生产指令。日生产量的不均衡及日生产计划的修改都通过看板来进行调整。

3. JIT 生产方式的不足

实践与研究证明,JIT 生产方式也存在不足,主要有以下几点。

(1) 要求有重复循环的产品生产环境,生产柔性不够大。

(2) 有易损性。

(3) 要生成附加库存。

(4) 所有生产过程活动同样重要,缺乏改进过程的重心。

(5) 实施 JIT 生产方式的过程漫长而复杂。

7.2.2 精益生产方式

1. 概述

20 世纪 70 年代日本推出了以准时生产方式为核心的丰田生产方式,该方式在 20 世纪 80 年代中期又被欧美企业纷纷采用。1991 年美国国际汽车计划(IMVP)在研究总结 JIT 生产方式特点的基础上提出精益生产(lean production,LP),受到麻省理工学院的专家的赞誉。随着微利时代的来临,精益生产模式成为企业竞争的有力武器。精益生产通过消除企业所有环节上的不增值活动,来达到降低成本、缩短生产周期和改善质量的目的。

2. 精益生产的基本思想

精益生产是以高素质员工队伍为基础,依赖于全面质量管理(TQM)、准时制(JIT)和全面生产维护(TPM)支持的生产方式。精益生产的基本思想如下。

(1) 消除一切形式的浪费　精益生产管理中列出了几种浪费(损耗)形式:废品与次品,超额生产或提前生产,待料、设备故障和计划差错造成的等待,多余的搬运,库存积压,过剩的产品功能等。

(2) 一切不产生附加价值的活动都是无效的劳动,即浪费。

(3) 连续改进,不断完善,不断提高,精益求精。

(4) 实施零缺陷、零库存、零故障、零调整。

(5) 把调动人的积极性、创造性放在管理工作的首位。

(6) 人是生产诸要素中首要的因素。

7.2.3　精益生产的目标

企业是以盈利为目的的社会经济组织。因此,最大限度地获取利润成为企业的基本目标。企业根据市场需求的变化,采用灵活的生产组织形式,及时、快速地调整生产,依靠严密细致的管理,通过"彻底排除浪费",防止过量生产来实现其目标。为此,精益生产必须能实现以下三个目标:零库存、高柔性和零缺陷。

1. 零库存

一个充满库存的生产系统,会掩盖系统中存在的各种问题。例如,设备发生故障造成停机,工作质量低造成废品或返修,横向扯皮造成工期延误,计划不周造成生产脱节等,都可以通过动用各种库存掩盖起来。表面上看,生产仍在平衡进行,实际上整个生产系统可能已存在很多问题,更可怕的是,如果对生产系统存在的各种问题熟视无睹,麻木不仁,长此以往,紧迫感和进取心荡然无存。因此,日本人称库存是"万恶之源",是生产系统设计不合理、生产过程不协调、生产作业不良的证明,并提出"向零库存进军"的口号。所以,"零库存"就成为精益生产追求的目标之一。

2. 高柔性

高柔性是指企业的生产组织形式灵活多变,能适应市场需求多样化的要求,能及时组织多品种生产,以提高企业的竞争能力。面临市场多变的问题,精益生产方式必须以高柔性为目标,实现高柔性与高生产率的统一。为此,精益生产必须在组织、劳动力和设备三方面表现出较高的柔性。

(1) 组织柔性　在精益生产方式中,决策权力是分散下放的,而不是集中在指挥链上,它不采用以职能部门为基础的静态组织结构,而是采用以项目小组为基础的动态组织结构。

(2) 劳动力柔性　市场需求波动时,要求劳动力也进行相应调整。精益生产方式的劳动力是具有多方面技能的多能工人,在需求发生变化时,可通过适当调整作业人员的作业来适应短期的变化。

(3) 设备柔性　与刚性自动化的工序分散、固定节拍和流水生产的特征相反,精益生产采用适度的柔性自动化技术(数控机床与多功能的普通机床并存),以工序相对集中,没有固定节拍及物料的非顺序输送的生产组织方式,使其在中小批量生产的条件下,接近大批量生产方式下由于刚性自动化所达到的高效率和低成本,同时具有刚性自动化所没有的灵活性。

3. 零缺陷

传统的生产方式很少提出零缺陷的目标,一般企业只提出可允许的不合格率和可接受的质量水平。它们的基本假设是:不合格品达到一定数量是不可避免的。而精益生产的目标是消除各种引起不合格品的原因,在加工过程中每一工序都要求达到最好水平,追求"零缺陷"或"无缺陷"。

高质量来自零缺陷的产品,"错了再改"得花费更多的金钱、时间与精力,强调"第一次就做对"非常重要。每一个人若在工作中养成了这种习惯,凡事先做好准备及预防工作,认真对待,防患于未然,在很多情况下就不会有质量问题了。因此,追求产品质量要有预防缺陷的观念,凡事第一次就要做好,建立"无缺陷"质量控制体系。过去一般企业总是对花在预防缺陷上的费用能省则省,结果却造成很多浪费,如材料、工时、检验费用、返修费用等。应该认识到,事后的检验是消极的、被动的,而且往往太迟。各种错误造成需要重新制造零件的成本常常是预防费用的几十倍。因此,应多在预防缺陷上下工夫。

7.2.4 精益生产方法

1. 生产计划和过程的准时化

(1) 以最终用户的需求为生产起点。

(2) 强调物流平衡,追求零库存,要求上一道工序加工完的零件应立即进入下一道工序。

(3) 采用看板的形式来组织生产线,即由看板传递工序间的需求信息(看板的形式不限,关键在于能够传递信息)。

(4) 生产中的节拍可由人工干预、控制,保证生产中的物流平衡(对于每一道工序来说,即为保证对后工序供应的准时化)。

(5) 由于采用拉式生产,生产中的计划与调度实质上由各个生产单元自己完成,在形式上只做最终产品的生产计划,因此过程中各个生产单元自主协调是必要的。

2. 质量控制与管理的全面化和全员化

(1) 强调质量是生产出来而非检验出来的,由过程质量管理来保证最终质量。

(2) 生产过程中对每一道工序都进行质量的检验与控制,重在培养每位员工的质量意识,保证及时发现质量问题。

(3) 若在生产过程中发现质量问题,可根据情况立即停止生产,直至解决问题,从而保证不出现对不合格品的无效加工。

(4) 对于出现的质量问题,一般应组织相关的技术与生产人员成为一个小组,一起协作,尽快解决。

3. 生产组织的项目化和团队化

(1) 每位员工在工作中不仅仅要执行上级的命令,更重要的是积极地参与,起到决策与辅助决策的作用。

(2) 组织团队的原则并不完全按行政组织来划分,而主要根据业务的关系来划分。

(3) 团队成员强调一专多能,要求能够比较熟悉团队内其他工作人员的工作,保证工作能协调、顺利地进行。

(4) 团队人员工作业绩的评定受团队内部评价的影响。

(5) 团队工作的基本氛围是信任,以一种长期的监督控制为主,避免对每一步工作的核查,从而提高工作效率。

(6) 团队的组织是变动的,针对不同的任务,建立不同的团队,同一个人可能属于不同的团队。

4. 产品设计开发过程的并行工程

(1) 在产品的设计开发期间,将概念设计、结构设计、工艺设计、最终需求等结合起来,保证以最快的速度按要求的质量完成任务。

(2) 各项工作由对应的项目小组完成,进程中小组成员各自安排自身的工作,但可以定期或随时反馈信息,并协调解决出现的问题。

(3) 依据适当的信息系统工具,反馈和协调整个项目的进程,利用现代 CIM 技术,在产品的设计开发期间,辅助项目进程的并行工作。

7.2.5 精益生产的结构体系

精益生产的结构体系如图 7-1 所示。

图 7-1 精益生产的结构体系

7.2.6 精益思想与精益工厂

1. 精益思想

精益思想是精益生产的精髓,精益生产是在精益思想的指导下进行消除浪费、提升效率的一种生产方式,如果将精益生产比作身体,那精益思想就是大脑。精益思想存在于企业生产过程的各个环节,包括精益生产、精益管理、精益设计和精益供应四个方面。精益思想的核心就在于"精"和"益",即以最小的成本获得最大的收益,并坚持持续改善,不断适应客户需求的变化。

精益思想以客户需求为价值导向,明确每一项产品或服务的价值流,保证产品从概念产生到到达客户的过程中流动顺畅,以客户需求拉动整个生产过程,以人为本,发挥全体员工的积极性、创造性,坚持持续改善,追求尽善尽美。

这种价值、价值流、流动、拉动、尽善尽美的概念已经发展成为应用于企业生产全过程(包括产品开发、采购、制造和客户服务)的精益方法,总结为精益思想的五大原则。

1) 价值(value)

精益思想认为产品或服务的价值最终由客户来确定,只有满足客户需求的产品或服务才是有价值的。精益思想颠覆了传统的大量生产的观念,重新定义了企业价值观。

价值分为有价值、无价值但必要和无价值三种。只有满足客户需求的动作是有价值的。精益思想的价值观强调以客户为中心来审视企业生产全过程每个环节的各种活动,减少无价值但必要的动作,消除无价值的动作,在提高客户满意度的同时,降低企业自身的生产成本,实现企业与客户的"双赢"。

2) 价值流(value stream)

价值流是指企业将原材料加工为成品过程中对产品赋予价值的全部活动,包括从概念产生到投入生产的整个产品开发过程,从物料需求制订到供应商送货的信息过程,从原材料到产品的加工转换过程,以及全生命周期的支持和服务过程。

识别价值流是精益思想的起点,同时价值流分析也是实施精益思想最重要的基础工具之一。通过对企业价值流进行分析,区分价值流中的增值活动和非增值活动,坚持对非增值活动进行持续改善以达到消灭浪费的目的。

3) 流动(flow)

"流动"和"拉动"是实现精益思想的中坚,精益思想强调的是不间断的"流动",要求全过程有价值的活动都要流动起来。但受限于传统部门分工和批量生产等传统观念和做法,企业的价值流动经常会被阻断。精益思想认为有停顿的地方就有浪费,强调生产的流线化、标准化、均衡化,通过推动"单元生产"模式,打破传统的部门化的、批量生产的思想。

4) 拉动(pull)

"拉动"是以客户为发起点,根据客户需求安排生产计划的一种生产方式,不同于传统的推动式生产方式,客户、下道工序在货架上就可以取得所需物品,而非强行推给客户。

拉动原则由于实现了需求和生产过程的对应,可以减少和消除过早、过量的投入,从而减少库存浪费和过量生产浪费,同时还大大压缩了生产周期。当客户需求提出后,可以立即进行设计、采购、加工,准时地将所需产品提交给客户,最终实现订单式生产,直接按客户实际需求进行生产。

5) 尽善尽美(perfection)

上述定义的价值、价值流、流动和拉动四个原则相互作用,通过不断的改善达到尽善尽美,结果就是价值流动速度显著加快。这样就必须不断地用价值流分析方法找出更隐藏的浪费,做进一步的改进。这样的良性循环成为趋于尽善尽美的过程。精益生产的目标是通过尽善尽美的价值创造过程,包括设计、制造和对产品或服务整个生命周期的支持为用户提供尽善尽美的价值。这里"尽善尽美"有3个含义:用户满意、无差错生产和企业自身的持续改进。因为外在市场环境处于不断变化之中,企业内部也要不断进行转变,所以"尽善尽美"永远是一个目标,但对尽善尽美的持续追求,将造就一个充满活力、不断进步的企业。

2. 精益工厂

精益工厂就是将精益思想应用到工厂的设计阶段和实施过程,最终将精益理念、工厂设计、系统工程、优化方法等领域的知识进行融合,并借助计算机辅助技术、优化算法等,使系统资源得到最有效的配置和优化,实现工厂的科学高效管理。传统工厂与精益工厂的比较见表 7-1。

表 7-1 传统工厂与精益工厂比较

比较项目	传统工厂	精益工厂
目标	完成工厂提出的要求,多数情况以满足工艺流程为目的,设计产品以满足国家规范要求为目标	结合企业实际,按精益理念系统设计,消除浪费,在不同阶段采用不同的设计工具与方法,提供差异化设计产品或解决方案
库存	推动式生产,按工艺流程或者工厂物料周转频次设置库房	推行 JIT 生产方式,强调物料流动与平衡,看板传递信息,减少在制品的库存
效率	分析生产工艺和工时,计算单台设备生产效率	用 TOC 分析和价值流分析,消除瓶颈和不增值活动,强调一个流,保持系统的均衡化生产
柔性	以静态设计为主,不能显示方案的预期运行情况,难以反映外部的变化	可实现动态、仿真设计,具有良好的柔性,具备适应环境及企业战略调整的能力
考虑人的因素	设计中以满足国家规定的劳动、职业安全卫生等法律法规要求为目标	以人为中心,为职工提供方便、安全、舒适的作业环境,使之合乎生理、心理的要求
实现方法、工具	以传统设计人员的经验知识为依托,主观性强,辅以少量计算机技术	结合精益理念、先进制造技术、工业工程方法和工具,以计算机辅助技术为实现手段
设计人员	以单纯的传统工厂设计人员为主,与企业内部相关人员进行有限的沟通	工厂专业设计人员、IE 工程师、企业相关技术、管理人员以及其他相关人员

7.3 全面生产维护

7.3.1 TPM 的概念

全面生产维护(total productive maintenance,TPM)是一个维护程序的概念,起源于 20

世纪60年代末的日本。当时行业竞争激烈,生产主体由早期以人力为主移转至以设备为主,迫使企业投巨资以提高设备精度。而设备的复杂程度增加后,故障率也大大增加,造成了设备停工待修时间增加、维修人员增加、生产成本增加。因此,设备投资导致企业偿债负担加重,并且设备故障率增加导致运行成本增加。在此双重压力下,企业工程与管理人员必须寻求对策,减少设备故障,提高设备运行效率。于是,过去以依靠专职设备维护人员保养设备为主的方式,逐渐转为专职维护人员与企业全体员工共同维护设备,以达到提高设备使用率的目的。全面生产维护中,T 指全员、全系统、全效率,PM 指生产维修,包括事后维修、预防维修、改善维修、维修预防。

全面生产维护是以最大限度提高设备综合生产效率为目标,以"5S"活动为基础,确立以设备全生命周期为对象的生产维修全系统,它涉及设备的计划、使用、维修等几乎所有部门,从最高领导到第一线工人全员参加,依靠开展小组自主活动来推行的生产维修。

TPM 的定义有以下五个方面含义:

(1) 致力于设备综合效率最大化的目标,追求生产系统设备效率的极限;

(2) 建立设备全生命周期的彻底的预防维修制度和体系,预防所有灾害、不良和浪费,延长生产系统的生命周期,最终达到"零"灾害、"零"不良、"零"浪费;

(3) 从生产部门实施开始,逐渐发展到开发、管理等所有部门,共同推行;

(4) 涉及每个员工,从最高管理者到现场工人全员参与;

(5) 通过自主的小组活动来反复推进。

7.3.2　TPM 的历程

TPM 起源于全面质量管理(total quality maintenance,TQM),并由其演变而来。TQM 是 W·爱德华·戴明博士对日本工业产生影响的直接结果。戴明博士在第二次世界大战后不久就到日本开展他的研究工作。作为一名统计学家,他最初只是负责教授日本人如何在其制造业中运用统计分析方法,从而利用其结果,在制造过程中控制产品质量。最初的统计过程及其产生的质量控制原理受到日本人职业道德的影响,形成了具有日本特色的工业生存之道,最终形成了 TQM。

当 TQM 要求将设备维修作为其中一项检验要素时,TQM 本身似乎并不适合维修环境的问题出现了。这是由于在相当一段时间内,人们重视的是预防性维修(preventive maintenance,PM)措施,多数工厂也都采用 PM 技术。而且,通过采用 PM 技术制订维修计划以保持设备正常运转的技术业已成熟。然而在需要提高或改进产量时,这种技术时常导致对设备的过度保养。它的指导思想是:"如果有一滴油能好一点,那么有较多的油应该会更好。"这样一来,要提高设备运转速度必然会导致维修作业的增加。

而在通常的维修过程中,很少或根本就不考虑作业人员的作用,维修人员也只是就常用的并不完善的维修手册规定的内容进行培训,并不涉及额外的知识。

通过采用 TPM,许多公司很快意识到要想仅仅通过对维修进行规划来满足制造需求是远远不够的。在遵循 TQM 原则前提下解决这一问题,需要对最初的 TPM 技术进行改进,以便将维修纳入整个质量过程的组成部分之中。

TPM 最早由一位美国制造人员于 20 世纪 60 年代提出,但最早将 TPM 技术引入维修领域的是日本的汽车零部件制造商——Nippon denso(日本电装公司),时间是 20 世纪 60 年代后期。后来,日本工业维修协会干事 Seiichi Nakajima 对 TPM 做了界定并见证了 TPM 在数百家日本公司中的应用。

TPM 的发展和历程归结如下。

(1) 事后维修(breakdown maintenance,BM)　故障后再维护(1950 年以前)。

(2) 改良维修(corrective maintenance,CM)　查找薄弱部位并对其进行改良(1950 年以后)。

(3) 预防维修(preventive maintenance,PM)　对周期性故障提出的维护(1955 年前后)。

(4) 维修预防(maintenance prevention,MP)　设计不发生故障的设备(1960 年前后)。

(5) 生产维修(productive maintenance,PM)　综合上述维护方法,提出系统的维护方案(1960 年前后)。

(6) 全面生产维护(total productive maintenance,TPM)　全员参加的维护(1980 年以后)。

7.3.3　TPM 的目标

TPM 致力于最大限度地提高生产效率。要达到此目标,必须致力于消除产生故障的根源,而不是仅仅处理好日常暴露的问题。TPM 的最终目标是通过改善人和设备的素质,来改善企业的素质。

所谓人的素质就是要使全体员工都具有兢兢业业的思想、不断改善的意识,同时具备岗位所要求的知识和技能。具体来说,除了干劲和意识,作为操作人员应具备自主保养的能力,作为维修人员应具备保养设备的能力,作为生产技术人员应具备设计出易于保养的设备的能力。

所谓设备的素质主要体现在两个方面:一是改善现有设备,提高综合效率,即以低的投入(含人员、设备、原材料等)达到高的产出(含产量、质量、成本、交货期、安全卫生、作业积极性等),随着自动化的不断推进,生产的主体愈发从人转向设备,因此消除影响设备效率的各种损耗,使设备更有效率地工作,也便成了 TPM 的目标;二是实现新设备的 LCC(life cycle cost)设计和寿命延长,即设备的设计要在考虑了设备的整个寿命周期所需费用的基础上进行。寿命延长就是指新设备从运转一开始就立即进入稳定的工作状态。

因此,在确保现场最佳条件下,TPM 让生产绩效提升更为显著,进而达到"零"灾害、"零"不良、"零"故障的目的。

7.3.4　TPM 与 5S、TQM 的关系

1. TPM 与 5S 的关系

5S 是 TPM 的前提,也是 TQM 的第一步,同时还是有效推行 ISO 9000、ISO 14000 等质量保证体系的保证。

5S 能够营造一种"人人积极参与,事事遵守标准"的良好氛围。有了这种氛围,推行 ISO、TQM 及 TPM 就更容易获得员工的支持和配合,有利于调动员工的积极性,形成强大的推

动力。

实施 ISO、TQM、TPM 等活动的效果是隐藏的、长期性的,一时难以看到显著的效果,而 5S 活动的效果立竿见影。如果在推行 ISO、TQM、TPM 等活动的过程中导入 5S,可以通过在短期内获得显著效果来增强企业员工的信心。5S 是现场管理的基础,5S 水平的高低,代表着管理者对现场管理认识的高低,这又决定了现场管理水平的高低,而现场管理水平的高低,制约着 ISO、TPM、TQM 活动能否顺利、有效地推行。通过 5S 活动,从现场管理着手改进企业"体质",能起到事半功倍的效果。

2. TPM 与 TQM 的关系

TPM 是由 TQM 演变而来的。戴明博士作为一个统计学家,他首次向日本人展示了如何在制造过程中使用统计分析及如何在制造过程中使用数据来控制质量。由日本建立的早期统计程序和效果质量控制概念很快成为日本工业的一种生存方式,这种新的制造概念最终被命名为全面质量管理(TQM)。当工厂维护的问题作为 TQM 程序部分被检查出来,一些通用概念看起来在维护环境中就不太适合或不能发挥作用了。原始的 TQM 概念做了一些修正,这些调整将"维护"提升至全面质量管理程序的一个重要部分。

TPM 是一个以制造业的创新,强调生产维护、人的重要性,以及员工共同参与协作的技术。"能做"和"持续改进"的理念在推行时能够得到深化。

7.3.5 TPM 的主要内容和流程

TPM 主要内容有日常点检、定期检查、计划修理、改善修理、故障修理、维修记录分析等。

1) 日常点检

日常点检是指作业者每天班前用听、看、摸等方法,按点检标准对设备进行检查。日常点检的目的是保证设备正常运转,不发生故障。点检的主要内容有异声、漏油、振动、温度、润滑和调整等。

2) 定期检查

定期检查是指维修工人按计划定期对重点设备进行检查。定期检查的目的是保证设备可实现规定的性能。检查工作包括测定设备的劣化程度、确定设备性能、调整设备等。

3) 计划修理

计划修理是指根据日常点检、定期检查的结果所提出的设备修理委托书、维修报告、机床性能检查记录等资料编制的计划,定期进行修理。这种修理属于恢复性修理。

4) 改善修理

改善修理是指对设备的某些结构进行改进的修理,这种修理主要用于重复发生故障的设备。

5) 故障修理

当设备突然发生故障或由于设备原因造成废品时必须立即组织抢修,这种修理称为故障修理。

6) 维修记录分析

维修记录分析是全面生产维护的一项重要内容,尤其是平均故障间隔期(mean time between failures,MTBF)分析,很受设备维修界的重视。平均故障间隔期是指在规定时间内设备无故障工作时间的平均值,它是衡量设备可靠性的尺度。

$$MTBF = 运行时间/故障次数$$

平均故障间隔期用于分析设备停机维修作业是怎样发生的。将发生的时间、现象、原因、所需工时、停机时间等都记录下来,制成分析表。通过分析可获得下列信息:选择改进维修作业的对象;估计零件的寿命;选择点检点,确定和修改点检标准;备件标准的确定等。

图 7-2 所示为 TPM 流程图。

图 7-2　TPM 流程图

7.3.6　TPM 的评价指标

TPM 的主要手段是采取 OEETPM,即主要以设备综合效率(overall equipment effectiveness,OEE)提高为基础,并与六大损失相关联:

① 故障/停机损失(equipment failure/breakdown losses);
② 换装和调试损失(setup and adjustment losses);
③ 空闲和暂停损失(idling and minor stoppage losses);
④ 减速损失(reduced speed losses);
⑤ 质量缺陷和返工(quality defects and rework);
⑥ 启动损失(startup losses)。

OEE 的时间分析见表 7-2。

表 7-2　OEE 时间分析

设备损失结构				定　义
正常出勤时间	停止时间	休息时间		生产计划规定的休息时间
		管理事务时间		朝会、发表会、参加讲习会、培训、演习、检查、预防、盘点、试运行、设备停止等引起设备停止的时间
		计划停止时间		计划的保全、改良保养时间、TPM 活动、每日下班的清扫
		无负载时间		外加工件或其他零部件延迟交货所引起的待料时间
	负载时间	停机时间	故障/停机损失	突发故障引起的停止时间
			换装和调试损失	模具、工具交换、调整、试加工时间
		运转时间	速度损失时间	空闲和暂停损失	运转时间－(加工数×周期时间)
				减速损失	基准加工速度与实际加工速度之差：加工数×(实际周期时间－基准周期时间)
			实质运转时间	不良损失	质量缺陷和返工	正常生产时产出不良品的时间，以及选择、修理不良品而致设备停止有效稼动的时间
					启动损失	生产开始，自故障停止至恢复运转时，条件设定、试加工等制作不良品的时间
				价值运转时间	实际产生附加价值的时间、生产良品所花的时间

TPM 的评价有三个主要指标：时间开动率、性能开动率及合格品率。当来自时间、速度、质量的损失被综合在一起，最终可利用 OEE 指标反映任何设备或生产线的运行状况。TPM 用来设定 OEE 目标和来自这些目标的测量偏差，然后试图消减差异，提高绩效。通过对设备评价的计算，就可以对设备的综合效率有一个了解，同时还可以为消除损耗提供方向性指导。

1. 设备的时间工作率

时间工作率就是设备实际工作时间与负载时间(设备工作的时间)的比率，计算公式为

$$时间工作率 = \frac{负载时间 - 停机时间}{负载时间} \times 100\% \tag{7-4}$$

其中，负载时间是指 1 天(或 1 个月)的操作时间中减去生产计划上的暂停时间、计划维修上的暂停时间，以及日常管理上需要去除的时间后所剩余的时间。因此所谓的停机时间就是故障、准备、调整及调换刀具等的时间。

2. 性能工作率

$$性能工作率 = 速度工作率 \times 净工作率 \times 100\% \tag{7-5}$$

其中，速度工作率就是设备实际的工作速度相对其固有能力的速度的比率，若速度工作率下降就可知设备速度下降损耗的程度。

$$速度工作率 = \frac{基准周期时间}{实际周期时间} \times 100\% \quad (7\text{-}6)$$

净工作率表示设备是否在单位时间内按一定的速度工作,它并不是说比基准速度快了还是慢了,而是指即使在较慢的速度情况下是否长时间地按这一速度稳定地工作。净工作率的计算,可以反映出检查停机等小故障产生的损耗。

$$净工作率 = \frac{加工数量(产量) \times 实际周期时间}{负载时间 - 停止时间} \times 100\% \quad (7\text{-}7)$$

$$正品率 = \frac{加工数量 - 废品数量}{加工数量} \times 100\% \quad (7\text{-}8)$$

$$设备的综合效率 = 时间工作率 \times 性能工作率 \times 正品率 \times 100\%$$

例 7-1 设备一天的负载时间为 460 分钟,维修工作时间为 20 分钟,准备时间为 20 分钟,调整时间为 20 分钟,基准周期时间为 0.5 分/个,实际周期时间为 0.8 分/个,一天的产量是 400 个,其中有 8 个废品,试计算设备的综合效率。

解 计算步骤如下:

$$时间工作率 = \frac{负载时间 - 停止时间}{负载时间} \times 100\%$$
$$= \frac{460 - (20 + 20 + 20)}{460} \times 100\% \approx 87\%$$

$$性能工作率 = \frac{基准周期时间 \times 加工数量}{负载时间 - 停止时间} \times 100\%$$
$$= \frac{0.5 \times 400}{400} \times 100\% = 50\%$$

$$正品率 = \frac{加工数量 - 废品数量}{加工数量} \times 100\%$$
$$= \frac{400 - 8}{400} \times 100\% = 98\%$$

$$设备综合效率 = 时间工作率 \times 性能工作率 \times 正品率 \times 100\%$$
$$= 0.87 \times 0.5 \times 0.98 \times 100\% \approx 42.6\%$$

7.4 现场工业工程与工厂优化管理

7.4.1 现场工业工程

生产系统是企业生产的根基,企业在生产过程中暴露的种种问题都能够从现场生产中发现,而且可以通过现场工业工程和管理加以解决和改进。现场是企业为顾客生产产品或提供服务的地方,是整个企业生产的中心。把企业的人员、机器、物料、环境、信息、制度等各生产要素和质量、成本、交货期、效率、安全、员工士气等六个重要的管理目标要素结合起来将构成一个动态系统,这个动态系统就是现场工业工程研究的对象。

现场工业工程运用科学的方法和管理手段,对现场中的生产要素和管理目标要素进行设计和整合,以达到全方位的配置优化,创造一个整洁有序、环境优美的场所,最具活力的使现场中人心情舒畅,作业得心应手,最终达到提高生产效率、提高产品质量、降低成本、增加经济效益的目的。

表面上看企业生产系统要实现革新似乎比较困难,特别是在生产现场,改变并消除旧有观念,比引进设备和作业改革更需要时间。从管理层到生产现场员工,从业务部到仓储,全员的思想革新是非常重要的。要想把现场工作做好,表7-3中所列的现场工业工程的10种基本精神必须要坚持。

表7-3 现场工业工程的10种基本精神

序号	基 本 精 神
1	抛弃固有的制作方法及观念
2	积极寻找方法而不是寻找做不到的理由
3	严禁为现状问题进行辩解或找借口,实事求是地否定现状
4	不求完美,50分即可,马上行动
5	错了请马上改正
6	改革不许大量投资
7	不遇问题,不出智慧
8	遇到问题请问5次为什么(Why),找出真正原因
9	10个人的智慧大于1个人的知识
10	改善永无止境

事实上,企业在工程和管理的实践中产生大量的带有工业工程理论、思想、精神和意识的活动,联系起来就是企业在生产中的工业工程活动和在企业管理中运用工业工程的活动。在后面章节中将陆续介绍5S和TPM等方法。

7.4.2 工厂管理

工厂管理是指为了更有效地提高工厂效率和产品质量,利用计划、组织、指导、控制等活动,对生产过程和生产者进行管理的一种活动。工厂管理包括生产管理、物流管理、设备管理、工程管理、质量管理和计量管理、采购管理、EHS(环境 environment、健康 health、安全 safety)管理、行政和人力资源管理、财务管理等。生产管理的核心是计划和控制,生产计划是龙头,没有周全计划和没有有效生产的管理只会造成现场混乱。生产管理过程中尤其要注意安全、质量、成本和进度控制。

一个工厂的管理从狭义上讲是对具体产品的质量、成本、交货期进行管控,主要围绕"质量 quality、成本 cost、交货期 delivery"(QCD)展开。即控制生产成本,降低报废率,是每个工厂的首要任务,也是管理的压力所在。为了做到这一点,工厂推行QCD管理体系,也就是要求以优异的质量、最低的成本、最快的速度向用户提供最好的产品。简单地说,工厂管理的重点是保证质量高、成本低、交货快。

广义上讲,工厂QCD管理体系实际上是整个集团(公司)管理的持续改善。各部门、各工序、各岗位、各员工都需要各司其职,规范操作,第一次就将产品做好,不能将问题遗留下去,导致最后需处理的问题太多,从而最终影响质量、成本及准时交货。公司业务,既要保证有利润,又要满足客户各种要求,是QCD管理系统的基本方针,具体到工厂管理者身上就是过程管理了。而过程管理是最基础的管理。

7.5 5S 管理

7.5.1 5S 的起源、定义和目的

5S 管理起源于日本。5S 管理就是对整理(SEIRI)、整顿(SEITON)、清扫(SEISO)、清洁(SETKETSU)、素养(SHITSUKE)五个方面的管理,因日语的罗马拼音均以"S"开头而简称 5S 管理。1955 年,日本的 5S 的宣传口号为"安全始于整理,终于整顿"。当时只推行了前两个 S,其目的仅是确保作业空间和安全。后因生产和质量控制的需要而又逐步提出了 3S,也就是清扫、清洁、素养,从而使应用空间及适用范围得到进一步拓展。到了 1986 年,日本 5S 的相关著作逐渐问世,从而对整个现场管理模式起到了冲击的作用,并由此掀起了 5S 的热潮。

在生产现场通过 5S 管理对人员、机器、材料、方法等生产要素进行有效管理,成为日本企业的一种独特管理办法。

第二次世界大战后日本企业将 5S 运动作为管理工作的基础,推行各种质量管理手法,因而产品质量得以迅速提升,奠定了日本经济大国的地位。而在丰田公司的倡导下,5S 在塑造企业的形象、降低成本、准时交货、安全生产、高度的标准化、创造令人心旷神怡的工作场所、现场改善等方面发挥了巨大作用,逐渐被各国所认同。目前,5S 管理已经成为现场管理和工厂管理的一股新潮流。

5S 管理的目的如图 7-3 所示。5S 管理通过规范现场来营造一目了然的工作环境,培养员工良好的工作习惯,其最终目的是提升人的品质,使其养成良好的工作习惯。

图 7-3 5S 管理的目的

7.5.2 5S之间的关系

5S的含义及其相互关系分析如下。

1) 整理

定义:区分要与不要的物品,除了要用的物品以外,不放置其他物品。

目的:将"空间"腾出来活用。

2) 整顿

定义:要用的物品依规定的定位和方法摆放整齐,明确数量,明确标示。

目的:不浪费"时间"找物品。

3) 清扫

定义:清除职场内的污垢,并防止污染的发生。

目的:消除污垢,保持现场干干净净、明明亮亮。

4) 清洁

定义:将上述3S实施的做法制度化、规范化,维持其成果。

目的:通过制度化来维持成果。

5) 素养

定义:培养文明礼貌习惯,按规定行事,养成良好的工作习惯。

目的:提升人的品质,将员工培养成对任何工作都讲究认真的人。

5S关系如图7-4所示,通过分析归纳如下:整理是整顿的基础,整顿又是整理的巩固,清扫显现整理、整顿的效果,而通过清洁和素养,可使企业形成一个所谓整体的改善气氛。只有整理没有整顿,物品真难找得到;只有整顿没有整理,无法取舍乱糟糟;只有整理、整顿没清扫,物品使用不可靠;5S之效果怎保证,清洁出来献一招;标准作业练素养,企业管理水平高。

图7-4 5S关系

7.5.3 5S的实施

1. 整理实施

将必需物品与非必需品区分开,在岗位上只放置必需物品,其目的是腾出空间、防止误用。清理"不要"的物品，可使员工不必每天反复整理不必要的物品而形成无价值的时间、资金、人力成本等浪费。

1）要和不要的基准

制订"要"和"不要"的基准表（见表7-4），并召集相关部门开会讨论和决定基准表，同时反省不要的物品产生的根源。

表7-4 "要"和"不要"的基准分类

类别		基 准 分 类
要		① 常用的机器设备、电气装置；② 工作台、材料架、板凳；③ 使用的工装、模具、夹具等；④ 原材料、半成品、成品等；⑤ 栈板、周转箱、防尘用具；⑥ 办公用品、文具等；⑦ 使用中的看板、海报等；⑧ 各种清洁工具、用品等；⑨ 文件和资料、图纸、表单、记录、档案等；⑩ 作业指导书、作业标准书、检验用的样品等
不要	地板上	① 杂物、灰尘、纸屑、油污等；② 不再使用的工装、模具、夹具等；③ 不再使用的办公用品；④ 破烂的垃圾筒、周转箱、纸箱等
	工作台	① 过时的报表、资料；② 损坏的工具、样品等；③ 多余的材料等；④ 私人用品
	墙上	① 蜘蛛网；② 老旧无用的标准书；③ 老旧的海报标语
	空中	① 不再使用的各种挂具；② 无用的各种管线；③ 无效的标牌、指示牌等

所有已分类的必需品，要能在现场找到。经过仔细地调查，确定每日工作所需要的数量，其实仅需少许即可。许多物品不是用不着，而是在未来才会使用到。

2）整理的方法

现场杂乱的主要表现：不用的杂物、设备、物料、工具都堆放在仓库，使仓库变成杂物存放地；货架大小不一，物品摆放不整齐。

整理就是清理废品，把必要物品和不必要的物品区分开来，彻底丢弃不要的物品，而不是简单地收拾后又整齐地放置废品。放置准则如表7-5所示。

表7-5 放置准则

类别	使用频度		处理方法	备 注
必需物品	每小时		放工作台上或随身携带	—
	每天		现场存放（工作台附近）	—
	每周		现场存放	—
非必需物品	每月		仓库存储	
	三个月		仓库存储	定期检查
	半年		仓库存储	定期检查
	一年		仓库存储（封存）	定期检查
	两年		仓库存储（封存）	定期检查
	未定	有用	仓库存储	定期检查
		不需要	变卖/废弃	定期清理
		不能用	废弃/变卖	立刻废弃

2. 整顿实施

整顿就是消除无谓的寻找，即缩短准备的时间，随时保持立即可取的状态。其目的是消除寻找物品的时间，保持工作场所一目了然，形成井井有条的工作秩序。

整顿力求实现放置物品标准化，使任何人立即能找到所需要的东西，减少寻找时间上的浪费。执行整顿的消极意义为防止缺料、缺零件，其积极意义则为控制库存，防止资金积压。

1）减少找物品的麻烦

（1）撤除不用的物品　按照整理项所述要领推行。

（2）整备放置空间　对于经整理后所腾出来的棚架、工具柜须加以重新配用。如尚需增加空间，则应在最低限度内添加棚架以备用。

（3）规划放置空间　开会讨论时，应以最方便、最容易的遵守方法来规划放置空间。其要点即最常用的东西放在最近的地方，其适当高度最好在肩膀和膝盖之间。不常用的物品可另换位置。

（4）设置放置标志　① 场所标志：棚架和地面放置场所务必编号，以便取用目的物时，一看即知所放位置。② 品种标志：决定放在棚架或地面上的物品，务必将物品的名称或号码标注清楚，以便使用后再还回原处，如图 7-5 所示。

（5）放置物品本身也应有标志　如属工夹具，应将其对象物的编号写在该工夹具上，可以保证确认放置在棚架上的目的物是使用者想取用时所需要的物品。

（6）指示书上明确标明放置场所　区分更换指示书（见表 7-6）上务必明示放置场所，这样可以避免重复指示，从而可以正确搜索到所要的目的物。

表 7-6　区分更换指示书

名　称	图　号	场　所	点检要项
端盖			
电枢			

图 7-5　放置标志

2）推行作业工具整顿

在从事标准作业或更换作业时，如何整理频繁使用的工夹具对于提高效率极其重要。其要点是要重视并遵守使用前能"立即取得"和使用后能"立即还回原定位置"的原则。

（1）尽量减少作业工具的种类和数量　避免因调整或装卸而另用工具；利用转动螺钉帽，以避免换用工具；将螺钉通用化，以便使用同一工具。

（2）将物品放置于作业场所最接近的地方　避免将物品放置于必须步行或弯腰才能取得的地方；按照作业频繁程度依次放在靠近的地方。

（3）确保还回原来的位置　使用影印图、颜色、记号、标志等。

3）推行切削工具整顿

努力避免和减少因重复使用或搬动工具时发生损伤的问题。下面以切削工具的整顿方法为例加以说明。

(1) 保存方法和保存数量的调整　频繁使用的宜由使用者本人保存,不常使用的则尽量减少数量,以共有化为宜。先决定必须用的最少数量,然后将多余的收起来集中管理。特殊的切削工具给予标准化,以减少数量。

(2) 防备东西相碰的方法　例如,抽屉以前后方向直放为宜。

(3) 防锈方法　抽屉或容器底层另铺浸润油类的布。

4) 推行测量用具、测量仪器等的整顿

测量用具的作业和保管务必格外小心。

(1) 防止冲击的方法　把东西放置在机器台或定盘上时,为防止冲击,必须铺上橡皮垫。

(2) 防止打伤翘曲的方法　如螺旋测量器等圆筒状的东西应按照和钻头、铰刀等相同的方法放置,即顺着前后方向采用隔格等方法放置。细长的试验板、规尺等为防止翘曲,应以垂直吊挂为宜。

(3) 防止蒙尘、沾污、生锈的方法　防止灰尘,必须覆盖;保管时涂上防锈油或用浸油的布盖上。

5) 推行在制品整顿

在作业场所,从原材料到成品的阶段,在制品所占数量是最多的。

(1) 在制品的数量规制　设定在制品的标准量,在生产线上的每个工位及生产线之间的中继点指定标准在制品的放置场所,指定台车数或地面划分,指定棚架面积;明示标准量和堆放场所。

(2) 物品的搬运　放置搬运车、货柜车时宜采用"平行,直行角"的方式;搬运物品使用滚轮式输送带或旋转式搬送带,遵循先进先出的原则。

(3) 品质保护　采用防止打痕的隔格及缓冲材料放置;配备防止灰尘的盖子;不能将物品直接放在地上,以免损伤、沾污产品,损伤地板;如属精密产品,也不能在货柜中直接置放。

(4) 不良品放置场所的标志　应当明示不良品的放置场所,宜以红色等明显的颜色示明(如红色橱柜);须养成一旦判明为不良品即放置于规定场所的习惯,临时任意放置,极易导致错误;为引起注意,不良品橱柜宜放在通路边。

6) 推行物料仓库整顿

规定放置棚架场所的标志,明确棚架上的品种标志。物料或物料橱柜上应当明示品种或编号,如表 7-7 所示。

表 7-7　放置棚架场所的标志　　　　　　　　　类型:Ⅱ型

层别 \ 位别	A	B	C	D	E
1					
2					
3					
4					

7）推行作业标准规则的整顿

（1）标准的现物标志　现物上如有标志，则不必每次对照标准书。

（2）放在作业场所　标志应放在正在作业的员工以自然的姿势可以看得到的地方；检点表之类也须准备在机器上。

（3）集中保管时须采用连贯记号　当品种有不同的作业指导书或图片之类时，须放在卡片箱中并采用连贯记号。

8）推行设备整顿

设备的整顿原则就是要便于清扫、作业和检修。最重要的是安全第一，摆放距离太近，虽然省了空间，却难以清扫和检修，而且还会因相互影响作业而导致意外。

（1）考虑整理是否做得不彻底。

（2）考虑物品是否有整顿不合理的地方，从而浪费了许多空间。

（3）问题较难解决时，应多考虑一些技巧与方法。

3. 清扫实施

将岗位变得无垃圾、无灰尘，干净整洁，将设备保养得锃亮、完好，创造一个一尘不染的环境，其目的是使员工保持良好的工作情绪，稳定产品品质，达到零故障、零损耗。清扫除了能消除污秽，确保员工的健康、安全卫生外，还能及时发现设备的异常、松动等，以达到全员预防保养的目的。下面以推行地板（面）的清扫为例说明实施步骤。

（1）先用扫把清扫，将不要的东西统统清除。

（2）准备区分线　标明通路的区分线；在地面上标记放置台车、在制品等的区域，同时标明垃圾箱和灭火器等的位置。

（3）检查尘埃和污染的来源并加以改善　如遇机器漏油，则把机器洗刷干净后，点检并查出漏油所在；如果水槽或水管漏水，点检并查明记录后，按顺序改善；如有喷雾或灰尘、切屑等飞散，应尝试改善覆盖的间隙或采取其他有效方法；对于黏性物的附着，应检查黏性物的来源并加以改善，或设法利用剥离纸张，投入及回收方法加以改善。

（4）再进一步的清扫　地板上的油渍宜用清洁剂反复清洗；水泥板宜涂蜡或涂料以防止灰尘；对于特别忌嫌灰尘、垃圾沾污的精密工厂，清扫标准为用手在地面上擦拭至满意为止。

4. 清洁实施

将整理、整顿、清扫进行到底，并且实现标准化、制度化，其目的是使整理、整顿、清扫成为惯例和制度，这是标准化的基础和企业文化开始形成的前提。

这里讲整理、整顿、清洁，必须经过充分的讨论，谋求统一思想。其目的是减少事故的发生和顾客的抱怨，打破慢性的品质不良，提升产品品质，减少设备故障的发生，削减在制品和存库量，缩短更换工程所需要的时间。企业应考虑如何将整理、整顿、清扫组合起来，这才是最重要的。

标准化用来确保改善的效果，使之能继续维持下去。标准定义中的一种，是指"做事情的最佳方法"。如果现场员工都能遵照这样的标准工作，就能确保顾客满意了。如果标准意味着"最佳的方法"，那么每一位员工每一次都必须遵照相同的标准、相同的工作方法去工作。如果员工在其重复性的工作过程中不遵守工作标准（这是经常发生在生产现场的状况），将会导致质量的变动。如果一个员工知道工作的最佳方法，却没有将此拿出来分享，他的知识也将随之流失。唯有予以标准化、制度化,这些知识才得以保留在公司内,从而不用担心因员工的流失而使企业的一些好的方法和做法丢掉了。

5. 素养实施

对于规定了的事情,大家都应按要求去执行,并养成一种习惯,其目的是让员工遵守规章制度,培养有良好素质的人才和形成团队精神。企业应向每一位员工灌输遵守规章制度、工作纪律的意识。此外,还要强调创造一个风气良好的工作场所的意义。如果绝大多数员工对以上要求付诸行动的话,个别员工和新人就会抛弃坏的习惯,转而向好的方面发展。此过程有助于人们养成制订和遵守规章制度的习惯。素养强调的是持续保持良好的习惯。

1) 素养形成的基本过程

素养形成的基本过程如图 7-6 所示。

图 7-6 素养形成的基本过程

通过对整理、整顿、清扫、清洁、素养的学习遵守,员工成为一个有道德素养的企业人,整个企业的面貌也随之改观。没有人能完全改变世界,但我们可以使它的一小部分变得更美好。

2) 提升素养的方法

(1) 遵守出勤、作息时间。

(2) 工作应保持良好的状态,如不可以随意谈天说笑、离开工作岗位、看小说、打瞌睡、吃零食等。

(3) 服装整齐,戴好工作卡或识别卡。

(4) 待人接物诚恳有礼貌。

(5) 爱护公物,用完归位。

(6) 保持清洁。

(7) 乐于助人。

3) 维持素养的有效方法

维持素养的有效方法就是每天开晨会,每天 10 分钟晨会制度会带来以下好处。

(1) 及时了解生产计划安排　领导在月初开晨会时就及时向大家通报生产计划,这样员工在生产产品时就能做到按计划来组织安排生产任务。

(2) 及时对生产质量问题进行通报　晨会时领导及时对出现的质量问题进行讲解和通报,这样做一方面保证出问题的员工不会再犯同样的错误;另一方面,让其他员工避免犯相同的错误,从而提高全体员工的质量意识和工作水平。

(3) 及时表扬和批评　及时表扬员工的良好行为,让大家向他们学习。同时对不良现象或行为给予批评,达到表扬先进、鞭策后进、共同进步的目的。

(4) 员工素养得到提升　每天晨会时领导总是先向员工问好,员工再向领导回礼,时间一长员工自然养成了一种相互打招呼的好习惯。特别值得一提的是为了提升员工的素养,还规定了一些文明礼貌用语,譬如打电话时必须先问"你好",结束时必须说"再见"等,实施效果会很好。

7.5.4 5S 的检查标准

5S 可按标准的检查表进行检查,如表 7-8 所示为针对某企业的具体情况专门设计的 5S 标准检查表。通过打分能够按照未实施、一般、良好、优秀等四个等级评价 5S 实施执行的情况。

表 7-8 5S 标准检查表

适用	5S	序号	检查项目	检查内容	评分
办公室	整理 20 分	1	柜子里有无没用的资料	・柜子有无不要的文件、图纸等资料	
		2	私人用桌有无没用的物品	・私人用桌子、抽屉里有无不用的物品	
		3	是否完全了解不要的是哪些物品	・是否清楚哪些是一看就知道是不要的物件	
		4	有无弃用的规定标准	・对文件和物件有无规定处理的标准	
		5	展出品是否整理好	・展期内的展品有无污迹,放置如何	
	整顿 20 分	6	柜架或备用的放置场地有无注明	・有无挂牌注明场所或地点	
		7	文件或备用品的品名是否注明	・品名的注明是否一看就清楚	
		8	文件或备用品是否使用方便	・是否按照使用方便的方法处置	
		9	文件或备用品是否放置好	・是否放置在指定的场地	
		10	通道或展出品是否一目了然	・是否已画线或说明是否清楚	
	清扫 20 分	11	地面上有无垃圾废纸	・地面上是否始终保持清洁	
		12	窗户或柜架上有无灰尘	・玻璃上也要看一看是否干净	
		13	有无分工负责清扫制度	・是轮班制还是分工制	
		14	垃圾箱是否已满	・有无规定如何处理垃圾或废纸的制度、要求	
		15	打扫清洁是否已习惯	・清扫和抹拭是否都习惯	
	清洁 20 分	16	排气和换气的情况如何	・有无烟味或胸闷的感觉	
		17	光线是否足够	・各个角度是否都感到明亮	
		18	工作服是否干净	・是否穿脏工作服上班	
		19	进房间时是否感到空气新鲜、心情舒畅	・室内的配色、光线是否柔和,空气是否新鲜	
		20	是否遵守 3S 的制度	・遵守保持整理、整顿、清扫的情况如何	
	素养 20 分	21	是否穿所规定的服装	・服装是否穿戴整齐	
		22	会不会讲早晚的打招呼用语	・走路相遇时有无打招呼的语言	
		23	是否遵守开会和休息时间	・是否遵守在规定时间办规定的事	
		24	待人应酬的感觉如何	・能否把事情讲清楚	
		25	遵守规章制度的情况如何	・是否每一个人都自觉遵守规章制度	
现场	整理 20 分	1	有无不用的物料及备件	・库存的和正在做的有无不用的	
		2	有无不用的设备	・有无不用的设备	
		3	有无不用的修理工具、模具	・有无不用的修理工具、模具	
		4	有无不用的物件	・有无一看就知道是不要的物件	
		5	有无不用的标准	・有无需要抛用的标准	

续表

适用	5S	序号	检查项目	检查内容	评分
现场	整顿 20分	6 7 8 9 10	是否已注明地点、场所 是否已注明品种、品名 有无注明数量 通道和半成品堆放处有无画线 有无更方便的方法	・有无挂牌注明场所或地点 ・货架及物件上有无注明产品名称 ・有无最多库存量和最少库存量的牌子 ・是否用白绿线划分清楚 ・是否将修理用具合理放置	
	清扫 20分	11 12 13 14 15	地面上有无垃圾、水、油 设备是否防尘、防漏 是否边保养边检查 有无分工负责清扫制度 是否已习惯了打扫清洁	・地面上是否始终保持光亮清洁 ・是否经常保养设备 ・有无规定边保养、边检查 ・是轮班制还是分工制 ・清扫和抹拭是否都习惯	
	清洁 20分	16 17 18 19 20	排气和换气的状况如何 光线是否足够 工作服是否干净 有无考虑防止弄脏的办法 有无遵守 3S 的制度	・空气中有无灰尘或污染的味道 ・各个角度是否都感到明亮 ・是否穿有油污的工作服上班 ・有无防止弄脏的办法 ・遵守保持整理、整顿、清扫规定的情况如何	
	素养 20分	21 22 23 24 25	上班是否穿所规定的服装 会不会讲早晚的打招呼用语 是否遵守吸烟和开会时间 在早晚例会上有无检查守则状况 遵守规章制度的情况如何	・服装是否穿戴整齐 ・走路相遇时有无打招呼的语言 ・是否在规定的场所和时间吸烟 ・对规章制度或作业方法是否彻底遵守 ・是否每一个人都自觉遵守规章制度	
总结	评定等级	1分 2分 3分 4分		未实施 一般 良好 优秀	

检查者：_____ 陪同者：_____ 5S 小组主管：_____ 检查时间：_____

7.5.5 5S 管理的效用

5S 管理的五大效用也可归纳为 5 个 S，即 sales、saving、safety、standardization、satisfaction。

(1) 5S 管理是最佳推销员(sales)　被顾客称赞为干净整洁的工厂，使客户有信心，乐于下订单；会有很多人来厂参观学习；会使大家希望到这样的工厂工作。

(2) 5S 管理是节约家(saving)　减少不必要的材料、工具的浪费，缩短寻找工具、物料等的时间，提高工作效率。

(3) 5S 管理对安全有保障(safety)　宽敞明亮、视野开阔的职场，遵守堆积限制，危险处一目了然;走道明确,不会造成杂乱情形而影响工作的顺畅。

(4) 5S管理是标准化的推动者(standardization)　"3定""3要素"原则的规范作业现场,大家都按照相关规定执行任务,程序稳定,品质稳定。

(5) 5S管理形成令人满意的职场(satisfaction)　创造明亮、清洁的工作场所,使员工有成就感,能造就现场全体人员进行改善的氛围。

7.5.6　从5S到6S管理

1. 从5S到6S

从"5S"到"6S",管理又上一个台阶。"6S"是在"5S"的基础上加入"安全(SECURITY)"后形成的,归纳起来,"6S"即整理(SEIRI)、整顿(SEITON)、清扫(SEISO)、清洁(SEIKETSU)、素养(SHITSUKE)和安全(SECURITY)。其中,前5个词语的日语罗马拼音首字母均为"S",最后一个"安全"的英文单词首字母也是"S",其罗马发音也以"S"开头,故以"6S"命名。

这一系列"S"型管理全部起源于"2S"管理,即最早的整理与整顿。在"2S"形成早期便有"安全始于整理整顿,终于整理整顿"这样的理念,可见安全是企业管理的出发点和落脚点。

安全管理既要重视员工的安全教育,同时也要强化安全生产意识和安全生产过程,确保企业生产环境是安全的。安全在管理上通过制订正确的作业流程、配置适当的人员监督、加强人员教育管理,对不合安全规定的因素及时制止或消除。

6S管理的目的,是使企业在现场管理的基础上,通过创建学习型组织不断提升企业文化素养,消除安全隐患,节约成本和时间。

6S管理在发展过程中逐步推进高质量管理方法,使产品质量显著提升,促使日本制造业迅速崛起,奠定了日本经济大国的地位。其中,丰田公司对6S管理的运用,更使其一跃成为在世界范围内具有影响力的大型企业。

2. 6S管理的意义

企业推行6S管理是企业提升管理水平和提升竞争力的重要途径,具有重要意义。

(1) 6S管理能够为企业的生产经营创造良好的工作环境　6S管理作为一种行为规范,便于企业对内部人、事、物的管理,规范其工作行为,对生产要素有一定的规定,尤其是为企业的员工营造一个干净、整洁、舒适、健康合理的工作环境,有利于员工的身心健康。企业实施6S管理以后,员工的着装更加整齐,企业的生产设备更加规整,材料搜集全面,整理规范,便于企业管理者使用,同时企业有整洁的办公环境也利于员工的工作开展。

(2) 6S管理能够提高企业的工作效率　6S管理是一个有效的管理手段,能够改变以往物品随意摆放、通道被占用、办公桌杂乱无章等问题,能够让员工工作注意力更集中,减少查找资料的过程和时间的浪费,最大限度地提高工作效率。

(3) 6S管理能够降低企业成本,减少浪费现象,确保资源合理化运用　企业推行6S管理以后,企业会处于一个秩序井然的经营状态,企业的生产设备等故障发生的概率降低,增加了生产时间,减少了原材料浪费,节约了成本。而且企业规范了,资源也能合理分配,不会出现原材料短缺等问题了,资源得到最大化利用。

(4) 6S管理能够促进企业安全生产　在6S管理中,企业安全生产管理是企业日常生产管理最重视的,同时也是有制度保证的。安全生产又是全员和全面的,企业为了安全生产不仅要使安全标识明显,树立安全生产意识,还要加强安全培训,培训的方式多样化,有利于企业减少安全事故的发生。除此之外,还有许多安全防护和保障措施。

(5) 6S管理能够有利于培养高素质的员工　企业的经营理念、企业的文化、企业的工作环境等对企业员工都有很大的影响,尤其是在舒适、整洁的工作环境下,企业员工工作注意力会更加集中;企业员工受到良好环境的熏陶,还可以改掉不良的习惯,用饱满的热情投入生产工作中。企业有序的工作,便于员工养成良好的素养习惯,注重工作细节,从小事做起,注意公共卫生和个人卫生,还有利于企业统一员工的思想,鼓舞士气,促进企业留住人才,培养更多优秀的人才为企业的发展服务。

7.6　目视管理

7.6.1　目视管理概述

1. 目视管理的概念和基本要求

目视管理是一种以公开化和视觉显示为特征的管理方式,又称"看得见的管理""一目了然的管理""图示管理"。它是利用形象直观、色彩适宜的各种视觉感知工具(如仪器图示、图表看板、颜色、区域规划、信号灯、标识等)将管理者的要求和意图展示给大家,以达到员工自主管理、自我控制及提高劳动生产率的一种管理方式。

目视管理在日常生活中得到广泛应用,如交通信号灯,红灯停、绿灯行;包装箱的酒杯标志,表示货物不宜倒置;排气口上绑一根小布条,看布条的飘动可知其运行状态;等等。

目视管理在生产现场通过将工作中发生的问题、异常、浪费及管理目标等状态进行可视化描述,使生产过程正常与否"一目了然"。当现场发生了异常或问题,作业人员便可以迅速采取对策,防止错误,将事故的损失降到最低程度。目视管理方式可以贯穿于整个生产管理过程。

目视管理对所管理项目的基本要求是统一、简明、醒目、实用和严格。同时,还要把握以下三个要点。

(1) 透明化　无论是谁都能判明是好是坏,即一目了然。

(2) 状态视觉化　对各种状态的事先规划设计有明确标示。将状态正常与否视觉化,能迅速判断,精度较高。

(3) 状态定量化　对不同的状态加入了计量的功能或可确定的范围,判断结果不会因人而异。

2. 目视管理的目的

通过实施目视管理,可达到以下四个目的。

(1) 使管理形象直观,有利于提高工作效率　在机器生产条件下,生产系统高速运转,要求信息的传递和处理既快又准。目视管理通过可以发出视觉信号的工具,使信息迅速而准确地传递,无须管理人员现场指挥,就可以有效地组织生产。

(2) 使管理透明化,便于现场人员互相监督,发挥激励作用　实行目视管理,对生产作业的各种要求可以做到公开化、可视化。例如,企业按照计划生产时,可利用标志、看板、表单等可视工具,管理相关物料、半成品、成品等的动态信息。又如,根据不同车间和工种的特点,规定穿戴不同的工作服和工作帽,很容易使那些擅离职守、串岗聊天的人处于众目睽睽之下,促使自我约束,逐渐养成良好习惯。

(3) 延伸管理者的能力和范围,降低成本,增加经济效益　　目视管理通过生动活泼、颜色鲜艳的目视化工具,如管理板、揭示板、海报、安全标志、警示牌等,将生产现场的信息和管理者的意图迅速传递给有关人员。尤其是借助了一些目视化的机电信号、灯光等,可使一些隐形浪费的状态变为显形状态,使异常造成的损失降到最低。

(4) 目视管理有利于产生良好的生理和心理效应　　目视管理通过综合运用管理学、生理学、心理学和社会学等多学科的研究成果,科学地改善与现场人员视觉感知有关的各种环境因素,调动并保护员工的积极性,从而降低差错率,减少事故的发生。

7.6.2　目视管理的内容

目视管理根据所管理的事项,归纳起来有如下七个方面的内容。

(1) 生产任务与完成情况的图表化和公开化。

(2) 规章制度、工作标准和时间标准的公开化。

(3) 与定置管理相结合,实现清晰的、标准化的视觉显示信息。

(4) 生产作业控制手段的形象、直观与使用方便化。

(5) 物品(如工装夹具、计量仪器、设备的备件、原材料、毛坯、在制品、产成品等)的码放和运送的数量标准化。

(6) 现场人员着装的统一化,实行挂牌制度。

(7) 现场的各种色彩运用要实现标准化管理。

在作业现场,对需要管理的项目进行管理时,现场员工通过目视,就很容易知道现场有些什么问题(如设备、生产、质量、安全等),哪些问题是要管理的。做到在需要的时候,能快速取到物品。

这种对物品的管理,又称物品管理或现物管理,通常应做如下处置。

(1) 物品要分类标识并用不同颜色来区分,物品的名称及用途要明确。

(2) 物品的放置场所采用有颜色的区域线和标识加以区分,使物品容易区分、辨别。

(3) 物品的放置方法应能保证顺利地实行先入先出。

(4) 物品的存放地或容器应标示出最大在库线、安全在库线,做到过目知数。存放合理的数量,尽量做到只保管必要的最小数量,且要防止断货。

7.6.3　目视管理评价

目视管理评价的实施步骤如下。

1. 制订考核指标

为确保目视管理活动准确实施,根据"管理要素"内容,制订切实可行的考核指标,如表7-9所示。

表 7-9 目视管理评价的考核指标

项目	考核指标	计算公式	目标值	实际值
效率	1. 生产率	产出数量/总投入工时		
	2. 每小时包装数	包装总数/总投入工时		
	3. 日均入库数量	实数量		
	4. 日均出库数量	实数量		
	5. 日均检查点数	实数量		
	6. 日均装车数	实数量		
	7. 日均卸车数	实数量		
	8. 总标准时间	各工序标准时间之和		
	9. 流水线节拍	时间/工位		
质量	1. 工程内不合格率	工程内不合格数/总数		
	2. 一次合格率	一次合格品数/总数		
	3. 批量合格率	合格批数/总批数		
	4. 进料批量合格率	合格批数/总批数（进）		
	5. 客户投诉件数	实数值		
	6. 每部投诉件数	实数值		
	7. 内部投诉数量	实数值		
交货期	1. 延迟交货天数	实数值		
	2. 完成品滞留单	完成品在库件数/月平均销售件数		
	3. 按期交货率	按期交货批数/应交货批数		
	4. 总出货量	实数值		
	5. 各品种出货量	实数值		
	6. 生产计划完成率	按计划完成批数/总批数		
设备	1. 时间工作率	（负载时间－停止时间）/负载时间		
	2. 性能工作率	有效运行时间/运行时间		
	3. 故障件数	实数值		
	4. 平均故障间隔时间(MTBF)	运行时间合计/停止次数		

2. 实施考核

企业根据自身实际情况，设计制订相应的考核表，并定期检查。认真负责地履行考核表中所展示的各项工作并填写在表中，如表 7-10 所示。

表 7-10 目视管理评价考核内容和方法

项目	检 查 内 容	方 法	备 注
整理及整顿	1. 作业现场是否设有在制品、半成品、废品放置场所	明示、设置在制品、半成品、废品放置场所	
	2. 通道是否通畅	画线、标示通道	
	3. 是否了解吸烟场所	设置吸烟场所,设置作业场所禁烟警示牌	
	4. 消防设施数量是否足够、是否有效	设置紧急出口标示牌	
	5. 是否了解紧急出口所在之处	消防设施标示牌	
办公室及人员管理	1. 办公室有无值日表与管理责任制	值日表、管理制度表	
	2. 文件柜、架子等有无管理责任者	值日表	
	3. 文件查找是否方便	文件一览表	
	4. 是否了解生产线的人员配置	人员配置表	
	5. 是否了解缺勤职员	人员配置表	
生产计划与进度	1. 对当天的生产计划进度是否了解	生产日程计划进度表	
	2. 是否了解明确的生产进度	生产进度管理板等	
	3. 是否了解明天的计划	生产计划进度揭示牌	
现场管理	1. 原材料、在制品、零件等的库存是否正常	库存管理看板	
	2. 是否知道现场的在制品、半成品、原材料、不良品等的分区,存放地及数量	用颜色区分、设置放置场所,容器设置刻度等	
	3. 是否了解目前的产量	生产管理看板	
作业管理	1. 是否按标准作业	作业操作规程、工艺规程	
	2. 是否了解作业、设备等的不良状态	管理看板、标示灯、呼叫灯	
	3. 设备是否操作正确	作业操作规程	
质量管理	1. 是否了解目前的不良品数量	设置不良品放置场所	
	2. 是否了解不良品项目及原因	特性要因图、柏拉图	
	3. 是否了解以前月份的不良品率	不良品图表	
	4. 是否了解以前的不良品数和不良品率	不良品图表	
设备与工具管理	1. 是否了解工装夹具、量具等的保全状态	检查表	
	2. 是否了解设备的保全状态	检查表	

3. 评审

为了正确引导目视管理活动,使活动持之以恒地推行,必须成立考核、评价的组织机构,确定其职责范围,制订公正、合理的考核评价方法,认真负责、公正地填报考核结果报告书。将结果通知各部门,张贴海报,举行颁奖仪式,并与工资、奖励等挂钩。

7.6.4 目视管理的方法

为了实现目视管理的目标,各企业现场可根据其具体情况采用不同的目视管理方法。常用的目视管理方法有:

(1) 设置目视管理网络;
(2) 设置目视管理平面图;
(3) 设置各种物流图;
(4) 设置标准岗位板;
(5) 设置工序储备定额显示板;
(6) 设置库存对照板;
(7) 设置零件箱消息卡;
(8) 设置成品库储备显示板;
(9) 设置明显的地面标志;
(10) 设置生产线传票卡;
(11) 设置安全生产标记牌及信号显示装置。

7.6.5 目视管理与看板管理

针对目视管理,人们在实践中创造出了"看板管理""图示管理"等方法,并设计出了多种形式的目视管理工具,如表 7-11 所示。在进行目视管理工具设计时,应遵守的原则如下:

(1) 用于表达内容的字体应该清晰、活泼、生动,达到一目了然的效果;
(2) 内容明确且易于执行;
(3) 一旦出现异常状态可以立即分辨。

表 7-11 看板管理

责任区:		考核日期:	年 月 日
考核结果:	考核分数:	最高分:	最低分:
事项:			
		签名:	年 月 日

看板管理是指利用看板进行现场管理作业控制的一种方式。看板作为一种现场管理工具,是实现准时化生产的一个重要手段,其形式有塑料卡片、铁制卡片、信号灯、电子看板等。

看板管理功能体现在两个方面:一方面它显示生产及运送的指令,另一方面看板可以作为判断生产优先次序的工具。采用看板管理,每一种工序都按照生产看板上所显示的内容生产,按照运送看板的数量进行运送,没有看板不能生产,也不能运送,从而防止了过量生产与过量运送。看板是准时化生产方式的核心,通过看板来指挥生产现场,最终实现准时化生产的目标。

目视管理中的物品管理经常用到看板管理。在物品放置场所附近设置看板,通过看板可以了解物品目前的状况是否正常。

表 7-12 列出了目视管理工具。

表 7-12 目视管理工具

序号	项目	目视管理工具
1	目视生产管理	生产管理看板、目标生产量标示板、实际生产量标示板、生产量图、进度管理板、负荷管理板、人员配置板、电光标示板、作业指示看板、交货期管理板、交货时间管理板、作业标准书、作业指导书、作业标示灯、作业改善揭示板、出勤表等
2	目视现场管理	料架牌、放置场所编号、现货揭示看板、库存表示板、库存最大与最小标签、订购点标签、缺货库存标签等
3	目视质量管理	不良图表、管制图、不良发生指示灯、不良品放置场所标示、不良品展示台、不良品处置规则标示板、不良品样本等
4	目视设备管理	设备清单一览表、设备保养及点检处所标示、设备点检检验表、设备管理负责人标牌、设备故障时间图表、设备运转标示板、柏拉图、运转率表、运转率图等
5	目视安全管理	各类警示标志、安全标志、操作规范等

7.6.6 设备的目视管理

目视管理中的设备管理以能够正确、高效率地实施清扫、点检、加油、紧固等日常保养工作为目的,让作业员容易点检、容易发现异常,通过目视化标示、文字、图表,使所有人员对同样的状态有同样的判断,能立即了解状态正常与否,加强设备管理。

在日常的设备维护中,应采取以下一些措施。

(1) 仪器仪表的标示,绿色表示正常,黄色表示警告,红色表示危险。

(2) 用颜色清楚地表示应该进行维修保养的机能部位,如对管道、阀门的颜色区别显示。

(3) 使用的标示方法能迅速发现异常,如在设备的马达、泵上使用温度感应标贴或温度感应油漆等,可迅速发现异常的温度升高现象。

(4) 管内液体、气体的流向以箭头符号为标志。

7.7 定置管理

现场管理是对各现场生产要素的综合管理。为了实现现场管理的规范化,保证产品质量,提高工作效率,便产生了定置管理(fixed position management, FPM)。定置管理是一种科学的现场管理方法和技术,它主要研究生产要素中人、物、场所三者的状况及它们在生产活动中的相互关系。推行定置管理能有效地促进企业工作现场的文明生产,强化现场的综合效率,同时对企业的文化建设起到促进作用。定置管理是企业挖掘内部潜力的重要途径。

7.7.1 定置管理的概述

定置管理起源于日本,由日本工业工程研究所的文明生产创导者青木龟男始创。他从20世纪50年代开始,根据日本企业生产现场管理实践,经过潜心钻研,提出了定置管理这一新的概念。后来,日本企业管理专家清水千里在应用的基础上,发展了定置管理,把定置管理总结和提炼成为一种科学的管理方法,并于1982年出版了《定置管理入门》一书。日本许多企业都推行这一科学管理方法,尤其是生产规模较大、管理水平较高的企业,如丰田汽车公司、松下电器公司等。

定置管理是对生产现场中的人、物、场所三者之间关系进行科学的分析研究,使之达到最佳结合状态的一门科学管理方法,它以物在场所的科学定置为前提,以完整的信息系统为媒介,以实现人和物的有效结合为目的,通过对生产现场的整理、整顿,把生产中不需要的物品清除掉,把需要的物品放在规定位置上,使其随手可得,促使生产现场管理文明化、科学化,达到高效生产、优质生产、安全生产。定置管理是"5S"管理活动的深入和发展,是工业工程的现场应用。

7.7.2 定置管理的内容和任务

1. 定置管理的主要内容

定置管理主要研究企业生产现场中物品的放置管理,也就是通过整理、整顿物品,把生产过程中不需要的东西统统扔掉,使生产中需要的物品随手可得,节省作业时间,实现生产现场管理的合理化、规范化。图7-7所示为车间工具的定置管理。

图7-7 车间工具的定置管理

(1) 人与物和场所的有机结合　场所是人与物结合的前提条件,因为"先有物和场所的结合",而后才能有"人与物的结合"。

(2) 定置管理的位置系统　在人与物的结合中,为了实现一目了然,必须先把物固定在一定的场所。但实际上企业生产车间内的物只有与作业者结合才对工作起作用,物是根据车间工作流程的变化而移动的。

2. 定置管理的任务

企业的性质不同,生产的产品不同,因此定置管理的内容也不同,但推行定置管理的目的是一样的。为了实现企业目标,定置管理要完成下列五项基本任务。

(1) 搞好企业的全面质量管理工作　把现场的各要素(主要是人、机、物)有机地结合起来,加强控制,人人负责,各自把好自己的质量关,从而实现全面质量控制,保证产品的质量。

(2) 不断改造处于不良状态下的工作环境　营造一种和谐的工作氛围,建立一个庭园式、居室式的企业环境,以消除不合格品。

(3) 实现企业管理的科学化、规范化、系统化　这样才能保证良好的生产秩序,使人、机、物的结合发挥得最好。

(4) 改变企业传统的生产管理模式　为适应日趋激烈的竞争,企业必须树立现代化的适合企业实际及促进企业发展的管理观念,逐步建立新的管理机制,提高企业的技术水平,提高产品的质量,采用科学管理的新方法来促进和加强企业的各项管理工作。

(5) 推广定置管理　定置管理的有效实施,为企业管理人员及企业全体员工素质的提高创造了有利条件,员工素质的提高又有利于企业的长远发展。

7.7.3 定置管理的实施

定置管理涉及面比较广、工作量大。企业的管理人员和技术人员需要掌握定置管理的实质和实施步骤,精心规划和组织,加强领导工作,实行定期考核,根据实际情况不断地总结、调整,才能使定置管理发挥作用。

开展定置管理工作应按照以下六个步骤进行。

1. 对工艺流程的分析

对工艺流程的分析是定置管理开展的起点,它是对生产现场现有的加工方法、机器设备、工艺流程进行详细研究,确定工艺在技术水平上的先进性和经济上的合理性,分析是否需要和可能用更先进的工艺手段及加工方法,从而确定生产现场产品制造的工艺路线和搬运路线。对工艺流程的分析是一个提出问题、分析问题和解决问题的过程,其主要内容如下。

(1) 对现场进行调查,详细记录现行方法 通过查阅资料、现场观察,对现行方法进行详细记录,为工艺研究提供基础资料,因此,要求记录详尽准确。

(2) 分析记录的事实,寻找存在的问题。

(3) 拟定改进方案 提出改进方向后,定置管理人员要对新的改进方案进行具体的技术经济分析,并和原有的工作方法、工艺流程和搬运线路进行对比。在确认是比较理想的方案后,才可作为标准化的方法实施。

2. 对人、物结合状态的分析

人、物结合状态的分析是开展定置管理过程中最关键的一个环节。在生产过程中必不可少的是人与物,只有人与物的结合才是定置管理的本质和主体。定置管理要在生产现场实现人、物、场所三者最佳结合,首先应解决人与物的有效结合问题,这就必须对人、物结合状态进行分析。

在生产现场,人与物的结合有两种形式,即直接结合和间接结合。

按照人与物有效结合的程度,可将人与物的结合归纳为 A、B、C 三种基本状态。

(1) A 状态 表现为人与物处于能够立即结合并发挥效能的状态。例如,作业者使用的各种工具,由于摆放地点合理而且固定,当作业者需要时能立即拿到或做到得心应手。

(2) B 状态 表现为人与物处于能够寻找状态或尚不能很好发挥效能的状态。

(3) C 状态 是指人与物没有联系的状态。这种物品与生产无关,不需要人去同该物结合。

3. 对信息流的分析

信息媒介就是在人与物、物与场所合理结合的过程中起指导、控制和确认等作用的信息载体。

人与物的结合,需要有四个信息媒介物:第一个信息媒介物是位置台账,它表明"该物在何处",通过查看位置台账,可以了解所需物品的存放场所;第二个信息媒介物是平面布局图,它表明"该处在哪里",在平面布局图上可以看到物品存放场所的具体位置;第三个信息媒介物是场所标志,它表明"这儿就是该处",它是指物品存放场所的标志,通常用名称、图示、编号等表示;第四个信息媒介物是现货标示,它表明"此物即该物",它是物品的自我标示,一般用各种标牌表示,标牌上有货物本身的名称及有关说明。

4. 定置管理设计

定置管理设计就是对各种场地(如厂区、车间、仓库等)及物品(如机台、货架、箱柜、工位器具等)进行科学、合理的统筹安排。定置管理设计主要包括定置图设计和信息媒介物设计。

(1) 定置图设计　定置图是对生产现场所在物进行定置,并通过调整物品来改善场所中人与物、人与场所、物与场所相互关系的综合反映图。其种类有室外区域定置图,车间定置图,各作业区定置图,仓库、资料室、工具室、计量室、办公室等定置图和特殊要求定置图(如工作台面、工具箱内,以及对安全、质量有特殊要求的物品定置图等)。

(2) 信息媒介物设计　包括信息符号设计和板图、标牌设计。在推行定置管理时,进行工艺研究、各类物品停放布局、场所区域划分等都需要运用各种信息符号表示,以便人们形象地、直观地分析问题和实现目视管理,各个企业应根据实际情况设计和应用有关信息符号,并将其纳入定置管理标准。在设计信息符号时,如有国家规定相应的标准(如安全、环保、搬运、消防、交通等标准),应直接采用国家标准。其他情况,企业应根据行业特点、产品特点、生产特点进行设计,设计符号应简明、形象、美观。

5. 定置实施

定置实施是理论付诸实践的阶段,也是定置管理工作的重点,主要包括以下三个步骤。

(1) 清除与生产无关的物品　应本着"双增双节"原则,能转变利用便转变利用,不能转变利用时,可以变卖,化为资金。

(2) 按定置图实施定置　各生产车间、部门都应按照定置图的要求,将生产现场、器具等物品进行分类、搬、转、调整并定位。

(3) 放置标准信息铭牌　放置标准信息铭牌要做到牌、物、图相符,要以醒目和不妨碍生产作业为原则,设专人管理,不得随意挪动。

6. 定置检查与考核

定置管理的一条重要原则就是持之以恒,只有这样,才能巩固定置成果,并使之不断发展。因此,必须建立定置管理的检查、考核制度,制订检查与考核办法,并按标准进行奖罚,以实现定置管理长期化、制度化和标准化。

定置管理的检查与考核一般分为两种情况:一是定置后的验收检查,检查不合格的不予通过,必须重新定置,直到合格为止;二是定期对定置管理进行检查与考核,这是要长期进行的工作,它比定置后的验收检查工作更为复杂,更为重要。

定置考核的基本指标是定置率,它表明生产现场中必须定置的物品已经实现定置的程度。其计算公式为

$$定置率 = \frac{实际定置的物品个数(种数)}{定置图规定的定置物品个数(种数)} \times 100\%$$

例如,检查某车间的 3 个定置区域,其中合格区有 30 种零件,有 4 种零件没有定置,待检区有 20 种零件,其中有 3 种零件没有定置,返修区有 30 种零件,其中有 1 种零件没有定置,则该场所的定置率为

$$定置率 = \frac{(30+20+30)-(4+3+1)}{30+20+30} \times 100\% = 90\%$$

7.8 车间管理

车间是企业生产系统的基本单元。现代企业车间管理的组织、职能、任务和内容,将涉及车间组织建设、班组建设、民主管理、劳动管理、作业管理、质量管理、物料管理、设备管理、工具管理、信息管理、成本管理、经济核算、现场管理、安全管理、清洁生产、企业文化建设等基本内容。

7.8.1 车间作业管理

重复生产是车间作业生产的一种常见形式。其主要特点是产出率均衡、工艺路线固定。一般,车间管理按生产计划的逻辑流程、车间作业管理和采购作业管理等计划执行。生产计划给出了最终产品或最终项目的需求,经过物料需求计划,按物料清单展开得到零部件直到原材料的需求计划,即对自制件的计划生产订单和对外购件的计划采购订单。然后,则通过车间作业管理和采购作业管理来执行计划。

车间作业管理根据零部件的工艺路线来编制工序排产计划,在车间作业控制阶段要处理相当多的动态信息。在此阶段,信息反馈是重要的工作,因为系统要以反馈信息为依据对物料需求计划、主生产计划、生产规划以至经营规划做必要的调整,以便实现企业的基本生产均衡。

车间作业管理的工作内容如下。

1. 核实生产计划订单

生产计划订单规定了计划下达日期,但对真正下达给车间来说,这只是一个推荐的日期。虽然这个订单是必需的,并且做过能力计划,但这些订单在生产控制人员正式批准下达投产之前,必须检查物料、能力、提前期和工具的可用性。具体来说包括以下几个步骤:

① 核实生产计划订单,确定加工工序;
② 确定所需的物料、能力、提前期和工具;
③ 确定物料、能力、提前期和工具的可用性;
④ 解决物料、能力、提前期和工具的短缺问题。

2. 下达生产订单

(1) 下达物料生产订单,说明零件加工工序的顺序和时间。

(2) 工作中心派工单,当生产订单下达到车间时,这些订单被输入车间文件。车间文件反映了所有已下达但还未完成的订单状态。根据车间文件和工艺路线信息,以及所使用的调度原则,每天或每周为每个工作中心生成一份派工单,说明各生产订单在同一工作中心上的优先级。

车间文件用来跟踪一份订单的生产过程,派工单用来管理工件通过生产过程的流程和优先级。

(3) 提供车间文档,其中包括图样、工艺过程卡片、领料单、工票、特殊处理说明等。

3. 收集信息,监控在制品生产

如果生产进行得很正常,那么这些订单将顺利通过生产处理流程。但往往必须对工件通过生产流程的过程加以监控。为此,要查询工序状态、完成工时、物料消耗、废品、投入/产出等多项报告,控制排队时间,分析投料批量,控制在制品库存,预计是否出现物料短缺或延期现象。

4. 采取调整措施

如预计将要出现物料短缺或延期现象,则应采取措施,如通过加班、转包或分解生产订单来改变能力及其负荷。如仍不能解决问题,则应给出反馈信息修改物料需求计划,甚至修改主生产计划。

5. 生产订单完成

统计实耗工时和物料,计算生产成本,分析差异,处理产品完工入库事务等。

7.8.2 班组管理

1. 班组的作用

班组是企业组织生产经营活动的最小单位,是企业最基层的生产管理组织。企业的所有生产活动都在班组中进行,所以班组工作的好坏直接关系着企业经营的成败,只有班组充满了勃勃生机,企业才会有旺盛的活力,才能在激烈的市场竞争中长久地立于不败之地。

班组中的领导者就是班组长,班组长是班组生产管理的直接指挥和组织者,也是企业中最基层的负责人,属于兵头将尾,是一支数量非常庞大的队伍。班组管理是指为完成班组生产任务而必须做好的各项管理活动,即充分发挥全班组人员的主观能动性和生产积极性,团结协作,合理地组织人力、物力,充分地利用各方面信息,使班组生产均衡有效地进行,产生"1+1＞2"的效应,最终做到按质、按量、如期、安全地完成上级下达的各项生产计划指标。

2. 班组长的使命

使命是最根本性的任务,班组长的使命就是在生产现场组织创造利润的生产活动。班组长的使命通常包括四个方面。

（1）提高产品质量　质量关系到市场和客户,班组长要领导员工为按时按量地生产高质量的产品而努力。

（2）提高生产效率　是指在同样的条件下,通过不断地创新并挖掘生产潜力、改进操作和管理,生产出更多更好的高质量的产品。

（3）降低成本　降低成本包括原材料的节省、能源的节约、人力成本的降低,等等。

（4）防止工伤和重大事故　有了安全不一定有了一切,但是没有安全就没有一切。一定要坚持安全第一,防止工伤和重大事故,包括努力改进机械设备的安全性能,监督职工严格按照操作规程办事等。很多事故都是由违规操作造成的。

在实际工作中,经营层的决策做得再好,如果没有班组长的有力支持和密切配合,没有一批领导得力的班组长来组织开展工作,那么经营层的政策也很难落实。班组长既是产品生产的领导者,也是直接的生产者。

3. 班组的管理

班组长综合素质的高低决定着企业的决策能否顺利地实施,因此班组长是否尽职尽责对企业来说至关重要。班组长的职责主要包括以下几项。

（1）日常管理　人员的调配、排班、考勤、员工的情绪管理、职工的技术培训及生产现场的卫生、班组建设等都属于日常管理。

（2）**生产管理**　包括现场作业、工程质量、成本核算、材料管理、机器保养，等等。

（3）**安全管理**　班组长是本班组安全第一责任人，安全管理职责包括标准化现场作业、人员管理、操作质量、材料管理、设备维护、危险点的控制，等等。

（4）**辅助上级、团结下级**　及时、准确地向上级反映工作中的实际情况，提出自己的建议，做好上级领导的参谋。同时凝聚团结班组成员，激发职工的积极性和创造性，圆满地完成每一项工作。如果仅仅停留在人员调配和生产安排上，就没有充分发挥出班组长的桥梁和推动作用。

4. 班小组活动

企业推行 5S、TPM 等活动大都采用小组活动形式。所谓小组就是以最基层的小组作为一个活动小组，每个小组的组长又是上一级（工段）小组的成员，工段长就成了这上一级小组的组长，同样各工段长又是更上一级小组的成员，车间主任这时就成了这一小组的组长。这样一级一级往上直至总经理。通过重复的小组活动就可淡化领导与被领导的关系，活跃气氛，增强团队协作精神，加强各小组之间的交流与合作，共同实现企业的目标。

小组活动的目的是将企业所期待的成果与工作人员各自的追求进行巧妙地调和，并通过具体的行动来实现这种调和，使公司和个人都得到提高，以实现既定目标。对公司而言，有助于提高公司的业绩，对每个成员而言，会产生一种达到目的的满足感及自己的追求得以实现的自豪感。

小组活动成功的关键在于具备"工作干劲、工作方法和工作场所"这三个条件。小组活动的一个重要前提是其成员能对自己的工作进行自主的管理，也即具有工作干劲和工作方法，能成熟地自主管理且能严于律己。而作为小组领导就是要培养出一批人员，为此要对职工在思想、技术及方法等方面进行不断的引导和教育。工作场所是工作人员工作的环境问题，它包括心理环境和物理环境两个方面。心理环境就是要形成同事之间，上、下级之间十分融洽的环境，团结友爱，相互信赖。物理环境就是要形成便于活动的工作场所，包括 5S 活动的开展、车间的环境、各种标准与资料的准备和有效使用、各班次之间的交接，以及其他的管理体系的完善，等等。

这里值得一提的是，作为一个小组领导，要有良好的素质，应能经常听取别人的意见，不以领导者自居而将自己的观点强加于人，要能不断学习、不断吸收新的知识和技能，有向新工作挑战的勇气，也不居功自傲，并保持一个领导者的自信心，这样才能有效地对组员施加影响，发挥团队的作用，共同把工作做得更好。

班小组活动借鉴小组活动形式和方法是可行的。

5. 班组管理工作标准及问题解决办法

典型的班组管理工作标准及问题解决办法如表 7-13 所示。

表 7-13 班组管理工作标准及问题解决办法

序号	工作项目	工作标准	可能遇到的问题	解决办法
1	班前准备	确认生产计划、型号、时间、材料备货；确认上班质量缺陷点、数量及应注意问题	上班出现批量质量事故，不良品超标，影响接班；生产计划临时调整，所需材料不足	组织人员现场学习，分析原因，如无首件和工序通知应立即向有关部门反馈，索要技术文件，并按要求做首件封装
2	班前会集合	全组成员着装（工作服）洁净，上岗证、劳保用品佩戴齐全	工作服脏	按劳动纪律规定，按迟到论处，兑现责任价值
3	班前会	宣布班前会开始，公布昨日产量、质量完成情况及存在的问题	班组成员缺勤	组织召开班组周质量例会，分析原因，确定责任人，制定措施，成立 QC 小组
4	班后会	列队集合同班前会；当日工作总结，利用"5S"剖析	需求物料未产出；不良品未清理完	反馈给班长，组织备货；找出责任人，清理、清退
5	班组周质量例会	每周 1 次，由班组长或班组技术质量员主持，班组成员参加讨论，提出本班组前三位质量问题，找出原因，确定责任人，讨论整改措施，是否作为 QC 攻关	生产任务急，无时间开会；质量问题多，找不准问题所在	事先征集议题，开短会，确保效果；按先易后难的办法排序，逐个解决
6	开工首检	开工首件按工艺要求进行首件检验，根据首件检验表的内容对工件每一项质量标准进行检验；首件检验合格后，由操作员确认、检验员闸口确认	首件质量标准达不到；首件不合格，闸口不及时	认真检查，对问题点进行整改；反馈给检验处领导，兑现责任人
7	50 件一检	每 50 件进行一次检查；工件尺寸必须达到技术要求，符合首检验要求，符合首件检验标准	第 50 件未进行检验	设 50 件检查表进行控制，班长每 2 小时抽查 1 次
8	班组QC活动	每月有成果，每周有例会和活动；每月末对小组活动成果进行总结，拿出可参与发布的成果	不知如何开展活动；小组成果不知由谁来确认	查阅同类成果的活动步骤及各种工具的运用方法，并找分厂主管进行沟通；数据统计及现场实施分别落实到相关责任人
9	班组质量奖罚	班组质量物耗奖罚在公布 24 小时内统计，并通知责任人；保证准确无误	奖罚落实不到位，责任人不清楚	质量物耗在每日 10:00 前公布，出现废品、不良品后时培训责任人

续表

序号	工作项目	工作标准	可能遇到的问题	解决办法
10	质量回访	每日及时回访下道工序,将质量信息及时传递到班组内,使质量问题得到及时解决,满足用户需求	回访遇到用户态度蛮横;用户提出的质量要求太苛刻,超出了我们的能力范围	不能与用户发生冲突,应以心平气和的态度对待用户;应尽量满足用户的要求,确实达不到的,应根据相应标准、制度耐心地对用户进行解释、协调,使用户满意
11	设备管理	润滑及时到位;设备维修保养达到"漆见本色铁见光"	设备润滑点不及时润滑;清擦不及时,设备积灰积油未清理	定期设备润滑;工作中及时清擦,班后、周末全面清擦
12	市场反馈	于每月27日前到分厂质管员处领取市场索赔记录本;班长每月27日将市场反馈本下发到班组的每个工位	质管员培训不到位,班长未认真学习;市场反馈本领取不及时,影响当天的工作	及时领取市场反馈本,保证工作到位;班长及时把市场反馈本下发到位

 习题

1. 试述准时生产方式。
2. 简述精益生产的含义和基本思想。
3. 精益生产的目标和方法有哪些?
4. 简述全面生产维护(TPM)的概念及其形成历史。
5. TPM 的评价指标有哪些?
6. 简述"5S"管理的内容。
7. 为什么说推行"5S"管理活动是 TPM 的前提?
8. 简述 TPM 的内容,并用流程图描述。
9. 何谓目视管理?
10. 定置管理的含义和内容是什么?
11. 试述开展定置管理的步骤。
12. 班组管理是什么?
13. 与传统的生产方式相比,准时化生产方式有哪些优点?
14. 简述看板管理的目的及意义。
15. 拉式生产与推式生产的主要区别是什么?
16. 目视管理、"5S"管理、定置管理、平面布置各自的含义是什么?它们之间的联系与区别是什么?请列表表达。

17. 现场管理的方法有几种？如何将它们用于实际工作中？请举例说明。
18. 企业如何推行"5S"管理活动？为什么说"5S"管理中的"素养（SHITSUKE）"是核心？
19. "5S"管理活动常用的工具有哪些？在企业管理中是如何使用这些工具的？请举例说明。
20. "5S"和产品品质有何关系？"5S"管理活动的最终目的是什么？
21. 企业现场定置管理的主要内容是什么？怎样进行"定置管理"的设计？如何运用"5W1H"和"ECRS"技术制订切实可行的实施"定置管理"的设计？
22. 为避免"5S"管理活动流于形式，应在哪些方面多加注意？

思考题

企业生产管理中如何运用工业工程？

案例 ▶▶▶

案例1　一汽CIP与流程精益改善活动

CIP的概念

CIP起源于日本的KAIZEN（改善），意为不断改进流程（continuous improvement process）。

中国第一汽车集团有限公司（以下简称一汽）在生产过程中致力消除一切无效劳动和浪费，它把目标确定在尽善尽美上，通过不断地降低成本、提高质量、增强生产灵活性、实现无废品和零库存等手段确保企业在市场竞争中的优势，实现从毛坯投入到成品产出的整个制造加工过程的流程式准时化生产，零件始终处于不停滞、不堆积、不超越的状态，按节拍一个一个地流动。这就是一汽的CIP。

CIP的目标是通过对企业流程的改善不断地提高产品质量，降低产品成本，完善售后服务。

不断改进流程

任何流程、任何部门都有改进的潜力。CIP根本的出发点是追求完美，永远不满足已取得的成绩，并需要不断地消除或减少企业中存在的各种浪费，如仓库库存、等待材料、设备故障、寻找工具、产品缺陷、供货不及时、中间库存、零件计数、信息输入、观察设备、搬运重物、零件运输、过剩生产，等等。

CIP思想认为，浪费是顾客不愿意接受的那部分企业活动。而顾客愿不愿意接受则完全取决于顾客的价值观念、生活习惯和文化背景等因素，与企业生产流程的优劣没有关系。只有那些完全了解顾客的企业才能把握顾客的需要，从而促使企业不断地对自身进行分析，消除那些不为顾客创造价值的活动。这些活动存在于企业的各个部门和各个流程之中，CIP则是一种对这些部门和流程进行分析并改进的有效方法。

企业中存在浪费，那么，由谁来消除这些浪费呢？CIP的回答是：依靠全体职工。事实上,企业中最大的浪费便是人力资源方面的浪费,其他的浪费,如库存、等待、生产过剩、不合理的动作、制造不良品等,不管其如何巨大,都必须依靠人去解决。这里的人不仅仅指企业的高层管理人员,而是包括全体员工。因为,一方面,员工的经验和智能是企业最宝贵的财富,他们了解企业生产流程的每个细节,他们也知道企业问题的症结,但领导也许仅仅了解企业的总体经营状况,却看不到这种经营状况的深层次原因;另一方面,企业中的大部分人是具体操作人员,领导层所占的比例较小,领导的智慧,不管如何完美,都不足以解决企业中存在的所有问题,只有全体员工的智慧得到利用,才能使企业在新的挑战中获得生存。

从上述两点看,似乎 CIP 和合理化建议的活动没有什么区别,但合理化建议活动的效果却无法和 CIP 的效果相比。CIP 的思想认为,与其花大力气查出在干净地面上扔废纸者,不如直接把废纸捡起来扔进垃圾桶。CIP 活动的方式更快捷、高效。参加活动的人一般不超过 12 名,他们分别来自与流程有关的作业者、上道工序的代表、下道工序的代表及解决有关问题的部门代表等。上道工序的代表可以通过活动了解到他们提供给该流程的产品的质量问题,并将这些问题带回去设法解决。下道工序的代表则是从该流程"用户"的角度对该流程提供的产品提出意见和建议,作为 CIP 活动的改进方向。在此基础上,小组成员要在 5 天内全脱产共同对该流程进行实地考察和定量分析,然后通过头脑风暴法提出存在的浪费现象,由小组成员通过讨论、分析后制订解决方案,并亲自实施措施,从而在 5 天内就取得改善的效果。

为了不断提高经营业绩,企业亟待解决的课题很多,但是要知道从何处入手才能找出良策,并非易事。一般有两种途径可供选择,即跳跃途径和渐进途径,前者需要技术上的突破或管理上的创新,长期以来为欧美公司所采用,因为创新或技术的突破往往能带来明显的、引人注目的效果,而后者则追求改进的持续性和渐进性,虽然每次改进效果并不明显,但改进过程随着时间的推移却能带来巨大的效果,日本的许多公司崇尚这种途径,CIP 则是这种途径的具体实施手段。

CIP 从企业中存在的浪费出发进行不断改进,如操作人员动作不合理、设备故障太多、工序安排不当、原材料质量欠佳等。CIP 的思想认为这些方面的问题是设计不合理或管理不善造成的,因此对它们的改善不需要太多投资,只要对流程进行分析就能找到浪费的根源,依靠员工的经验和智慧便能消除根源,从而取得改善的效果。

CIP 活动的工作步骤

1. 小组活动的准备

包括确定活动人员、改进流程的范围、活动场所及其布置等,主要由主持者负责。

2. 小组活动的引言

主持者首先要向小组成员说明 CIP 的含义、目的和具体工作方法,并激发全体成员参与到 CIP 活动中来。

3. 现场流程考察

不管是否来自于该流程,都应该以改善的眼光去现场观察,并发现流程中的问题。

4. 对流程进行定量分析

为了能定量了解流程状况,需要对流程的质量、生产率、在制品、占用场地面积、周转时间、材料消耗和零件品种等进行测量,并计算出具体数值。

5. 收集流程中的浪费现象

要改进流程，首先要了解流程中存在的问题，通过头脑风暴法，让小组的每一个成员发表自己的看法，并将所有意见收集起来，作为下一步工作的基础。

6. 提出改进意见和方案

对第五步收集到的每条浪费进行分析，找出符合 CIP 活动的内容，即能在短时间内消除并有望获得较大效果的浪费，然后对选出的每一条提出改进意见，确定几种可能的方案。

7. 确定解决方案

对消除浪费的每条改进方案进行分析，以确定其可行性，通过效益比较确定最佳解决方案。

8. 制订措施表

经全体成员同意后，把最佳方案描述在统一规定的措施表上。

9. 实施措施

要求参加人员共同负责，并亲自动手，尽快解决。

10. 汇报成果

每次活动的有形成果都要用经费额来衡量，无形成果应说明其改进的意义。最终的成果将在有上层领导和各部门经理参加的 CIP 汇报会上汇报。

11. 跟踪措施实施情况

主持者应在 5 天的活动后对措施的实施情况进行跟踪，监督执行人员按改进后的方案工作，确保改善成果。

CIP 活动三例

1. 数控机床故障分析

(1) 改进前问题：某车间数控机床经常发生故障，维修人员通过更换备件解决故障。

(2) CIP 活动问题分析：设备故障约每个月发生一次，主要原因是主控制板发生故障，这种板的备件价格为 1 500 元，每年备件费用为 18 000 元。运用问题导问的"五问法"，追问"五个为什么"对主控制板故障的原因进行了分析，结果如下。

为什么发生故障→线路板烧坏

为什么线路板烧坏→降温不好

为什么降温不好→空气流通不畅

为什么空气流通不畅→数控机床外空气进不去

为什么空气进不去→滤网上结尘

通过追根究底地提问，找到了问题的症结，确认故障原因是：数控机床下面有一只滤网，是防灰尘的，灰尘积在滤网上使外面空气不能进入机床，从而使机床内空气散热不良，温度升高，造成线路板烧坏。

(3) CIP 措施：每半个月清扫一次滤网。

(4) CIP 成果：每年节约 10 个备件，设备故障率下降 83%。

2. 平面布置优化

(1) 改进前问题：如图 7-8(a) 所示，占用场地面积大，在制品多。

(2) 问题分析：造成这一问题的主要原因是设备 a、b 的操作人员离原材料的料箱太远，所

(a) 改进前　　　　　　　　　　(b) 改进后

图 7-8　平面布置优化案例

以只能靠操作人员 1 通过滑板送料。流程分析结果是：操作人员 7 名，场地为 220 平方米，在制品 130 个。

(3) CIP 措施：如图 7-8(b)所示，将设备 a、b 的方向转 180 度，并移到滑板 Ⅱ 两侧，取消岗位 1 和送料滑板 Ⅰ。

(4) CIP 成果：场地面积节约 35%，劳动生产率提高 14.3%，在制品减少 15.4%。

3. 零缺陷改进

(1) 改进前问题：如图 7-9(a)所示，机床加工工件过程中经常发生因插入方向错误而造成设备故障和零件报废。

正确的加工位置　　错误的加工位置

(a) 改进前　　　　　　　　　　(b) 改进后

图 7-9　零缺陷改进案例

(2) 问题分析：存放工件的料箱不规范，摆放随意，操作人员加工前必须先判断方向，但因每个工件总加工时间仅 32 秒，判断失误率高。统计结果表明，该工件班产 720 个，两班制月产量 33 000 个，因插入错误造成的零件报废平均 9 个/班，工件毛坯单价 8.65 元，年损失材料费 39 000 元。

(3) CIP 措施：如图 7-9(b)所示，在机床心轴上安装一块挡板，起到防失误的作用，使工件不能以错误的方向插入，从而使操作人员及时发现问题，人为缺陷减少至零。

(4) CIP 成果：产品合格率提高 13%，设备故障率下降 25%。

案例讨论

一汽 CIP 活动对企业建立精益生产模式有哪些启发？

案例 2　M 企业导入与推进精益之路

M 企业是一家生产汽车零部件的制造企业，典型产品为汽车 ABS 速度传感器，部分产品出口欧美国家。M 企业总体基础好，产品质量高，销路好，管理水平较高，但企业工业工程的基本理念并没有深入人心。2018 年初，企业开始导入精益生产方式，当时员工反响平平；精益改善意愿不强烈，前期推进速度和效果不理想；仅有少量的精益工具运用，但并不专业。

1. M 企业面临的挑战

（1）人力成本高，没有多余人力和空闲场地用于提高产能，以满足未来 3 年的产量需求。表现为生产线不平衡，导致场地紧张，限制企业的发展。

（2）生产现场存在基础"5S"和可视化管理薄弱、生产效率低下等问题，严重地影响了产品的市场竞争力，企业利润连年下滑，威胁到企业的生存。

2. M 企业的"精益生产"导入与推进

为推行精益生产，公司成立了专门的精益生产领导小组，由公司总经理担任组长，技术副总协调各部门经理，整体实施。公司上下立志要进行一场企业生产变革，将工业工程方法应用落地——精益改善"五步曲"。

（1）员工培训——导入"精益"第一步　通过工业工程基本理论方法、精益思维和"5S"管理等方法，引导企业总经理、中层和员工的工业工程和精益的理念入脑走心。

（2）加强员工基础管理素养的培养和实践　通过现场整理、整顿、清扫、清洁的实践与能力训练，培养员工标准化作业的素质，以提升企业素质（见图 7-10）。

图 7-10　员工部分"5S"的实践内容

（3）以价值流工具分析典型生产流程　以价值流为导向，结合"5S"、动作分析等工业工程工具找出浪费源并进行改善（见图 7-11）。

（4）精益改善全面落地　梳理各个生产流程、各个管理部门痛点，通过大规模的精益推广，进行全员、全方位、全流程的生产改善活动；通过改善项目立项，建立绩效目标，出台激励政策，由精益专家提供技术指导，全员推行精益生产方式，深化精益企业文化内涵。

（5）精益标准化并持续改进　进行阶段性总结、成果经验分享、知识管理、工作流程标准化，保持动态持续改进，建立企业精益系统。

图 7-11 典型生产线价值流程图绘制

3. M 企业精益改善专项

全公司年均立项改善项目 120 余项,有力促进了精益改善工作。

(1) 传感器产品生产线改善主题　选择公司汽车 ABS 速度传感器标准型产品的生产线为对象,运用工业工程原理和精益生产工具,对生产线进行精益改善。利用设计布局图与实物排布图,改善前员工人数多、占地面积大、质量一般,改善后员工人数少、占地面积小、质量高,通过比较分析,其生产线明显得到平衡和优化(见图 7-12)。在保证产能不变的情况下,人员大幅减少,生产线占地面积节约 260 平方米,为新项目产能扩充做准备。

图 7-12 改善前后人员和设施布局

(2) 现场"5S"改善主题　实施了现场"5S",形成适应于 M 企业特有的"5S"标准、生产现场"5S"运作逻辑。"5S"定义的检查要素和检查标准形成知识,在企业集团其他子公司内分享推行,并反馈到集团,促使企业"5S"水平提升;标准明确,工具和物品定置规范合理,可执行性强;工作环境得到改善。

(3) 企业信息化与可视化主题　企业加大信息化力度,如生产排产系统改善前,信息单向传递,响应滞后,信息可视化差。通过生产线可视化再设计,提升企业信息沟通的效率,改善后,信息响应即时,多项交流同步,信息可视化好。通过改善前后的看板信息对比(见图7-13),生产维护信息可以第一时间传送到责任人的通信设备上,缩短了员工响应时间。促进生产计划信息化和可视化,同时对生产过程中反馈的信息进行知识化封装,并反馈到研发和工业化部门,促进产品和工艺的再设计。

图 7-13　改善前后现场看板信息对比

利用生产线首件产品质量测量状态看板(见图7-14),产品质量和效率得到提高。改善前,生产小组长在生产线等待质量部的电话通知,不合格的时候,要到质量部测试办公室去拿测试报告,根据报告内容调整设备后再送检。两个部门沟通的花费时间多达半小时。改善关键点是每条生产线都增加一个显示终端,质量部门的检查状态和结果随时同步到生产线的终端,生产现场随时可以看到该生产线的首件产品测试结果,每天每条线可节约大约半小时不增值的工作时间。

生产线首件产品质量测量状态看板

日期：2022年03月30								
测量者	GM	SGM	VW	DPCA	Nissan	Suzuki	Ford	Honda
马三								
吴四								
孙文								
张二								

值班班长：郭晶晶　　■ 合格　　□ 测量中　　■ 异常

图 7-14　生产线首件产品质量测量状态看板

4. M 企业精益改善成果

经过3年的精益生产模式的推进和改善项目的落地,企业取得明显的经济效益和社会效益。

(1) 公司产品质量明显提升,其平均次品率由1%降至0.8%,累计年增加销售额400多万元,加上其他改善收益共计约1 300万元/年。

(2) 人员大幅减少,优化了人员结构。约有10%的员工(100多名员工)重新安排到新增项目,年节约劳动力成本高达600万元。

(3) 工作环境得到了改善,生产现场"5S"状态得到极大提升;员工的满意度提升了30%,员工的工作效率提高了15%;由于"5S"变成了一种习惯,节省了为各种领导视察、参观访问的清扫准备及由此导致的停产时间,可节约1800小时,节约人工费约240万元。

(4) 根据在M公司的精益改善的成功经验,在集团公司内部各分公司分享推行,促进了集团企业"5S"水平提升,节约了人力成本;企业信息化与管理水平得到大幅度提升,提升了企业信息沟通的效率,促进了企业全面信息化工作的开展。

(5) 培养本地精益专家18名;举办工业工程基础培训和专题活动近160场次,受训员工达3300人次,平均不少于3次/人,精益生产文化在公司已落地生根。

综上所述,工业工程在M企业的推广应用,是支持企业提升市场竞争力的有效途径。M企业在工业工程理论、技术、方法和工具的应用方面取得了良好的效果,为汽车零部件企业进行改善和提升提供了一些共性的、具有借鉴参考意义的成功经验,值得推广与复制。

案例讨论

汽车零部件企业应用工业工程有何特色?

案例3 宝武集团——世界级制造企业推进精益生产的实践

中国宝武钢铁集团有限公司(以下简称宝武集团)是一家提供钢铁及先进材料综合解决方案和产业生态圈服务的高科技企业,是世界上最大的钢铁生产企业。2020年宝武集团钢产量达到1.15亿吨,实现"亿吨宝武"的历史性跨越,问鼎全球钢企之冠。在2021年《财富》发布的世界500强榜单中,宝武集团首次跻身前百强,排名第72位,继续位居全球钢铁企业首位。2021年宝武集团经营业绩创历史最高水平,公司影响力、美誉度在世界钢铁业的地位和作用日益凸显。在建成"最具竞争力世界一流钢铁企业,成为全球钢铁及先进材料业引领者"的愿景过程中,不断实践推进精益生产,走出了一条创新之路。以下以宝武集团热轧厂为例,探讨钢铁精益生产方法、举措和效果,可以管中窥豹。

1. 宝武集团精益生产的源头:消除"瓶颈"工序

宝武集团以生产钢材及其深加工为主业,其热轧生产工艺是最重要的环节,成为钢铁生产的"瓶颈"工序。从2002年开始,公司经营目标中把精益运营、降本增效、缩短产品交货周期作为公司的一项战略任务提出。公司决定在热轧厂进行精益生产试点,试图通过运用精益生产方法和工具对热轧厂生产质量、产能利用率及产品交货期等进行改善,以最大限度消除这个长期困扰企业的生产技术"瓶颈",同时为公司精益运营推进打下基础。热轧厂在2002年开始推行精益生产,以最大限度地消除钢铁生产"瓶颈";2003年年初两条产线接近世界先进水平;2016年成立精益生产运营委员会及工作小组,从顶层设计上加以改进,扎实推进精益生产工作,达到世界一流热轧产线轧制节奏水平;热轧厂坚持以问题为导向,持续推进精益生产,于2018年年底2050产线产量创历史最高纪录。

2. 宝武集团热轧厂精益生产的组织与管理

2016年热轧厂成立精益生产运营委员会及工作小组,以产线为主要推进对象,以分厂厂长及设备车间副主任为组长,成立6个生产精益运营项目组,定期召开推进会,上报、解决难题,由厂部领导调解,从顶层设计上加以改进,扎实推进精益生产工作。重点针对热轧厂对轧线上每个细节的把控力,做好三个精益生产管理工作。

(1) 加强热轧工艺过程信息与数据管理　包括重点产线的轧制节奏、换辊、定修、故障管理时间等数据管理。

(2) 注重目标管理　通过分析影响轧制节奏的因素,找短板想对策,设定目标改进项与目标绩效。

(3) 强化绩效考核　通过现场为轧制节奏计时、每块钢节奏展示、劳动竞赛等多种形式激励员工提高劳动效率,并在绩效考核上有所倾斜。

最终精益生产的组织通过建立关键业绩指标(KPI)管理系统来实现,即业绩管理改善小组对热轧厂生产经营任务分析后,建立热轧厂投资资本回报率(ROIC)树。小组按ROIC树完成了热轧厂各岗位KPI,确定KPI的权重和目标值,同时为热轧厂各分厂、车间设计基于业绩的激励机制,将奖金分配与KPI挂钩。

3. 宝武集团热轧精益生产的关键举措

1) 提高产能利用率

(1) 换辊改善　通过从人、机、料、法等方面的头脑风暴分析找到了现有的问题/改善潜力环节。2050换辊小组共提出改善建议17项,1580换辊小组共提出改善建议13项。

(2) 降低非计划故障停机时间　基于总成本对失效模式进行优先排序,召开相关主题会议,对失效模式进行头脑风暴,产生16条改善建议,可以减少50%的故障,节约37%的成本。

(3) 减少定修时间,提高定修效率　通过ECRS建立新流程,同时出台了对第三方(施工维修)的激励方案,即定修时间的节约值按一定的百分比折合成效益,奖励给参加定修的施工方队伍。

2) 提高产品质量

明确产品质量问题,并根据历史数据设定目标,通过头脑风暴,列出所有潜在原因,使用决策树对潜在原因进行分类,并根据类型采取相应行动,通过决策树分析应明确要重点解决的潜在问题。对要采取的行动进行优先排序。制订初步的实施计划,落实无悔行动,并进行验证。

4. 宝武集团热轧精益生产的成效

宝武集团宝山基地热轧厂针对换辊、故障停机、定修效率、产品质量等方面进行了精益生产改善,并取得了显著的成果。

(1) 换辊时间明显缩短　通过改善措施,工作辊更换由试点前的16.1分钟和15.0分钟缩短至10分钟;支承辊更换1580由试点前7小时、5小时缩短至4.5小时和3小时;2050由试点前6小时、4小时缩短至4.5小时和零小时;整个年度化效益达1.23亿元人民币。

(2) 设备的故障停机时间明显降低,定修效率提升　热轧厂两条线定修时间实际值与计划值相比都小于90%,达到下降10%的目标;所试点的降低设备故障的项目1580精轧入口导板在实施后故障下降了78%。整个年度化效益为1700万元人民币。

(3) 产品质量得到提升　所选6个质量问题项目中,5个降低质量封锁率项目下降24%~67%不等,2050厚度精度项目提高了1%;整个年度化效益为1 500万元人民币。

(4) 产能利用率明显提升,接近世界先进水平　两条线由试点前的2050产线的61.3%和1580产线的57.7%提高到试点后的2050产线的67.2%和1580产线的69.4%。

近年来,宝武集团宝山基地热轧厂坚持以问题为导向,持续推进精益生产进一步深化改革,一番攻坚克难后,热轧厂所属3条产线进钢节奏、更换支撑辊、定修管理等工作均有优化提升,尤其是2050产线,平均轧制间隔时间小于43 s,达到世界一流热轧产线轧制节奏水平。

据统计,2018年12月2日,2050产线乙班夜班产量同比提高5.54%,当日产量(乙班+丁班)较全天产能纪录提升2.65%,创历史最高纪录。

 案例讨论

世界级制造企业如何推进精益生产改善?

第 8 章 智能制造系统与工业工程

学习目标

通过本章的学习,你应该能够:
(1) 了解智能制造的发展历程,了解我国制造业智能化建设的现状;
(2) 理解智能制造的内涵与特征,理解智能制造与工业工程的内在联系,理解工业工程在智能制造建设中的作用;
(3) 认识到智能工厂是未来研究的主要对象,在工程领域具有广泛的代表性;了解智能工厂内涵、体系架构、关键技术、规划、实施和运行基本内容,并学会如何利用智能工厂的技术和方法,以推动智能制造在企业更好地发展;
(4) 了解智能制造系统概况,学会如何理解和利用 PLM、ERP、MES、CPS 的技术、软件和系统,以推动其在企业的广泛应用;
(5) 重点掌握企业应用工业工程的方法,以及实施智能制造系统的问题及应用评价。

8.1 智能制造与工业工程

智能制造研究大致经历了三个阶段:起始于 20 世纪 80 年代人工智能在制造领域中的应用,智能制造概念正式提出;发展于 20 世纪 90 年代智能制造技术、智能制造系统的提出;成熟于 21 世纪以来新一代信息技术条件下"智能制造(smart manufacturing,SM)"的发展。

8.1.1 智能制造的发展历程

智能制造的提出源于 20 世纪 80 年代人工智能在制造领域中的应用研究。1988 年,美国纽约大学的怀特(P. K. Wright)教授和卡内基梅隆大学的布恩(D. A. Bourne)教授出版了《智能制造》(Smart Manufacturing)一书,首次提出了智能制造的概念。该书系统描述了智能制造的内涵与前景,认为智能制造的目的是"通过集成知识工程、制造软件系统、机器人视觉和机器人控制对制造技工们的技能与专家知识进行建模,以使智能机器能够在没有人工干预的情况下进行小批量生产"。

20 世纪 90 年代,智能制造得到发展。欧、美、日等发达国家和地区围绕智能制造技术和智能制造系统开始进行国际合作研究。1991 年,欧、美、日共同发起实施的"智能制造国际合作研究计划",提出"智能制造系统是一种在整个制造过程中贯穿智能活动,并将这种智能活动与智能机器有机融合,将整个制造过程从订货、产品设计、生产到市场销售等各个环节以柔性方式集成起来的能发挥最大生产力的先进生产系统"。

21世纪以来,智能制造开始深化。随着物联网、大数据、云计算等新一代信息技术的快速发展及应用,智能制造被赋予了新的内涵,即新一代信息技术条件下的智能制造。2010年,在美国华盛顿举办的"21世纪智能制造的研讨会"指出,智能制造是对先进智能系统的强化应用,使得新产品的迅速制造,产品需求的动态响应以及对工业生产和供应链网络的实时优化成为可能。2018年,周济院士指出智能制造是先进制造技术与先进信息技术的深度融合,贯穿于产品设计、制造、服务等全生命周期的各个环节及相应系统的优化集成,旨在不断提升企业的产品质量、效益、服务水平,减少资源消耗,推动制造业创新、协调、绿色、开放、共享发展。

8.1.2 智能制造的内涵和特征

1. 智能制造的内涵

对于智能制造的定义,各个国家有不同的表述,但其内涵和核心理念大致相同。德国提出的是"工业4.0"的概念,其包含了由集中式控制向分散式增强控制的基本模式转变,目标是建立一个高度灵活的个性化和数字化的产品与服务的生产模式。美国提出的是"工业互联网",其主要含义是在现实世界中,机器、设备和网络能在更深层次与信息世界的大数据和分析连接在一起,以带动工业革命和网络革命两个革命性的转变。我国提出的是"中国制造2025",给出了智能制造的一个描述性概念,即智能制造是基于新一代信息技术,贯穿设计、生产、管理、服务等制造活动的各个环节,具有信息深度自感知、智慧优化自决策、精准控制自执行等功能的先进制造过程、系统与模式的总称。

从对智能制造的表述上看,德国一直运用"Smart Factory"和"Smart Manufacturing"来表述智能工厂和智能制造;美国GE用的是"Intelligent",强调智能装置、智能系统、智能决策;而我国则强调信息深度自感知、智慧优化自决策、精准控制自执行。从战略手段上看,虽然德国、美国和中国对智能制造的表述方式不同,但三个国家的主要目的却是相同的。德国充分利用信息技术和信息物理系统等,将制造业向智能化转型;美国打破技术壁垒,促进物理世界和数字世界的融合;中国则以加快新一代信息技术与制造业深度融合为主线。其均是以信息物理系统(CPS)为核心的智能制造。

随着互联网、大数据、人工智能等技术的迅猛发展,智能制造正加速向新一代智能制造迈进。新一代智能制造通过人工智能技术赋予信息系统强大的"智能",使其不仅具有更加强大的感知、决策与控制的能力,更具有了学习认知、产生知识的能力,从而极大地提高处理制造系统复杂、不确定问题的能力。

新一代智能制造HCPS2.0是数字化、网络化、智能化技术与制造技术的深度融合,其核心是新一代人工智能技术与制造技术的深度融合。将新一代人工智能技术与制造领域知识和技术进行深度融合,使人的智慧与机器智能的各自优势得以充分发挥,相互启发式地增长成为新一代智能制造技术,用于解决制造系统价值维、组织维和制造全流程及其集成的问题,通过工业智能"赋能"创新,极大释放人类智慧的创新潜能,提升制造业的集成式创新能力,如图8-1所示。

图 8-1 新一代智能制造 HCPS2.0 的内涵

2. 智能制造的特征

智能制造基于信息技术、自动化技术、传感技术、网络技术、人工智能技术等先进技术,通过智能化的感知、人机交互、决策和执行,实现产品设计、生产、管理、服务等制造活动的智能化,使得制造过程能够去中心化、自适应、自组织、自维护,具有高度柔性,是信息技术、智能技术与装备制造技术的深度融合与集成。智能制造的特征体现在下面五个方面。

(1) 全面互联 智能源于数据,数据来自互联感知。互联感知是智能制造的第一步,其目的是打破制造流程中物质流、信息流、资金流和能量流的壁垒,全面获取制造产品全生命周期所有活动中产生的各种数据。

(2) 数据驱动 产品全生命周期的各种活动都需要数据支持并且会产生大量数据,而在科学决策的支持下对大数据进行处理分析,提升了产品的研发创新、生产过程实时优化、运维服务动态预测等能力。

(3) 信息物理融合 制造物理信息空间融合是指将采集到的各类数据同步到信息空间中,在信息空间中分析、仿真制造过程并做出智能决策,然后将决策结果再反馈到物理空间,对制造资源、服务进行优化控制,实现制造系统的优化运行。

(4) 智能自主 将专家知识、人工智能与制造过程集成,进而实现制造资源智能化和制造服务智能化,使得制造系统具有更好的判断能力,能够进行自主决策,从而更好地适应生产状况的变化,提高产品质量和生产效率。

(5) 开放共享 分散经营的社会化制造方式正在逐步取代集中经营的传统制造方式,制造服务打破了企业边界,实现了制造的资源社会化开放共享。企业能够以按需使用的方式充分利用外部优质资源进行协同生产,从而满足顾客个性化的需求。

8.1.3 我国制造业智能制造建设的现状

2015年,政府工作报告首次提出"中国制造2025",国务院发布《中国制造2025》,提出了五大重点工程,其中智能制造工程就是重点实施工程之一。2016年"中国制造2025"进入"启动实施"阶段;2017年政府工作报告提出"深入实施"方案。2016年4月工业和信息化部、发展和改革委员会、科技部和财政部四部委联合印发了智能制造工程实施指南,提出"攻克五类关键技术装备,夯实智能制造三大基础,培育推广五种智能制造新模式,推进十大重点领域智能制造成套装备集成应用"。2016年12月,我国工业和信息化部、财政部联合制定的《智能制造发展规划(2016—2020年)》提出2025年我国推进智能制造发展实施"两步走"战略。第一步,到2020年,智能制造发展基础和支撑能力明显增强,传统制造业重点领域基本实现数字化制造,有条件、有基础的重点产业智能转型取得明显进展;第二步,到2025年,智能制造支撑体系基本建立,重点产业初步实现智能转型。

《2016中国制造业竞争力调研报告》预测,到2025年,我国智能制造能完成超过50%的进程;到2035年,能完成70%的进程;到2045年能完成90%的进程;到2049年,我国智能制造水平与发达国家并驾齐驱,甚至在若干领域能引领发展。

然而智能制造仍是现阶段我国制造业的短板之一。2019年3月,国务院发展研究中心携手德国著名工业企业博世集团的一份报告中称:中国制造业整体尚处于由工业2.0向工业3.0过渡的阶段。

"十三五"以来,通过试点示范应用、系统解决方案供应商培育、标准体系建设等多措并举,我国制造业数字化、网络化、智能化水平显著提升,供给能力不断提升,智能制造装备国内市场满足率超过50%,主营业务收入超10亿元的系统解决方案供应商达43家。支撑体系逐步完善,构建了国际先行的标准体系,发布国家标准285项,主导制定国际标准28项;培育具有一定影响力的工业互联网平台70余个。推广应用成效明显,试点示范项目生产效率平均提高45%,产品研制周期平均缩短35%,产品不良品率平均降低35%,涌现出离散型智能制造、流程型智能制造、网络协同制造、大规模个性化定制、远程运维服务等新模式新业态。

我国已转向高质量发展阶段,正处于转变发展方式、优化经济结构、转换增长动力的攻关期,但制造业供给与市场需求适配性不高、产业链供应链稳定面临挑战、资源环境要素约束趋紧等问题凸显。基于新一轮科技革命和产业变革以及我国加快转变经济发展方式的需求,以智能制造为主攻方向,推动产业技术变革和优化升级,推动制造业产业模式和企业形态根本性转变,以"鼎新"带动"革故",提高质量、效率效益,减少资源能源消耗,畅通产业链供应链,助力碳达峰碳中和,促进我国制造业迈向全球价值链中高端。

8.1.4 工业工程在制造业智能化建设中的作用

智能制造是由智能机器和人类专家共同组成的一体化人机系统,它在制造过程中能进行智能活动,如分析、推理、判断、构思和决策等。通过人与智能机器的合作,去扩大、延伸和部分取代人类专家在制造过程中的脑力劳动,同时,收集、存储、完善、共享、继承和发展人类专家的制造智能,智能制造已成为影响未来经济发展过程的制造业的重要生产模式。

工业工程是对人员、物料、设备、信息及能源所组成的集成系统,进行设计、改善和设置的一门学科。工业工程的功能具体表现为系统的规划、设计、评价和创新四个方面。工业工程在发达国家的应用已有近百年的历史,被认为是现代工业化的重要基础。在中国智能制造2025的背景下,我国智能制造与管理的发展进程正处于转型的关键时刻。工业工程作为智能制造的核心技术,可以说是智能制造的基础,需要大力发展和运用。企业智能制造转型带来了生产模式的变革,工业工程采用系统科学方法助推系统的顶层规划设计和系统实施,低成本、高效率地评估和改善现有企业,为后续的系统升级奠定基础。因此,企业在智能制造转型升级过程中,充分发挥工业工程的作用,发展和完善"以人为本,效率导向,持续改善,智能科学"的工业工程应用与创新模式,必将全面助力智能制造企业的发展。

(1) 以人为本　以人为本是新时代的基本特征,也是人类社会发展的高级阶段,智能化发展更需要以人为本。人因工程学是研究在工作中、生活中和休息时怎样统一考虑工作效率、人的健康、安全和舒适等问题的学问。人因工程学的应用是工业工程将以人为本落到实处的技术体现。随着智能制造技术的发展,未来设备的自动化程度越来越高,人机协同模式日益凸显,设备、工装、工位附属设置在设计及布局时更需要包含人因工程学技术,确保整个系统发挥最佳水平,否则还可能出现误操作或难操作,甚至产生事故,影响设备的正常效率提升。

(2) 效率导向　工业工程是提高生产效率的工程技术。智能制造的理念和技术并不是用来提高企业现有单一设备或局部的生产效率和生产质量的,而常常是从整体上对各设备进行最优组合,通过科学化、合理化和智能化地使用设备,提高企业的整体生产效率。另外,标准化实施可充分应用到生产、开发设计、管理等工作中,是非常有效的方法。作为工业工程的一项重要内容,我国智能制造标准化工作取得显著进展。如在我国船舶、石化、建材、纺织等许多细分行业构建智能制造标准体系,建成近200个标准试验验证平台,实施智能制造系列标准,使智能制造的实施更加有效,产生最大的效益。

(3) 持续改善　作为工业工程的理念升华,持续改善和精益改善可谓是企业效益不断提升的法宝,是企业永恒不变的需求,已经演变为一种涉及营销、研发、供应链、生产、流程乃至企业的全价值链的管理方法。其所追求的"创造价值、消除浪费"的思想、方法和工具促进了企业资源的优化配置,获得质量、效率和反应速度的快速提升。智能制造不可能建立在低效的生产模式之上,精益改善是必须要走的第一步。在此基础上,采用规划和计划技术、大数据技术、智能制造相关技术等实现数据的互联互通,消除"信息孤岛",最大限度地减少浪费,提升企业效益。

(4) 智能创新　面向智能制造的工业工程更加关注系统科学和系统工程的创新,包含四大因素:用智能机器人代替工人生产的自动化生产线;高度智能化的生产线控制系统;融合虚拟生产与现实生产的物联网系统;生产信息化管理系统。在新的目标、范围与趋势下,智能制造迫切需要以系统工程的方法与工具为支撑,尤其是在实现产品从设计、研发到生产、运行的端到端集成的转型过程中。

工业工程在我国制造业智能化建设中的作用越来越突出。近年来,我国制造业发展迅速,智能制造是促进工业迈向中高端、建设制造强国的重要举措,也是新常态下打造企业核心竞争力的必然选择。推进智能制造是一项复杂庞大的系统工程,需要从基础做起,充分应用工业工程技术不断探索和试错,采用系统科学的方法,在精益改善的基础上,逐步进行自动化改造,发展数字化和信息化技术,不断优化系统,努力做到技术创新与管理创新,加快智能制造的转型升级。

8.2 智能工厂与工业工程

随着智能制造技术的快速发展,智能工厂的概念被提出。2012年中国科技自动化联盟在上海工业博览会上提出了"智能工厂1.0"概念,将其定义为在制造业一系列科学管理理论与实践的基础上,深度融合先进制造技术、信息通信技术和新一代信息技术,所建立的高效、智能和柔性的新一代制造系统。

8.2.1 智能工厂的内涵和作用

1. 智能工厂的含义

智能工厂是将物联网、大数据、人工智能等新一代信息技术与制造企业的研发设计、生产、管理、服务等制造活动的各个环节有效融合,具有信息深度自感知、智能优化自决策、精准控制自执行等功能的先进制造过程、系统与模式的总称。

智能工厂是一个柔性系统,能够自行优化整个网络的表现,自行适应并实时或近实时学习新的环境条件,并自动运行整个生产流程。

智能工厂代表了从传统自动化向完全互联和柔性系统的飞跃。这个系统能够从互联的运营和生产系统中源源不断地获取数据,从而了解并适应新的需求。真正的智能工厂能够整合全系统内的物理资产、运营资产和人力资本,推动制造、维护、库存跟踪、运营数字化以及整个制造网络中其他类型的活动。其产生的结果可能是系统效率更高也更为敏捷,生产停工时间更少,对工厂或整个网络中的变化进行预测和调整适应的能力更强,从而进一步提升企业的市场竞争力。

一些企业已开始在多个领域采用智能工厂的流程方式,如利用实时生产和库存数据进行先进计划与排产,或利用虚拟现实技术进行设备维护等。但是,真正的智能工厂是更为整体性的实践,不仅仅转变工厂车间,更影响整个企业和更大范围内的生态系统。智能工厂是整个数字化供应网络不可分割的一部分,能够为制造企业带来多重效益,使之更为有效地适应不断变化的市场环境。

2. 智能工厂的特点

1) 用于优化决策的数据分析

嵌入式传感器和互联设备为企业生产收集了大量的数据。数据分析可以帮助制造商调查历史趋势、识别模式并做出更好的决策。智能工厂还可以使用来自组织其他部分及其扩展的供应商和分销商生态系统的数据以创建更深入的分析。通过查看来自人力资源、销售或仓储的数据,制造商可以根据销售利润和人员做出生产决策。

2）IT-OT 集成

智能工厂的网络架构依赖于互联互通。从工厂车间的传感器、设备收集的实时数据可以立即被其他工厂使用，以及在企业软件堆栈中的其他组件之间共享，包括 ERP 和其他业务管理软件。

3）定制生产

智能工厂可以更经济高效地生产满足客户需求的定制产品。在许多行业，制造商都渴望以经济的方式实现"最小生产批量"。通过使用先进的模拟软件、应用程序、新材料和 3D 打印等技术，制造商可以轻松地为特定客户创建小批量的专业产品。传统工厂往往是基于大规模生产的，而智能工厂更多是基于大规模定制的。

4）供应链

工业运营依赖于透明、高效的供应链，作为智能工厂战略的一部分，供应链必须与生产运营相结合。这改变了制造商获取物料和交付成品的方式。通过与供应商共享一些生产数据，制造商可以更好地安排交货时间。例如，如果装配线出现中断，则可以重新安排或延迟交货，以减少浪费的时间或成本。此外，通过研究天气、运输合作伙伴和零售商数据，企业可以使用预测性运输在正确的时间发送成品以满足消费者的需求。区块链正在成为实现供应链透明度的关键技术。

3. 智能工厂的作用

企业智能工厂建设或改造应与企业的具体需求相契合。智能工厂建设或改造的原因往往千差万别，不能一概而论。然而，通过建设智能工厂，企业可大致解决资产效率、质量、成本、安全以及可持续性等问题。这些问题的解决将最终促进加快市场响应速度，扩大市场份额，提高利润率与产品质量，并稳定企业人才队伍。

1）提高资产效率

智能工厂时刻生成海量数据，通过不断分析这些数据，揭示待修正与优化的企业资产绩效问题。自我修正是智能工厂与传统自动化工厂的区别所在，将进一步提升整体资产效率，同时也是智能工厂最大的优势之一。资产效率的提升将缩短停工期、优化产能并减少调整时间，还将带来其他潜在利益。

2）提升质量

智能工厂具备自我优化的特征，可快速预测并识别质量缺陷趋势，并有助于发现造成质量问题的各种人为、机器或环境因素，这将降低报废率并缩短交付期，提升供应率与产量。通过进一步优化质量流程，可打造更加优质的产品，减少缺陷与产品召回。

3）降低成本

优化后的流程通常成本更低。优化后的流程有助于全面了解供应网络，迅速及时地响应采购需求，从而进一步降低成本。优化后的流程亦可降低保修和维修成本。

4）保障安全与可持续发展

智能工厂还为员工福利及环境可持续性带来实质性好处。由于智能工厂可提升操作效率，因此相较于传统的制造流程，其更能降低对环境的影响，促进整体环境的可持续发展。流程自动化程度的进一步提升，将降低人为错误的可能性，包括减少企业事故造成的工伤。而且智能工厂的自行运转，将有望取代人力完成部分重复乏味的工作。不过，在智能工厂中，工人将更大程度上承担判断与现场决策的职责,这将提升工人的工作满意度,并降低人员流失率。

4. 智能工厂对企业流程的影响

不同企业将在不同程度上受到智能工厂对其制造流程的影响。研究发现部分先进技术能够促进物理世界与数字世界间的信息流动与传递。这些技术推动了数字化供应网络甚至智能工厂的发展,为生产流程的数字化创造新的契机。智能工厂主要的核心制造流程有生产运营、仓储运营、库存跟踪、生产质量检测、生产维护以及环境、健康与安全监测。

1) 生产运营

(1) 增材制造可快速生产产品原型或小批量零配件。

(2) 基于实时生产和库存数据的先进计划和排产,尽可能减少浪费,缩短生产周期。

(3) 认知机器人和自主机器人能够有效开展常规工作。尽可能节省成本,提高精确性。

(4) 数字孪生可实现运营数字化,并超越自动化和集成,开展预测性分析。

2) 仓储运营

(1) 增强现实可协助工作人员挑选和安置任务。

(2) 自主机器人可开展仓库管理工作。

3) 库存跟踪

(1) 传感器可追踪物料、半成品、成品以及高价值模具的实时动向和位置。

(2) 分析可优化现有库存,并自动提醒补充库存。

4) 生产质量检测

(1) 采用光学分析方法开展中期质量检测。

(2) 实时设备监控,预测潜在质量问题。

5) 生产维护

(1) 增强现实可协助维修人员开展设备维修工作。

(2) 设备上的传感器有助于预测性和认知性维护分析。

6) 环境、健康与安全监测

(1) 传感器可在危险设备靠近工作人员时发出警告。

(2) 工作人员身上的传感器可监测环境状况,确认其是否正常运作或是否存在其他潜在威胁。

5. 智能工厂与传统工厂的比较

智能工厂贯穿设计、生产、销售、服务等产品全生命周期管理,强调生产系统智能化。如西门子公司通过建立全面数字化协同和高度自动化制造,运用物联网技术实现生产制造全面互联。通用公司通过使用智能机器人、机器视觉和大数据等技术,来实现汽车制造工厂高度自动化和智能化,并通过生产管控系统对生产过程进行实时的在线监测与维护。海尔向全球发布家电智能工厂,在生产制造全过程中采用数字化制造技术、智能化设备和智能物流,实现生产过程的透明化、敏捷化、个性化和智能化。江淮汽车通过工业互联网、云计算和大数据等技术实现了自动排产、自动质量检测和能源管理等功能,满足客户化定制生产等需要。智能工厂与传统工厂的比较如表 8-1 所示。

表 8-1 智能工厂与传统工厂的比较

项目	智能工厂	传统工厂
经营模式	产品＋服务	产品
生命周期	设计、制造、销售、服务等全过程	制造
个性化需求	个性化需求高,产品种类繁多,客户参与度高	个性化需求低,产品种类较少,客户无参与度
制造系统	各模块无缝连接,构建一个完整的智能化制造系统	各模块间相对独立,信息传递效率较低
制造车间	基于数字化＋自动化＋智能化实现设备与设备、设备与人、人与人互联互通	部分制造单元自动化程度低,以人机配合为主
过程分析	实现数据采集和分析、信息流动、产品和设备检测自动化	大部分统计、检测、分析等工作靠人工完成
虚拟仿真	虚实融合的沉浸式仿真,与实体工厂相互映射	仿真程度较低,侧重于产品研发阶段;仿真技术与实体工厂关联度较低
企业数据	数据来源多源化;数据量大;强调动态、静态数据的实时数据	数据多是静态数据;数据量较小;数据采集、分析、使用等响应较慢

　　智能工厂与传统工厂有较大的差异,尤其是在经营模式、生命周期、个性化需求、制造系统、制造车间、过程分析、虚拟仿真、企业数据等方面。智能工厂是一个庞大的系统,以数字化工厂为基础,利用物联网技术和监控技术加强信息管理服务,有效融合 PLM、ERP、MES 等管控系统,确保生产的各个环节都能处于最佳状态,实现智能生产、智能管控和智能决策。

　　智能工厂具有丰富的内涵,本质上,通过智能工厂的建设,将实现制造业的三大主要需求:生产制造透明化、管控智能化和智能系统化。

8.2.2　智能工厂体系架构

　　不同类型的企业,其智能工厂体系架构会呈现不同的形式。以典型的流程制造钢铁工业为例,其智能工厂按照《钢铁工业智能制造体系架构白皮书》指引,以工艺过程在线闭环控制、全流程界面协同优化等关键技术突破为先决条件,重点关注一体化计划调度、全流程质量管控、能环协同调配和资产全生命周期管理的建设,实现冶金全流程物质流、能量流、信息流和资金流协同优化,从而形成高效能、低耗散、自组织、动态有序、连续运行的生产模式。

　　考虑到钢铁流程工业智能工厂建设的复杂性和实施难度,为给钢铁行业智能工厂实施提供一套可执行的参考模型,按照功能架构、技术架构两大板块,形成面向新一代智能制造的钢铁行业智能工厂体系架构。

1. 功能架构

　　根据钢铁行业智能工厂业务范围和层级的定义,围绕产品全生命周期,将智能工厂划分为智能设计、智能生产、智能运营、智能服务四个部分(见图8-2),层级分为企业层、车间层、单元层和设备层。

图 8-2 智能工厂功能架构

1) 智能设计

以满足客户需求为目标,采用数字孪生(数字CPS)、大数据等新一代技术,结构化模型文件描述和传递等,实现基于三维模型的制造产品设计、试验验证、工艺全要素的仿真分析和迭代优化,保证产品和工艺的功能,提升产品质量,缩短研制和制造周期,降低制造成本。

2) 智能生产

以智能设计输出为基础,通过应用自动化、信息化、智能赋能等技术手段,提升产品质量,降低生产成本,缩短产品交期。

数字 CPS 工厂方面,在工厂设计、设备三维模型基础上,集成生产、设备、能耗、环境等实时运行参数,实现物理制造与数字模型间的信息实时互联和精准映射。

计划与调度方面,基于先进排程调度算法模型,自动给出满足多种约束条件的优化排产方案,形成优化的详细生产作业计划,同时实施监控各生产要素,实现对异常情况的自动决策和优化调度。

生产管理方面,根据生产作业计划,自动将生产程序、运行参数或生产指令下发到数字化设备,通过所构建的模型,实现生产作业数据的在线分析,优化生产工艺参数、设备参数、生产资源配置等。

质量管理方面,基于在线监测的质量数据,建立质量数据算法模型预测生产过程异常、实时预警,实时采集产品原料、生产过程数据,实现对产品质量的精准追溯,并通过数据分析和知识库的运用,进行产品的缺陷分析,提出改善方案。

3) 智能运营

智能运营包括智能研发、采购、产销、供应链、财务、能环、办公等,智能运营为智能生产服务。通过对供应链的协同管理、以客户和市场为中心的产品开发及销售管理,以财务、办公、能环等综合管理为生产保障,实现制造企业的产销供一体化管理。

4)智能服务

通过建立远程运维服务平台,为关键工序设备提供远程监测和远程诊断、预测性维护等服务,对装备上传的运行参数、维保数据及用户使用数据等进行挖掘分析,并与产品研发管理集成,实现产品性能、工艺过程的优化和创新。

2. 技术架构

智能工厂在技术架构上,以《工业互联网平台体系架构 2.0》中的功能视图平台体系框架为基础,形成全面、安全和弹性扩展的技术架构,按照功能层级划分,包括设备层、边缘层、平台层及应用层四个关键功能组成部分,如图 8-3 所示。

图 8-3 智能工厂技术架构

1)设备层

设备层是实现智能工厂的基础。智能工厂设备层智能化的主要任务是实现设备层全感知、自执行。需对质量管理层面的在线、离线装备的生产参数、检测数据等,对成本、能环管理层面的计量数据,对物料管理层面的识别、跟踪数据,对设备管理层面的设备状态数据和维护数据等实现全感知;通过进一步改善、规范基础自动化,引入工业机器人、智能物流装备,进一步实现工序的少人化、无人化,提升工序的自执行能力。

2)边缘层

边缘层基于工业以太网、工业无线,结合物联网、数字化技术实现对工厂内人、机、料、法、能、环等生产要素的联网和数据采集,通过全面感知与互联互通形成泛在的工业环境,实现厂内物料、产品、设备、环境和人员的感知、识别和控制,形成一体化管控基础。

3)平台层

平台层提供数据中心、知识中心和开发中心,面向工厂管控一体化、数字孪生及大数据应用需求进行功能完善与服务定制,有效支撑上层智能应用和服务的运行、开发、运营与维护提供。该层围绕资源管理、开发过程管理、数据开发、模型服务、微服务治理等主要需求,提供各类专用业务服务、通用业务服务和技术服务组件。在现有 PaaS 层容器服务、微服务中心、云数据库等基础上,开展工业数据开发、工业模型构建、工业应用开发等功能建设。

4) 应用层

应用层是基于数据模型、知识模型、数理模型、应用需求等,依托开发环境、平台工具,开发应用于过程控制、运营管控、生态协同各层级的应用型软件,包括模型、管理软件、App、网页等。通过应用层的科学决策,指导物理系统精准执行,进而实现"感知－分析－决策－执行"的科学闭环,让数据价值和装备能力得以充分体现。

云平台和工业互联网是智能工厂的支撑系统,是制造业从数字化向网络化、智能化发展的关键路径。以智能生产为核心,通过提升数据采集、业务集成、数据分析、创新效益等能力,实现智能工厂的自感知、自学习、自决策、自执行、自适应等。

8.2.3 智能工厂规划与关键技术

企业智能工厂规划要围绕企业的中长期发展战略,根据自身产品、工艺、设备和订单的特点来进行。在推进规范化、标准化的基础上,从最迫切需要解决的问题入手;需要企业的 IT 部门、自动化部门、精益推进部门和业务部门的通力合作,在规划时应注意行业差异性。

1. 智能工厂规划

1) 智能产线规划

智能产线规划是智能工厂规划的核心环节,企业需要根据生产线要生产的产品族、产能和生产节拍,采用工业工程的方法来合理规划智能产线。智能产线的特点是:在生产和装配的过程中,能够通过传感器、数控系统或无线射频识别(RFID)技术自动进行生产、质量、能耗、设备综合效率等数据采集,并通过电子看板显示实时的生产状态,能够防呆防错;通过安灯系统实现工序之间的协作;生产线能够实现快速换模,实现柔性自动化;能够支持多种相似产品的混线生产和装配,灵活调整工艺,适应小批量、多品种的生产模式;具有一定冗余,如果生产线上有设备出现故障,能够调整到其他设备生产;针对人工操作的工位,能够给予智能的提示,并充分利用人机协作。设计智能产线需要考虑如何节约空间,如何减少人员的移动,如何进行自动检测,从而提高生产效率和生产质量。同时,企业还要在应用自动化设备、机器人以及人工方面寻求平衡。对于重复性强、变化少的工位尽可能采用自动化设备,反之则采用人工工位。

2) 智能生产工艺分析与优化

根据企业的定位,生产产品、生产类型、生产模式、核心生产工艺以及生产纲领,对加工、装配、包装、检测等流程进行分析与优化。充分考虑智能装备、智能产线、新材料和新工艺的应用对制造工艺带来的影响。同时,企业也应当基于绿色制造与可持续发展的理念,通过工艺改进节能降耗、减少污染排放;还可以应用工艺仿真软件,来对制造工艺进行分析与优化。

3) 智能数据采集与管理

数据是智能工厂的"血液"。生产过程中需要及时采集产量、质量、能耗、加工参数和设备状态等数据,并与订单、工序、人员进行关联,以实现生产过程的全程追溯。出现问题可以及时报警,并追溯到生产的批次、零部件和物料的供应商。此外,有些行业还需要采集环境数据,如温度、湿度、空气洁净度等。企业需要根据采集的频率要求来确定采集方式,对于需要高频率采集的数据,应当从设备控制系统中自动采集。企业规划时,要预先考虑好数据采集的接口规范,以及 SCADA(数据采集与监视控制)系统的应用。不少供应商开发了数据采集终端,可以外接在机床上,解决老设备数据采集的问题,企业可以选型采用。

在智能工厂运行过程中,会产生设计、工艺、制造、仓储、物流、质量、人员等业务数据,这些数据可能分别来自 ERP、MES、APS(高级计划与排程)、WMS(仓库管理系统)、QIS(质量管理信息系统)等应用系统。因此,需要建立一套统一的标准体系来规范管理数据。另外,还应当建立专门的数据管理部门,明确数据管理的原则和构建方法,确立数据管理流程与制度,协调执行中存在的问题。企业需要规划边缘计算、雾计算和云计算的平台,确定数据在设备端、在工厂范围内和云平台进行处理的方式。

4) 制造执行系统

制造执行系统(MES)是智能工厂规划落地的着力点,MES 是面向车间执行层的生产信息化管理系统,上接 ERP 系统,下接现场的 PLC 程控器、数据采集器、条形码、检测仪器等设备。MES 旨在加强 MRP 计划的执行功能,贯彻落实生产策划,执行生产调度,实时反馈生产进展。MES 面向生产一线工人,指令做什么、怎么做、满足什么标准,什么时候开工,什么时候完工,使用什么工具等;记录"人、机、料、法、环、测"等生产数据,建立可用于产品追溯的数据链;反馈进展、反馈问题、申请支援、拉动配合等。MES 面向班组,发挥基层班组长的管理效能,班组任务管理和派工。MES 面向一线生产保障人员,确保生产现场的各项需求,如物料、工装刀量具的配送,工件的周转,等等。为提高产品准时交付率、提升设备效能、减少等待时间,MES 需导入生产作业排程功能,为生产计划安排和生产调度提供辅助工具,提升计划的准确性。在获取产品制造的实际工时、制造 BOM(物料清单)信息的基础上,企业可以应用 APS 软件进行排产,提高设备资源的利用率和生产排程的效率。

5) 生产监控与调度系统

流程型制造企业的生产线配置了分散控制系统(DCS)或 PLC 控制系统,通过组态软件可以查看生产线上各个设备和仪表的状态,但绝大多数离散制造企业还没有建立生产监控与指挥系统。实际上,离散制造企业也非常需要建设集中的生产监控与指挥系统,在系统中呈现关键的设备状态、生产状态、质量数据,以及各种实时的分析图表。在一些国际厂商的MES 软件系统中,设置了制造集成化和智能化(manufacturing integration and intelligence,MII)模块,其核心功能就是呈现工厂的 KPI 数据和图表,以辅助决策。

6) 智能生产质量管理

生产质量管理是核心业务流程。质量保证体系和质量控制活动必须在规划时统一进行、同步实施。贯彻质量是设计、生产出来,而不是检验出来的理念。质量控制在信息系统中需嵌入生产主流程,如检验、试验在生产订单中作为工序或工步来处理;质量控制的流程、表单、数据与生产订单相互关联,并按结构化数据存储质量记录,为产品单机档案提供基本的质量数据,为质量追溯提供依据;质量管理按照质量控制设置—检测—记录—评判—分析—持续改进,质量控制需根据生产工艺特点设置质量控制点,质量控制点太多影响效率,太少使质量风险放大;对于采集的质量数据,可以利用 SPC(统计过程控制)系统进行分析。在规划中,应当充分应用人工智能技术。如利用机器学习,挖掘产品缺陷与历史数据之间的关系,形成控制规则,并通过增强学习技术和实时反馈,控制生产过程减少产品缺陷。同时运用专家经验,不断改进学习结果。利用机器视觉代替人眼,提高生产柔性和自动化程度,提升产品质检效率和可靠性。

7) 智能设备联网与管理

智能工厂应大力推进工业互联网建设。实现 MES 应用,最重要的基础就是要实现 M2M,也就是设备与设备之间的互联,建立工厂网络并建立统一的标准。在此基础上,企业可以实现对设备的远程监控。设备联网和数据采集是企业建设工业互联网的基础。

系统需设置设备管理模块,使设备释放出最高的产能,通过生产的合理安排,使设备尤其是关键、瓶颈设备减少等待时间;要建立各类设备数据库,设置编码,及时对设备进行维保;通过实时采集设备状态数据,为生产排产提供设备的能力数据;应建立设备的健康管理档案,根据积累的设备运行数据建立故障预测模型,进行预测性维护,最大限度地减少设备的非计划性停机;要进行设备的备品备件管理。人工智能技术正在被不断地被应用到智能机器人、设备故障诊断与预测性维护等方面,发挥设备综合效率(OEE),达到提高产能和降低成本的目的。

企业规划时应高度关注智能装备的最新发展。机床设备正在从数控化走向智能化,实现边测量、边加工,对热变形、刀具磨损产生的误差进行补偿;很多企业在设备上下料时采用了工业机器人。未来的工厂中,金属增材制造设备将与切削加工(减材)、成形加工(等材)等设备组合起来,极大地提高材料利用率。除了六轴工业机器人之外,还应该考虑 SCARA 机器人和并联机器人的应用。协作机器人也会出现在生产线上,配合工人提高作业效率。

8) 智能物流

智能工厂规划时,生产现场的智能物流十分重要,要尽量减少无效的物料搬运。很多制造企业在装配车间建立了集中拣货区,根据每个客户订单集中配货,并通过摘取式拣货系统(digital picking system,DPS)进行快速拣货,配送到装配线,消除了线边仓。离散制造企业在两道机械工序之间可以采用带有导轨的工业机器人、桁架式机械手等来传递物料,还可以采用自动导引车(AGV)传递物料。在车间现场还需要根据前后道工序之间产能的差异,设立生产缓冲区。大型工厂需要建设立体仓库和辊道系统。

9) 智能设计

采用数字化三维设计、模拟仿真技术进行产品设计,并且导入 PLM 系统进行全生命周期的数据管理。采用 CAX 软件进行产品的虚拟设计、模拟仿真和工厂的布局设计,同步产生数字化模型和设计元数据,元数据进行纵向传输,实现"研发—设计—生产—售后"各环节的闭环。整体上通过各大信息系统的有机集成,打破"信息孤岛",形成全面的信息连通,使资源达到充分共享,实现集中、高效、便利的管理。

10) 智能厂房设计

智能工厂的厂房设计需要引入建筑信息模型(BIM),通过三维设计软件进行建筑设计,尤其是水、电、气、网络、通信等管线的设计。同时,智能厂房要规划智能视频监控系统、智能采光与照明系统、通风与空调系统、智能安防报警系统、智能门禁一卡通系统、智能火灾报警系统等。采用智能视频监控系统,通过人脸识别技术以及其他图像处理技术,可以过滤掉视频画面中无用的或干扰信息、自动识别不同物体和人员,分析抽取视频源中关键有用信息,判断监控画面中的异常情况,并以最快和最佳的方式发出警报或触发其他动作。整个厂房的工作分区(加工、装配、检验、进货、出货、仓储等)应根据工业工程的原理进行分析,可以使用数字化制造仿真软件对设备布局、产线布置、车间物流进行仿真。在厂房设计时,还应当思考如何减少噪声,如何能够便于设备灵活调整布局,多层厂房如何进行物流输送等问题。

11) 能源管理

为了降低智能工厂的综合能耗,提高劳动生产率,特别是对于高能耗的工厂,进行能源管理是非常有必要的。采集能耗监测点(变配电、照明、空调、电梯、给排水、热水机组和重点设备)的能耗和运行信息,形成能耗的分类、分项、分区域统计分析,可以对能源进行统一调度、优化能源介质平衡,达到优化使用能源的目的。同时,通过采集重点设备的实时能耗,还可以准确了解设备的运行状态(关机、开机还是在加工),从而自动计算 OEE。通过感知设备能耗的突发波动,还可以预测刀具和设备故障。

12) 工业安全

企业规划时,需要充分考虑各种安全隐患,包括机电设备的安全、员工的安全防护,设立安全报警装置等安防设施和消防设备。同时,随着企业应用越来越多的智能装备和控制系统,并实现设备联网,建立整个工厂的智能工厂系统,随之而来也会出现新的安全隐患和风险,现在已出现了专门攻击工业自动化系统的病毒。因此,企业在做智能工厂规划时,也必须将工业安全作为一个专门的领域进行规划。

13) 人员管理

应当重视整体人员绩效的提升。人员管理同样有整体劳动力效能(overall labor effectiveness,OLE)。通过对整体劳动力效能指标的分析,可以清楚了解劳动力绩效,找出人员绩效改进的方向和办法。而分析劳动力绩效的基础是及时、完整、真实的数据。对考勤机、排班管理软件、MES 等实时收集的考勤、工时和车间生产的基础数据,经分析,可以找出人工与资源在可用性、绩效和质量方面的相互关系,让决策层对工厂的劳动生产率和人工安排具备实时的可视性。通过及时、准确的考勤数据分析,评估劳动力成本和服务水平,从而实现整个工厂真正的人力资本最优化和整体劳动效能的提高。

总之,智能工厂的规划是一个十分复杂的系统工程,需要企业的生产、工艺、IT、自动化、设备和精益等部门通力协作。智能工厂需要从各个视角综合考虑,从投资预算、技术先进性、投资回收期、系统复杂性、生产柔性等多个方面进行综合权衡、统一规划,从一开始就避免产生新的"信息孤岛"和"自动化孤岛",才能确保真正可落地,具有前瞻性。

2. 智能工厂的关键技术

在智能工厂建设过程中,需要攻克一系列关键技术,如下。

1) 设计数字化交付

一般意义上的交付按照专业划分,资料分别交付。交付成果是分散的,没有关联关系的,很难保证数据的一致性,不利于数据维护和再利用。而"数字化交付"将各专业数据进行整合,并在它们之间建立起关联关系,保证交付信息的完整性、一致性和正确性。要实现真正意义上的"数字化交付",至少要完成智能 P&ID 的绘制,完成 3D 模型的绘制,并且通过技术手段保证二、三维数据的一致性和正确性,减少数据冗余。

2) 复杂异构系统的互联互通

智能工厂的各信息系统包括基础自动化系统、三级计量、实时数据库系统、分析小屋、巡检定位系统、外操培训系统、在线污水监测系统、绩效考核系统、在线培训系统等。这些系统存在技术路线各异、数据与模型不统一等问题，已经形成了诸多"应用孤岛"，需要攻克异构系统集成的关键技术，实现系统的集成与互联互通。

3) 复杂过程动态特性优化控制策略设计

企业生产过程工艺复杂，各装置上下游工艺关联紧密，设备间的物料、能量耦合度高，对扰动十分敏感，局部干扰往往会在整个生产流程传播。每个工序的设备、单元，甚至整个生产线，都有自身优化点、控制点及安全约束边界，而往往单个设备的优化操作点与整个生产线的全局优化点存在差异。如何协调优化各个工序的局部优化点使整个过程趋于最佳优化点，是整个单元生产优化控制的关键问题。

4) 多层次、多尺度工厂统一建模

生产管理系统是一个复杂的多维系统，如何建立生产、设备、质量、安全、能源等多项管理在时间、空间多尺度上的模型以及实现模型一致映射，是考验应用系统实用性、灵活性的关键，需要攻克工厂统一建模的技术难题。

5) 重大耗能设备能效的分析与优化

企业生产中，由于缺乏加热炉、压缩机、泵等重大耗能设备的能效评估模型，导致对其操作与控制凭经验进行，因此需要通过基于机理和数据联合建模的方法，绘制设备能效监察图，并通过实时计算值在线评估每台设备的当前能效，解决设备能效分析与负载优化难题。

6) 关键生产设备故障诊断与操作优化

关键设备一旦发生故障，不但会造成巨大的经济损失，有可能还会引发安全事故。通过设备运行状态、巡检及检维修记录等信息，找到设备的变化规律，对设备潜在的故障进行预警，是智能工厂提高设备运行效率的重要方法。

7) 区域定量风险分析及重大事故模拟

涉及危险化学品生产、储存的区域，要进行火灾、爆炸、泄漏、中毒等多种灾难事故的叠加风险分析、定量计算与可视化模拟等模型研究，并开发集安全风险容量、事故场景、多米诺效应等多种功能于一体的安全信息系统，技术难点是其模型的研究仍需加强。

8) 绩效管理落地

在制订绩效管理方案的过程中，企业都根据自身特点融入了各类绩效管理理念，但在实际实施中，这些理念的大部分却没有得到有效贯彻、落实。通过指标量化细化分解使战略转化成指标是重要的技术难点。

8.2.4 智能工厂个性化定制生产与智能生产

随着消费者的需求和服务趋向于个性化、精细化和多样化，智能工厂个性化定制逐渐成为一种新的生产模式。智能工厂是实现个性化定制的基础和前提，为企业生产模式的转型与升级提供了一个很好的契机。

1. 智能工厂个性化定制生产

智能工厂个性化定制生产是以客户为中心的按需生产，通过互联网技术和先进制造技术，在设计、生产、管理和协作等环节数据传输安全、有保障的前提下，提供个性化、高质量、低成本的个性化产品，兼具供应链管理、精益生产、敏捷制造、并行工程和全面质量管理等思想。

其实质以智能工厂为核心,以企业联盟为手段,将销售、设计、生产和维护集成一体,是实现大规模个性化生产的有效途径。

个性化定制生产对产品研发设计和生产制造进行统一管控,建立统一的顶层研发生产管理系统,并通过物联网,实现从生产管理到工业互联网底层的网络连接,实现管理生产过程、监控生产现场执行、采集现场生产设备和物料数据的业务要求。除了要对产品设计、生产制造过程进行建模与仿真外,还需根据产品的变化对生产系统的重组和运行进行仿真,使生产系统在投入运行前就了解系统的使用性能,分析其可靠性、经济型、质量和工期等,为生产制造过程中的个性化定制提供支撑。其产品的信息流如图 8-4 所示,生产过程包括三个技术环节。

图 8-4 智能工厂个性化定制产品生产信息流

首先,客户通过个性化定制系统(PCS)提交订单,PCS 进行订单拆解,并指定相应企业完成个性化产品零部件或模块的生产制造,采用条形码等手段标识零部件或模块,等待装配。其中,订单类型分为新产品订单、成型产品订单和成组产品订单。新产品订单是指客户与设计师一对一交互,变型设计或重新设计个性化产品;成型产品订单是指企业提供的已有型号的产品;成组产品订单是指根据企业提供的已有模块或型号,客户按需任意搭配、组合的产品。

其次,PCS 的订单信息下达至 ERP 系统。ERP 系统合理计划安排产品订单,将生产计划和 PDM 系统中的订单配置信息下达至 MES。MES 对个性化订单按计划进行高效生产,实时监控生产过程,将订单完成情况及相应数据反馈至 ERP 系统,将生产现场的制造数据反馈至 DTS,将产品变更要求反馈至 PDM 系统。同时 DTS 对生产现场的制造数据进行同步仿真运算,预测优化生产过程,并进行相应的指导。其中,MES 的生产过程优化模块对生产调度和生产排程等进行优化,优质高效、敏捷智能地完成个性化产品的生产制造任务。

最后，面向装配线的 CPS 精准控制产品装配过程，通过扫描待装配零部件的个性化条码等信息，生产设备做出相应调整，完成整个订单的生产。通过企业物流或第三方物流，将完成生产的个性化产品及时送达客户。

2. 基于虚拟工厂与实体工厂集成的智能生产

智能工厂是虚拟工厂与实体工厂的集成。基于全资源的虚拟工厂是智能工厂的重要组成部分。实体工厂部署有大量的车间、生产线、加工装备等，为生产过程提供硬件基础设施与制造资源，也是实际生产流程的最终载体。为实现实体工厂与虚拟工厂之间的通信与融合，实体工厂的各生产单元中还配备大量的智能元器件，用于感知生产过程的工况和采集制造数据。在产品生产之前，生产过程中所有的环节均在虚拟工厂中进行建模、仿真与验证。智能决策与管理系统对生产过程进行不断迭代优化，使生产流程达到最优。在实际生产过程中，虚拟工厂管控系统向实体工厂传送生产指令，实体工厂将加工数据实时反馈至管控系统，智能决策与管理系统对生产过程进行实时监控与调整，进而形成对生产过程的闭环管控，实现生产过程的自适应、自优化等智能化，如图 8-5 所示。

图 8-5　基于虚拟工厂和实体工厂的智能生产闭环

虚拟工厂系统内置大量的智能工厂模块对象，包括工厂的各种资源（输送线、通道、起重机、机器人、设备、器件等）和产品知识工程（零部件模型、工艺参数等）。借助这些对象，可以进行虚拟产品的设计与生产，配置生产线三维模型、工装夹具三维模型、生产线人因模型、整个工厂模型等，实现产品研发和生产线布局快速设计，并能快速直接基于二维图形进行三维模型设计。虚拟工厂模型还可以直接进行物流分析、离散事件仿真等，开展工厂整体仿真分析，确保生产流程的最优性。

在虚拟工厂中进行产品的虚拟设计与生产，在实体工厂中进行虚拟与现实的融合，企业数字化平台的作用就是通过将虚拟与现实融合，实现智能制造。在数字化世界中，通过虚拟产品的设计和生产、产线三维模型、工厂整体仿真分析等，进行产品分析、生产流程分析等；实体工厂通过智能化装备、自动化生产线、工业互联网等先进技术，进行柔性生产线横向与纵向网络集成，建设透明化工厂。

通过综合应用 PLM、ERP、MES、CPS、SCM、CRM 等系统，实现企业优化和一体化智能生产与运营。

8.2.5 智能工厂的实施与运行

1. 智能工厂的实施

1) 离散型智能工厂

在机械、汽车、航空、船舶等离散制造领域，智能工厂的实施目的是拓展产品价值空间，偏重从单台设备自动化和产品智能化着手，基于产品效能和生产需求的提升完成价值增长。

在智能工厂实施中，一是推进设备（生产线）智能化，经过引进各类契合生产所需的智能配备，建立基于 CPS 的车间级智能生产单元，进行精准制造、敏捷制造。二是拓展基于产品智能化的增值效能，应用产品的智能安装，实现与 CPS 的互联互通，支持产品的远程故障诊断和实时诊断等效能。三是推进车间级与企业级系统集成，完成生产和运营的无缝集成和上下游企业间的信息共享，开展基于横向价值网络的协同创新。四是推进生产与效能的集成，基于智能工厂完成效能化转型，进一步提升产业效率和企业竞争力。

2) 流程型智能工厂

在石化、钢铁、建材、纺织、医药、食品等流程制造生产领域，智能工厂的实施内在动力在于产品质量可控，偏重从生产数字化起步，基于品控需求从产品末端控制向全流程控制转变。

在智能工厂实施中，一是推进生产过程数字化，在建立生产制造、过程管理等单个环节信息化系统的基础上，将生产过程中全部生产要素投入与过程可视化，以多种数字化设备采集生产过程中的关于设备、产品、物料、场景、人员等的丰富数据，使用先进的算法、软件等对数据进行分析，构建覆盖全流程的动态透明可追溯体系，基于统一的可视化平台完成产品生产全过程跨部门协同控制。二是推进生产管理一体化，搭建企业 CPS，深化生产制造与运营管理、采购销售等中心业务系统集成，促进企业内部资源和信息的整合和共享。三是推进供应链协同，基于物料采购和配送需求，将 CPS 拓展至供给商和物流企业，横向集成供给商和物料配送协同资源和网络，完成外部物料供给和内部生产配送的系统化、流程化，提升工厂内外供应链运转效率。四是整体打造大数据化智能工厂，推进端到端集成，开展个性化定制服务。

3) 基于互联的智能工厂——从个性化定制到互联工厂

在家电、服装、家居等快消品生产领域，开展智能工厂的重点在于满足消费者多元化需求，同时完成大规模生产，侧重通过互联网平台展开大规模个性化定制生产。

一是推进个性化定制生产，引入柔性化生产线，搭建互联网平台，促进企业与用户深度交互、征集需求，在工厂与客户之间建立起高效的数字化连接，在生产过程中，基于需求数据模型展开精益生产，精准响应客户需求并能大规模定制、快速交付、及时对售后服务做出反应。二是推进设计虚拟化，依托互联网逆向整合设计环节，打通设计、生产、营销数据链，采用虚拟仿真技术优化生产工艺。三是推进网络协同化制造，改进传统垂直组织形式，以扁平化、虚拟化新型制造平台为纽带集聚产业链上下游资源，开展远程定制、异地设计、本地生产的网络协同生产新形式。四是建立与供应链系统的数字化连接，把生产环节与上游各个环节连接起来，把客户需求数据、生产环节的数据与研发、供应环节数据等相互打通，进行数据归集、传输与分析，精准把握和安排各环节的行动，实现精准、快速、高效的联动。

智能工厂建设无疑是制造企业转型升级的重要方式，同时应围绕企业的中长期开展战略,依据本身产品、工艺、设备和订单的特性,合理实施。

2. 智能工厂的运行

近年来,随着工业互联网的快速发展,企业向数字化转型,建设智能工厂也在稳步推进中。随着技术手段的不断优化,智能工厂不仅使问题判断过程更精准,也使物耗、能耗指标降低,还真正做到了及时发现问题,及时解决问题,有利地提升了企业的核心竞争力。另外,企业通过敏捷高效的智能基础设施和全面可靠的信息、安全管理等,能确保智能工厂的高效稳定运行。智能工厂建设是一个不断迭代的过程,在这个过程中智能工厂需不断完善、优化和改进。如何保证智能工厂高效规范运行? 主要措施包括:① 生产运营协同、装置平稳运行、生产实时优化。② 以供应链为主线,大力推进协同高效的生产管控。③ 以降本增效为目标,努力提升能源管理水平。④ 以设备全生命周期管理为抓手,全面推进设备管理智能化应用。⑤ 以安全管控为基础,提高现场安全管理能力。⑥ 构建环保指标体系和 LDAR 体系,规范完善公司环保管理。

企业合理利用智联网平台建设智能工厂尤为关键,通过工业互联网技术,解决企业在数字化过程中存在的数据"孤岛问题",实现供应链上下游的全流程管理。通过全要素的工业大数据的分析运用,对企业原有生产流程进行优化改进,实现节能减排,降低人力成本。这种全程自动化加工生产模式,不再依赖于工人技术及经验,同时也降低了出错的可能性,大大提升生产效率和产品质量,缩短了产品生产周期。

智联网平台还能实时采集企业生产经营活动数据和仓储数据,通过视频、红外、GPS、北斗、RFID 等传感设备的应用和对设备振动、冲击、噪声、温度、压力等维度的数据进行分析,实施对生产车间、物流仓储等软硬件的智能化改造升级,实现企业在生产、销售、物流、仓储等各环节数据的实时追踪采集,帮助企业实现供应链全链条可视化、高效管理,降低企业的风险管控成本,提高企业的自动化、智能化水平和管理效益。

未来,智联网平台将成为企业实现智能工厂的基础平台,逐步从客户案例中提炼出通用性需求,将整合产业链上下游、运用自身已经有的智联网平台,向客户提供从设备管理、应用开发到系统集成完整的智联网解决方案,从而创造更大价值。

8.2.6 智能工厂应用评估

我国智能工厂的研究与建设正在发展中,其实施仍处于起步阶段,许多方面还是未知和不确定的。我国智能工厂应充分发挥后发优势,采取"并联式"的发展方式,也就是要数字化、网络化、智能化"并行推进、融合发展"。在规划上应注重自上而下的顶层设计,在应用实施上应注重自下而上的技术和管理创新,充分发挥人的能动性,通过反复验证及总结,夯实智能应用场景落地,坚持稳定、长期、坚定不移地推进建设,激发企业创新活力,促进企业迈向高质量发展。

在企业建设或升级智能工厂过程中,由于智能制造技术引入的阶段以及广度与深度不同影响了企业智能能力的成熟程度,因此,进行智能工厂应用评估时,应根据智能能力的成熟度级别来定义企业转型升级及其可能性。

通常智能工厂应用评估基于智能制造系统的智能能力程度等模型开展。智能能力程度模型主要包括美国智能制造就绪度水平(smart manufacturing system readiness level,

SMSRL)评估模型、新加坡智能产业准备指数(smart industry readiness index,SIRI)、德国 IMPULS 工业 4.0 就绪度指数(Industry 4.0 readiness index,IRI)、英国普华永道工业 4.0 就绪度评估模型(readiness assessment model for Industry 4.0,RAMI)和中国电子技术标准化研究院的智能制造能力成熟度模型(intelligent manufacturing maturity models,IMCMM)。

美国 SMSRL 评估模型是衡量制造企业使用智能制造概念的准备程度,假设智能制造本质上是密集使用信息和通信技术来提高制造系统性能的指标,是基于工厂设计和改进(FDI)活动的模型。德国 IRI 从组织战略、智能工厂、智能操作、智能产品、数据驱动服务、员工 6 个维度衡量就绪度水平,其中智能工厂目标是分布式、高度自动化生产环境(如数字建模、设备基础结构、数据使用、IT 系统)。新加坡 SIRI 旨在评估各种工业应用和企业规模,包括中小企业和跨国公司,准备指数包括流程、技术和组织 3 个维度,运营、供应链、产品生命周期、自动化、互联性、智能化、人才就绪度、组织结构与管理等 8 个重点支柱。英国普华永道 RAMI 使企业能在线评估,并通过在线自我评估工具绘制结果和提供行动计划,使企业成功达到智能制造成熟度。

中国 IMCMM 参考借鉴《国家智能制造标准体系建设指南(2015 年版)》中智能制造系统架构提出的生命周期、系统层级和智能功能 3 个维度,对智能制造的核心特征和要素进行提炼总结,归纳为"智能＋制造"两个维度,最后展现为一维的形式,即设计、生产、物流、销售、服务、资源要素、互联互通、系统集成、信息融合、新兴业态 10 大类核心能力及细化的 27 个域。整体而言,这 5 类经典的能力成熟度模型在智能制造的整体范围内是互补的。

上述 5 类模型特征比较详见表 8-2。

表 8-2 典型智能制造成熟度模型特征比较

特征	美国 SMSRL	德国 IRI	新加坡 SIRI	英国普华永道 RAMI	中国 IMCMM
目标	评估制造企业是否采用数据密集型技术进行性能管理	帮助企业实施工业 4.0,实现向学习型及敏捷型企业转变	评估第四届工业革命期间工业部门转型	实施水平和垂直价值链数字化及构建数字产品和服务组合	建立智能制造战略目标和实施框架
聚焦核心	组织机构、IT 部门、性能管理部门和信息连接性	资源、信息系统、文化和组织架构 4 个领域	愿景、策略和系统规划	将数字化策略作为工业 4.0 的关键	实现智能制造的核心要素、特征和要求
分析维度	组织成熟度、信息技术成熟度、绩效管理成熟度、信息连接成熟度等 4 个维度	组织和战略、智能工厂、高效运营、智能产品、数据驱动服务、员工等 6 个维度	流程、组织和技术等 3 个维度	数字商业化、产品和服务数字化、价值链的数字化集成、敏捷的 IT 体系结构、合规性、安全性等、组织和数字文化等 7 个维度	生命周期、系统层级、智能功能等 3 个维度

续表

特征	美国 SMSRL	德国 IRI	新加坡 SIRI	英国普华永道 RAMI	中国 IMCMM
成熟度水平	Likert5 点尺度进行评估调查	外来者、初学者、学习者、经验丰富的专家和表现最好的人 5 个层级	未确定、已确定、数码化、经整合、自动化、智能化 6 个层级	数字新手、垂直集成商、横向合作者和数字冠军 4 个阶段	规划级、规范级、集成级、优化级和引领级 5 个等级

上述 5 种典型模型展示了制造企业启动智能化转型过程的能力。因智能制造能力的定义和成熟度评估方法科学系统性不一致，故各种模型水平也参差不齐，需要制造企业从自身实际出发，找到自身适用的评估模型。以某智能工厂为例，聚焦其制造过程和系统层级，将智能制造能力细分至三级指标，一级指标为智能生产、智能物流、智能管理和信息支撑，详细指标和权重见表 8-3。据此能够进一步评估该智能工厂的智能制造应用水平。

表 8-3 某智能工厂应用评估体系

一级指标（权重）	二级指标（权重）	三级指标（权重）
1 智能生产(0.38)	1.1 计划调度(0.18)	1.1.1 计划编制(0.63)
		1.1.2 生产调度(0.37)
	1.2 生产控制(0.23)	—
	1.3 质量控制(0.59)	1.3.1 标准管理数字化水平(0.08)
		1.3.2 质量数据应用水平(0.45)
		1.3.3 放差错能力(0.25)
		1.3.4 批次追溯能力(0.22)
2 智能物流(0.22)	2.1 仓储管理(0.55)	2.1.1 货位管理能力(0.35)
		2.1.2 物料管理能力(0.65)
	2.2 配送管理(0.45)	2.2.1 配送自动化水平(0.44)
		2.2.2 配送管控能力(0.56)
3 智能管理(0.29)	3.1 设备管理(0.36)	3.1.1 设备运行状态监控能力(0.42)
		3.1.2 设备故障诊断能力(0.33)
		3.1.3 设备全生命周期管理(0.25)
	3.2 能源管理(0.42)	3.2.1 能源供应状态监视能力(0.32)
		3.2.2 能源异常预警能力(0.35)
		3.2.3 能源运行调度水平(0.33)
	3.3 安全环境管理(0.22)	3.3.1 综合管理信息化水平(0.32)
		3.3.2 安消防技防水平(0.47)
		3.3.3 环境指标监视能力(0.21)
4 信息支撑(0.11)	4.1 网络环境(0.43)	4.1.1 网络覆盖及互联互通能力(0.45)
		4.1.2 网络安全(0.55)
	4.2 信息融合(0.57)	4.2.1 数据交换能力(0.42)
		4.2.2 数据融合能力(0.58)
		4.2.3 各系统的集成水平(0.63)

从我国企业智能工厂的应用实践看,效果是明显的。如以宁德时代为例,其智能工厂以制造为核心,智能制造相关关键技术取得了突破,有效地驱动了研发制造一体化、制造供应链一体化、制造服务一体化,实现了工艺设备的网络化自动检测、监控,达到生产过程的可视化;针对各制造工序自主开发的多项特色工艺及设备,实现了技术领先,使得动力电池行业数字化车间的自动化程度和生产效率大幅度提高;在实践中得到了全面验证,所研制产品生产周期缩短50%,运营成本下降21%,产品不良率下降75%,资源综合利用率提升24%,生产效率提升56%等;取得的专利、标准、软件著作权等技术成果,能够有效支撑生产线量产等方面的推广应用,为行业的数字化车间、智能工厂建设做出了积极贡献,对国家、社会和行业都提供了有价值的智能工厂解决方案。

8.3 智能制造系统

8.3.1 智能制造系统概述

1. 智能制造系统内涵

智能制造把智能融入制造的各种活动中,以满足企业相应的目标。智能制造系统则把智能融入包括人和资源组成的集成系统中,使制造活动能动态地适应需求和环境的变化,从而满足系统的优化目标。智能制造系统是一个相对的概念,即系统可以是一个加工单元、一条生产线、一个车间、一个企业、一个由企业及其供应商和客户组成的企业生态系统。系统动态适应意味着对市场波动、生产质量、生产设备环境变化(如温度、刀具磨损)能够实时响应,其优化目标涉及企业运营效率、成本、能耗等。

2. 智能制造系统五层级

智能制造系统是一个复杂交错的大制造系统,实现对产品大周期、低级到高级的系统层级和智能功能三个维度的系统的优化管理。系统层级从微观到宏观拥有不同的层次,自下而上共五层,包括智能设备层、智能车间层、智能企业层、智能供应链层和智能生态层(见图8-6)。

图8-6 智能制造系统五层级

1)智能设备层级

智能设备层级是智能制造发展的最低阶段,主要包括具备智能功能的控制器、传感器、仪表、机床、生产线等生产领域的制造设备,机器设备智能化是智能制造推进的前提和物质基础。

2）智能车间层级

智能制造系统中的智能车间层级主要包括管理智能设备的监视控制系统、采集与分析生产数据的数据库系统、组织人际合作的现场控制系统、制造执行系统等,是智能设备和智能工艺共同作用的地方,实现面向工厂和车间的智能生产管理。

3）智能企业层级

智能企业层级不仅包括智能设备和智能车间层级系统内容,还包括智能财务管理系统、人力资源管理系统、企业生产计划系统、存货管理系统、物流管理系统、供应链管理系统等,是智能制造设备、智能制造车间、智能设计和智能运营共同完成任务的场所。

4）智能供应链层级

智能制造系统中的智能供应链层级不仅包含产品生命周期各环节的链条管理,还包括关联产业、关联企业、关联客户关系的智能管理,由产业链、产品价值链、产品周期链上的企业通过互联网络技术实现信息共享,推进协同研发、协调生产、精准物流的实现。

5）智能生态层级

智能生态层级是最高层级,包含智能设备、智能生产系统、先进制造技术等不同层级系统及其在企业中的相互作用,涵盖产业链、产品价值链、生产要素供应链等各环节企业的分工协作,最终形成以智能制造技术为核心,智能制造产业集聚,智能供应链相互承接,智能装备企业联合推进,各分工领域"专精特"中小企业蓬勃发展,智能产品消费成为主流的智能生态。

智能制造系统并不是让人工智能完全取代人,即使未来的机器智能化程度越来越高,也需要人机共生。智能制造的本质是利用物联网、大数据、人工智能等先进技术,从整体上控制和驾驭系统中的不确定性、非结构化和非固定模式的问题,以实现企业更多和更复杂的目标。

从发展历程和整体架构上看,智能制造系统一些关键的技术、软件和系统是其组成与支持部分,包括产品生命周期管理(PLM)、企业资源计划(ERP)、制造执行系统(MES),以及各种信息物理系统(CPS)。

8.3.2 PLM

1. PLM 的定义

PLM(product lifecycle management),即产品生命周期管理。根据权威的 CIMDATA 的定义,PLM 是一种应用于在单一地点的企业内部、分散在多个地点的企业内部,以及在产品研发领域具有协作关系的企业之间的,支持产品全生命周期的信息的创建、管理、分发和应用的一系列应用解决方案,它能够集成与产品相关的人力资源、流程、应用系统和信息。

PLM 是在产品数据管理(product data management,PDM)技术的基础上延伸发展而来的。PLM 涵盖了 PDM 的全部功能。

PLM 既是软件也是服务,每个与产品相关的人员都可以在产品的生命周期内对产品设计、生产、销售等全过程进行管理,不论这些人员在产品全生命周期内何时、担任什么角色、使用什么工具和身处什么位置。因此,可以说 PLM 是制造企业信息化的重要组成部分,将企业与产品相关的所有信息进行有效统一的管理和集成,使所有与产品有关的人员可以共享产品整个生命周期中的信息和数据,为企业生产经营管理、产品研发设计、销售服务提供稳定的信息化支撑。

2. PLM 的特性

PLM 是产品生命周期管理软件和系统解决方案,它能帮助企业管理好自己的产品周期,并进行系统规划。

(1) 系统的开放性　　PLM 具有良好的底层体系结构,能满足异构计算机系统的要求。

(2) 系统集成性　　成熟的 PLM 解决方案具备与企业现有应用系统集成的能力,包括 ERP、供应链管理(SCM)、计算机辅助设计(CAD)、目录管理、电子商务(EC)、研发(PD)、合规(RC)以及普通的办公自动化产品组件和电子邮件等。

(3) 系统的可扩充性　　随着业务需求的增加,应用企业通常希望 PLM 增加一些新功能。因此 PLM 供应商通过构建其 PLM 套件,扩展基本数据包和 BOM 管理功能,使其包含变更管理、产品相关分析、产品信息发布等功能,PLM 环境可以轻松扩展不断增加的业务需求。

(4) 系统的安全性　　企业不仅需要具备高效协作的能力,同时也要能够保护自己的知识产权,有时甚至还要就某些特定项目与竞争对手展开合作。因此,系统安全性是至关重要的。

3. PLM 的意义

1) 提高企业效率

实现三维数据的可视化协同浏览,异地团队成员无须使用第三方工具即可访问、评审同一个三维模型设计,及时有效地反馈设计问题,有效减少产品的评审成本,简化设计评审流程,大幅度提高企业效率。

2) 提高企业信息化程度

使用数字化的三维设计取代传统纸质设计已经成为必然趋势,企业需要一个通用无差别的平台来对这些三维数据进行整合管理,并在此基础上对产品的生命周期进行管理。

3) 确保产品设计质量

从产品规划到设计制造都可以通过 PLM 展开,实现完整的产品设计周期的可视化管理,帮助客户高效地掌控产品生命周期,进行产品设计质量监控与管理,确保产品演化的所有步骤都有据可依,有源可溯。

4. PLM 的发展历程

自从产品生命周期管理 PLM 提出以后,PLM 就快速成为制造加工业关注的焦点。PLM 将协同技术与电子商务技术结合起来,将 ERP、CRM、SCM 等系统与 PLM 产品开发流程进行集成,用集成化的整体管理取代孤岛式流程管理,将概念设计以及产品的设计、生产、维护和管理信息全部实现数字化,实现企业知识价值的提升与知识共享管理,实现产品开发与业务流程的优化,使企业效率、企业市场竞争能力得到提高。PLM 发展概括为三个标志性的阶段:手工管理、基于文件服务器与文件的管理、基于产品结构与企业流程的管理。

1) 手工管理

IT 技术刚应用于数据管理领域时,主要依靠手工管理生产活动中产生的数据。人们会用计算机记录数据文件,之后打印、归类、装订、存储。若某个新用户想再次使用数据,则必须申请到足够的权限,到档案馆调用原版文件。如果不同的生产地点或者部门需要同一份文件,这份文件就只能通过复印或者移动硬盘,从一个地点人工地带到另一个地点。

这种方式不仅管理成本高,而且很难保证数据的精确性和高效性。例如文件手工归类和再次检索,就是一项非常复杂的工作。随着企业运营数据的增加,这种模式使数据检索变得繁重而枯燥,且容易产生数据丢失。

2) 基于文件服务器和文件的管理

随着信息系统的发展和融合,人们不再将重要的数据和文件打印出来存储,而是直接在文件服务器中以电子版的形式存储下来。为了给数据分类,人们会使用文件系统本身的分类方式。例如,在硬盘中建立复杂的文件夹结构,用文件夹的名称进行数据的分类存储。利用不同服务器之间的互联,实现数据的多地分享。不同的用户得到的是来自一个数据源的文件。原则上人们使用的都是标准和中立的文件格式。随着文件越来越多、数据库越来越大,人们越来越需要更加简单的操作,更精细的数据分类,以方便检索。

20世纪80年代,出现了第一个工程数据管理(engineering data management,EDM)系统。在文件服务器的基础上,EDM系统提供了更加丰富的功能。例如用户管理、单一文件多版本管理等。在使用EDM的过程中,用户需要有授权,才能将数据库中的数据提取到电子仓库(vault)中,进行相应的更改。

EDM将数据体(payload)和元数据(metadata)分隔开来,如图8-7所示。数据体(或者说实际数据)代表的是数据所传递的实际信息,例如图纸上的几何图形。元数据用于传递跟数据体相关的数据,例如这份图纸的尺寸、日期、创建者等等。数据体一般存储在文件系统中,而元数据存储在中心数据库中。

图 8-7 元数据和数据体

3) 基于产品结构和企业流程的管理

由于引入元数据和数据库,人们开始将数据按照产品结构进行配置管理,逐渐形成了最初的产品 BOM。基于产品结构的管理能够更加直观地展现出组装件与产品之间的联系,可以更方便地展示产品结构,生成物料清单。

PLM 不仅可以按照产品结构来存储数据,而且可以用更多的数据形式来描述企业的运行管理流程。PLM 的使用目标是为整个企业各个部门建立一个集成的数据模型,然后将所有的产品相关和流程相关的数据存储到这个数据模型中。例如,用户在 CAD 软件中完成产品设计后,CAD 系统便将数据体和元数据归类存入数据模型中。企业的流程信息也会存入数据模型中。所以优秀的 PLM 平台需要强大的数据库作为后台,来保障数据的实时性和一致性。

5. PLM 的系统框架

PLM 着重解决图纸管理、设计变更、工艺设计等相关管理目标,其系统框架如图 8-8 所示。

图 8-8　PLM 系统框架

(1) 建立统一、高效、规范的文控体系,实现企业资料的有序管理。

(2) 建立企业物料标准库,规范管理物料。

(3) 搭建图文档管理平台。该平台支持各类 CAD 数据的集成,包括常用的 AutoCAD、SolidWorks 等数据格式,实现对 CAD 数据的信息提取、在线浏览等。通过图文档管理系统平台,实现产品数据安全共享、产品结构化管理,在审批流程方面,实现电子审批。

(4) 搭建工艺信息管理平台,通过工艺信息管理平台,实现工艺卡片图文混排编制、工艺路线的编制,通过汇总输出各种报表,支撑生产。

6. PLM 的核心功能

随着 PLM 的推广应用,各种 PLM 功能被开发出来。PLM 典型功能如下。

1) 变更管理

变更管理使数据的修订过程可以被追踪和管理,它提供一整套方案来管理变更请求、变更通知、变更策略,最后到变更的执行和跟踪等。

2) 配置管理

配置管理建立在产品结构管理功能之上,它使产品配置信息可以被创建、记录和修改,允许产品按照特殊要求被建造,记录某个变形被使用来形成产品的结构。同时,也为产品周期中不同领域提供不同的产品结构表示。

3）工作台

将完成特定任务必需的所有功能和工具集成到一个界面下，使最终用户可以在一个统一的环境中完成诸如设计协同、数据样机、设计评阅和仿真等工作。

4）文档管理

提供图档、文档、实体模型安全存取、版本发布、自动迁移、归档、签审过程中的格式转换、浏览、圈阅和标注，以及全文检索、打印、邮戳管理、网络发布等一套完整的管理方案，并提供多语言和多媒体的支持。

5）项目管理

管理项目的计划、执行和控制等活动，以及与这些活动相关的资源；并将它们与产品数据和流程关联在一起，最终达到项目进度、成本和质量管理的目标。

6）产品协同管理

提供一类基于 Internet 的软件和服务，能让产品价值链上每个环节的每个相关人员在任何时候、任何地点都能够协同地对产品进行开发、制造和管理。

7）产品构型管理

产品构型管理是应对系列化产品设计和生产的有效方法。通过构型管理避免产品发生局部修改，或更换选件时重新构造 BOM 表和数据准备等繁重任务。

7. PLM 的实施

影响 PLM 项目成败的关键因素，主要有以下三个方面：第一是 PLM 软件本身；第二是 PLM 实施团队；第三就是应用企业积极参与及制度保障。

1）PLM 软件的选型

正确地进行 PLM 软件选型，是确保整个 PLM 项目成功的基础条件。PLM 软件的选型，需要注意三个方面：第一是 PLM 软件的功能是否足够强大，能否满足企业的业务需求；第二是 PLM 软件的技术架构是否成熟，运行是否稳定，能否经受得了大量业务数据的高强度考验，确保 PLM 不会在运行过程中经常出现各种错误；第三是 PLM 软件是否有足够的扩展性，能否满足企业业务增长的需求，或者是否提供开放的二次开发平台，以适应企业的个性化需求。

2）PLM 实施团队选择

PLM 项目的实施团队，对于 PLM 项目的成败，起着决定性的作用。通常情况下，实施团队会由项目经理、业务顾问、实施顾问、开发顾问、培训师等不同角色组成。其中，项目经理是整个团队的核心。业务顾问的首要职责，就是要为企业梳理并优化业务流程。实施顾问通过 PLM 软件对业务流程落地实施。培训师需要对 PLM 软件的各项功能，以及特定项目的业务流程有准确的理解，以用户能够听懂的表述形式，让用户准确理解。

3）应用企业积极参与及制度保障

在 PLM 实施过程中，企业的积极参与，对 PLM 项目的成功，起着决定性的作用。在启动 PLM 项目之前，企业应该对引入 PLM 的目的有个明确的认识。通过 PLM 解决哪些问题，如何解决？不能为了上 PLM 而上，对项目没有清晰的目标，对项目成败也没有明确的判断标准。在 PLM 项目实施过程中，组建一支企业核心团队，全程参与 PLM 项目的实施。让核心团队成员在 PLM 实施过程中逐渐成长起来，在项目结束后的推广工作中，起到骨干作用，确保 PLM 项目的成功。

PLM 项目的实施,会给企业的研发流程,以及研发人员的日常工作方式带来一定的改变,特别是对一线的设计人员更是如此。这在很大程度上会给 PLM 项目的推广造成一定的阻力。为了保障 PLM 项目的成功实施,企业必须从制度上采取适当的措施,一面对一线研发人员进行激励,鼓励大家逐渐向新的工作模式转换;一面对于部分顽固守旧势力,从制度上给予适当制约。通过一拉一推的方式,确保研发人员能够积极主动地参与到 PLM 项目中来,确保 PLM 项目实施。

8. PLM 的发展趋势

1) 未来 PLM 的功能

未来 PLM 的发展将更加专注于覆盖产品生命周期各阶段及更好地支持工程协同。新功能将支持覆盖开发流程的早期阶段(如产品组合管理)、需求可追溯管理及运维服务。PLM 将满足供应链合作伙伴对产品信息及流程整合的需要。此外 PLM 将支持反馈终端用户信息到产品生命周期的前端设计以改进产品质量。

成功利用 PLM 实现价值链上业务伙伴的协同和动态集成是大趋势。利用这种方法使遍布世界各地的团队成员能够实时地同步工作。协同涉及电邮、即时消息传送、视音频会议、应用程序共享及可视化服务等。协同环境将提供专属用户接口和视图实现产品信息共享。对于多方协同数据和流程的安全性和一致性是首要条件,PLM 将能够满足这些需要。

2) 未来 PLM 的技术和系统架构

由于使用了基于组件的架构,PLM 变得更加开放和灵活,更易于集成第三方工具或企业现有系统。这些平台完全基于面向对象的方法,如 JAVA(J2EE)、C♯(.Net)或 CORBA,所有业务方百分百地支持因特网方式访问。

PLM 架构的未来发展将聚焦面向流程的标准和模块化组件。这种方法可实现价值链上的业务应用系统的集成,使得业务流程更具独立性。

3) 未来 PLM 的实施方法

下一代 PLM 将更加标准化,对不同行业或用户通过配置一些模板来加快系统实施。预先配置的交钥匙系统将更加适用于中小企业,这类系统将得到快速发展,而且更易于使用和快速实施。

8.3.3 ERP

工业工程是企业系统优化的技术。ERP 是工业工程的典型代表技术或软件或系统,下面介绍 ERP 与企业工业工程的关系。

1. ERP 的发展历程

18 世纪工业革命后,人类进入工业经济时代,大规模生产是降低生产成本和提升企业核心竞争力的有效方式。生产发展和技术进步致使大规模生产在制造业应用存在多重困难,主要表现为:物料供应不准时或供应不足;零部件不配套或积压严重;生产周期过长且难以控制;资金积压严重且周转期长;企业经营计划难以适应市场或客户需求。为了解决这个关键问题,1957 年,美国生产与库存控制协会(APICS)成立,开始进行生产与库存控制方面的研究,开展了大量的工业工程的工作,其研究与发展伴随着 ERP 的发展。

ERP 的发展大体上经历了四个阶段:库存订货计划、生产计划与控制系统闭环 MRP 阶段、制造资源计划和企业资源计划。

(1) 第一阶段,库存订货计划——MRP 物料需求计划阶段(或称基本 MRP 阶段) 随着 20 世纪 60 年代计算机的商业化应用,第一套物料需求计划(material requirements planning, MRP)软件面世并应用于企业的物料管理工作。MRP 的逻辑流程图如图 8-9 所示。

图 8-9　MRP 的逻辑流程图

(2) 第二阶段,生产计划与控制系统闭环 MRP 阶段　20 世纪 70 年代,在 MRP 基础上,一方面把生产能力作业计划、车间作业计划和采购作业计划纳入 MRP,另一方面在计划执行过程中,加入来自车间、供应商和计划人员的反馈信息,利用这些信息进行计划的调整平衡,围绕物料需求计划,使生产的全过程形成一个统一的闭环系统,这就是由早期的 MRP 发展而来的闭环 MRP(见图 8-10)。闭环 MRP 将物料需求按周甚至按天进行分解,使得 MRP 成为一个实际的计划系统和工具,而不仅仅是一个订货系统。

图 8-10　闭环 MRP 逻辑流程图

(3) 第三阶段,制造资源计划——MRPⅡ阶段 闭环 MRP 系统的出现,使生产计划方面的各种子系统得到了统一。只要真正制订好主生产计划,闭环 MRP 系统就能够很好地运行。但这还不够,在企业管理中,生产管理只是一个方面,它还涉及物流、与物流密切相关的资金流。许多企业物流与资金由财会人员管理,造成数据重复录入与存储,甚至数据不一致,降低了效率,浪费了资源。因此,一体化的管理系统的构建可有效地去掉不必要的重复性工作,减少数据间的不一致性和提高工作效率,实现资金流与物流的统一管理,即财务子系统与生产子系统结合形成的整体系统。这促使闭环 MRP 向 MRPⅡ前进了一大步。最终,20 世纪 80 年代,人们把制造、财务、销售、采购、工程技术等各个子系统集成为一个一体化系统,称为制造资源计划(manufacturing resource planning,MRP)系统。为了区别物料需求计划,记为 MRPⅡ,其逻辑流程图如图 8-11 所示。MRPⅡ可有效地利用各种制造资源,控制资金占用,缩短生产周期,降低成本。它最显著的效果是减少库存量和物料短缺现象,但它还局限于企业内部物流、资金流和信息流的管理。

图 8-11 MRPⅡ逻辑流程图

(4) 第四阶段,企业资源计划——ERP 发展阶段 自 20 世纪 90 年代中后期以来,现实社会开始发生革命性变化,即从工业经济时代开始步入知识经济时代,企业所处的时代背景与竞争环境发生了很大变化,企业资源计划(ERP)系统就是在这种时代背景下应运而生的。在 ERP 系统设计中,考虑到仅靠自己企业的资源不可能有效地参与市场竞争,还必须把经营过程中的有关各方如供应商、制造企业、分销网络、客户等纳入一个紧密的供应链中,才能有效地安排企业的产、供、销活动,满足企业利用一切市场资源快速高效地进行生产经营的需求,以期进一步提高效率和在市场上获得竞争优势;同时,考虑到企业为了适应市场需求变化,不仅要组织"大批量生产",还要组织"多品种小批量生产"。在这两种情况并存时, 需要用不同的方式来制订计划。

2. ERP 的定义和理念

ERP(enterprise resources planning)是指企业资源计划,可以从管理思想、软件产品、管理系统三个层次给出它的定义。

首先,ERP 是由美国著名的计算机技术咨询和评估集团 Garter Group Inc. 提出的一整套企业管理系统体系标准,其实质是在制造资源计划(manufacturing resources planning Ⅱ,MRP Ⅱ)基础上进一步发展而成的面向供应链的管理思想。

其次,ERP 是综合应用了客户机/服务器体系、关系数据库结构、面向对象技术、图形用户界面、第四代语言(4GL)、网络通信等信息产业成果,以企业资源计划管理思想为灵魂的软件产品。

最后,ERP 是将企业管理理念、业务流程、基础数据、人力物力、计算机硬件和软件整合于一体的企业资源计划管理系统。

ERP 的概念层次如图 8-12 所示。

图 8-12　ERP 的概念层次

因此,对应于管理界、信息界、企业界不同的表述要求,ERP 分别有着它特定的内涵和外延,相应地也分别采用"ERP 管理思想""ERP 软件""ERP 系统"的不同表述方式。

ERP 的核心思想就是实现对整个供应链的有效管理,主要体现在以下三个方面。

首先,体现对整个企业资源进行整合优化的思想和理念。在知识经济时代仅靠自己企业的资源不可能有效地参与市场竞争,还必须把经营过程中的有关各方如供应商、制造工厂、分销网络、客户等纳入一个紧密的供应链中,才能有效地安排企业的产、供、销活动,满足企业利用全社会一切市场资源快速高效地进行生产经营的需求,以期进一步提高效率和在市场上获得竞争优势。换句话说,现代企业竞争不是单一企业与单一企业间的竞争,而是一个企业供应链与另一个企业供应链之间的竞争。ERP 实现了对整个企业供应链的管理,适应了企业在知识经济时代市场竞争的需要。

其次,体现精益生产、并行工程和敏捷制造的思想和理念。ERP 支持对混合型生产方式的管理,其管理思想表现在两个方面。其一,根据精益生产的思想,企业按大批量生产方式组织生产时,把客户、销售代理商、供应商、协作单位纳入生产体系,企业同其销售代理、客户和供应商的关系,已不再是简单的业务往来关系,而是利益共享的合作伙伴关系,这种合作伙伴关系组成了一个企业的供应链。其二,按敏捷制造的思想,当市场发生变化,企业遇有特定的市场和产品需求时,企业的基本合作伙伴不一定能满足新产品开发生产的要求。这时,企业会组织一个由特定的供应商和销售渠道组成的短期或一次性供应链,形成"虚拟生产",把供应和协作单位看成是企业的一个组成部分,运用并行工程(CE)组织生产,用最短的时间将新产品打入市场,时刻保持产品的高质量、多样化和灵活性。

最后,体现事先计划与事中控制的思想和理念。ERP 中的计划体系主要包括主生产计划、物料需求计划、能力计划、采购计划、销售执行计划、利润计划、财务预算和人力资源计划等,这些计划功能与价值控制功能已完全集成到整个供应链系统中。

ERP 通过定义事务处理相关的会计核算科目与核算方式,以便在事务处理发生的同时自动生成会计核算分录,保证了资金流与物流的同步记录和数据的一致性,从而实现了根据财务资金现状可以追溯资金的来龙去脉,并进一步追溯所发生的相关业务活动,改变了资金信息滞后于物料信息的状况,便于实现事中控制和实时做出决策。

ERP 的计划、事务处理、控制与决策功能都在整个供应链的业务处理流程中实现,要求在每个流程业务处理过程中最大限度地发挥每个人的工作潜能与责任心,流程与流程之间则强调人与人之间的合作精神,以便在有机组织中充分发挥每个人的主观能动性与潜能。实现企业管理从"高耸式"组织结构向"扁平式"组织机构的转变,提高企业对市场动态变化的响应速度。总之,借助 IT 技术的飞速发展与应用,ERP 得以将很多先进的工业工程与管理思想变成现实中可实施应用的计算机管理软件产品或管理系统。

3. ERP 的特点

ERP 运行流程界面如图 8-13 所示。ERP 系统是集企业管理理念、业务流程、基础数据、人力物力、计算机硬件和软件于一体的企业资源计划管理系统。其主要特点如下。

图 8-13 ERP 运行流程界面

(1) ERP 是一套标准化的业务流程,它以 BOM 为结构工具,以 MRP 为自动规划工具,以订单管理为交易自动化的手段,以集成功能为决策优化的手段,全面提升管理水平。

(2) 与手工管理本质不同,只有依靠计算机才能运行。

(3) ERP 是制造企业的通用公式,主要表现在:在"enterprise resource planning"中,"enterprise"是其真正的企图;ERP 试图将整个企业各职能和部门集成到一个计算机系统,并服务于这些职能的特殊需求；ERP 让企业各部门跨越时空，便捷地分享信息，快速有效地沟通与协调；ERP 不仅要求数据的共享，更是职能与管理流程（活动）的高度整合。

4. 工业工程在 ERP 建设中的作用

我国台湾 ERP 专家朱文斌认为，制造业 ERP 原本就是基础工业工程（基础 IE）、成本会计（CA）、信息管理（IT）的系统整合，成本会计和基础工业工程才是 ERP 的根本，而 IT 技术则是把这些根本发扬光大的工具，没有经过 CA 和 IE 最优化，ERP 只是一个大型的商业玩偶。

工业工程在发达国家的应用已有近百年的历史，被认为是现代工业化的重要基础。我国工业化和企业管理水平在很长时间内与发达国家相比，存在较大的差距，主要表现为许多工业化所必需的基础管理工作缺乏或不到位，特别是在基础工业工程的研究和应用、企业在工作方法和程序上的标准化、基础数据的准确性和及时性、组织机构和作业流程的规范化等方面，难以给现代工业工程实施提供合适的运行环境和有效的支持。而我国现阶段在还没有完成工业化和信息化有效融合进程条件下，造成了 ERP 在中国应用成为一个非常重要的建设工作。主要理由如下。

（1）制造业信息化对基础数据的准确度要求很高。像工时定额这种数据，如果没有经过动作分析和作业研究很难保证其准确性，很多实施的企业都是采用估计值，进而影响到生产周期、产品成本、生产计划的准确性。另外，制造业信息化还包括 CAD、CAE、CAPP、CAM、PDM 等软件的应用，这些软件的有效使用都是以基础数据，以及与产品相关的所有信息和文件的准确为前提。基础工业工程是基础数据准确、及时的保证。

（2）进行信息化建设要求从系统的整体规划设计出发，即在理解、理清企业发展远景和信息化应用的总体方向的基础上，客观分析企业的现状和需求，分析当前和未来之间的差距，然后制定信息化建设的策略，明确原则和路线，确定各个信息化建设项目之间的先后顺序和依赖关系，并落实每一个信息化建设项目的进度计划。如果缺乏信息化总体规划，很容易导致系统繁多、"信息孤岛"、维护费用高、收益低、风险高等问题。对信息化建设项目、信息系统进行总体规划和设计是工业工程的基本功能。

（3）ERP 是制造企业以对其资源的计划与控制为核心的信息管理系统。其中，主生产计划 MPS 是确定每一个具体的产品在某一具体时间段的生产计划。根据 MPS 确定物料需求计划 MRP，产生全部制造件、采购件的生产作业计划和物料采购计划。生产计划是企业各种资源调配、平衡的中心，也是 ERP 与实际生产经营保持一致的关键。制订合理的生产计划、平衡生产能力和优化排序、改善物料库存等，是工业工程的经典内容之一。

（4）业务流程重组是企业实施 ERP 的首要环节，也是现代工业工程的基本内容之一。它强调利用先进的信息技术和运用工业工程的理念与方法对企业业务流程的根本再思考和彻底再设计，实现管理组织结构扁平化，最终实现企业经营在成本、质量、服务和速度等方面的改善。信息化不是把企业原来的做法搬到计算机上就可以实现的。如果企业业务流程不能事先按照先进的管理模式及计算机和网络作业的特点进行优化和重组，就盲目进行信息系统的开发，ERP 将无法发挥其应有的作用。

（5）制造业信息化建设过程中还应不断引入工业工程先进的制造与管理模式和理念，加快企业的工业化和现代化进程，如准时生产、并行工程、精益生产和敏捷制造等。

5. ERP 的实施框架

ERP 实施框架大致有四层结构,如图 8-14 所示。在最底层的 L0、L1、L2 是工业自动化系统,直接控制设备;再上一层,L3 是过程控制和数据采集系统,强调实时控制逻辑上的精准和控制数据的及时反馈,同时,还强调对来自生产线的相关数据进行存储、传输、运算和分析的能力;再往上面的 L4、L5 才是 MRP、MRP Ⅱ 和 ERP,这两层,最大限度地寻求企业资源的动态平衡,寻求生产计划、营销体系、生产能力和设备具体状态的平衡,寻求从订单穿透企业,看到供应商的能力。

图 8-14　ERP 实施的四层结构框架

6. ERP 的实施问题与方法

企业推行和实施 ERP 是一项系统工程,实践表明,必须完善工程项目的组织管理方法,建立完整的工程项目具体实施方案,才能保证 ERP 的有效实施。在具体实施中要注意以下几个问题。

1)"全面规划、总体设计"是成功的必要条件

深入企业,调查研究,对企业进行全面分析,明确企业需求.提出切实可行的解决方案。没有全面解决企业信息集成的有效方案,便无法完成企业 ERP 的详细设计。

2)建立"一把手"工程是成功的关键

企业推行 ERP 管理思想和方法,实施 ERP 是一场深刻的管理革命,因为对企业来说,过去没有干过,系统实施的困难就很大。面对诸多困难,只有企业决策层领导在深入理解 ERP 的基础上,由"一把手"亲自主持、组织参与系统实施,企业全体员工共同参加,克服困难,才能取得成功。那种只是"一把手"挂名不是"一把手"工程,只依靠系统应用人员来推动实施,不要求企业的最高领导人实实在在地投入到系统实施过程中的做法注定是没有好效果的。

企业要成立工程项目领导小组,主要领导担任领导小组组长,具体负责工程项目的领导工作。领导小组负责制订系统总体方案,确定新的企业管理方案,并在实施过程中,主持工程

项目例会,组织协调各部门、各系统之间的关系,解决系统实施中出现的重大问题。要把 ERP 实施作为企业的主要工作之一,并授予主管部门考核权,确保系统正常、有序、顺利地实施。"一把手"工程是一个广义的概念,不仅企业最高领导亲自主持参与,还应包括企业整个决策层的参与。

3) 培养企业自己的软、硬件技术队伍,是系统有效运行的重要条件。在 ERP 实施过程中,培训是十分重要的环节,培训工作要贯穿实施的全过程,培训工作要分层次不断深化。培训从内容上可分为 ERP 理论培训、计算机和网络知识培训、应用软件使用培训等;从人员上可分为企业领导层培训、工程项目工作组培训、计算机专业人员培训和业务管理人员培训。

4) 做好基础数据管理,是系统有效运行的保证

有效实施 ERP,一定要投入足够的人力,重视基础数据的整理、修改和完善工作。基础数据量大,涉及面又广,如产品结构、工艺、工装、定额、各种物料、设备、质量、财务、工作中心、人员、供应商、客户等。有时为了核实一个数据,需要访问多个部门和多个人。数据整理要满足软件的格式要求,并确保其正确性、完整性和规范化,基础数据不正确、不完善,则无法有效地运行 ERP 软件。

5) 选好理想的合作伙伴是系统成功运行的重要经验

合作伙伴是指硬、软件供应商,或技术依托单位,或软件开发单位。良好的合作是成功的基础。企业在系统实施前一定要认真考察和选择理想的合作单位,考察其技术实力、产品性能价格比、售后支持服务能力、合作精神等,必要时还要考察他们的一些用户。

而企业的合作伙伴,一定要站在企业的立场上,想企业所想,急企业所急,不能只从商业角度着想,要认真负责、自始至终地做好技术支持和服务工作,与企业各方人员密切合作,共同建设好企业的 ERP。

7. ERP 的实施方法

ERP 作为一个项目,实施时要做好战略规划、项目实施控制与安全管理等,实施方法主要从战略规划、项目预准备、项目实施控制、业务流程控制、项目实施效果和系统安全管理六大方面出发。

1) 战略规划

ERP 作为系统服务于企业的长期规划,是长期规划的手段和保证。ERP 的目标源于系统规划,它是评价 ERP 成败的基本标准。企业应依据系统规划,明确 ERP 的实施范围和实施内容。

2) 项目预准备

确定硬件及网络方案、选择 ERP 和评估咨询合作伙伴是该阶段的三项主要任务,也是 ERP 实施的三大要素。硬件及网络方案直接影响系统的性能、运行的可靠性和稳定性;ERP 功能的强弱决定企业需求的满足程度;咨询合作伙伴的工作能力和经验决定实施过程的质量及实施成效。

3) 项目实施控制

在 ERP 实施中,通常采用项目管理技术对实施过程进行控制和管理。有效的实施控制表现在科学的实施计划、明确的阶段成果和严格的成果审核。不仅如此,有效的控制还表现在积极的协调和通畅的信息传递渠道。实施 ERP 的组织机构包括指导委员会、项目经理、外

部咨询顾问、IT 部门、职能部门的实施小组、职能部门的最终用户。部门之间协调和交流的好坏决定实施过程的工作质量和工作效率。

4) 业务流程控制

企业业务流程重组是在项目实施的设计阶段完成的。流程中的控制和监督环节保证在 ERP 正式运行后，各项业务处于有效的控制中，避免企业遭受人为损失。设计控制环节时，要兼顾控制和效率。过多的控制环节和业务流程冗余势必降低工作效率，控制环节不足又会有业务失控的风险。

5) 项目实施效果

虽然项目评估是 ERP 实施过程的最后一个环节，但这并不意味着项目评估不重要。相反，项目评估的结果是 ERP 实施效果的直接反映。正确地评价实施成果，离不开清晰的实施目标、客观的评价标准和科学的评价方法。目前普遍存在着忽视项目评估的问题。忽视项目评估将带来实施小组不关心实施成果这一隐患，这正是 ERP 项目的巨大风险所在。

6) 系统安全管理

系统安全包括作业系统授权、网络设备权限、应用系统功能权限、数据访问权限、病毒的预防、非法入侵的监督、数据更改的追踪、数据的安全备份与存档、主机房的安全管理规章、系统管理员的监督，等等。目前，企业中熟练掌握计算机技术的人员较少，计算机接入 Internet 的也不多。因此，在实施 ERP 时，普遍存在着不重视系统安全的现象，诸如用户不注意口令保密、超级用户授权多人等。缺乏安全意识的直接后果是系统在安全设计上存在着漏洞和缺陷。近年来，不断有媒体披露银行或企业计算机系统被非法入侵的消息，这给企业敲响了警钟。另外，水灾、火灾、地震等不可抗拒的自然灾害会给 ERP 带来毁灭性的打击。企业正式启用 ERP 后，这种破坏将直接造成业务交易的中断，给企业带来不可估量的损失。未雨绸缪的策略和应对措施是降低这一风险的良方，如建立远程备份和恢复机制；在计算机系统不能正常工作的情况下，恢复手工处理业务的步骤和措施。

8. ERP 应用评价

ERP 应用是否成功，可以从系统运行集成化、业务流程合理化、绩效监控动态化和改善持续化四个方面加以衡量。

1) 系统运行集成化

这是 ERP 成功应用在技术解决方案方面最基本的表现。ERP 是对企业物流、资金流、信息流进行一体化管理的软件系统，其核心管理思想就是实现对供应链的管理。软件的应用将跨越多个部门甚至多个工厂。为了达到预期设定的应用目标，最基本的要求是系统能够运行起来，实现集成化应用，建立企业决策完善的数据体系和信息共享机制。

一般来说，如果 ERP 仅在财务部门应用，只能实现财务管理规范化，改善应收账款和资金管理；仅在销售部门应用，只能加强和改善营销管理；仅在库存管理部门应用，只能帮助掌握存货信息；仅在生产部门应用只能辅助制订生产计划和物资需求计划。只有集成一体化运行起来，才有可能达到下列目标：降低库存，提高资金利用率和控制经营风险；控制产品生产成本，缩短产品生产周期，提高产品质量和合格率；减少财务坏账、呆账金额等。这些目标能否真正实现，还要取决于企业业务流程重组的实施效果。

2) 业务流程合理化

这是ERP成功应用在改善管理效率方面的体现。企业实施业务流程重组是ERP应用成功的前提。ERP应用成功意味着企业业务处理流程趋于合理化,并实现了ERP应用的几个最终目标:企业竞争力得到大幅度提升;企业面对市场的响应速度大大加快;客户满意度显著改善。

3) 绩效监控动态化

ERP的应用为企业提供丰富的管理信息。如何用好这些信息并在企业管理和决策过程中真正起到作用,是衡量ERP成功应用的一个标志。在ERP完全投入实际运行后,企业应根据管理需要,利用ERP提供的信息资源设计出一套动态监控管理绩效变化的报表体系,以期即时反馈和纠正管理中存在的问题。这项工作,一般是在ERP实施完成后由企业设计完成。企业如未能利用ERP提供的信息资源建立起自己的绩效监控系统,将意味着ERP应用没有完全成功。

4) 改善持续化

随着ERP的应用和企业业务流程的合理化,企业管理水平将会明显提高。为了衡量企业工作水平的改善程度,可以依据咨询公司提供的企业管理评价指标体系对企业工作水平进行综合评价。评价过程本身并不是目的,为企业建立一个可以不断进行自我评价和不断改善的机制,才是真正目的,这也是ERP成功应用的一个经常被人们忽视的方面。

8.3.4 MES

1. MES的定义

MES(manufacturing execution system),即制造执行系统,是面向工厂、车间生产的管理系统。MESA对MES的定义为:在产品从工单发出到成品完工的过程中,制造执行系统起到传递信息以优化生产活动的作用。在生产过程中,借助实时精确的信息、MES引导、发起、响应,报告生产活动。做出快速的响应以应对变化,减少无附加价值的生产活动,提高作业及流程的效率。MES提升投资回报、净利润水平,改善现金流和库存周转速度,保证按时出货。MES保证了整个企业内部及供应商间生产活动关键任务信息的双向流动。

从MES的定义可看出,MES具有如下三个显著特征:①优化车间生产过程。MES是对整个生产车间制造过程的优化,而不是单一地解决某个生产的瓶颈问题。②收集生产过程数据。MES必须提供实时收集生产过程数据的功能,并做出相应的分析和处理。③MES是连接企业计划与车间控制层的桥梁。

MES需要与企业计划层和车间控制层进行信息交互,通过连续的企业信息流实现企业信息的集成。

从企业信息化的体系结构可以看出,MES在计划管理层与底层控制之间架起了一座桥梁,填补了两者之间的空隙。一方面,MES可以对来自MRP Ⅱ、ERP软件的生产管理信息进行细化、分解,将来自计划层的操作指令传递给底层控制层;另一方面,MES可以采集现场设备、仪表的状态数据,以实时监控底层设备的运行状态,再经过分析、计算与处理,从而方便、可靠地将控制系统与信息系统整合在一起,并将生产状况及时反馈给计划层。

2. MES的发展历程

随着物联网、云计算、大数据等新技术的发展,受到市场全球化、客户需求个性化以及大规模定制等众多因素的影响,企业的生产制造模式发生了翻天覆地的变化。近20年以来,MES随之发生了四个阶段的演变。

1) 第一个阶段:单一功能的MES

该时期的MES功能比较单一,企业为了解决某一特定问题,按照特定要求开发专用系统,以解决产品合格率低、作业流程不顺畅、库存积压、生产缺货等某一特定问题。例如,针对其中产品合格率低这一特定问题,开发质量管理系统。虽然这种专用MES投入少、开发较快,但是它的通用性和集成性很差,只能解决产品合格率低的特定问题,不能解决库存积压和生产缺料等问题。

2) 第二个阶段:集成MES

集成MES是专门针对某一特定行业开发应用,现在已经发展应用到整个工业领域。集成MES能与上层ERP以及下层实时控制系统实现功能集成。主流MES产品提供了集成解决方案,具有丰富的应用功能、统一的数据库、单一的产品和流程模型等特点。但MES依赖于特定的制造环境,可重构性、模块化和开放性差,缺乏灵活性,难以修改和扩展,难以适应敏捷制造环境的需求,从而阻碍了MES技术的进一步推广。

3) 第三阶段:可集成的MES

可集成的MES利用了面向对象与构建技术,使每个应用程序既可以是一个完整的专用解决方案,同时又可以集成为一套更大的MES产品。可集成的MES是在MES开发中运用组件技术、模块化技术和消息机制,将整个工厂生产现场信息整合到一个系统。

4) 第四阶段:智能化MES

智能化MES将分别从生产计划、过程协同、设备底层、资源优化、质量控制、决策支持等方面着手,实现生产过程的自动化、数字化、网络化、智能化管控,完成智能计划排产、智能互联互通、智能生产协同、智能资源管理、智能质量控制和智能决策支持等各项功能。

未来MES强调生产协同,支持网络化制造。它通过MES引擎在一个和几个地点来进行工厂实时生产信息管理和过程管理,以协同企业所有的生产活动,进行过程化、敏捷化、协同化、高效化管理。

3. MES的主要功能及作用

MES主要应用于制造业的过程控制。MES管理生产订单的整个生产过程,通过对生产过程中所有突发事件的实时监控,自动修正生产过程中的错误或提供决策支持,实现生产调度要求。当生产计划出现异常或偏离时,及时反馈给相关人员,以使其采取相应措施。MES的作用主要体现在以下方面。

(1) 在任务调度方面　MES在生产计划完成后自动生成任务调度单,根据生产设备产能的变化,制订并优化具体的生产工艺和各设备的详细操作顺序,以提高生产效率和生产柔性。

(2) 在资源配置方面　MES通过详细的数据统计分析,为企业提供各种生产现场资源的实时状态,密切配合任务分配,为每个生产过程配置相应的工具、设备、材料、文件等资源,并确保每项操作都按照调度要求准备和执行。

(3) 在能力平衡分析方面　MES对工作中心/设备任务负荷、部门/班组任务负荷、工种任务负荷等进行分析比较,并做出相应的评价,协助计划调度人员进行生产任务的平衡或外包,实现最优的生产计划和调度。

(4) 在过程管理方面　MES监控生产过程,自动纠正生产中的错误并向用户提供决策支持以提高生产效率。若生产过程出现异常,则及时提供报警信息,使车间人员能够及时进行人工干预,或通过数据采集接口与智能设备进行数据交换。

(5) 在产品跟踪方面　MES通过监视工件在任意时刻的位置和状态来获取每一个产品的历史记录,该记录向用户提供产品组及每个最终产品使用情况的可追溯性。

(6) 在性能分析方面　MES将实际制造过程测定的结果与过去历史记录、企业目标以及客户的要求进行汇总分析,以离线或在线的形式对当前生产产品的性能和生产绩效进行评价,以辅助生产过程的改进和提高。

(7) 在质量管理方面　MES对从物料进厂到成品入库的整个生产过程进行跟踪,实时采集产品物料、生产设备、操作人员、工艺批次等数据,为产品的改进设计和质量控制提供依据;根据测试结果分析产品存在的问题,提供相应的决策支持。

(8) 在数据采集方面　MES根据不同的数据类型、应用场景、人员能力、设备投入等采用不同的数据采集方式,实时获取各工序、设备、物料、产品的数据,并进行统计分析。

(9) 在人力资源管理方面　MES提供人员状态及相关信息,跟踪个人工作执行情况,为企业实现精细化考勤管理、控制人力成本、简化绩效考核、降低员工流失率、优化人员调度等提供决策支持。

(10) 在维修管理方面　MES记录各设备的维修时间、维修内容和故障原因,积累经验,管理和指导生产设备维修活动,并生成相应的维护经验文档供浏览和查询。

(11) 在文档管理方面　MES是一个基于数据库的解决方案,它能够存储和管理海量数据,定制文档管理结构树和版本跟踪,有效地管理产品设计、操作过程和过程描述,并为客户提供相应的处理程序和生产信息,各生产工序按加工任务分配。

MES在整个企业信息集成系统中起着承上启下的作用,是生产管理活动过程中信息沟通的桥梁(见图8-15)。应用MES缩短了企业计划层和生产车间过程控制系统间的距离,MES通过应用制造过程的整体优化来实现企业的闭环生产,为敏捷制造企业提供了一个很好的基础。

4. MES的实施问题

MES在国内的迅速发展应用,解决了企业的生产效率、生产工序、按时交货等一些难题,但是MES在实施的时候会遇到如下问题。

(1) 缺乏MES技术标准　MES在设计、开发、实践、保养等方面缺乏一定的技术标准,这导致系统在这些方面的成本增加,从而影响了MES产品的性能。

(2) 集成性还没有完全解决　因为缺少统一的数据模型,MES各功能子系统之间及制造业MES与企业其余相关信息集成较为缺乏,使得MES作为企业制造协同的引擎功能不能得到充分的发挥。

(3) 智能化程度不高　MES中涉及的信息及决策过程都非常复杂,因为缺少相关的智能机制,现有MES制造业大多只提供了一个系统平台,制造业因此需要大量的人工参与,难以保证生产过程的高效和优化。

图 8-15 MES 系统框架

(4) MES 体系还不完整　MES 的基本功能还不够完善,制造业核心模块的流程管理和优化通常较缺乏。制造业对于离散制造业还没有完整、系统的解决方案及成熟的软件产品,特别是优化模块,国内几乎是一块空白。

(5) 通用性和可配置性较差　现有系统针对的只是某些特定的需求,难以应对企业业务流程的重组和变更。针对基于数据集成技术的工厂数据模型的不足,系统的可配置性、可重构性、可扩展性差,制造业限制了 MES 推广和应用范围。

(6) 实时性不强　实时性是体现 MES 功能的基础。现有的数据收集与信息反馈机制不够准确、不够实时、不够完整,底层数据的实时收集、多源信息的融合、复杂信息的处理和快速决策还非常弱。

针对企业现状,MES 实施应该注意如下几点。

(1) 加快对 MES 技术标准的研究　以企业为主体,在相关部门的监督下形成统一的行业标准,对于促进行业的标准化工作,推动技术进步、产业升级、产品质量、工程质量和服务质量,都具有重要的意义。

(2) 强调与外部系统的集成和系统内部各模块的整合　当企业在做计划时,ERP 如果与 MES 紧密衔接起来,就能发挥很大作用。因此,要确保 MES 和 ERP 采用的是统一、规范的数据格式和存取形式。

(3) 完善 MES 的功能模块　特别要注意根据不同行业的特点,有针对性地开发适合本行业的 MES 核心模块。现今市场上的大部分的 MRP Ⅱ/ERP 来源于离散制造业,采用套装软件或自行开发的时候,需要考虑流程制造业的特点。

(4) 建立基于行业的工厂数据模型　缺乏统一的工厂数据模型是我国 MES 缺乏通用性、可配置性的主要原因。然而建立完全统一的工厂数据模型的难度往往很大,而且也给 MES 具体实施过程带来巨大的工作量。较好的方法是从行业入手,根据离散制造业、流程制造业的不同特点,如冶金、石化、制药等行业,建立基于行业的工厂数据模型,以提高 MES 在同行业之间的通用性和可配置性。

(5) 在实施 MES 的同时,注重 PCS 的建设　在开发制造业 MES 的过程中,要保证 PCS 各功能结构,特别是与 MES 接口数据库的有效运行,才能实现 MES 与 PCS 之间准确、及时、完整的数据采集与信息反馈,保证制造业 ERP、MES、PCS 之间的完美协调运作。

5. MES 的实施方法

MES 分四个阶段实施。

1) 需求调研阶段

在这一阶段,定制 MES 供应商需要辅助企业对车间的业务流程进行改善,优化部门组织结构和业务流程;减少无增值的管理流程和职责岗位,分工合理、职责明确;确定 MES 项目时间计划安排、软硬件配置要求、数据准备要求等内容,同时,还需要对 MES 的具体的现场数据采集手段,MES 与该企业其他现有系统集成方式进行定义,落实项目实施资金计划,为 MES 项目的实施奠定基础。

2) 定制开发阶段

明确所需要定制的 MES 功能模块,避免引起不必要的返工问题,同时要严格按照 MES 项目计划执行,准备基础数据、搭建网络环境、服务器环境、硬件环境等系统运行的基础环境,待定制并测试完成后进行现场调试。在 MES 研发过程中,要注意系统研发标准、界面风格要统一,注意细节设计。

3) 实施阶段

做好数据迁移和 MES 验证工作,配合用户企业制定制度和规范;要特别重视知识转移,重点抓好 MES 使用培训工作;系统考虑有关 MES 内部功能、设计的返工问题,并进行充分测试,尽量减少出现关联缺陷。

4) 试运行阶段

MES 试运行时,可以适当减少业务数据,从而减少试运行的工作量,其中最重要的是要考虑系统切换的平稳性。在系统切换过程中,除了周密的计划,还需要进行切换模拟,避免影响用户业务的开展。试运行要多从用户的角度出发考虑问题,避免导致操作员工情绪化问题。

8.3.5　CPS

1. CPS 定义

CPS(cyber physical system),即信息物理系统,是工业 4.0(智能制造)的核心理念,是物联网的升级和发展,是信息空间(也称为赛博空间、数字空间、虚拟空间)与物理空间的深度融合。智能制造系统中的各子系统正是借助 CPS,才能摆脱"信息孤岛"的状态,实现系统之间的连接和沟通。

CPS 是赛博空间(cyber space)中的通信(computation)、计算(communication)和控制(control)与实体系统在所有尺度内的深度融合,是将实体系统的内涵关系和物理规律以信息的方式来表达,对实体系统进行建模、预测、优化和管理,是将虚拟世界与物理世界紧密结合与协调的产物。

CPS强调物理世界与虚拟世界的交互,能自主感知物理世界状态,自主连接虚拟信息世界与物理世界对象,形成控制策略,实现虚拟信息世界和实际物理世界的互联、互感及高度协同。

物理空间是构成真实世界的各类要素和活动个体,包括环境、设备、系统、集群、社区、人员活动等。而赛博空间是上述要素和个体的精确同步和建模,它从实体空间的对象、环境、活动中进行大数据的采集、存储、建模、分析、挖掘、评估、预测、优化、协同,并与对象的设计、测试和运行性能表征深度有机融合,是实时交互、相互耦合、相互更新的网络空间,是实现 CPS 的镜像基础。赛博空间不只是对实体的几何描述而形成的几何空间,还包括反映实体的特质、内涵的物理规律以及实体的动态状况等所有数字比特的集合。一个产品的设计数据、运行的动态数据、分析和优化后的衍生数据以及人为构建的数字孪生体等,均在赛博空间之中。

CPS 是在上述基础上,通过通信、计算和物理系统的一体化设计,形成可控、可信、可扩展的网络化物理设备系统,通过计算进程与物理设备相互影响的反馈循环来实现深度融合与实时交互,以安全、可靠、高效和实时的方式实现控制大规模实体和全局优化控制,从而实现资源的协调分配与动态组织,促进工业资产的全面智能化。

本质上,CPS 是通过集成先进的感知、计算、通信、控制等信息技术和自动控制技术,构建了物理空间与信息空间中人、机、物、环境、信息等要素相互映射、适时交互、高效协同的复杂系统,实现系统内资源配置和运行的按需响应、快速迭代、动态优化;搭建一套信息空间与物理空间之间基于数据自动流动的状态感知、实时分析、科学决策、精准执行的闭环赋能体系,用以解决生产制造、应用服务过程中的复杂性和不确定性问题,提高资源配置效率,实现资源优化。

2. CPS 的典型特征

CPS 具有层次性,一个智能部件、一台智能设备、一条智能产线、一个智能工厂都可能成为一个 CPS。CPS 在不同的层次上呈现出不同的特征,总结为六大典型特征:数据驱动、软件定义、泛在连接、虚实映射、异构集成、系统自治。

(1) 数据驱动　数据存在于企业生产运营的方方面面,其中大量的数据没有被充分地利用并挖掘出其背后潜在的价值。CPS 通过构建"状态感知、实时分析、科学决策、精准执行"数据的自动流动的闭环赋能体系,能够将数据不断地从物理空间中的隐性形态转化为信息空间中的显性形态,并不断迭代优化形成知识库。数据是 CPS 的灵魂,数据在自动生成、自动传输、自动分析、自动执行以及不断的迭代优化中不断累积,螺旋上升,不断产生更为优化的数据,实现对资源的优化配置。

(2) 软件定义　工业软件是对各类工业生产环节规律的代码化,支撑了绝大多数的生产制造过程。作为面向制造业的 CPS,软件就成为了实现 CPS 功能的核心载体之一。从生产流程的角度看,CPS 会全面应用到研发设计、生产制造、管理服务等方方面面,通过对人、机、物、法、环全面的感知和控制,实现各类资源的优化配置。从产品装备的角度看,一些产品和装备本身就是 CPS。软件不但可以控制产品和装备运行,而且可以把产品和装备运行的状态实时展现出来,通过分析、优化,作用到产品、装备的运行,甚至是设计环节,实现迭代优化。

(3) 泛在连接　网络通信是 CPS 的基础保障,能够实现 CPS 内部单元之间以及与其他 CPS 之间的互联互通。应用到工业生产场景时,CPS 对网络连接的时延、可靠性等网络性能和组网灵活性、功耗都有特殊要求，还必须解决异构网络融合、业务支撑的高效性和智能性等挑战。随着无线宽带、射频识别、信息传感及网络业务等信息通信技术的发展，网络通信将会更加全面深入地融合信息空间与物理空间，表现出明显的泛在连接特征，实现在任何时间、任何地点，任何人，任何物都能顺畅地通信。构成CPS的各器件、模块、单元、企业等实体都要具备泛在连接能力，并实现跨网络、跨行业、异构多技术的融合与协同，以保障数据在系统内的自由流动。泛在连接通过对物理世界状态的实时采集、传输，以及信息世界控制指令的实时反馈下达，提供无处不在的优化决策和智能服务。

(4) 虚实映射　CPS构筑信息空间与物理空间数据交互的闭环通道，能够实现信息虚体与物理实体之间的交互联动。以物理实体建模产生的静态模型为基础，通过实时数据采集、数据集成和监控，动态跟踪物理实体的工作状态和工作进展（如采集测量结果、追溯信息等），将物理空间中的物理实体在信息空间进行全要素重建，形成具有感知、分析、决策、执行能力的数字孪生。同时借助信息空间对数据综合分析处理的能力，形成对外部复杂环境变化的有效决策，并通过以虚控实的方式作用到物理实体。在这一过程中，物理实体与信息虚体之间交互联动，虚实映射，共同作用，提升资源优化配置效率。

(5) 异构集成　软件、硬件、网络、工业云等一系列技术的有机组合构建了一个信息空间与物理空间之间数据自动流动的闭环"赋能"体系。尤其在高层次的CPS，往往会存在大量不同类型的硬件、软件、数据、网络。CPS能够将这些异构硬件（如CISC CPU、RISC CPU、FPGA等）、异构软件（如PLM软件、MES软件、PDM软件、SCM软件等）、异构数据（如模拟量、数字量、开关量、音频、视频、特定格式文件等）及异构网络（如现场总线、工业以太网等）集成起来，实现数据在信息空间与物理空间不同环节的自动流动，实现信息技术与工业技术的深度融合，因此，CPS是一个多方异构环节集成的综合体。异构集成能够为各个环节的深度融合打通交互的通道，为实现融合提供重要保障。

(6) 系统自治　CPS能够根据感知到的环境变化信息，在信息空间进行处理分析，自适应地对外部变化做出有效响应。同时在更高层级的CPS中多个CPS之间通过网络平台互联（如CPS总线、智能服务平台）实现CPS之间的自组织。多个单元级CPS统一调度，编组协作，在生产与设备运行、物料配送、订单变化之间的自组织、自配置、自优化，实现生产运行效率的提升，订单需求的快速响应等；多个系统级CPS通过统一的智能服务平台连接在一起，在企业级层面实现生产运营能力调配、企业经营高效管理、供应链变化响应等更大范围的系统自治。在自优化自配置的过程中，大量现场运行数据及控制参数被固化在系统中，形成知识库、模型库、资源库，使得系统能够不断自我演进与学习提升，提高应对复杂环境变化的能力。

3. CPS技术体系与功能描述

CPS技术体系主要分为CPS总体技术、CPS支撑技术、CPS核心技术。

CPS总体技术主要包括：架构技术、异构技术、安全技术、试验验证技术等；CPS支撑技术主要包括：智能感知、嵌入式软件、数据库、人机交互、中间件、认知技术 SDN、物联网、大数据、云计算、边缘计算、雾计算、分布式等；CPS核心技术主要包括：虚实融合控制技术、智能装备技术、MBD、数字孪生、CAX/MES/ERP/PLM/CRM/SCM、现场总线、工业以太网等，如图8-16所示。

CPS的功能描述由业务域、融合域、支撑域和安全域构成，其中业务域是CPS建设的出

图 8-16　CPS 技术体系

发点,融合域是解决物理空间和信息空间交互的核心,支撑域提供技术方案,安全域为建设CPS的保障。

(1) 业务域　业务域是驱动企业建设 CPS 的关键所在,覆盖企业研发设计、生产制造、运维服务、经营管理、产业链协同等全过程,企业可根据需要,按业务或按场景梳理分析。

(2) 融合域　融合域是企业建设的核心,由物理空间、信息空间和两个空间之间的交互对接构成。

(3) 支撑域　包括数据的采集、存储和处理。企业在建设前应面向价值需求,规划采集数据的范围、类型、格式、频率、采集方式等,避免采集无用数据,导致存储资源浪费或同一数据多次采集等情况。

(4) 安全域　企业建设 CPS 时应考虑数据的保密与安全,可从业务安全、基础安全、物理安全和安全管理等方面出发,分析面临的威胁和挑战,实施安全措施。

4. CPS 在智能制造系统中的运用

在智能制造系统中,CPS 逐渐得到广泛关注和应用。下面结合 CPS 的技术与特点,阐述和说明 CPS 的应用场景及实现。

1) 智能设计方面

在产品及工艺设计、生产线或工厂设计过程中,借助于仿真分析手段使设计的精度得到大幅度提高,但由于缺少足够的实际数据为设计人员提供支撑,使得在设计、分析、仿真过程中不能有效模拟真实环境,从而影响了设计精度。所以需要建立实际应用与设计之间的信息交互平台,使得在设计过程中可以直接提取真实数据,通过对数据进行分析处理来直接指导设计与仿真,最后形成更优的设计方案,提高设计精度,降低研制成本。

随着 CPS 不断发展,不管企业需求和流程如何变化,在产品及工艺设计、生产线或工厂设计过程中,研发设计过程中的试验、制造、装配都可以在虚拟空间中进行仿真,并实现迭代、优化和改进。通过基于仿真模型的"预演",可以及早发现设计中的问题,减少实际生产、制造过程中设计方案的更改,从而缩短产品设计到生产转化的时间,并提高产品的可靠性与成功率。

2) 智能制造方面

传统生产制造模式中的生产设备分散,而且一些特殊设备还处于高危区域中,容易造成生产设备的操作、监测、管理等极为不便。此外,因设备与设备之间不能通信而造成生产制造过程缺乏联络与协同性,从而导致设备闲置或设备利用率不高,造成生产资源及生产能力分配不合理和浪费。另一方面,由于缺乏数据传导渠道和工具,对生产制造过程中的状态、数据、信息很难进行传输和分析。因此,生产过程的管理和控制难以有效执行,不仅造成资源调度和生产规划的不合理,而且阻碍生产效率和质量的提高。

CPS通过软硬件配合,可以完成物理实体与环境、物理实体之间的感知、分析、决策和执行。设备将在统一的接口协议或者接口转化标准下连接,形成具有通信、精确控制、远程协调能力的网络。通过实时感知分析数据信息,并将分析结果固化为知识,保存到知识库中,一方面帮助企业建立精准、全面的生产图景,企业根据所呈现的信息可以在最短时间内掌握生产现场的变化,从而做出准确判断和快速应对,在出现问题时得到快速合理的解决;另一方面也可以将知识库和规则库中的内容分析转化为信息,通过设备网络进行自主控制,实现资源的合理优化配置与协同制造。

3) 智能服务方面

企业大幅度提高生产效率的同时也面临着装备运行复杂、使用难度日益增大的困扰,这些无疑会给企业的管理和服务带来巨大挑战。

通过CPS,按照需要形成本地与远程云服务相互协作、个体与个体、个体与群体、群体与系统的相互协同一体化工业云服务体系,能够更好地服务于生产,实现智能装备的协同优化,支持用户企业经济性、安全性和高效性经营目标落地。

4) 智能应用方面

工业产业链上,设计者、生产者和使用者相互之间密不可分,生产者为使用者提供符合设计者要求的产品,三者之间既是合作者又是竞争者。

通过CPS实现制造业全产业链的信息物理融合和价值共同创造,将设计者、生产者和使用者的单调角色转变为新价值创造的参与者,并通过新型价值链的创建反馈到产业链的转型,从根本上调动生产流程中各个参与者的积极性和创造力,最终实现业态融合的制造业转型。

习题与思考

1. 何谓制造业信息化?其内涵是什么?
2. IE在制造业信息化建设中的作用是什么?
3. 企业资源计划(ERP)的定义是什么?
4. 试简述企业实施ERP的步骤及存在的困难。
5. 现代工业工程的发展前景如何?
6. ERP系统与MRP Ⅱ的区别体现在哪些方面?
7. 简述当前我国制造业信息化的现状。
8. 简述ERP的主要特点。
9. 简述ERP发展的四个阶段。
10. 企业实施ERP有哪些好处?

11. ERP系统体现了哪些先进的思想和理念？
12. 为什么说ERP系统实施必须坚持"一把手"工程？

 案例▶▶▶

海尔智能工厂——重新定义未来工厂

随着人工智能和高科技发展，从工业革命造就的大规模工厂，到数字化、智能化时代的现代化工厂，制造业在数百年间从电光火石加工迈向了智能制造的新阶段。虽然，在这段漫长的历史进程中，制造业供应端与需求端的距离被一次次拉近，但却从没实现过"零距离"，而这种差距，正是阻碍制造工厂发展的根本原因。

海尔智能工厂的出现，不仅彻底打破了这种"天然存在"的供需差距，改变了以往的工业价值链从生产端向消费端、从上游向下游推动的模式，而且从根本上重新定义了未来工厂模式，不再以制造端的生产力需求为起点，而是将用户端的价值需求作为整个产业链的出发点。这意味着，在中国制造工厂的发展历史上，需求端和供给端首次实现了零距离对接。可以自我感知、自我治理、自我进化的智能工厂，让柔性化、智能化、个性化的制造模式成为可能，实现了"中国制造"向"中国智造"的转变。从用户的价值需求出发提供定制化的产品和服务，并以此作为整个产业链的共同目标，使整个产业链的各个环节实现协同优化。

海尔互联工厂在2018年获得了"IDC中国数字化转型大奖运营模式转型领军者"称号。

1. 海尔互联工厂在企业智慧系统中的地位

海尔互联工厂是整个企业全系统全流程的颠覆创新，它涵盖企业智慧系统架构所有内容。

互联工厂体系覆盖设计、生产、物流、销售、服务等全周期，为用户提供全流程最佳服务体验；互联工厂构建从设备层、控制层、车间层、企业层到协同层的五大系统，实现了人、机、物等互联，信息实时共享；互联工厂通过五大系统集成，构建了数字化互联互通的云平台，实现了全流程的信息融合，形成了大规模定制、智能产品远程诊断、智慧生活场景商务等新兴业态。

2. 海尔互联工厂建设内涵、目标与成效

1) 海尔互联工厂内涵

海尔互联工厂涵盖了市场、研发、采购、制造、物流、服务等全流程、全产业链，由"1+7"平台构成。海尔互联工厂实践与国家智能制造示范项目要素条件完全匹配，覆盖离散制造、智能产品、智能制造新业态新模式、智能化管理、智能服务5个领域。

2) 海尔互联工厂目标

互联工厂目标为从产销分离到产销合一，满足用户无缝化、透明化、可视化的最佳体验。

(1) 用户层面 提供大规模定制化的解决方案，真正实现用户和企业的零距离；全球用户能够在任何地方、任何时间，通过移动终端随时定制产品与服务，互联工厂可以随时满足用户的需求。通过大规模定制解决互联网时代用户需求个性化、碎片化挑战。

(2) 企业层面 打造互联工厂新模式，成为标杆企业，输出行业标准，参考现有家电行业的制造体系,实现行业引领;通过互联工厂实现企业互联网转型,应对互联网技术对传统业务的冲击,提升企业的竞争能力和创新能力,并解决企业面临的人工成本上升、招工难用工荒,以及行业内存在的低成本价格战等问题。

(3)国家层面　为产业结构转型升级提供可借鉴的经验,带动整个产业的转型升级。

3)海尔互联工厂成效

海尔建成了冰箱、空调、洗衣机、热水器四大产业引领的智能互联工厂,构建模块化、自动化与以 iMES 为核心的数字化系统融合的智能互联工厂模式,实现了全流程与用户互联互通,高品质、高效率、高柔性的快速交付。

海尔互联工厂总体经济效益明显,互联工厂整体效率大幅提升,产品开发周期缩短 20% 以上,交货周期由 21 天缩短到 7~15 天。在效益上,互联工厂运营成本降低 20%,能源利用率提升 5%。

海尔实施以模块化策略满足用户个性化需求,通过以模块化为基础的智能制造体系构建,推动设计、采购、制造全流程竞争力的提升。例如,天樽空调由原来的 265 个委外零部件转变为 12 个模块,新品的上市时间少一半;再如匀冷冰箱,原来开发新品需要 54 个零件,现在整合为 23 个模块,上市时间节约 30%,成本降低 18%,加工工时减少了 40%。

作为中国最早布局智慧家庭的企业,海尔集团 2017 年网器销量同比增幅达 54%。U+云平台已接入海尔全系列智能网器、微小冰、苹果 Homekt 平台等 80 多个智能产品种类,平台设备总量达到 100 余万台,设备上报数据 1 亿条/天。

3. 海尔互联工厂架构

通过互联网技术与制造技术融合,搭建互联工厂系统架构,支持互联工厂"1+7"并联平台落地,满足用户最佳体验。互联工厂系统架构共有三大层级,如图 8-17 所示,与智能制造系统架构三个维度是基本匹配的。

图 8-17　海尔互联工厂系统架构

(1)第一层是基础体系。通过智能设备、大数据、物联网等先进技术的应用,构建互联工厂的系统架构,实现数据采集、数据集成可视、数据分析和优化的全流程数据链集成和互联。

(2) 第二层是数字化平台。基于基础系统体系,通过搭建全流程数字化平台,构建全流程、全生命周期的大规模定制能力。传统企业的信息化平台,是孤立地搭建垂直系统,从企业内部视角,研究如何提高效率。互联工厂的数字化平台侧重从用户视角和用户体验出发,研究如何让用户、第三方资源更好地参与到大规模定制过程中。

(3) 第三层是商业模式。基于以上两层构建的基础,可以颠覆传统的卖硬件、卖产品的商业模式,从用户体验角度出发来重新思考互联工厂的商业模式。核心是可以通过这种连接能力,构建生态规则,按用户的各种智慧生活场景搭建生态圈。通过用户互联、网器互联、全流程互联实现全流程信息的融合,构建"1+7"并联平台。

4. 海尔互联工厂的实施矩阵

海尔从纵、横两个维度实施互联工厂,也称为"两维战"。纵轴即互联工厂的用户价值创新,横轴即互联工厂的企业价值创新。

1) 互联工厂的用户价值创新模式——"1+7"生态系统和平台

互联工厂颠覆传统的业务模式,建立"1+7"共创共赢的新生态系统。以用户为中心,通过互联工厂将业务模式由大规模制造颠覆为大规模定制,给予用户最佳体验。对外从提供产品硬件到提供智慧生活场景解决方案转型,构建 1 个 U+智慧生活平台;对内整合用户碎片化需求,构建全流程 7 大并联平台,实现大规模定制。将顾客变成参与交互的用户,再创增值交互的用户圈,持续给予用户最佳体验。

2) "1"是 U+智慧生活平台

1 个智慧生活平台为用户提供智慧生活解决方案和服务,构建新的场景商务模式。从卖硬件到靠服务和平台实现商业模式的变革。从硬件到网器到生态圈转型,构建多样场景商务模式,提供智慧生活一站式服务,实现生态圈利益方共创共赢。从单一产品引领到整体解决方案引领,冰箱不再是冰箱,而是一个食品解决方案;洗衣机不再是一台硬件,而是一个健康洗涤解决方案。每一个产品都要成为"网器",每一个解决方案都要融合进一个统一平台。通过统一交互平台、智慧家庭互联平台、云服务平台和大数据分析平台,硬件资源、软件资源、内容服务资源和第三方大资源在这个平台上与用户零距离交互,为用户提供整体解决服务方案。

3) "7"大并联平台

7 大平台涵盖交互定制、营销、研发、采购、制造、物流、服务等全流程,全流程数据互联互通,与用户并联,快速响应用户需求,通过全流程颠覆创新构建大规模定制能力。

(1) 交互定制(个性化定制) 搭建众创汇定制平台,从一次交易购买,到以用户为中心,攸关方、用户零距离交互,持续迭代用户体验,为用户创造生活场景的定制体验。颠覆原来先有产品再找用户的备库存、压货销售模式,实现先有用户再有产品,用户参与产品的设计、生产过程,通过用户订单来驱动生产制造。

(2) 虚实营销(电子商务) 搭建微店、eHaier 等电商平台,通过微店和用户线上线下精准交互,把顾客转变为用户,做用户碎片化需求整合,形成共创共赢用户圈。用户订单通过微店直达工厂,解决原来企业压货给经销商,经销商促销低价卖给用户的问题。

(3) 开放创新(协同研发) 搭建 HOPE 平台,从瀑布式研发到迭代式研发,快速进行创意转化,全球 20 万网络资源在开放的 HOPE 平台上和用户零距离交互,世界变成"我的研发部"。让用户从单纯的消费者变成设计者,并且平台上不同类别的用户自动聚集,形成不同的用户圈(如空气圈、食品圈、水圈……),各用户圈间并联,就可以将用户的需求送达全球 280 多万的专家和资源,平台创意数从 600 到 13 000 呈多指数级增长,每年成功转化的创意项目也达到 200 多项。

(4) 模块采购　搭建海达源模块商资源平台,实现一流资源无障碍进入,与用户需求零距离交互,事前协同设计,从采购零件到交互模块化解决方案,快速提供个性需求解决方案。

(5) 智能工厂　由以企业为中心的生产到用户信息直达工厂,用户驱动精准、高效,大规模柔性生产,快速响应,并通过透明工厂交互迭代,解决原来大规模流程线柔性不足、定制成本高的问题。

(6) 智慧物流　搭建日日顺智慧物流平台,从送装一体到四网融合再到用户交互体验的移动服务平台,通过自创业的"车小微",实现按约送装、无处不达的最佳服务。建立"送装同步→3 小时极速达"高差异化末端配送网,已经实现全国覆盖到村入户、按约送达、送装同步的服务能力,服务产品及标准也由"24 小时按约送达、送装同步"向"3 小时极速达"不断升级。

(7) 智联服务　搭建智联服务平台,从用户报修被动维修服务到智能网器的主动服务,实现产品全周期、全流程服务的持续迭代。为用户提供全周期、全流程的服务:智能网器自诊断,主动服务,服务兵抢单,用户评价。解决原来售后存在的报修难、乱收费、回访烦等痛点。

4) 互联工厂的企业价值创新模式——4 层次智慧系统技术支持体系

建立持续引领的智慧系统技术支持体系,支撑互联工厂共创共赢生态圈平台搭建,具体分为 4 个层次。

(1) 模块化　模块化是个性化定制的基础,产品通过模块化设计,将零部件整合为模块,通过模块化的自由配置组合,满足用户多样化的需求。海尔从 2008 年开始实施模块化,如一台冰箱原来有 300 多个零部件,现在在统一的模块化平台上整合为 23 个模块,通过通用化、配置化来满足用户个性化需求。

(2) 自动化　这里主要是指互联自动化,通过用户个性化订单来驱动自动化、柔性化生产。互联自动化不是简单的机器换人,而是攸关方事先并联交互,实现用户驱动下的设备联动、柔性定制体验。现在的模式较之传统模式,有 3 点不同:

① 与设备供应商由单线买卖模式变为设备商集成各攸关方资源,提供整体解决方案并提供设备全生命周期服务。

② 设备由孤立自动化、机器换人模式变为用户需求驱动的互联自动化,同时驱动员工向知识型员工转型。

③ 维修模式由事后维修、计划维修模式变为状态维修,同时基于大数据进行征兆预测维保模式的探索。

例如,FPA 全自动内筒线,加工的内筒精度提高 10 倍,使内筒的转数从 800 r/min 提高到 1 600 r/min,从而给用户带来洗净率提高 20%、噪声降低 30% 的产品,使企业获得更高的盈利能力。

(3) 数字化　通过以 iMES 为核心的五大系统集成,实现物联网、互联网和务联网三网融合,以及人机互联、机物互联、机机互联、人人互联,最终让整个工厂变成一个类似人脑的智能系统，自动响应用户个性化订单。

海尔数字化架构的核心就是智能制造执行系统 iMES，系统上通过 iMES 驱动 ERP、WMS、PLM（包含 CAD/CAPP/设计仿真、制造仿真）、SCADA（设备监视、控制）五大系统集成；业务上通过数字化互联，实现制造、研发、物流等全流程紧密的互联互通。通过智能制造执行系统和现场智能化硬件的连接，构建了一个高度灵活的个性化和数字化制造模式，实现从管理、研发、生产、物流的数字化管理，提升企业的智能化水平。如胶州空调互联工厂，基于以 iMES 为核心的五大系统集成互联，支持用户订单直达工厂，用户个性化订单驱动生产；通过人、机、物、单等互联互通、相互协作，快速响应用户需求，交付用户个性产品，并通过用户对体验的评价实现信息全流程的闭环。

（4）智能化　智能化主要包括两方面。一是产品越来越智能，可以自动感知需求、用户习惯等，实现自控制、自学习、自优化；二是工厂也越来越智能，通过三类互联、大数据分析等，可实现不同的订单类型和数量，生产方式可以自动优化调整。例如，海尔天樽空调通过内置的智能 Wi-Fi 模块实现产品运行数据的实时在线采集。通过对大数据分析，对问题会自动预警，预警信息通过内置智能 Wi-Fi 模块，使用用户家中的 Wi-Fi 网络，将信息传送至海尔云平台。海尔云平台接到预警信息后，会自动给用户推送提醒短信，同时给服务兵触发服务信息，服务兵抢单后提供上门服务。工厂智能化方面，如胶州空调互联工厂初步布置了 12 000 多个传感器，每天产生的制造大数据超过了 4 000 万条。通过对这些大数据的分析，对整个互联工厂的运行情况进行实时的监控、异常实时预警。

5. 海尔互联工厂的示范效应

海尔互联工厂模式为家电业从大规模制造向大规模定制转型提供了借鉴和示范作用。

从用户层面，用户直接从工厂定制产品，取消中间环节。用户参与整个个性化定制的过程，全球任何地方的用户都可以根据自己的个性化需求，自由选择产品的颜色、款式、结构和性能等，用户订单直接下达到工厂。用户通过手机 App 对整个生产和配送流程进行实时精准追踪，甚至进行点评，或者查看其他用户的点评进行参考，做到透明化消费。

从行业层面，提升了行业创新能力，推动了产业链升级。用户多样化、个性化、碎片化需求给传统的家电行业带来严峻的挑战，同时互联网、3D 打印等高科技技术给家电行业带来巨大冲击，低成本、价格战造成的行业创新能力较弱等问题可通过互联工厂模式得以解决。互联工厂模式通过全球资源无障碍进入平台，吸引全球一流资源，引入更多具有竞争力的创新技术，持续创新、迭代，满足用户个性化、碎片化的需求，这种模式将推动家电行业向智能制造迈进，同时海尔的探索可为行业其他企业提供借鉴经验。

海尔智能互联工厂模式为家电业大规模制造向大规模定制转型提供了经验和示范；国内同行业企业纷纷效仿海尔推进智能制造战略，有力地拉动了家电制造业由大到强的升级。同时，海尔智能互联工厂大量采用数控设备及智能机器人，同步拉动了国内装备制造业向数字化、智能化转型。

海尔智能互联工厂的核心是数字化，数字化系统按照总体规划分步推进，并充分考虑系统间的集成，通过各大系统的无缝集成实现企业的数字化、信息化、智能化、可视化、定制化等先进模式的落地，具有很好的示范作用和可复制性。过去流水线式的员工将转变为知识型员工或创客；以前大规模制造时代串联的供应商，将被整合形成并联，与终端消费者之间互联，同步做数字化、智能化升级,从而打通整个价值链,形成高效运转的消费生态圈,实现整个产业链的升级。

 案例讨论

从海尔智能工厂能得到哪些建设我国智能工厂的启示?

参 考 文 献

[1] 范中志. 工业工程基础[M]. 广州：华南理工大学出版社，2003.
[2] 罗振璧，朱立强. 工业工程导论[M]. 北京：机械工业出版社，2004.
[3] 胡宗武. 工业工程——原理、方法与应用[M]. 上海：上海交通大学出版社，2007.
[4] 汪应洛，袁治平. 工业工程导论[M]. 北京：中国科学技术出版社，2001.
[5] 王东华，高天一. 工业工程[M]. 北京：清华大学出版社，2007.
[6] 易树平，郭伏. 基础工业工程[M]. 北京：机械工业出版社，2006.
[7] 齐二石，等. 现代工业工程与管理[M]. 天津：天津大学出版社，2007.
[8] 张正祥. 工业工程基础[M]. 北京：高等教育出版社，2006.
[9] 王恩亮. 工业工程手册[M]. 北京：机械工业出版社，2006.
[10] 特纳. 工业工程概论[M]. 张绪柱，译. 北京：清华大学出版社，2007.
[11] 徐克林. 工业工程基础[M]. 北京：化学工业出版社，2008.
[12] 刘力卓，侯玉梅. 工业工程导论[M]. 北京：中国物资出版社，2009.
[13] 程光，邹洪迈，陈永刚. 工业工程与系统仿真[M]. 北京：冶金工业出版社，2007.
[14] SALVENDY G. 工业工程手册[M]. 江志斌，易树平，译. 北京：清华大学出版社，2007.
[15] 蔡启明，张庆，庄品. 基础工业工程[M]. 北京：科学出版社，2005.
[16] 吴锋，叶锋. 工程经济学[M]. 北京：机械工业出版社，2007.
[17] 戴庆辉. 先进制造系统[M]. 北京：机械工业出版社，2008.
[18] MEYERS F E, STEPHENS M P. Manufacturing facilities design and material hand ling [M]. New Jersey：Prentice-Hill Inc.，2001.
[19] WAYNE C, HMIZE J, HECASE K, et al. 工业与系统工程概论[M]. 3版. 北京：清华大学出版社，2002.
[20] 张风荣. 质量管理与控制[M]. 北京：机械工业出版社，2006.
[21] 吕志强. 人机工程学[M]. 北京：机械工业出版社，2006.
[22] 孙小明. 生产系统建模与仿真[M]. 上海：上海交通大学出版社，2006.
[23] 孔庆华. 人因工程基础与案例[M]. 北京：化学工业出版社，2008.
[24] 龚益鸣. 现代质量管理学[M]. 北京：清华大学出版社，2003.
[25] 于涛. 工序质量控制系统研究[M]. 北京：经济管理出版社，2002.
[26] 甘烽，宋光贵. 技术与质量管理[M]. 广州：华南理工大学出版社，2005.
[27] 王毓芳，郝凤. 质量分析质量改进与统计技术[M]. 北京：中国计量出版社，2003.
[28] 王秀伦. 现代工艺管理技术[M]. 北京：中国铁道出版社，2004.
[29] 周晓东，于嵩海. ERP管理思想探讨[J]. 工业工程，2004，7(3)：28-31.
[30] 张晓萍，等. 现代生产物流与仿真[M]. 北京：清华大学出版社，2000.

[31] 石渡淳一,等.最新现场 IE 管理[M].严新平,等,译.深圳:海天出版社,2004.
[32] 黄卫伟.生产与运作理论[M].北京:中国人民大学出版社,1997.
[33] 罗振璧,刘卫国.企业流程设计与现代质量管理[M].北京:团结出版社,2003.
[34] 杨家本.系统工程概论[M].武汉:武汉大学出版社,2002.
[35] 刘亚臣,胡家兴.工程经济[M].沈阳:东北大学出版社,2002.
[36] 蔡建国,吴祖育.现代制造技术[M].上海:上海交通大学出版社,2002.
[37] 温艳,周立民,吴爱华.制造业信息化与工业工程[J].科学与管理,2004(3):33-35.
[38] 屈亚宁,李建勋,马春娜,等.新一代国产化 PLM 系统的研究与实现[J].智能制造,2022(1):79-85,90.
[39] 工业数字孪生白皮书发布[J].工业控制计算机,2021,34(12):19.
[40] 赵海峰.网络化制造模式下 MES 系统研究与实现[D].辽宁:东北大学,2008.
[41] 高铭.基于 MES 的 A 公司精益生产应用研究[D].天津:天津师范大学,2018.
[42] 李培根.浅说智能制造[J].智慧中国,2019(5):59-60.
[43] 周济,李培根,周艳红,等.走向新一代智能制造[J].Engineering,2018,4(1):28-47.
[44] 中国电子技术标准化研究院.信息物理系统白皮书[R].北京:中国电子技术标准化研究院,2017:58-60.
[45] 工业和信息化部.国家智能制造标准体系建设指南[R].北京:工业与信息化部,2018:4-10.
[46] 中国电子技术标准化研究院.信息物理系统标准化白皮书[R].北京:中国电子技术标准化研究院,2016:12-19.
[47] 刘怀兰,秦希青,杨建中.智能工厂设计仿真[M].北京:机械工业出版社,2022.
[48] 刘业峰,赵元.智能工厂技术基础[M].北京:北京理工大学出版社,2020.
[49] 胡耀华,梁乃明.数字化工厂仿真:上册[M].北京:机械工业出版社,2022.
[50] 陈明,张光新,向宏.智能制造导论[M].北京:机械工业出版社,2021.
[51] 李培根,高亮.智能制造概论[M].北京:清华大学出版社,2021.
[52] 周济,李培根.智能制造导论[M].北京:高等教育出版社,2021.
[53] 熊有伦.智能制造[J].科技导报,2013,31(10):3.
[54] 江志斌.论新时期工业工程学科发展[J].工业工程与管理,2015,20(1):1-7.
[55] 黄毅敏,齐二石,刘洪伟,等.面向中国制造业的工业工程应用与挑战[J].工业工程与管理,2015,20(5):157-165.